Doppellisting und Anlegerschutz im amerikanischen und deutschen Recht am Beispiel der börsenrechtlichen Ad-hoc-Publizität

AF822057

Europäische Hochschulschriften

Publications Universitaires Européennes
European University Studies

Reihe II
Rechtswissenschaft

Série II Series II
Droit
Law

Bd./Vol. 4308

PETER LANG
Frankfurt am Main · Berlin · Bern · Bruxelles · New York · Oxford · Wien

Damaris Nicodem

Doppellisting und Anlegerschutz im amerikanischen und deutschen Recht am Beispiel der börsenrechtlichen Ad-hoc-Publizität

PETER LANG
Europäischer Verlag der Wissenschaften

Bibliografische Information Der Deutschen Bibliothek
Die Deutsche Bibliothek verzeichnet diese Publikation in der Deutschen Nationalbibliografie; detaillierte bibliografische Daten sind im Internet über <http://dnb.ddb.de> abrufbar.

Zugl.: Berlin, Humboldt-Univ., Diss., 2004

11
ISSN 0531-7312
ISBN 3-631-54791-9

© Peter Lang GmbH
Europäischer Verlag der Wissenschaften
Frankfurt am Main 2006
Alle Rechte vorbehalten.

Das Werk einschließlich aller seiner Teile ist urheberrechtlich geschützt. Jede Verwertung außerhalb der engen Grenzen des Urheberrechtsgesetzes ist ohne Zustimmung des Verlages unzulässig und strafbar. Das gilt insbesondere für Vervielfältigungen, Übersetzungen, Mikroverfilmungen und die Einspeicherung und Verarbeitung in elektronischen Systemen.

www.peterlang.de

Meinem Großvater

Danksagung

An dieser Stelle möchte ich mich herzlich bei all denjenigen bedanken, die zum Gelingen der vorliegenden Arbeit beigetragen haben.
An erster Stelle ist dabei Prof. Dr. Schwintowski zu nennen, der diese Arbeit wissenschaftlich betreut hat, mir stets mit seinem sachkundigen Rat zur Seite stand und mir durch die Stelle am Institut für Energie- und Wettbewerbsrecht in der kommunalen Wirtschaft e.V. an der Humboldt-Universität zu Berlin die besten Arbeitsvoraussetzungen geschaffen hat. Ich verdanke ihm jede erdenkliche Fürsprache, große Unterstützung, Ermutigung und viele richtungsweisende Gespräche. Auch danke ich Prof. Dr. Singer, der freundlicherweise die Zweitkorrektur meiner Arbeit übernahm.
Mein besonderer Dank gilt ebenso der Kanzlei Tilp Rechtsanwälte, die den Anstoß zu diesem Thema gab und mir durch viele fallbezogene Fragestellungen den beständigen Praxisbezug ermöglichte.
Bedanken möchte ich mich auch bei all meinen Kollegen an der Universität. Insbesondere seien hier genannt: Sonja Wüstneck, die mich insbesondere im Endspurt unterstützte, und Katrin Tölle, Dr. Christian Hampel, Maren Jasper sowie Benedikt Winter, die mein Manuskript kritisch durchsahen. Letzterem möchte ich auch für die vielen fachlichen Diskussionen danken, die ich nicht missen möchte. Genauso wichtig waren für mich aber auch der konstruktive Gedankenaustausch, die wertvollen Hinweise und die große Geduld von meinem Mann, der mir in allen Phasen meiner Arbeit unermüdlich zur Seite stand und mir über so manche technische Klippe half.
Schließlich möchte ich mich auch bei meiner Familie und meinen Freunden ganz herzlich für ihre Unterstützung, Geduld und das Verständnis bedanken, das sie mir in den letzten Jahren entgegengebracht haben.

Tübingen, September 2005 Damaris Nicodem

Inhaltsverzeichnis

Abkürzungsverzeichnis

a.A.	anderer Ansicht
ABl. EG	Amtsblatt der Europäischen Gemeinschaften
Abs.	Absatz
AcP	Archiv für die civilistische Praxis
ADR	American Depositary Receipt
a.F.	alte Fassung
AG (Jahreszahl)	Aktiengesellschaft
AG (Ortsname)	Amtsgericht
AG	Die Aktiengesellschaft
AktG	Aktiengesetz
ALI-ABA	American Law Institute – American Bar Association
AMEX	American Stock Exchange
Anm.	Anmerkung
Art.	Artikel
Az.	Aktenzeichen
BAFin	Bundesanstalt für Finanzdienstleistungsaufsicht
BAWe	Bundesaufsichtsamt für Wertpapiere
BB	Betriebsberater
BGB	Bürgerliches Gesetzbuch
BGBl.	Bundesgesetzblatt
BGH	Bundesgerichtshof
BGHZ	Entscheidungen des Bundesgerichtshofes in Zivilsachen
Bgr.	Begründer
BKR	Zeitschrift für Bank- und Kapitakmarktrecht
BörsG	Börsengesetz
BörsZulVO	Börsenzulassungsverordnung
BR-Drs.	Bundesratsdrucksachen
BT-Drs.	Bundestagsdrucksachen
BuK	Bank und Kapital
B.U. Int'l L.J.	Boston University International Law Journal
Bus. Law.	Business Lawyer
BVerfGE	Entscheidungen des Bundesverfassungsgerichts
bzw.	beziehungsweise
ca.	circa
Cal.	California
Cal.W.L.Rev.	California Western Law Review
cert.	certiorari
Chap.	Chapter
Cir.	Circuit

Co.	Company
Corn.L.Rev.	Cornell Law Review
Corp.	Corporation
Colum.Bus.L.Rev.	Columbia Business Law Review
Cornell L.Rev.	Cornell Law Review
D&O	Directors' and Officers'
D.	District (Court)
DAI	Deutsches Aktieninstitut
DAX	Deutscher Aktienindex
DB	Der Betrieb
DBW	Die Betriebswirtschaft
D.C.	District of Columbia
ders.	derselbe
d.h.	das heißt
dies.	dieselbe
DJT	Deutscher Juristentag
DÖV	Die Öffentliche Verwaltung
DStR	Deutsches Steuerrecht
EASDAQ	European Association of Securities Dealers
EDGAR	Electronic Data Gathering, Analysis and Retrieval System
EGBGB	Einführungsgesetz zum Bürgerlichen Gesetzbuch
et al.	et alia
etc.	et cetera
EU	Europäsche Union
EuGH	Europäischer Gerichtshof
EuGVÜ	Übereinkommen über die gerichtliche Zuständigkeit und die Vollstreckung gerichtlicher Entscheidungen in Zivil- und Handelssachen vom 27.09.1968
EuGVVO	Verordnung über die gerichtliche Zuständigkeit und die Anerkennung und Vollstreckung von Entscheidungen in Zivil- und Handelssachen vom 22.12.2000
EuR	European Review
EuZW	Europäische Zeitschrift für Wirtschaftsrecht
e.V.	eingetragener Verein
evtl.	eventuell
EWiR	Entscheidungen zum Wirtschaftsrecht
F.2d	Federal Reporter, second Series
FASB	Financial Accounting Standards Board
FAZ	Frankfurter Allgemeine Zeitung
Fed.	Federal

Fed.Comm.L.J.	Federal Communication Law Journal
Fed.Sec.L.Rep.	Federal Securities Law Reporter
Fn.	Fußnote
FTD	Financial Times Deutschland
f./ff.	folgende (Seite/n)
FS	Festschrift
Geo.Wash.L.Rev.	George Washington Law Review
GG	Grundgesetz
ggf.	gegebenenfalls
GmbH	Gesellschaft mit beschränkter Haftung
Harv.L.Rev.	Harvard Law Review
HB	Handelsblatt
HBÜ	Haager Übereinkommen über die Beweisaufnahme im Ausland in Zivil- und Handelssachen vom 18.03.1970
Hdb.	Handbuch
HGB	Handelsgesetzbuch
Hrsg.	Herausgeber
html	Hypertext Markup Language
IAA	Investment Advisers Act
IFS	International Accounting Standards
IASB	International Accounting Standards Board
i.d.R.	in der Regel
Inc.	Incorporated
Ind.L.J.	Indiana Law Journal
Int.	International
IPR	Internationales Privatrecht
IPRax	Praxis des internationalen Privat- und Verfahrensrechts
IZPR	Internationales Zivilprozessrecht
J.Bus.	Journal of Business
J.Comp.Bus. & Cap.M.L.	Journal of Competition Business and Capital Market Law
J.Fin.	Journal of Finance
J.Fin.Econ.	Journal of Financial Economics
J.Int'l Fin. Mgmt. & Acct.	Journal of International Financial Management and Accounting
J.Pol.Econ.	Journal of Political Economics
JZ	Juristenzeitung
Kap.	Kapitel

KG	Kammergericht (Berlin)
KG	Kommanditgesellschaft
krit.	kritisch
LG	Landgericht
Lit.	Literatur
LP	Limited Partnership
L.Rev.	Law Rev.
Ltd.	Limited
LugÜ	Luganer Übereinkommen über die gerichtliche Zuständigkeit und die Vollstreckung gerichtlicher Entscheidungen in Zivil- und Handelssachen vom 16.09.1988
Mass.	Massachusetts
MDR	Monatsschrift für deutsches Recht
Mich.J.Int'l L.	Michigan Journal of International Law
Mio.	Millionen
Mrd.	Milliarden
MünchKomm.	Münchener Kommentar zum Bürgerlichen Gesetzbuch
m.w.N.	mit weiteren Nachweisen
NASD	National Association of Securities Dealers
Nasdaq	National Association of Securities Dealers Automated Quotation
NJW	Neue juristische Wochenschrift
NJW-RR	NJW Rechtsprechungs-Report Zivilrecht
NM-Report	Neuer-Markt-Report
Nr.	Nummer
Nw.U.L.Rev.	Northwestern University Law Review
N.Y.	New York
NYSE	New York Stock Exchange
NZA	Neue Zeitschrift für Arbeitsrecht
NZG	Neue Zeitschrift für Gesellschaftsrecht
OECD	Organization for Economic Cooperation and Development
Okla.L.Rev.	Oklahoma Law Review
OLG	Oberlandesgericht
OTC	Over The Counter
o.V.	ohne Verfasserangabe
PLI/Corp	Practising Law Institute - Corporate Law and Practice Course Handbook Series

PLI/Lit	Practising Law Institute - Litigation and Administrative Practice Course Handbook Series
Publ.L.	Public Law
Q.J.Econ.	Quarterly Journal of Economics
RBerG	Rechtsberatungsgesetz
RabelsZ	Rabels Zeitschrift für ausländisches und internationales Privatrecht
RdA	Recht der Arbeit
RdW	Recht der Wirtschaft
RegE	Regierungsentwurf
RG	Reichsgericht
RGZ	Entscheidungen des Reichsgerichts in Zivilsachen
rev.	revised
RIW	Recht der internationalen Wirtschaft
RL	Richtlinie
Rn.	Randnummer
Rspr.	Rechtsprechung
S.	Satz /Seite
SA	Securities Act
S.D.N.Y.	Southern District of New York
SEA	Securities Exchange Act
SEC	Securities Exchange Commission
Sec.	Section
Sec.Reg.L.J.	Securities Regulation Law Journal
sog.	Sogenannte/r
StGB	Strafgesetzbuch
Supp.	Supplement
Theoretical Inq.L.	Theoratical Inquiries of Law
Tul.L.Rev.	Tulane Law Review
u.a.	unter anderem
UCC	Uniform Commercial Code
U.Chi.L.Rev.	University of Chicago Law Review
U.Cin.L.Rev.	University of Cincinnaty Law Review
U.Pa.J.Int'l Bus.L.	University of Pennsylvania Journal of International Business Law
U.S.	United States Supreme Court
USA	United States of America
U.S.U.	United States Code

US-GAAP	United States General Accepted Accounting Principles
US$	United States Dollar
UWG	Gesetz gegen den unlauteren Wettberwerb
v.	versus
Va.J.Int'l L.	Virginia Journal of International Law
VerkProspG	Verkaufsprospektgesetz
VersR	Zeitschrift für Versicherungsrecht
vgl.	vergleiche
Vol.	Volume
VuR	Verbraucher und Recht
W.D.	Western District
wistra	Zeitschrift für Wirtschafts- und Steuerstrafrecht
WM	Wertpapier-Mitteilungen
Wpg	Die Wirtschaftsprüfung
WpHG	Wertpapierhandelsgesetz
Yale L. J.	Yale Law Journal
z.B.	zum Beispiel
ZBB	Zeitschrift für Bankrecht und Bankwirtschaft
ZfB	Zeitschrift für Betriebswirtschaft
ZfBF	Zeitschrift für betriebswirtschaftliche Forschung
ZfgK	Zeitschrift für das gesamte Kreditwesen
ZGR	Zeitschrift für Unternehmens- und Gesellschaftsrecht
ZHR	Zeitschrift für das gesamte Handels- und Wirtschaftsrecht
ZIP	Zeitschrift für Wirtschaftsrecht
zit.	zitiert
ZPO	Zivilprozessordnung
z.T.	zum Teil
ZZP	Zeitschrift für Zivilprozess

Siehe im Übrigen:

- *Kirchner, Hildebert*: Abkürzungsverzeichnis der Rechtssprache, 4. Auflage, Berlin New York 1993
- *The Bluebook*: A Uniform System of Citation, compiled by the editors of the Columbia Law Review, the Harvard Law Review, the University of Pennsylvania Law Review, and the Yale Law Journal, 16. Auflage, Cambridge/Massachusetts 1996

§ 1. EINLEITUNG

A. Vorbemerkung

Seit dem Börsengang der Deutschen Telekom AG 1996, durch den das Emissionsvolumen die Rekordhöhe von insgesamt 20,9 Mrd. DM (ca. 10,7 Mrd. €) erreichte, ist das Interesse der Anleger an Aktien sprunghaft gestiegen.[1] Das dafür erforderliche Kapital ist vorhanden. Allein in Deutschland wird das private Geldvermögen im Jahre 2001 auf rund 3,65 Bio. € geschätzt. Jährlich werden Ansprüche aus Lebensversicherungen in Höhe von rund 60 Mrd. € fällig.[2] Erhebliche Vermögenswerte werden an die jüngeren Generationen vererbt, die der Aktie und ertragreicheren Investitionen positiv gegenüberstehen. Zunehmender Anlagebedarf besteht insbesondere bei der Altersvorsorge. Aufgrund der demographischen Entwicklung in den nächsten Jahrzehnten muss die gesetzliche Rentenversicherung wesentlich stärker durch private Vorsorge ergänzt werden. Aus Renditegründen wird diese in Deutschland wohl zunehmend die Anlage in Aktien suchen.[3]

Dieses Anlagepotential steigert das unternehmerische Interesse an einer Börseneinführung, ist sie doch eine effektive Möglichkeit, das notwendige Eigenkapital zu beschaffen und erschließt dem Unternehmen vielfältige Finanzierungsmöglichkeiten, die der Kapitalmarkt zur Verfügung stellt, wie z.B. die Platzierung von Optionsanleihen oder Wandelschuldverschreibungen. Darüber hinaus verschafft die Börseneinführung dem Unternehmen und seinen Produkten eine besondere Publizität und einen höheren Bekanntheitsgrad.

Eine weitere Entwicklung, die das wirtschaftliche Geschehen seit den 90er Jahren prägt, ist die zunehmende Internationalisierung insbesondere großer Unternehmen und die fortschreitende Verflechtung nationaler Volkswirtschaften.[4] Ebenso wie der internationale Waren- und Dienstleistungsverkehr hat auch der Kapitalfluss über die nationalen Grenzen hinweg in den vergangenen Jahrzehnten ständig und in den letzten Jahren drastisch zugenommen. Diese „Globalisierung" der Kapitalmärkte hat die Struktur der Aktienmärkte nachhaltig verändert.

---

[1] Hutter/Leppert, NJW 2002, 2208, 2208.

[2] Bundesfinanzminister Eichel, anlässlich der Kapitalmarktveranstaltung der Deutschen Börse am 3.09.2002 in Frankfurt/M., abrufbar unter: www.bundefinanzministerium.de.

[3] Blomeyer, NZA 2001, 913; DAI, Pressemitteilung vom 22.02.2002; Keßler, in: Keßler/Micklitz, 11, 19; Kersting, AG 1997, 222, 222; Rosen, Die Welt vom 27. August 2001.

[4] Baum/Breidenbach WM 1990, Sonderbeilage Nr. 6, 3, 4; Bruns, DBW 1998, 382, 382; Lamfalussy, Ausschuss der Weisen, 3; Liener, FS Semler, 721, 721; Luttermann/Backmann, ZIP 2002, 1017, 1020.

Eine maßgebliche Rolle in dieser Entwicklung kommt den modernen Kommunikations- und Informationsmethoden zu.[5] Diese haben durch eine gesteigerte Geschwindigkeit, Präzision und Effizienz des Datenflusses die Suche nach der international besten Anlage bzw. nach optimalen Möglichkeiten der Kapitalaufnahme erheblich vereinfacht. Die so geschaffenen Verbindungen zwischen räumlich getrennten Emittenten und Investoren gewährleisten einen schnellen und preisgünstigen Informationsfluss zwischen den einzelnen Märkten zu Kosten, die mit denen am heimischen Markt vergleichbar sind. Zudem ermöglicht die moderne Technik die erforderliche rasche Analyse der so entstandenen Datenflut. Schließlich wird durch die internationale elektronische Vernetzung verschiedener nationaler Börsen miteinander eine Durchführung von Handel und Notierungen per Distanz ohne größere Zeitverluste gewährleistet.[6]
Dieser Globalisierungsprozess wird ebenso durch den Fortfall von Handelshemmnissen beschleunigt.[7] Dazu gehören der Abbau rechtlicher Restriktionen von Auslandsinvestitionen, die Vereinheitlichung der Kapitalmarktregularien verschiedener Länder und die Professionalisierung, Institutionalisierung sowie Internationalisierung des Anlagegeschäfts.
Dadurch eröffnen sich den Unternehmen erheblich verbesserte Möglichkeiten für eine internationale Gestaltung ihrer Finanzaktivitäten.[8]
Insbesondere eine Börsennotierung in den USA als dem weltgrößten Kapitalmarkt wurde in den 90er Jahren des letzten Jahrtausends von deutschen Großkonzernen wie Daimler Chrysler oder Deutsche Telekom und auch von einigen kleineren Unternehmen, wie Quiagen und Intershop, gewählt. In den meisten Fällen galt das Interesse einer Notierung an der Nasdaq, der *National Association of Securities Dealers Automated Quotation*.[9]

Mit der Einführung des Marktsegmentes Neuer Markt 1997 an der Frankfurter Börse verlagerte sich das Interesse von einem alleinigen Listing am amerikanischen[10] oder deutschen Markt zugunsten einer Doppelnotierung. So waren am 30.06.2000 insgesamt 22 der am Neuen Markt notierten Unternehmen, davon 17 ausländische, an mehreren Börsen gelistet. Die meisten von ihnen, nämlich 13, wurden zusätzlich an der Nasdaq notiert. Zu ihnen gehörten die PrimaCom AG, die SCM Microsystems Inc., die IXOS Software AG, die Lion Bioscience AG, das irische Trintech Unternehmen, die Qiagen AG, die Cybernet AG, das

---

[5] Ketchum, 572 PLI/Corp. 9, 14 (1987); Thomas, 23 Vand.J.Transnat'l L. 99, 105 (1990); ausführlich Langevoort, 98 Harv.L.Rev. 747 ff. (1985).
[6] Baum/Breidenbach WM 1990, Sonderbeilage Nr. 6, 3, 5; Peters/Feldmann, 24 f.
[7] vgl. Gerke/Bank/Neukirchen/u.a, 57; Haller, ZfgK 1995, 11, 11; Kübler, U.Pa.J. Int'l Bus.L. 107, 110 (1987); Stark, ZfgK 1998, 12, 18; Stulz, 4 ff.
[8] Baum/Breidenbach WM 1990, Sonderbeilage Nr. 6, 3, 4; Bruns, DBW 1998, 382, 383; Buddenbrock, 267, 271; Licht 38 Va.J. Int'l L. 563, 564 (1998).
[9] Francioni/Böhnlein, 255, 255.
[10] Amerikanisch bedeutet im Folgenden US-amerikanisch.

Unternehmen BroadVision, die Team Communications Group, E-Bookers, der Intershop-Konzern sowie die nicht mehr existierende LHS Group Inc..
Die Konstellation Neuer Markt - Nasdaq bot sich insbesondere wegen der ähnlichen Zulassungsbedingungen und der vergleichbaren Zielgruppen an. Beide Börsenplätze waren vor allem durch die Notierung von Unternehmen bestimmter Wachstumsbranchen, wie z.B. der Biotechnologie, Software-, Telekommunikations-, Multimedia-, Internet- oder Umweltbranche bekannt geworden. Unternehmen, die aufgrund ihres zu erwartenden starken Umsatzwachstums einen überdurchschnittlichen Finanzierungsbedarf haben.[11]

Um die Vorteile eines Doppellistings effektiv nutzen zu können, ist ein Ordnungsrahmen notwendig, der in der Lage ist, Fehlentwicklungen zu begegnen, das Vertrauen der Anleger in den Kapitalmarkt zu sichern sowie das Funktionieren der Finanzmärkte zu gewährleisten.[12]
Wie wichtig ein solcher ist, zeigen insbesondere die Entwicklungen des Neuen Marktes, dessen *Index Nemax All Share* im März 1997 bei rückgerechnet 505,28 Punkten startete, am 10.03.2000 den Höchstwert von 8.559,32 Zählern erreichte und dann über 95 % auf 353,00 Punkte Anfang Oktober 2002 abfiel, so dass sich die Deutschen Börse AG für die Auflösung des Neuen Marktes bis Ende 2003 entschieden hat.[13]
Insbesondere auch aufgrund dieser Entwicklungen sind neue Doppelnotierungen derzeit nicht zu verzeichnen.

Neben der in den letzten Jahren zu beobachtenden Rezession der Weltwirtschaft und den Auswirkungen der Terroranschläge vom 11.09.2001 war ebenfalls absehbar, dass viele der an einem Wachstumsmarkt gelisteten Unternehmen aufgrund ihres erhöhten Risikopotentials nicht überleben werden. Problematisch ist in diesem Zusammenhang jedoch, dass die negative Kursentwicklung etlicher Wertpapiere auf z.T. äußerst fragwürdige Aktivitäten einiger Emittenten zu Lasten der Anleger rückführbar ist.[14] Dies führte zu einem enormen Vertrauensverlust bei den Anlegern und zu deren zunehmenden Rückzug aus diesem Marktsegment.
Eine vergleichbare Entwicklung war insbesondere im Jahr 2002 am amerikanischen Kapitalmarkt zu beobachten, wo nach der Aufdeckung von Bilanz-

---

[11] Schwerdtle, 3.
[12] Raettig, 247, 248; Wolf, WM 2001, 557.
[13] Mitteilung der Deutschen Börse AG vom 25.09.2002; vgl. zum Gesamtgeschehen, Ossadnik/Barklage, DB 2003, 1285, 1285 ff.
[14] Groß, WM 2002, 477; Hutter/Leppert, NJW 2002, 2208, 2208; Möllers/Leisch WM 2001, 1648, 1650; vgl. auch manager-magazin vom 27.06.2002; Wittkowski, Börsen-Zeitung vom 25.07.2002.

fälschungen namhafter Firmen wie Enron und WorldCom, rapide Kurseinbrüche und ein erheblicher Vertrauensverlust der Anleger zu verzeichnen waren.[15]
Zwar konnte sich die Nasdaq wieder erholen während für den Neuen Markt jede Hilfe zu spät kommt, aber auch für die durch die Neusegmentierung des Marktes entstandenen Segmente *Prime Standard* und *General Standard,* ist das Vertrauen der Anleger in die Integrität der Kapitalmärkte eine unerlässliche Voraussetzung für deren erfolgreiches Bestehen. Dieses ist nämlich die wesentliche Voraussetzung für die Bereitschaft der Anleger, ihr Kapital dort zu investieren.[16] Das Problem eines effektiven Anlegerschutzes ist daher nach wie vor aktuell und eine wichtige zu diskutierende Frage.[17]

Eine Darstellung und Untersuchung des gesamten rechtlichen und regulatorischen Umfeldes würde jedoch den Rahmen dieser Arbeit sprengen. Um den Gegenstand der vorliegenden Untersuchung sinnvoll einzugrenzen und so eine tiefergehende Analyse zu ermöglichen, werden daher beispielhaft Verstöße gegen die Ad-hoc-Publizitätspflicht durch Unternehmen betrachtet, die sowohl an einer ausländischen als auch an einer inländischen Börse notiert sind.
Die Haftung für sonstige Fehlinformationen von Unternehmen oder Organmitgliedern, sei es im Rahmen der Regelpublizität, seien es unbedachte Äußerungen in der Hauptversammlung, bei Pressekonferenzen oder in den Medien, wird dagegen ausgeklammert. Rechtfertigen lässt sich diese Eingrenzung vor allem damit, dass Ad-hoc-Nachrichten, die nach den Vorgaben der BAFin als solche gekennzeichnet werden müssen, ein besonderes Risikopotential innewohnt, weil sie auf umfassende Verbreitung angelegt sind und der Kapitalmarkt sofort zu reagieren pflegt, ohne eine umfängliche Kontrolle der Informationen vorzunehmen.[18] Zudem unterscheidet sich die Ad-hoc-Publizität durch ihre Verankerung und spezielle Ausgestaltung im WpHG von sonstigen Fehlinformationen.
Ferner wird es um Ad-hoc-Mitteilungspflichten deshalb gehen, weil sich unter rechtlichen Aspekten gerade in diesem Bereich durch das Vierte Finanzmarktförderungsgesetz von 2002[19] und das Anlegerschutzverbesserungsgesetz von 2004[20] wesentliche Neuerungen ergeben haben, die hinsichtlich ihrer Schutzintensität eine aktuelle Analyse erfordern. Schließlich ist die Ad-hoc-Publizitäts-

---

[15] Döring, Börsen-Zeitung vom 27.06.2002; Kuckelkorn, Börsen-Zeitung vom 07.06.2002; o.V., FAZ.NET vom 28.06.2002; Wittkowski, Börsen-Zeitung vom 25.07.2002.

[16] Harbarth, 83; So stiegen die Kurse wieder, nachdem die amerikanische Börsenaufsichtsbehörde SEC umgehende Aufklärung und Sanktionierung der Vorfälle an den amerikanischen Börsen sowie die Verschärfung der geltenden Regelungen ankündigte.

[17] Hutter/Leppert, NJW 2002, 2208, 2208, bezugnehmend auf den 64. DJT in Berlin, der sich mit dieser Thematik auseinander setzte; vgl. auch Keßler, in: Keßler/Micklitz, 11, 13; Schwark, FS Hadding, 1117; Wolf, WM 2001, 557, 557.

[18] vgl. die Fallbeispiele in BAWe/Deutsche Börse AG, 62 ff. sowie die eingehende Untersuchung von Nowak, ZBB 2001, 449 ff.

[19] BGBl. 2002 I, 2010; ausführl. aus Unternehmenssicht Hutter/Leppert, NZG 2002, 649.

[20] BGBl. 2004 I, 2630.

pflicht unter tatsächlichen Gesichtspunkten so interessant, weil nach der anfänglichen Euphorie vor allem am Neuen Markt diese auf teilweise kriminelle Weise dazu missbraucht wurde, um die Aktienkurse künstlich nach oben zu treiben und dadurch viele Anleger geschädigt wurden.[21] Beispielhaft seien hier die zweifelhaften Aktivitäten der Firmen Comroad, Infomatec, EM.TV und Intershop genannt.

Das behauptete und zum Teil auch bestätigte Fehlverhalten einiger Gesellschaften oder Vorstände hat zu einer Reihe von Schadensersatzprozessen geführt, die zu unterschiedlichen Ergebnissen geführt haben.[22]

Ingesamt ist festzustellen, dass bis zu den Grundsatzentscheidungen des BGH vom 19.07.2004[23] die Versuche von Kapitalanlegern, Verluste im Zusammenhang mit Ad-hoc-Publizitätspflichtverletzungen ersetzt zu bekommen weitgehend erfolglos blieben.[24] Aber auch nach den Entscheidungen des BGH im Fall Infomatec und jüngst im Fall Em.TV[25] sind die Auswirkungen auf andere Fälle von Ad-hoc-Publizitätspflichtverletzungen offen.

Es stellt sich daher die Frage, welchen Schutz die deutsche Rechtsordnung im Falle der Verletzung von Ad-hoc-Publizitätspflichten geschädigten Anlegern überhaupt bietet. Das Untersuchungsergebnis wird dann dem amerikanischen Anlegerschutzkonzept gegenübergestellt.

Lassen sich wesentliche Differenzen in den Rechtsordnungen der USA und Deutschland feststellen, ist zu erörtern, ob und wie der einzelne Anleger von den für ihn jeweils günstigsten Regelungen profitieren kann.

Ziel dieser Arbeit ist es, Probleme bei Anlegerschutzprozessen, die unter oben genannten Gesichtspunkten im Zusammenhang mit einer Doppelnotierung eines Unternehmens auftreten darzustellen und Lösungsansätze zu entwickeln, um so potentiell Beteiligten im Hinblick auf einen möglichst umfassenden und effektiven Rechtsschutz rechtlich gangbare Wege aufzuzeigen.

---

[21] Möllers/Leisch, WM 2001, 1648, 1648; Rosen, Börsen-Zeitung vom 25.05.2002, 6; zur strafrechtlichen Relevanz vgl. LG München, NJW 2003, 2328, 2328.

[22] vgl. nur LG München I, ZIP 2001, 1814; LG Augsburg (3. Zivilkammer), BB 2001, 2130, aufgehoben durch OLG München, NJW 2003, 144; LG Augsburg (6. Zivilkammer), BKR 2002, 236; LG Kassel, DB 2002, 2151; OLG München, NJW-RR 2002, 1702; LG Frankfurt/M. BKR 2003, 506.

[23] BGH ZIP 2004, 1599.

[24] vgl. LG München I, BKR 2001, 102; AG München, WM 2002, 594; LG München I, Urt. v. 18.10.2001 - 12 O 7922/01 (unveröff.); LG Augsburg, Urt. v. 30.10.2001 - 3 O 2085/01 (unveröff.); LG München I, Urt. v. 04.01.2002 - 4 O 9881/01 (unveröff.); LG Augsburg, BKR 2002, 236; LG München I, Urt. v. 26.02.2002 - 23 O 9938/01 (unveröff.); LG Kassel, DB 2002, 2151; OLG München, ZIP 2002, 1727 mit Anm. Tilp; OLG München NJW-RR 2002, 1702; OLG München ZIP 2002, 1989; OLG München BKR 2003, 504; dagegen LG Augsburg, BKR 2001, 99 (aufgehoben durch OLG München, BKR 2003, 504); LG Frankfurt/M. BKR 2003, 506 mit Hinweis auf das im Wesentlichen wortgleiche Urteil des LG Frankfurt/M. v. 28.04.2003 - 3-7 O 43/02 (unveröff.); LG Frankfurt/M. BKR 2003, 766.

[25] BGH ZIP 2005, 1270.

B. Begriff und Funktion des Doppellistings

Aufgrund der derzeit herrschenden Unsicherheit an den Kapitalmärkten werden momentan keine neuen Doppellistings angestrebt. Im Gegenteil überlegen viele Unternehmen sich, insbesondere vom kostenintensiven amerikanischen Kapitalmarkt zurückzuziehen.[26]
Nach Klärung der Begrifflichkeit erscheint es daher sinnvoll die Aspekte für und gegen ein Doppellisting darzustellen, um dessen zukünftige Relevanz zu eruieren.

I. Begriff

Unter Doppellisting (auch „Dual Listing“, „Doppel-“ oder „Mehrfachnotierung“) versteht man die Zulassung von Wertpapieren eines Unternehmens zum Handel an mindestens zwei verschiedenen Börsenplätzen. Das Doppellisting kann dabei entweder an verschiedenen Börsen innerhalb eines Landes oder an Börsen verschiedener Länder aufgenommen werden. Aufgrund der Zielstellung der vorliegenden Untersuchung, den Anlegerschutz in den Rechtsordnungen der USA und Deutschland darzustellen und Möglichkeiten zu entwickeln, den optimalen Rechtsschutz für den einzelnen Anleger in Anspruch nehmen zu können, ist hier lediglich die zweite Alternative von Bedeutung.

Im Gegensatz zum *Dual Trading*[27], wo die Aufnahme des Unternehmens an einer weiteren Börse ohne dessen Mitwirkung und ohne Kapitalerhöhung erfolgt, emittiert das Unternehmen eine Aktientranche an einer weiteren Börse und bekommt dafür den Zugang zu den Indizes dieser Börse.

Ein Doppellisting kann entweder gleichzeitig oder zeitlich versetzt erfolgen.
Eine gleichzeitige Doppelnotierung erfolgt i.d.R. durch die Platzierung von neuen Aktien im Rahmen einer Kapitalerhöhung oder/und einer Platzierung von bereits ausstehenden Aktien. Für die Notierung am Neuen Markt und an der Nasdaq zum selben Zeitpunkt haben sich bspw. die Software-Unternehmen LHS Group (1997), SCM Microsystems (1997) und IXOS (1998), das Telekommunikationsunternehmen PrimaCom (1999) und das Internetunternehmen Cybernet Internet Services (1998) entschieden.

---

[26] o.V. FAZ vom 05.10.2004, 21

[27] Dieses Vorgehen wird insbesondere eingesetzt, wenn Aktien einer bestimmten Branche oder Art an einem Ort zusammengefasst werden sollen. Beispielsweise nahm die europäische Wachstumsbörse EASDAQ zum 06.04.2001 die bereits am Nouveau Marché in Paris gehandelten Werte Genset, Cerep und Transgene und Morphosys in ihr Listing auf, um so alle wichtigen Wachstumswerte auf einer Plattform anbieten zu können.

Das gleichzeitige Doppellisting hat den Vorteil, dass der Gesamtaufwand der Börseneinführung geringer ist, da bspw. nur einmal ein Börseneinführungsprospekt erstellt werden muss. Zudem können positive Effekte der Mehrfachnotierung, wie zum Beispiel der größere Investorenkreis oder die Publizitätswirkung der Auslandsnotierung, schon im Zeitpunkt des Doppellistings genutzt werden. Auf der anderen Seite verkompliziert eine Doppelnotierung den Börsengang, der an sich schon zeitaufwendig und kostenintensiv ist.

Im Falle einer zeitlich versetzten Doppelnotierung kann die spätere Notierung auch ohne Platzierung neuer oder bereits ausstehender Aktien erfolgen.[28] Letzte Vorgehensweise wählte z.B. das Biotechnologieunternehmen Qiagen, das 1996 an der Nasdaq und seit 1997 am Neuen Markt notiert wurde.
Bei einem stufenweisen Listing kann der Aufwand reduziert werden, indem lediglich der Börseneinführungsprospekt auf den neuesten Stand gebracht wird. Dies ist allerdings nur dann möglich, wenn der eigentliche Börsengang und die Aufnahme der Zweitnotierung nicht zu weit auseinanderliegen.[29] Zudem spricht für eine stufenweise Doppelnotierung, dass die Aufnahme der Zweitplatzierung mit einer Kapitalerhöhung verbunden werden kann, wobei die Publizitätswirkung der Notierungsaufnahme die Vermarktung der neu zu platzierenden Aktien erleichtern kann. Außerdem lässt sich das Unternehmen grundsätzlich die Option offen, nach der Emission von einem Doppellisting abzusehen und die Kosten einer Zweitnotierung zu vermeiden.[30]

Allgemein kennzeichnend für ein Doppellisting ist weiter, dass die Zulassungsvoraussetzungen beider Finanzmärkte erfüllt sowie jeweils deren Zulassungsverfahren durchlaufen werden müssen. Außerdem sind während des Listings auch die Folgepflichten beider Börsenplätze einzuhalten.

II. Entscheidungskriterien

Einerseits erleichtert ein Doppellisting den Zugang zum ausländischen Kapital, neue Investoren können gewonnen und der Bekanntheitsgrad des Unternehmens kann erhöht werden. Andererseits führt die Kumulation von Zulassungsvoraussetzungen, Folgepflichten etc. naturgemäß zu höheren Kosten und einem verstärkten Beratungsaufwand.
Im Folgenden werden daher die wirtschaftlichen Erwägungen dargestellt, die ein Unternehmen bei seiner Entscheidung, für oder gegen eine Doppelnotierung, zu berücksichtigen hat.

---

[28] Schwerdtle, 3.
[29] Schwerdtle, 72.
[30] Schwerdtle, 72.

Allerdings verhindern die oft langen Intervalle zwischen den Notierungsentscheidungen und die stark variierenden individuellen Ausgangssituationen der Unternehmen allgemeine, statistisch abgesicherte, empirische Erkenntnisse zur Erklärung von Zweitnotierungen.[31] Dementsprechend existiert eine Vielzahl von empirischen und theoretischen Analysen, aus denen sich allerdings nur ein systematischer Überblick über relevante Aspekte der Notierungsentscheidung gewinnen lässt.

1. Einzelne Gesichtspunkte

Als grundsätzliches Entscheidungskriterium eines Unternehmens für eine Zweitnotierung erweist sich der Zugang zum ausländischen Kapital. Daneben sind allerdings eine ganze Reihe weiterer Aspekte zu berücksichtigen.
Generell lassen sich diese in finanzwirtschaftliche, marktpolitische, personalpolitische sowie unternehmensstrategische Kriterien unterteilen.[32]

a) Finanzierungspolitische Ziele

Zwar mögen die finanzwirtschaftlichen Gründe der Mehrfachnotierung auf den ersten Blick vielfältig erscheinen. Bei einer näheren Betrachtung lässt sich aber feststellen, dass sie alle primär das Streben des Unternehmens nach Senkung der Kapitalkosten und/oder der Verbreiterung der Aktionärsbasis reflektieren.[33]

aa) Senkung der Kapitalkosten

Unter Kapitalkosten sind die von einem Unternehmen jährlich aufzubringenden Kosten für das zur Verfügung gestellte Fremd- und Eigenkapital zu verstehen. Sie sind von wesentlicher Bedeutung für Investitions- und Finanzierungsentscheidungen und spiegeln zugleich die Renditeforderung der Kapitalgeber als Ausgleich für die Kapitalüberlassung wieder.[34]
Niedrigere Kapitalkosten implizieren eine höhere Bewertung des Unternehmens. Eine höhere Bewertung wiederum reduziert die Kosten des Eigenkapitals bei zukünftigen Aktienemissionen, was insbesondere für Wachstumsunternehmen

---

[31] Roll/Kilka/Schiereck, DBW 1998, 770, 770 f.; Schwerdtle, 1.
[32] vgl. Baums, FS Raisch, 211, 212; Küting/Hayn, WPg 1993, 401 f.; Roll/Kilka/Schiereck, DBW 1998, 770, 772; Schwerdtle, 73 ff.
[33] Schiereck, AG 1993, 319, 320.
[34] Bertelsmann, Kapitalkosten; Toepfer, 82.

von Bedeutung ist, da sie zur Wachstumsfinanzierung in regelmäßigen Abständen neues Eigenkapital aufnehmen müssen.[35]

(1) Überwindung von Investitionsbarrieren

Die Senkung der Kapitalkosten kann in erster Linie dadurch erreicht werden, dass verschiedene Investitionsbarrieren, die einen freien internationalen Kapitalfluss behindern oder sogar ausschließen, mit Hilfe von Auslandsnotierungen zumindest teilweise überwunden werden können.[36]
Die Investitionsbarrieren können in Form gesetzlicher Vorschriften, wie Wechselkurskontrollen, internationale Steuerabkommen und Beschränkungen des Kapitalanteils in ausländischer Hand, sowie enormer Kosten für Transaktionen und Informationen bestehen.[37] Wobei letztere aus sprachlichen und kulturellen Unterschieden, Differenzen in der Offenlegungs- und Rechnungslegungsstandards sowie aus schlechteren Kenntnissen des Marktumfeldes der ausländischen Unternehmen resultieren.
Unter Transaktionskosten sind aus Sicht des Kapitalanlegers alle finanziellen Aufwendungen zu verstehen, die über die Kosten der Informationsbeschaffung hinaus mit dem Kauf oder Verkauf von Aktien verbunden sind.[38] Zu den wahrscheinlich wichtigsten Transaktionskosten gehören die von den Anlegern an die abwickelnden Organe zu entrichtenden Kosten, wie Provisionen, Depotgebühren, Steuern, etc.. Außerdem fallen Kosten der eigenen Entscheidungsabwicklung, Transaktionsüberwachung und Bestandsverwaltung an.[39] Für ausländische Anleger sind Wertpapiertransaktionen gleichen Volumens auf ihren einheimischen Kapitalmärkten i.d.R. mit geringeren Kosten als auf den ausländischen Marktplätzen verbunden.[40] Die Auslandsnotierung eröffnet somit für sie kostengünstigere Möglichkeiten, ausländische Wertpapiere zu erwerben. Damit kann eine verstärkte Wertpapiernachfrage einhergehen, die sich positiv auf den Wertpapierkurs niederschlägt und dadurch die Kapitalkosten senkt.[41]

---

[35] Paul, Kredit und Kapital, 1993, 91, 101; Schiereck, AG 1997, 362, 363; Schwerdtle, 76; Stapleton/Subrahmanyam, 32 J. Fin. 307, 313 (1977).
[36] Licht, 2000 Colum. Bus. L. Rev. 51, 68 (2000); Roll/Kilka/Schiereck, DBW 1998, 770, 771; Schiereck, AG 1993, 319, 320.
[37] Radebaugh/Gebhardt/Gray, 159; Schwerdtle, 74 f.; Toepfer, 100 f.
[38] Hüppauf-Jacober, 47; Siepmann, 54.
[39] Hüppauf-Jacober, 47 f.
[40] Hüppauf-Jacober, 52: Der Unterschied der Transaktionskostensätze verringert sich allerdings mit steigendem Transaktionsvolumen, weshalb hinsichtlich dieses Aspekts eine Auslandsnotierung in erster Linie die privaten und nicht die institutionellen Anleger begünstigt.
[41] Roll/Kilka/Schiereck, DBW 1998, 770, 773.

(2) Reduzierung der Liquiditätsprämie

Ferner kann eine Zweitnotierung zu einer Reduzierung der Liquiditätsprämie beitragen. Auf kleineren Kapitalmärkten ist die Nachfrage nach zusätzlichen Wertpapieren relativ unelastisch, weshalb alle neuen Emissionen den Marktpreis eines Wertpapiers nachhaltig unterdrücken können.[42] Für dieses Risiko verlangen Investoren eine Liquiditätsprämie. Dagegen weisen hochentwickelte internationale Kapitalmärkte wie die der USA grundsätzlich eine höhere Liquidität auf (definiert als *„the trading volume in the ability of firms to sell new securities at existing market prices“*[43]) und erlauben dadurch eine große Anzahl an Wertpapieren zu handeln, ohne dabei zu einer Kurssenkung zu führen. Erhöht sich somit in Folge der Auslandsnotierung die Liquidität, sinken die geforderten Liquiditätsprämien und damit die Kapitalkosten des Unternehmens.[44]
Dieser Umstand ist insbesondere bei Werten der Informations- und der Biotechnologie von Bedeutung. Insoweit lässt sich empirisch feststellen, dass als Folge der höheren Liquidität dieser Wertpapiere in den USA der Markt keinen Abschlag für illiquide Positionen fordert und somit eine angemessenere Bewertung ermöglicht.[45]

(3) Verringerung der Risikoprämie

Entsprechend der Liquiditätsprämie lassen sich Anleger auch für die Übernahme von Risiken durch eine Prämie entlohnen, wodurch die Kapitalkosten steigen.
Diese Entschädigung für das Risiko der Kapitalüberlassung wird regelmäßig durch eine Renditeforderung ausgeglichen, in die eine Risikoprämie einkalkuliert ist, von der angenommen wird, dass sie zur Kompensation aller Risiken (Bonitätsrisiken, Zinsänderungsrisiken, Länderrisiko etc.) ausreicht.[46]
Während verschiedene theoretische Analysen zeigen, dass die Volatilität eines im Ausland zweitnotierten Wertpapiers kleiner wird und sich das Rendite-Risiko-Profil einer Aktie durch eine ausländische Zweitnotierung verbessert,[47] was eine verminderte Risikoprämie bedeutet, kommen zahlreiche empirische Untersuchungen, die diese Aussagen überprüfen, teilweise zu gegenläufigen Ergebnissen.[48]

[42] Biddle/Saudagaran, 70.
[43] Biddle/Saudagaran, 105.
[44] Roll/Kilka/Schiereck, DBW 1998, 770, 772.
[45] Raettig, 247, 253.
[46] Büschgen, Börsenlexikon, Risikoprämie (1).
[47] Radebaugh/Gebhardt/Gray, 158, 160; Schwerdtle, 76.
[48] ausführl. Roll/Kilka/Schiereck, DBW 1998, 770, 773.

Es ist daher festzuhalten, dass die empirischen Belege für eine Reduktion des Aktienrisikos durch Auslandsnotierungen noch zu wenig fundiert sind, als dass sie verlässliche Rückschlüsse für oder gegen ein Doppellisting zuließen.

(4) Bewertungssteigerung der Unternehmensaktien

Die Auslandsnotierung kann auch die Bewertung von Unternehmensaktien positiv beeinflussen, was bei zukünftigen Aktienemissionen eine entsprechende Kapitalkostensenkung bewirken kann.[49] Dabei kann im Inland eine positive Marktreaktion auf die Ankündigung einer Auslandsnotierung darauf zurückgeführt werden, dass das Unternehmen mit dieser Entscheidung zeigt, dass es den direkten Vergleich mit ausländischen Konkurrenten nicht scheut, der u.U. durch spezialisierte Research-Analysten im Ausland vorgenommen wird.
Im Ausland ist eine positive Marktreaktion vor allem deshalb zu erwarten, weil der Wegfall der Investitionsbarrieren ausländischen Anlegern eine verstärkte Investition in die Unternehmensaktien ermöglicht. Diese zusätzliche Nachfrage bewirkt dann eine Aktienkurserhöhung.
Parallel werden etliche inländische Anleger ihre Wertpapiere aufgrund der gestiegenen Preise und somit erhöhten Gewinnmitnahmen verkaufen. Diese beiden Prozesse führen neben der Bewertungssteigerung der Unternehmensaktien auch zu einer Diversifizierung der Investorenbasis des Unternehmens.[50]

(5) Minderung des Zins- und Wechselkursrisikos

Darüber hinaus haben seit der Freigabe der Wechselkurse im Jahr 1973 Währungsfragen, also das Wechselkursrisiko, für Investoren wie Emittenten erheblich an Bedeutung gewonnen. Sie legen eine internationale Ausrichtung der Anlageentscheidung nahe, um Kurssicherungskosten zu senken bzw. zu vermeiden.[51]
Doppelt gelistete Unternehmen können bei Produktion und Absatz im Land der Zweitnotierung sowie beim dortigen Aufbau eigener und der Übernahme fremder Produktionsstätten ihre Investitionskosten unproblematisch in der dortigen Landeswährung tätigen. Eventuelle Verwerfungen in den Währungsrelationen und zusätzliche Kurssicherungskosten müssen dann im Zusammenhang mit der geplanten Auslandsinvestition nicht berücksichtigt werden.[52]
Allerdings ist zu bedenken, dass bei einer internationalen Aktienemission die Dividenden für die am Inlandsmarkt und für die am Auslandsmarkt gehandelten

---

[49] Licht 2 Theoretical Inq. L. 673, 681 (2001); Paul, ZfBF 1992, 932.
[50] Toepfer, 130.
[51] Baum/Breidenbach, WM 1990, Sonderbeilage Nr. 6, 3, 5; Debs, B.U. Int'l L.J. 5, 6 (1986).
[52] Liener, ZfB 1992, 269, 270.

Aktien stets auf Basis der Inlandswährung zu zahlen sind,[53] so dass sich hinsichtlich des Währungsrisikos bzw. eingesparter Kurssicherungskosten durch eine internationale Aktienemission letztlich keine weiteren Vorteile ergeben.

bb) Erweiterung der Aktionärsbasis

Ein weiteres finanzwirtschaftliches Kriterium für eine Zweitnotierung stellt die Erweiterung der Aktionärsbasis dar. Verschiedene Untersuchungen zeigen, dass sich dadurch die Renditeanforderungen an die Aktie verringern und parallel dazu die Kapitalkosten sinken, während sich der Unternehmenswert erhöht.[54]
Aus Investorensicht sind ausländische Werte interessant, um das Anlageportfolio zu diversifizieren und so die Anlagerisiken zu minimieren.[55] Dass dies nicht nur ein theoretischer Aspekt ist, spiegelt sich in der zunehmenden Zahl von Investoren wieder, die in ausländische Wertpapiere investieren.[56]

Grundsätzlich lässt sich der Investorenkreis in zwei Hauptgruppen unterteilen, die jeweils verschiedene Präferenzen aufweisen.

(1) Privatanleger

Unter Privatanlegern versteht man Aktionäre, die selbst direkt in Wertpapiere investieren. Sie spielten gerade am Neuen Markt eine wichtige Rolle. Je nach Aktie und Platzierungskonzept deckten sie in Boom-Zeiten 30 % bis 50 % der Platzierung ab.[57]
Bis zum Jahre 2000 stieg die Zahl der Privatanleger ständig. So hat sich in Deutschland von 1997 bis 2001 die Zahl der Aktionäre um 1,77 Mio. bzw. 45,3 % erhöht.[58] Seit 2001 ist ein steter Rückgang der direkten Anleger festzustellen.[59] Für diese Entwicklung sind u. a. die „Zocker verantwortlich, die nach dem Einbruch des Neuen Marktes der Börse den Rücken kehren“.[60] Gleichzeitig hat aber auch die zweifelhafte Informationspolitik etlicher Unternehmen zu einem Vertrauensverlust der Privatanleger und damit zu deren Rückzug von der Börse geführt.

---

[53] Schulte, Aktienemissionsmarkt, 5.
[54] Kadlec/McConnell, 49 J. Fin. 611, 613 (1994).
[55] Ketchum, 572 PLI/Corp 9, 14 (1987); Licht, 2 Theoretical Inq.L. 673, 680 (2001); ders. 2000 Colum.Bus.L.Rev. 51, 65 f. (2000); Perlmutter 22 Mich.J.Int'l L. 169, 178 (2000).
[56] für die USA: Ketchum 572 PLI/Corp 9, 13 (1987); Licht, 38 Va.J. Int'l L. 563, 565 (1998); für Deutschland: DAI Factbook 1999, Kap. 8.3; Rosen, Die WELT vom 27.08.2001.
[57] Roßmann, Börsen Zeitung, Sonderbeilage „Neuer Markt“, 20.06.1998.
[58] DAI, Pressemitteilung vom 22.01.2002.
[59] Bartz, FTD vom 19.07.2002; Zeise, FTD vom 19.07.2002.
[60] Rosen, Die Welt, 27.08.2001.

Zudem ist in einem durch Globalisierung geprägten Kapitalmarkt der Privatanleger durch die fast unüberschaubare Anzahl möglicher Titel aus unterschiedlichen Marktsegmenten, Branchen und Regionen häufig überfordert. Gegenüber professionellen institutionellen Investoren ist er bei der Informationsbeschaffung und -verarbeitung deutlich im Nachteil.[61] Für viele Banken stehen den Aufwendungen einer umfassenden Beratung nicht immer ausreichend Erträge gegenüber, weswegen aus Rationalisierungsgründen häufig keine umfassende Anlageberatung mehr angeboten wird.[62] Dementsprechend delegieren Privatanleger immer häufiger ihre Anlagegeschäfte an professionelle Akteure, so dass ihre Bedeutung prozentual gesehen geringer wird.[63] Soweit eine Delegation der Anlagegeschäfte nicht erfolgt, lässt sich feststellen, dass Privatanleger aus oben genannten Gründen zwar häufig keine aufwendige Primäranalyse betreiben, jedoch einer hohen Rendite und Einkommenssicherheit der Kapitalanlage große Bedeutung zumessen.[64] Hinzu kommt, dass Privatanleger wegen hoher Transaktionskosten fast ausschließlich an den heimischen Börsenplätzen handeln, wobei sie generell zu einem konservativen und prozyklisch orientierten Anlageverhalten tendieren.[65] Demgegenüber lässt sich keine eindeutige Aussage darüber treffen, ob Privatanleger eher kurz- oder langfristig investieren.[66]

(2) Institutionelle Investoren

Institutionelle Investoren umfassen Versicherungsunternehmen, Kapitalanlagegesellschaften, Pensionskassen bzw. Pensionsfonds sowie die Vermögensverwaltungsabteilungen von Kreditinstituten.[67]
Ihre Investitionspolitik ist grundsätzlich als langfristig einzustufen.[68] So besitzen institutionelle Anleger regelmäßig ein Kern- oder Festbestandsportfolio, in dem der überwiegende Teil der Wertpapierinvestitionen über einen längeren Zeitraum gehalten wird, um stabile Renditen zu erzielen. Daneben existiert allerdings regelmäßig auch ein Handelsportfolio, das dem Erzielen von höheren Renditen durch kurzfristigen Wertpapierhandel dient.[69]
Die Bedeutung der institutionellen Investoren hat in den vergangenen zehn Jahren weltweit stark zugenommen, was durch den gestiegenen Anteil ihrer

---

[61] Deutsche Bundesbank, Monatsbericht, April 2001, 45, 47; Gerhards, Handelsblatt vom 12.04.2002.
[62] Gerke/Bank/Neukirchen/u.a., 57
[63] So war Ende 1999 bei den Direktanlagen der deutschen Privathaushalte in Aktien ein Rückgang auf 21 % von 26 % zu Beginn der neunziger Jahre zu verzeichnen; vgl. Deutsche Bundesbank, Monatsbericht April 2001, 45, 46
[64] Lease/Lewellen/Schlarbaum, 29 J.Fin. 413 (1974); dies. 51 J. Bus. 299 (1977).
[65] Oehler/Mesel, Die Bank 1990, 560, 564; Schwerdtle, 79.
[66] Hallmann, ZfgK1998, 24, 25; Schwerdtle, 79.
[67] Baum/Breidenbach, WM 1990, Sonderbeilage Nr. 6, 3, 6; Blättchen, 345, 346.
[68] Hallmann, ZfgK 1998, 24, 25.
[69] Schwerdtle, 80.

Transaktionen am Handelsumsatz der internationalen Börsenplätze zum Ausdruck kommt.[70] So wird in Deutschland der Anteil des institutionellen Wertpapierhandels auf ungefähr 80 % des gesamten Handelsvolumens geschätzt.[71] Zudem halten institutionelle Investoren oft erhebliche Anteile an den gehandelten Unternehmen. An der Nasdaq beträgt beispielsweise der Anteil der *Institutional Holdings* an den 10 Unternehmen mit dem stärksten Handelsumsatz im Schnitt über 65 %.[72]
Allerdings bestehen für institutionelle Anleger häufig Investitionsbeschränkungen die den Kauf von ausländischen Wertpapieren erschweren oder gar unmöglich machen.[73]
Insbesondere für amerikanische institutionelle Investoren bestehen Probleme beim Zugang zu einigen europäischen Börsen bzw. beim Kauf europäischer Aktien an deren Heimatbörsen. So unterliegen bspw. staatliche Pensionsfonds, Lebensversicherungsgesellschaften und Kreditinstitute strikten Beschränkungen hinsichtlich ihrer Investitionen in ausländische Aktien. Die Beschränkungen beziehen sich sowohl auf die Qualität der Aktien als auch auf die Anlagewährung.[74] Die Regulierungen variieren stark von Bundesstaat zu Bundesstaat. In der Regel müssen die ausländischen Aktien aber die gleichen Qualitätsmerkmale aufweisen wie amerikanische Aktien. Zudem wird oftmals eine Notierung an einer amerikanischen Börse verlangt. *„Professional Pension Funds“*, die ungefähr 25 % der amerikanischen institutionellen Investoren ausmachen, dürfen z.B. nur in ausländische Aktien investieren, die ein volles NYSE-Listing haben.[75] Weitere 50 % der institutionellen Investoren können ausländische Aktien nur in Form von ADRs[76] halten.[77]
Aber auch deutsche institutionelle Anleger unterliegen Investitionsbeschränkungen. So sind z.B. Pensionskassen und Versicherungsunternehmen verpflichtet, 80 % der Vermögenswerte in den Währungen ihrer Obligationen zu

---

[70] Gerke/Bank/Neukirchen/u.a, 57; Schiereck, AG 1997, 362, 362.
[71] Schwerdtle, 80.
[72] Für 1997: Intel Corp. 62,0 %; Cisco Systems Inc. 77,1%; Sun Microsystems Inc. 65,5 %; Microsoft Corp. 36,7 %; Oracle Systems Corp. 55,1 %; Applied Materials Inc. 58,7 %; MCI CommunicationsCorp. 74,1 %; Tele-Communications Inc. 72,9 %; 3Com Corp. 85,2 %; Dell Computer Corp. 65,7 %; NASD, 1997, 26.
[73] Norton, ZBB 1995, 366, 374; Schiereck, AG 1997, 362, 362.
[74] Buss/Fütterer, Börsen Zeitung, Sonderbeilage „Neuer Markt“, 20.06.1998; Gruson, 22 U.Pa.J. Int'l Econ.L. 185, 191 (2001).
[75] Gruson, 22 U. Pa. J. Int'l Econ. L. 185, 191 (2001).
[76] *American Depositary Receipts*: Von großen US-Banken ausgegebenes und auf den Namen des Kapitalanlegers lautendes Zertifikat über die bei ihnen deponierten Aktien ausländischer Unternehmen. vgl. ausführl. Büschgen, Börsenlexikon, American Depositary Receipts.
[77] Serra, 4.

investieren, d.h. in erster Linie in Euro *(Currency Matching)*.[78] Vor 1994 betrug dieser Anteil sogar 95 %.[79]

(3) Wirkung des erweiterten Anlegerkreises

Die Gewinnung amerikanischer Investoren ist vor allem für nicht-amerikanische Wachstumsunternehmen von besonderem Reiz, da am amerikanischen Kapitalmarkt neben der Emission traditioneller Unternehmen insbesondere auch die Emission junger, technologieorientierter Unternehmen üblich ist und daher bei amerikanischen Investoren eine große Akzeptanz findet. Die Bereitschaft, sich an Unternehmen zu beteiligen, die möglicherweise erst in der Phase der Entwicklung marktfähiger Produkte sind, ist in den USA wesentlich höher als in Deutschland. Insoweit ist bemerkenswert, dass von etwa 50 Mrd. US$, die jährlich am amerikanischen Kapitalmarkt neu investiert werden, allein 30 Mrd. US$ von amerikanischen Privatanlegern stammen.[80]
Institutionelle Investoren wie z.B. Fidelity oder Schroders haben bereits seit den 80er Jahren in den USA spezialisierte *Small-Cap-*[81] und *Growth-Funds*[82] aufgelegt, die international in börsennotierte Wachstumswerte investieren. Die Manager dieser Fonds haben Erfahrung mit den besonderen Eigenheiten von Small-Cap-Aktien, wie z.B. höheren Bewertungs-„*Multiples*" als Aktien von Großunternehmen und begrenzter Liquidität im Sekundärmarkt.[83] Die Investitionen dieser Spezialfonds sind i.d.R. langfristig und die Zusammensetzung der Portfolios ist generell nur in geringem Maße an Indexgewichtungen gebunden. In Deutschland beginnt sich ein solcher Markt für *Small-Cap-Funds* dagegen erst zu etablieren.[84]

Mit der die Schaffung einer breiteren internationalen Aktionärsbasis bezwecken viele Unternehmen auch die Stärkung der Autonomie des Managements. Dieser Effekt resultiert aus der erhöhten Aktienstreuung, wodurch der Einfluss von Großaktionären unwahrscheinlicher wird. Zudem gelten Anleger in auslän-

---

[78] OECD, 78.
[79] OECD, 190.
[80] Liener, FAZ vom 05.10.1993.
[81] Investmentfonds, der Aktien mittlerer und kleinerer Unternehmen umfasst.
[82] Wachstumsfonds, d.h. ein Investmentfonds, der in erster Linie auf langfristiges Kapitalwachstum abstellt und dementsprechend anlegt; oder es wird fast ausschließlich in Wachstumsaktien investiert.
[83] Bewertungs-„*Multiples*" sind z.B. das Kurs-Gewinn-Verhältnis (KGV oder Price/Earnings-Ratio), das *Earnings Before Interest and Taxes* (EBIT), *Earnings Before Interest, Taxes, Depreciation and Amortization* (EBITDA)- oder Umsatz-*Multiple*
[84] Jefcoat, in: Börsenzeitung Sonderbeilage „Neuer Markt", 20.06.1998; Bsp. für große deutsche institutionelle Investoren, die zunehmend einen Branchenfokus mit spezialisiertem Research und Produkten entwickeln, sind DEKA und DIT.

dischen Aktien als mehr rendite- denn kontrollorientiert, so dass ein autonomeres Handeln möglich ist.[85]
Dies gilt allerdings nicht uneingeschränkt, da der Aktienerwerb von institutionellen Anlegern die Handlungsfreiheit des Managements auch erheblich einschränken kann.[86]

Positiv kann sich auch der Umstand auswirken, dass die unterschiedlichen Investorengruppen der Märkte verschiedene Präferenzen haben.
Diese Diversifizierung der Aktionärsstruktur führt dazu, dass sich die Kurse an den verschiedenen Börsen nicht homogen entwickeln und damit Kursverluste an der einen Börse gegebenenfalls durch Kursgewinne an der anderen ausgeglichen werden können. Dadurch lässt sich wiederum die Volatilität der Aktie vermindern.[87]

Schließlich wird in der Literatur darauf hingewiesen, dass durch einen weiten Aktionärskreis und durch die Streuung der Aktien auf verschiedene Börsen ein besserer Schutz gegenüber feindlichen Übernahmen gewährleistet sein kann.[88]
Dieser Schluss ist aber nicht zwingend, da durch eine breite Aktionärsbasis und einen gestückelten Anteilsbesitz die Anzahl der Anleger, die das Management bei einem feindlichen Übernahmeangebot unterstützen würden, sinken kann. Eine Doppelnotierung kann somit u.U. sogar eine feindliche Übernahme erleichtern. Außerdem ist anzumerken, dass Unternehmen die durch ein internationales Doppellisting ihren Bekanntheitsgrad und ihr Prestige im Ausland erhöhen, aus Sicht ausländischer Unternehmen zu attraktiven Übernahmekandidaten werden können.[89]
In der Praxis ist demgemäß auch kein Beispiel bekannt, in dem der ausländische Aktionärsanteil eines Unternehmens eine feindliche Übernahme verhindert hat.

cc) Finanzierungsflexibilität und verbesserte Investitionsmöglichkeiten

Weitere Gründe für eine Auslandsnotierung ergeben sich aus einer erhöhten Finanzierungsflexibilität und verbesserten Investitionsmöglichkeiten. So kann Eigenkapital in der Währung aufgenommen werden, in der es auch für Investitionszwecke benötigt wird. Auch die Fremdkapitalbeschaffung (in der Regel durch Kreditaufnahmen) kann mittels einer Auslandsnotierung erleichtert werden und eventuell zu günstigeren Konditionen erfolgen, da durch die internationale Gestaltung der Aktionärbasis nicht nur der Bekanntheitsgrad,

---

85 Roll/Kilka/Schiereck, DBW 1998, 770, 773 f.
86 Radebaugh/Gebhardt/Gray, 158, 159 f.
87 Liener, FS Semler, 721, 727; Raettig, 247, 253.
88 Gruson, 22 U.Pa.J. Int'l Econ.L. 185, 190 (2001); Küting/Hayn, WpG 1993, 401, 401; Licht, 2000 Colum.Bus.L.Rev. 51, 87 (2000); Roll/Kilka/Schiereck, DBW 1998, 770, 774.
89 Stulz, 4.

sondern auch die Kreditwürdigkeit des Unternehmens steigt. Dies kann darauf zurückgeführt werden, dass mit der Auslandsnotierung das Unternehmen dem Markt signalisiert, bestimmte Zulassungsanforderungen und fortlaufende Standards zu erfüllen, was wiederum das Unternehmensimage erhöht.[90] Aus diesen Effekten resultieren eine höhere Finanzierungsflexibilität des Unternehmens sowie eine größere Unabhängigkeit von strukturellen sowie konjunkturellen Schwankungen des heimischen Kapitalangebotes.[91]

dd) Schaffung eines 24-Stunden-Handels

Durch die Zweitnotierung eines europäischen Unternehmens in den USA verlängert sich dessen „Handelsfenster“, mithin der Zeitraum, in dem die Aktien des Unternehmens gehandelt werden können. Dies erleichtert Wertpapiertransaktionen und ermöglicht den Investoren durch Käufe und Verkäufe die Verwertung von Informationen, die nach Beendigung des Handels in einer Zeitzone bekannt werden. Dadurch kann eine erhöhte Transaktionsbereit-schaft bei den Marktteilnehmern und zusätzliche Liquidität erreicht werden.[92]

b) Marktpolitische Ziele

In marktpolitischer Hinsicht lassen sich durch eine Auslandsnotierung der internationale Bekanntheitsgrad erhöhen, das Image fördern und Marketingstrategien unterstützen.

aa)Erhöhung des Bekanntheitsgrades und Imagegewinn

Ein wichtiger marktpolitischer Grund für eine Zweitnotierung, insbesondere für Unternehmen mit weltweiter Geschäftstätigkeit, kann die Erhöhung des Bekanntheitsgrades und Prestigegewinn sein.[93]
Diese Publizitätswirkung resultiert sowohl aus dem Börsengang an sich, als auch aus der Entscheidung selbst, eine Börsennotierung im Ausland aufzunehmen.
Einem Unternehmen, das sich im Ausland notieren lässt, wird automatisch mehr Aufmerksamkeit in den lokalen Medien und speziell in der Finanzpresse gewidmet. Zum einen wird über die entsprechende Kursentwicklung berichtet, was den Investoren ermöglicht, den Kurs in lokaler Währung zu verfolgen, die Aktie mit nationalen Werten zu vergleichen und sich durch die Berichterstattung

---

90 Hüppauf-Jacober, 97; Liener, FS Semler, 721, 727; Schiereck, AG 1993, 319, 320.
91 Toepfer, 171.
92 Grünbichler/Henke, 37, 46; Schwerdtle, 89.
93 Behr/Laschke, ZfgK 1998, 561, 562.

des Unternehmens in ihrer Sprache ständig zu informieren.[94] Zum anderen wird über die Entwicklung des Unternehmens und seiner Produkte berichtet, woraus positive Impulse für den Produktabsatz folgen können.

Neben solch einer allgemein erhöhten Aufmerksamkeit kann eine Zweitnotierung auch als Signal des Selbstbewusstseins und der wirtschaftlichen Prosperität genutzt werden und damit die Erwartungen der Öffentlichkeit über die zukünftige Entwicklung des Unternehmens positiv beeinflussen. Bringt doch ein solcher Schritt die Überzeugung des Managements zum Ausdruck, auch in Zukunft sämtliche Anforderungen des ausländischen Börsenplatzes zu erfüllen. Wenn diese Anforderungen strenger als diejenigen auf dem Heimatmarkt des Unternehmens sind, signalisiert dies zusätzlich die guten Geschäftsaussichten und wirkt weiterhin positiv auf das Unternehmensimage.[95]
Aus diesem Grund führen derartige Börseneinführungen zu Verbesserungen in der Aktienbewertung[96] und parallel dazu zu einer Senkung der Kapitalkosten.[97]

Schließlich hat nach Aussagen der Vorstände von Emittenten der erhöhte Bekanntheitsgrad auch positive Auswirkungen auf Kunden- und Lieferantenbeziehungen, da so ein breiterer Kreis potentieller Abnehmer erreicht und der Aufbau adäquater Einkaufs- und Vertriebskanäle im jeweiligen Land erleichtert wird. Gleichzeitig wurde ein vereinfachter Umgang mit den lokalen Behörden und eine erhöhte Kooperationsbereitschaft mit ausländischen Unternehmen konstatiert.[98]

bb) Unterstützung von Marketingstrategien

Eine internationale Doppelnotierung kann folglich die Marktanstrengungen des Unternehmens auf den Produktmärkten unterstützen, indem sie neben dem Unternehmen seine Produkte im In- und Ausland bekannt macht und so den Aufbau neuer Vertriebskanäle erleichtert, wovon insbesondere junge Unternehmen profitieren.[99] Zudem wird eine klare Positionierung des Unternehmens

---

[94] Gruson, 22 U.Pa.J. Int'l Econ.L. 185, 188 (2001); Küting/Hayn, WPg 1993, 401, 401; Liener, FS Semler, 721, 726; Paul, ZfBF 1992, 914, 932; Schwerdtle, 85; Siepmann, 18.
[95] Biddle/Saudagaran, 106 ff.; Liener, FS Semler, 721, 726; Roll/Kilka/Schiereck, DBW 1998, 770, 774 f.; Schiereck, AG 1997, 362, 363; Schwerdtle, 96.
[96] So hat bspw. die Aktie der Daimler-Benz AG (jetzt Daimler Chrysler) nach der Ankündigung ihrer Einführung an der New Yorker Stock Exchange eine deutliche positive Kursreaktion gezeigt.
[97] Schiereck, AG 1997, 362, 363; ders. AG 1993, 319, 320.
[98] vgl. auch: Hüppauff-Jacober, 97; Paul, Kredit und Kapital 1993, 91, 101; Schiereck, AG 1993, 319, 320.
[99] Blättchen, ZfgK 1998, 34, 40; Schiereck, AG 1993, 319, 320.

im Ausland ermöglicht und günstigsten falls eine Rückkopplung auf das Kaufverhalten der Investoren im Ausland bewirkt.[100]

Im Rahmen der Produktpolitik kann die Aktie des Unternehmens durch die Publizitätswirkung des Börsengangs im Ausland als Markenartikel etabliert werden,[101] indem (in Verbindung zum Produktmarketing und zur gesamten Unternehmenspolitik) das Image einer unverwechselbaren und gleichbleibend hohen Qualität der Aktie kreiert wird.[102] Auf der anderen Seite kann die Publizitätswirkung des Börsengangs auf der eventuell schon bestehenden Vertrautheit der Anleger mit den Produkten des Unternehmens aufbauen, so dass es zu einer positiven Wechselwirkung zwischen dem Image der Erzeugnisse eines Unternehmens und der Kommunikation seiner Aktien kommt.[103]

Eine Auslandsnotierung erscheint daher besonders interessant für Hersteller von Industrie- und Konsumprodukten.[104] Es ist empirisch feststellbar, dass der Exportanteil eines Unternehmens signifikant mit der Notierungsentscheidung zusammenhängt.[105] Unternehmen, die ihre Produkte verstärkt ins Ausland exportieren, lassen sich eher an einer ausländischen Börse notieren. Auch für deutsche Unternehmen wird das Marketingmotiv zur Erklärung von Auslandsnotierungen herangezogen, bspw. für die Börseneinführung von VW, Bayer und Daimler Benz (nunmehr Daimler Chrysler).[106]

cc) Investor Relations

Die mit dem Doppellisting verbundene erhöhte Publizität und der gesteigerte Bekanntheitsgrad des Unternehmens machen potentielle Investoren verstärkt auf das Unternehmen aufmerksam.

Als Instrument der Kommunikationspolitik kann das Doppellisting daher auch als eine Maßnahme gezielter Investor-Relations-Aktivitäten dienen.[107] Diese können durch Wahl geeigneter Börsenplätze gefördert werden, wenn das Unternehmen dadurch eine größere Nähe zu seinen Investoren bekommt.[108]
Das Unternehmen hat die Gelegenheit, in Präsentationen und Einzelgesprächen mit Finanzanalysten, potentiellen Anlegern und der Presse, die zur Börsen-

[100] Schwerdtle, 93; Siepmann, 18.
[101] Licht, 2000 Colum.Bus.L.Rev. 51, 71 (2000); Süchting, 253.
[102] Kill/Odenthal, ZfgK 1998, 345, 348.
[103] Schwerdtle, 94; Süchting, ZfgK 1986, 654, 658; ferner Baums, Arbeitspapier 6/97, 11.
[104] Paul, ZfBF 1991, 923, 928.
[105] Roll/Kilka/Schiereck, DBW 1998, 770, 775.
[106] Licht 2000 Colum.Bus.L.Rev. 51, 71 (2000); Roll/Kilka/Schiereck, DBW 1998, 770, 775.
[107] Meffert, 735, 742; Siepmann, 42; Süchting, 253; Weber-Thedy, 22, 22.
[108] Gurtner, 18, 18; Siepmann, 43.

notierung im Rahmen einer „Roadshow" veranstaltet werden, den Investoren im In- und Ausland die eigene Aktie als Markenartikel näher zu bringen.[109] Zudem können dabei bspw. falsche Vorstellungen von dem Unternehmen und mangelndes Branchenverständnis abgebaut und so ein negativer Einfluss auf den Aktienkurs ausgeräumt werden.[110]
Nach Aufnahme der Notierung verschafft eine offene und kontinuierliche Kommunikation mit den Investoren dem Unternehmen Glaubwürdigkeit, was zukünftige Eigen- und Fremdkapitalaufnahmen erleichtert.[111] Gerade in den USA ist festzustellen, dass amerikanische Investoren ein hohes Maß an Investor-Relations-Ausrichtung der Emittenten und eine entsprechend intensive Betreuung erwarten.[112]

Im Rahmen der Vertriebspolitik baut sich das Unternehmen durch die Auslandsnotierung neue Distributionskanäle für seine Wertpapiere auf.[113] Dazu gehören einerseits neu etablierte Kontakte zu institutionellen Investoren weltweit, die aufgrund von Anlagebeschränkungen nicht in das Unternehmen investieren konnten. Andererseits zählen dazu neue Beziehungen zu den im Emissionskonsortium vertretenen Investmentbanken, deren Platzierungskraft umso wichtiger ist, je größer der „Vertriebsbereich" für die Aktien ist, z.B. im Fall einer internationalen Platzierung im Rahmen einer Auslandsnotierung.[114] Durch den Aufbau dieser neuen Beziehungen reduziert das Unternehmen seine Abhängigkeit von bisherigen Investoren und Finanzintermediären.[115]

dd) Aktien-Research und Intermediärskompetenz

Eine große Bedeutung bei der Entscheidung über eine internationale Doppelnotierung kommt auch dem Aktien-*Research* zu. Durch die Notierung an einer ausländischen Börse können Aktienanalysten, die in der Regel Branchenexperten von Investmentbanken sind, auf das Unternehmen aufmerksam werden und sog. *Research-Reports* über das Unternehmen veröffentlichen.[116] Diese *Research-Reports* analysieren das Unternehmen im Branchenkontext und geben eine klare Empfehlung für oder gegen eine Investition. Insbesondere für Wachstumsbranchen gibt es in den USA viele dieser hochspezialisierten

---

[109] Paul, ZfBF 1992, 914, 932.
[110] Paul, ZfBF 1991, 923, 924; Schwerdtle, 94.
[111] Kill/Odenthal, ZfgK 1998, 345, 349; Paul, ZfBF 1991, 923, 940.
[112] Rosen/Prechtel, Die Bank 1996, 388, 389; Schwerdtle, 95.
[113] Meffert, 735, 746; Kill/Odenthal, 345, 350.
[114] Süchting 252.
[115] Schwerdtle, 95; Süchting, ZfgK 1986, 654, 658.
[116] Rosen/Prechtel, Die Bank 1996, 388, 389; Schwerdtle, 83.

Research-Analysten, die zu einer professionellen Unternehmensanalyse und -bewertung in der Lage sind.[117]
Anders ist die Situation in Europa, wo die meisten Banken und Brokerhäuser aus Rationalisierungsgründen ihre Researchaktivitäten auf Standardwerte und einige umsatzstarke Nebenwerte beschränkt haben.[118] Außerdem erhöhen in Europa die derzeit noch verwendeten unterschiedlichen Rechnungslegungsvorschriften die Analysekosten und schränken zugleich die internationale Verwendbarkeit der Analyseergebnisse ein.[119]
Daher sind auch nicht-amerikanische Unternehmen daran interessiert, durch die Notierung an einer US-Börse eine *Research-Coverage* in den USA mit positiver Empfehlung der spezialisierten Analysten zu bekommen, um so die Attraktivität der eigenen Wertpapiere für einen größeren Kreis von Anlegern zu erhöhen.

ee) Abbau von Informationsasymmetrien

Die Aufnahme einer Zweitnotierung in den USA ist mit einer Rechnungslegung des Unternehmens nach US-GAAP oder der Erarbeitung zusätzlicher Überleitungsrechnungen verbunden.
Da nach US-GAAP mehr Informationen veröffentlicht werden müssen als z.B. nach deutschem HGB, ist die US-Notierung mit einem Abbau von Informationsasymmetrien verbunden, wodurch es privaten und institutionellen Anlegern leichter fällt, die doppelt notierten nicht-amerikanischen Unternehmen mit US-Werten aus demselben Sektor zu vergleichen. So hat bspw. die Daimler-Benz AG (seit 1998 Daimler Chrysler) im Rahmen der Notierungsaufnahme an der NYSE im Oktober 1993 ihre Finanzdaten nach US-GAAP veröffentlicht und musste danach für das Geschäftsjahr 1993 nach US-GAAP einen Verlust von 1,8 Mrd. DM (ca. 0,92 Mrd. €) ausweisen, während sie nach HGB-Vorschriften einen Gewinn nach Steuern von 615 Mio. DM (ca. 314,44 Mio. €) verbuchen konnte.[120]
Zwar bilanziert seit 2002 kein Unternehmen der Indizes Dax und MDAX mehr nach dem HGB.[121] Allerdings bestehen auch hinsichtlich der IFRS-Bilanzierung etliche Unterschiede. Nach den IFRS-Vorschriften müssen seit 2005 grundsätzlich alle kapitalmarktorientierten Mutterunternehmen in Europa bilanzieren.[122] Eine Übergangsfrist bis 2007 soll nur für diejenigen Unternehmen gelten, deren Wertpapiere auf Grund der Anwendung internationaler

---

[117] Wall, ZfgK 1998, 22, 23.
[118] o.V., Capital 1998, 204, 221; Schwerdtle, 83.
[119] Kaufmann/Kokalj, 73.
[120] Lilja, 92; Schwerdtle, 84.
[121] Dürr/Zwirner, Betrieb und Wirtschaft 2002, 316, 317.
[122] Verordnung (EG) Nr. 1606/2002 des Europäischen Parlaments und des Rates vom 19.07.2002 betreffend die Anwendung internationaler Rechnungslegungsstandards ABl. Nr. L 243 vom 11.09.2002, S. 1.

Standards zum öffentlichen Handel in einem Nichtmitgliedstaat zugelassen sind. Zwar haben der IASB und der FASB im sog. *Norwalk Agreement* vom 29.10.2002 ihren Willen und ihre gegenseitige Bereitschaft signalisiert, die bestehenden Regelungsdifferenzen zwischen den US-GAAP und den IFRS zu eliminieren. Dieses Ziel ist jedoch derzeit vollständig noch nicht erreicht.[123]
Bis zur Vereinheitlichung der Bilanzierungsmethoden führt daher primär die mit der Zweitnotierung verbundene Rechnungslegung nach US-GAAP bzw. der Erarbeitung von Überleitungsrechnungen zu einem Abbau von Informationsasymmetrien, wodurch die Transaktionsbereitschaft der Marktteilnehmer und die Liquidität des Handels erhöht werden. Diese Schlussfolgerung lässt eine empirische Studie von Leuz und Verrecchia (1999) zu, die zeigt, dass Unternehmen, die ihre Rechnungslegung von deutschem HGB auf IAS oder US-GAAP umgestellt haben, geringere *Bid-Ask-Spreads* und höhere Handelsvolumina haben als Unternehmen, die nach deutschem HGB bilanzierten.[124]

c) Personalpolitische Ziele

Neben den finanzwirtschaftlichen und marktpolitischen Kriterien können auch personalpolitische Aspekte eine wichtige Rolle bei der Entscheidung für eine Doppelnotierung im Ausland sein.

aa) Erhöhung der Mitarbeitermotivation und langfristige Bindung

Viele Unternehmen streben an, dass ihre Mitarbeiter sich mit dem Unternehmen identifizien, um sie langfristig an das Unternehmen zu binden und ihre Motivation bei der Erfüllung ihrer Aufgaben zu erhöhen.[125] Dies kann unter anderem durch die Verbreitung von Belegschaftsaktien und Aktienoptionen unter den Mitarbeitern gefördert werden.[126] Allerdings können solche Aktien für Mitarbeiter nur dann wirklich interessant sein, wenn sie die Möglichkeit haben, deren Kurs in lokaler Währung zu verfolgen sowie die Aktien an lokalen Kapitalmärkten zu handeln. Die Auslandsnotierung bietet den Unternehmen eine Möglichkeit diese Anforderungen zu verwirklichen. So werden die Dividenden in der Landeswährung ausgezahlt und die Wertentwicklung wie auch die Unternehmensergebnisse sind für die Mitarbeiter ohne weiteres nachvollziehbar.

---

[123] vgl. Lüdenbach, 31; Zweifel an der Anerkennung durch die SEC und FASB aufgrund der stark divergierenden Regelungsphilosophien hegen Achleitner/Behr, 23; Busse von Colbe, BB 2002, 1530, 1530.
[124] vgl. Leuz/Verrecchia, 2.
[125] Behr/Laschke, ZfgK 1998, 561, 562; Prechtel/Schätzle, 287, 291.
[126] Küting/Hayn, WPg 1993, 401, 401; Raettig, 247, 251.

Belegschaftsaktien können zudem die Aktienkursstabilität stärken, da voraussichtlich die eigenen Mitarbeiter insbesondere in kritischen Marktsituationen die Aktien ihres Unternehmens halten und somit den Kurs stützen werden.[127]

bb) Rekrutierung von hochqualifizierten Mitarbeitern

Darüber hinaus kann die Auslandsnotierung dem Unternehmen die Rekrutierung von hochqualifizierten Fach- sowie Führungskräften erleichtern, die notwendig sind, um ambitionierte strategische Unternehmensziele zu erreichen und damit auch am Kapitalmarkt zu bestehen.[128] Dies lässt sich darauf zurückführen, dass die Auslandsnotierung das Image des Unternehmens verbessert sowie eine langfristige Bindung an das Land und den Kapitalmarkt signalisiert.[129] Bspw. lässt sich die große Bedeutung dieses Aspekts in Japan verstärkt beobachten, da japanische Mitarbeiter besonderen Wert darauf legen, bei einem Unternehmen möglichst lebenslang tätig zu sein.[130]
Auch in den USA spielt die Ausgabe von Belegschaftsaktien insbesondere an stark umworbene Führungskräfte und Know-how Träger eine überragende Rolle, da ohne solche Mitarbeiterprogramme amerikanische Spezialisten heutzutage kaum zu werben sind.[131] So wurden im Jahr 2001 58 % der Managerentlohnung in den USA in Form von Aktienoptionen gezahlt.[132]

d) Unternehmensstrategische Aspekte

aa) Internationalisierung

Für multinationale Unternehmen kann die ausländische Zweitnotierung auch als Bestandteil eines Entwicklungsprozesses im Rahmen einer Internationalisierungsstrategie verfolgt werden. Dementsprechend versteht das *Finance-follows-Trade*-Stufenmodell die internationale Börseneinrichtung als logischen letzten

---

[127] Roll/Kilka/Schiereck, DBW 1998, 770, 775; Toepfer, 76 f.
[128] Behr/Laschke, ZfgK 1998, 561, 562; Küting/Hayn, WPg 1993, 401, 401; Prechtel/Schätzle, 287, 287; vgl. auch Orlando Ayala (Leiter der Gruppe für Worldwide Sales, Marketing und Services bei Microsoft): *„Wenn ich ... nicht stolz (auf Microsoft) wäre, würde ich nicht für dieses Unternehmen arbeiten.“* , o. V., SPIEGEL ONLINE vom 22.04.2002.
[129] Licht 2000 Colum. Bus.L.Rev. 51, 72 (2000); Paul ZfBF 1991, 923, 937.
[130] Liener, FS Semler, 721, 727; Paul, ZfBF 1992, 914, 933.
[131] Raettig, 247, 251; Schwerdtle, 99.
[132] Hillenbrand, SPIEGEL ONLINE vom 22.07.2002.

Schritt nach dem Export, dem Aufbau von Vertriebsgesellschaften sowie Direktinvestitionen im Ausland und den damit verbundenen finanziellen Aktivitäten.[133]

bb) Auslandsgründungen, Akquisitionen

Zum Schutz der eigenen Wirtschaft haben viele Länder Besitzvorschriften, die einheimischen Unternehmen eine bevorzugte Nutzung der Wirtschaftsmöglichkeiten einräumen. Neben der Bildung eines Joint Ventures mit ansässigen Unternehmen stellt eine Notierung an der Börse des betreffenden Landes eine Alternative dar, mit der das Unternehmen sowohl die Besitzverhältnisse einhalten als auch verhindern kann, dass die Kontrolle über eigene Technologien an Joint Venture-Partner preisgegeben wird.[134]

Da die Unternehmensaktien im Falle einer Auslandsnotierung jeweils den lokalen Regulierungsanforderungen genügen, führt dies auch zu einer verbesserten Position des Unternehmens bei der Durchführung von Fusionen.
Zudem resultieren nach Angaben von Unternehmensvorständen aus dem höheren Bekanntheitsgrad durch das Doppellisting häufig auch interessante Angebote für Akquisitionen.[135]
Des Weiteren schafft eine internationale Doppelnotierung eine „Akquisitionswährung" in Form der im Ausland notierten Aktien, die bei Übernahmen oder Fusionen von oder mit ausländischen Unternehmen förderlich sein kann.[136] Ein Beispiel dafür ist die Fusion von Daimler Benz und Chrysler, die durch die vorhergehende NYSE-Notierung der Daimler-Benz-Aktien zumindest erleichtert, wenn nicht sogar ermöglicht, wurde.[137]

e) Sonstige Aspekte

Wie bereits erwähnt, muss ein doppelt gelistetes Unternehmen gleichzeitig zwei Zulassungsverfahren durchlaufen sowie die Zulassungskriterien und Folgepflichten beider Börsenplätze erfüllen. Dies ist naturgemäß mit sehr hohen Kosten und einem erheblichen Beratungsaufwand verbunden.
So ist der Börsengang in den USA durch zahlreiche Reglementierungen seitens der Börsen und der amerikanischen Börsenaufsichtsbehörde SEC wesentlich komplizierter und kostenintensiver als hierzulande.

---

133 Licht 2000 Colum.Bus.L.Rev. 51, 75 f. (2000); Roll/Kilka/Schiereck, DBW 1998, 770, 776.
134 Roll/Kilka/Schiereck, DBW 1998, 770,776.
135 Behr/Laschke, ZfgK 1998, 561, 562; Schwerdtle, 99.
136 Gruson, 22 U.Pa.J. Int'l Econ.L. 185, 190 (2001); Licht 2000 Colum.Bus.L.Rev. 51, 71 (2000); Toepfer, 172.
137 Achleitner, 275; Coffee, 93 Nw.U.L.Rev. 641, 676 (1999).

aa) Kosten der Zweitnotierung

Die mit der Aufnahme einer Zweitnotierung im Ausland verbundenen Kosten, die bei der Listingentscheidung in Betracht gezogen werden müssen, lassen sich in direkte und indirekte Kosten unterteilen.

(1) Direkte Kosten

Unter direkten Kosten werden hier Kostenarten aufgeführt, die sich quantitativ beziffern und konkret zurechnen lassen. Hierzu zählen die Notierungskosten in Form der Zulassungs- und jährlichen Notierungsgebühren. Des Weiteren fallen Verwaltungskosten für die Erstellung der bei der Zulassung benötigten Dokumente an, wobei die Druck-, Übersetzungs- und Anwaltskosten eng mit dem Grad der Rechnungslegungsanforderungen verbunden sind. Im Gesamtkontext sind diese Kosten jedoch eher als unbedeutend anzusehen. Darüber hinaus entstehen durch immer umfangreicher gestaltete Werbe- und Investor-Relations-Programme bei der Börseneinführung in erheblichem Umfang Kosten für Prospekte, Road-Shows, Zeitungsanzeigen und Pressekonferenzen. Ein weiterer wesentlicher Aspekt zur Beurteilung der Vorteilhaftigkeit einer Auslandsnotierung sind insbesondere bei Zweitnotierungen an Börsen mit strengeren Rechnungslegungsstandards die Kosten für die Anpassung des innerbetrieblichen Dokumentationswesens.[138] Diese Kosten resultieren aus den Unterschieden der Rechnungslegungs- und Buchführungsgewohnheiten, den Mitteilungs- und Zulassungsanforderungen sowie gesetzlichen Beschränkungen zwischen dem Ausland und dem Heimatland.

(a) einmalige Kosten

Zu den direkten Kosten zählen folgende einmalige Belastungen:
Listing und Zulassungsgebühren am Bsp. der Nasdaq: Die Listinggebühr für eine Notierungsaufnahme an der Nasdaq beträgt z.B. 5.000 US$. Zudem muss eine *Entry Fee* bezahlt werden, die sich aus der Anzahl der ausstehenden Aktien des Unternehmens errechnet. Für den Nasdaq National Market liegt die *Entry Fee* zwischen 30.000 US$ und 90.000 US$, für den Nasdaq Small-Cap Market zwischen 1.000 US$ und 5.000 US$.[139] Im Fall einer Notierungsaufnahme in Form von ADRs wird statt der Listinggebühr eine *Participation Fee* von 2.000 US$ fällig. Außerdem muss eine Zulassungsgebühr gezahlt werden, die für den Nasdaq National Market und Small-Cap Market zwischen 500 US$ und 6.000 US$ liegt.

---

[138] Roll/Kilka/Schiereck, DBW 1998, 770, 776.
[139] Schwerdtle, 101.

Darüber hinaus entstehen oft sehr hohe Kosten für die Rechtsberatung im Ausland.[140]

Grundsätzlich fallen auch Kosten für die Erstellung eines fremdsprachigen Emissionsprospekts an. Da Unternehmen der Segmente Prime Standard und General Standard jedoch ohnehin Publikationen sowohl in deutscher als auch in englischer Sprache erstellen müssen, entstehen derartige Kosten nur für ausländische Firmen, die sich zusätzlich am deutschen Kapitalmarkt notieren lassen wollen oder für Unternehmen, die nur einer Deutsch-sprachigen Publikationspflicht unterliegen (DAX-Unternehmen).

Kosten entstehen auch durch die Umstellung der Rechnungslegung. Wie bereits dargetan,[141] wird dieser Aspekt dann verstärkt zu berücksichtigen sein, wenn mit der SEC und FASB keine Einigung über die Akzeptanz der IFRS in den USA erzielt werden kann. Dann muss spätestens ab 2007[142] für eine Zweitnotierung in den USA eine zusätzliche Bilanzierung nach US-GAAP oder die Erarbeitung zusätzlicher Überleitungsrechnungen für den amerikanischen Kapitalmarkt erfolgen. Unternehmen mit einer Erstnotierung in den USA müssen dann umgekehrt eine zusätzliche Bilanzierung nach IFRS vorweisen.

Schließlich werden die bei einer Emission von ausländischen Gesellschaften in den USA herausgegebenen Aktien in der Regel mit der Auflegung von speziellen Aktienzertifikaten (*American Depositary Receipts-Programme*) verbunden, für die ebenfalls zusätzliche Kosten zu veranschlagen sind.

(b) fortlaufende Kosten

Darüber hinaus entstehen folgende fortlaufende Kosten:

Es müssen Gebühren für den Börsenhandel gezahlt werden. An der Nasdaq muss z.B. eine jährliche Gebühr bezahlt werden, die sich aus Art und Anzahl der ausstehenden Wertpapiere des Unternehmens errechnet und zwischen 10.000 US$ und 50.000 US$ pro Jahr beträgt.[143]

Es entsteht ein zusätzlicher Investor-Relations-Aufwand im Hinblick auf die Investoren im Auslandsmarkt, z.B. Kosten für zusätzliches Personal, Reisen und Präsentationen.

Ferner ist ein höherer Kostenaufwand aufgrund strengerer Publizitätspflichten, z.B. den SEC-Berichterstattungspflichten in den USA, zu berücksichtigen.

---

140 Schwerdtle, 163.

141 Siehe S. 37

142 vgl. Art. 9 Verordnung (EG) Nr. 1606/2002 des Europäischen Parlaments und des Rates vom 19.07.2002 betreffend die Anwendung internationaler Rechnungslegungsstandards, ABl. Nr. L 243 vom 11.09.2002, S. 1.

143 Olson/Nelson, SG022 ALI-ABA 251, 261 (2001).

(2) Indirekte Kosten

Unter indirekten Kosten sind solche Aufwendungen zu verstehen, die sich nicht unmittelbar zuordnen lassen. Sie entstehen bspw. durch das Einhalten von festen Bilanzregeln. Problematisch ist, dass sie in der Regel schwer quantifizierbar sind.
So haben kürzere Berichtzeiträume zur Folge, dass die Fähigkeit des Unternehmens, langfristige strategische Entscheidungen zu treffen, eingeschränkt wird. Zusätzliche partielle Mitteilungspflichten, wie Länder- und Branchenaufteilung der Geschäftstätigkeit, geben unternehmensinterne Informationen preis. Daher kann die geforderte Segmentberichterstattung eine entscheidende Hürde für eine Auslandsnotierung sein. So melden z.B. japanische Firmen, dass sie durch die erforderlichen erweiterten Mitteilungspflichten an amerikanischen Börsen am Heimatmarkt Wettbewerbsnachteile empfinden.[144]
Weitere schwer quantifizierbare Kosten entstehen den Unternehmen in Form von regulatorischer Unsicherheit. Das Umfeld im Ausland unterscheidet sich nicht nur vom Heimatmarkt, sondern die ausländischen Vorschriften können sich jederzeit verändern.[145] Dadurch fügt die Auslandsnotierung den zukünftigen Aussichten des Unternehmens einen Unsicherheitsfaktor hinzu, der zu Kursabschlägen führen kann.[146] Da die Vorschriften der Auslandsbörse global für das Unternehmen gelten, muss es sich auch auf dem Heimatmarkt danach richten. Das Unternehmen kann damit den Behörden und Gesetzen der ausländischen Gerichtsbarkeit und Überwachungsinstitutionen unterliegen. So sind nach amerikanischem Recht Werbekampagnen für Neuemissionen von Aktien während der Zeichnungsperiode verboten, weshalb ein in den USA notiertes Unternehmen in dieser Zeit auch auf dem Heimatmarkt nicht werben darf.[147]

bb) Haftungsverhältnisse und strafrechtliche Sanktionen

Nach dem Erlass des *Sarbanes-Oxley Acts of 2002* (*SOA 2002*) gilt für Unternehmensvorstände und Finanzmanager eine verschärfte Haftung, wenn das Unternehmen am amerikanischen Markt notiert ist.[148] Sie müssen mit ihren Unterschriften bescheinigen, dass die vorgelegten Abschlüsse akkurat sind und den gesetzlichen Vorschriften entsprechen. Wenn die Ergebnisse zu einem späteren Zeitpunkt nach unten korrigiert werden, können sie ihre Gewinne aus Aktienoptionen und Bonuszahlungen verlieren.

---

144 Roll/Kilka/Schiereck, DBW 1998, 770, 777.
145 So wurde der *Sarbanes Oxley Act of 2002* innerhalb von nur 8 Wochen verabschiedet.
146 Mansch/Stolberg/Wysocki, WPg 1995, 185, 186.
147 Roll/Kilka/Schiereck, DBW 1998, 770, 777.
148 vgl. ausführl.: Kersting, ZIP 2003, 233 ff.; Schwarz/Holland, ZIP 2002, 1661, 1666 ff.

Wenn ihnen dabei Wertpapierbetrug nachgewiesen wird, droht ihnen überdies eine Gefängnisstrafe von bis zu 25 Jahren, *sec. 807(a) SOA 2002*. Die absichtliche Täuschung von Anlegern sowie die Vernichtung von Dokumenten werden mit Strafen von bis zu 20 Jahren belegt, *sec. 1520(b) SOA 2002*. Außerdem wird den Managern untersagt, Aktien des Unternehmens in einer Zeit zu verkaufen, in der es anderen Mitarbeitern der Gesellschaft nicht möglich ist. Darüber hinaus schränkt das neue Gesetz die bisher weitverbreitete Praxis der Gewährung umfangreicher Kredite der Unternehmen an die Manager stark ein. Ferner setzen sich die Unternehmen selbst und auch deren Vorstände im Falle betrügerischer Aktionen einer persönlichen Haftung aus. Gleichzeitig sind die Verjährungsfristen für Schadensersatzklagen wegen betrügerischer Aktionen von Unternehmen von einem bis auf fünf Jahre verlängert worden, *sec. 804(b) SOA 2002*. Besonders kritisch aus Sicht der Unternehmen ist dabei, dass es bei Klagen nach amerikanischem Recht oft um erheblich höhere Schadensersatzsummen als in Europa geht.[149]
Da das Gesetz auch ausländische Firmen erfasst, die am amerikanischen Markt gelistet sind, werden diese im Vergleich zum deutschen Recht erheblich schärferen Haftungsverhältnissen und strafrechtlichen Sanktionen ausgesetzt. Diese Aspekte haben eine wesentliche Bedeutung für die Entscheidung, ob ein Einstieg in den amerikanischen Kapitalmarkt vorteilhaft ist.[150]

cc) Handelstechnische Aspekte

Problematisch ist ferner, dass sich das Handelsvolumen beim Doppellisting auf mehrere Handelsplätze verteilt, es aber nicht größer wird. Der bei weitem größere Anteil wird dabei weiterhin an den Heimatbörsen gehandelt, da ausländische Firmen regelmäßig nicht in den Indizes enthalten sind, an denen sich viele Fondsmanager orientieren.

Zwar mögen Neuemissionen vor allem an der Nasdaq in einigen Fällen spektakuläre Preise erzielt haben, empirisch betrachtet werden aber häufig gerade ausländische Wertpapiere in den USA unterbewertet. Grund dafür ist, dass Investmentbanken ausländische Werte jedenfalls dann schwieriger platzieren können, wenn das ausländische Unternehmen im Vergleich zu einem einheimischen Konkurrenten weniger bekannt ist. Die Emissionshäuser machen dann einen Abschlag gegenüber der Bewertung amerikanischer Vergleichsunternehmen, um den Anlegern einen zusätzlichen Kaufanreiz zu bieten. In diesen

149 Gerke, zit. nach o. V., n-tv.de vom 14.08.2002.
150 Namentlich der deutsche Autohersteller Porsche entschied sich aufgrund dieser Regelungen gegen ein Listing in den USA, Pressemitteilung des Unternehmens vom 16.10.2002, www.porsche.de unter „Investor Relations“.

Fällen ist der Aktienpreis an der Nasdaq geringer als der Preis, den das Unternehmen durch einen Börsengang im Heimatmarkt erzielen könnte.[151]

Zu berücksichtigen ist auch, dass deutsche Unternehmen bisher häufig Inhaberaktien ausgegeben haben,[152] diese aber zum Handel an der Nasdaq nicht zugelassen werden.
Gesellschaftsrechtlich ist zwar auch in den USA durch den *Uniform Commercial Code* die Ausgabe von Inhaberaktien zulässig. Sie gelten aber wegen der Anonymität der Aktionäre als „anrüchig", da sie z.B. Möglichkeiten zu Steuerhinterziehung, Geldwäsche und verdecktem Erwerb maßgeblicher Beteiligungsquoten eröffnen. Sie werden daher von amerikanischen Unternehmen kaum eingesetzt.[153] Vor allem aber sind bislang alle Versuche, Inhaberaktien direkt zum Börsenhandel zuzulassen, faktisch gescheitert.
Inhaberaktien werden nur mittelbar in Form sogenannter *American Depositary Receipts* (ADRs) oder *Global Depositary Receipts* (GDRs) gehandelt, weshalb eine Umwandlung der Inhaberaktien in ADRs oder GDRs erforderlich ist.[154] Dabei erwirbt eine Depotbank einen Bestand an Inhaberaktien, wird also selbst bzw. in Person eines Treuhänders Aktionär, und verbrieft Anteile an diesem Bestand in Form von Namenszertifikaten, den ADRs oder GDRs, die den Anforderungen der Börse genügen. Diese Zertifikatslösung ist sowohl kosten- als auch zeitintensiv und bedarf zudem genauer Kenntnisse des ADR-Programms und des Umwandlungsverfahrens. Letztlich ist mit der Zertifikatslösung auch nur eine mittelbare Eigentümerstellung erreichbar, die mit Rechtsunsicherheiten, Fungibilitätseinschränkungen und weiteren Nachteilen verbunden ist, was der Kapitalmarkt mit einem Sicherheitsabschlag quittiert.

Schließlich können Käufe bzw. Verkäufe von Aktien an der Nasdaq sehr teuer sein. In weniger liquiden Werten, und das sind viele ausländische Gesellschaften mit kleinen Emissionsvolumina, sind weite Spannen zwischen Bid- und Ask-Preisen keine Seltenheit, weil die *Market Maker* an der Nasdaq ihre Monopolstellung ausnutzen können.[155]

dd) Beratungsaufwand

Bei einem Doppellisting müssen gleichzeitig zwei Zulassungsverfahren durchgeführt werden, die jeweiligen Zulassungsvoraussetzungen sind kumulativ

[151] Francioni/Böhnlein, 255, 258.
[152] Allerdings bedienen sich seit Ende der 90er Jahre zunehmend auch deutsche Unternehmen Namensaktien, wie bspw. die Deutsche Telekom AG und die Lufthansa.
[153] Wunderlich/Labermeier, 143, 144 ff.
[154] Diese Lösung haben daher auch ca. 95 % aller ausländischen Unternehmen mit einer US-Börsennotiz gewählt. Vgl. Wunderlin, 387.
[155] Francioni/Böhnlein, 255, 259.

zu beachten. So ist der Börsengang in den USA durch zahlreiche Reglementierungen seitens der Nasdaq und der Aufsichtsbehörde SEC wesentlich komplizierter und kostenintensiver als hierzulande. Auch weichen Eigentums- und Haftungsverhältnisse von der deutschen Rechtslage ab.
Beispielsweise müssen nach dem *SOA 2002* an amerikanischen Börsen gelistete Unternehmen gewährleisten, dass in ihrem Aufsichtsrat auch unabhängige und fachkundige Rechnungsprüfer sitzen. Dies kommt allerdings mit dem deutschen Mitbestimmungsrecht in Konflikt, welches keine wirklich unabhängigen Mitglieder im Aufsichtsrat vorsieht. Das Gremium großer Unternehmen muss nach deutschem Recht vielmehr paritätisch mit Vertretern der Arbeitnehmer und Anteilseigner besetzt werden.[156]
Ferner erlaubt das Gesetz den Ermittlern der SEC grundsätzlich von ausländischen Unternehmen die Herausgabe von Akten zu verlangen und Zeugen zu befragen, was einer „Welt-Börsen-Polizei“ gleichkommt, die allerdings allein von der amerikanischen Politik kontrolliert wird.[157] Dementsprechend sind nach entsprechender Kritik diese Vorschriften inzwischen durch verschiedene SEC Ausführungsregelungen modifiziert wurden.[158]

Insgesamt zeigt sich, dass Unternehmen dadurch, dass sie bei einer Doppelnotierung in zwei verschiedenen Rechtsrahmen agieren, einen erheblich größeren Beratungsbedarf und –aufwand haben.[159] Demzufolge stellt sich die Deckung des Beratungsbedarfs als ein nicht zu vernachlässigender Kosten- und Zeitfaktor dar, der u.U. auch etliche Mitarbeiterkapazitäten beansprucht.

2. Fazit

Unter Abwägung oben genannter Vor- und Nachteile stellt sich ein Doppellisting nur dann als sinnvoll dar, wenn bestimmte Voraussetzungen durch ein Unternehmen erfüllt werden.

Das Unternehmen muss sich mit innovativen Produkten und guten Wachstumsaussichten positiv von den einheimischen Wettbewerbern im Kapitalmarkt abheben können.
So sollte das Unternehmen bereits vor dem Auslandsbörsengang dort geschäftlich tätig sein und auch signifikante Umsätze aufweisen. Außerdem sollten Produkte mit Absatzpotential zur Ausweisung des Auslandsgeschäfts

---

[156] Matthäus, manager-magazin vom 11.08.2002; Nach europäischer Kritik aus Wirtschaft und Politik hat die SEC jedoch eingelenkt und die eingeschränkte Anwendbarkeit dieser Regelung klargestellt. Vgl. Lanfermann/Maul, BB 2003, 349, 350.
[157] Matthäus, manager-magazin vom 11.08.2002.
[158] vgl. Lanfermann/Maul, BB 2003, 349, 350.
[159] Francioni/Böhnlein, 255, 257.

vorhanden sein. Je internationaler das Unternehmen ist, desto größer ist die Chance, von den ansässigen Investoren wahrgenommen zu werden.
Für ein deutsches Unternehmen ist es günstig, wenn es eine amerikanische Tochter oder Holding hat, die als Emittentin der Aktien fungiert. Dadurch können an der US-Börse amerikanische Originalaktien registriert und gehandelt werden, wodurch das Unternehmen den Zwang zur Auflage eines ADR-Programms und den damit einhergehenden Kosten umgehen kann.
Die Gesellschaft muss schon beim Börsengang eine gewisse Unternehmensgröße aufweisen. So sollte das Emissionsvolumen bei einer Notierung an der Nasdaq mindestens 25 Mio. US$ betragen. Unterhalb dieser Grenze ist es kaum möglich institutionelle Investoren für ein Engagement in der Aktie zu interessieren. Die Gefahr der Illiquidität und der Kursbeeinflussung bei Blockverkäufen ist vielen Anlegern unterhalb dieses Emissionsvolumens zu groß.[160]
Für die Unternehmen selbst ist eine derartige finanzielle Ausstattung notwendig, da die Auslandsnotierung mit hohen Fixkosten verbunden ist und die Kapitalkosten der Eigenmittelfinanzierung proportional geringer werden, je mehr Kapital über die Börse aufgenommen wird.
Für Wachstumsbranchen bedeutet eine Auslandsnotierung gerade in den USA eine Chance einfacher als im Inland Kapital aufnehmen zu können. Allerdings kann die grundsätzlich erhöhte Investitionsbereitschaft amerikanischer Anleger nicht das Erfordernis einer bereits bestehenden Wettbewerbsfähigkeit des Emittenten und eines angemessenen Emissionsvolumens ersetzen. Gerade bei der derzeitigen Unsicherheit am Kapitalmarkt und dem geringen Anlegervertrauen sind diese Aspekte wichtig, um eine zusätzliche Auslandsnotierung erfolgreich durchführen zu können.

Zusammengefasst erscheint eine Doppelnotierung nur für wettbewerbsfähige Unternehmen sinnvoll, die ein beachtliches Emissionsmindestvolumen aufweisen und ihre internationale Ausrichtung sei es im Mitarbeiter- oder Marketingbereich ausbauen wollen.

---

[160] Francioni/Böhnlein, 255, 259.

C. Das Rechtsproblem

Die wachsende Verflechtung der Wertpapiermärkte und die Schaffung von Offshore-Märkten erweitern zwar für Unternehmen wie Investoren die Möglichkeiten hinsichtlich ihrer Finanzmarktaktivitäten, daneben haben sie aber für die jeweiligen staatlichen Gerichte, Behörden, nationalen Gesetzgeber und Rechtsanwender zunehmend schwerer lösbare Probleme zur Folge.[161]
Doppelt gelistete Unternehmen sind dadurch gekennzeichnet, dass sie allein schon aufgrund ihrer Notierung an Börsen unterschiedlicher Länder verschiedenen Rechtsordnungen unterworfen sind. Wertpapiere desselben Unternehmens können sowohl diesseits als auch jenseits des Atlantiks von inländischen wie von ausländischen Investoren erworben werden.

Für den Konfliktfall folgt daraus, dass sich eine mögliche Haftung grundsätzlich nach zwei verschiedenen Rechtsordnungen beurteilt.
Für den geschädigten Anleger stellt sich in diesem Zusammenhang die Frage, in welchem Land ihm überhaupt ein Anspruch zusteht bzw. welche Rechtsordnung ihm einen umfassenderen Schutz bietet.
Diesbezüglich zu berücksichtigende Aspekte sind insbesondere denkbare Anspruchsgrundlagen, Anforderungen an die Tatbestandsseite, der Umfang des Schadensersatzes sowie verfahrensrechtliche Vorteile, wie bspw. das gemeinsame Vorgehen vor Gericht.

Lässt sich ein weitergehender Anlegerschutz in dem Land eruieren, wo jedenfalls einer der Beteiligten nicht unmittelbar dem judikativen oder administrativen Zugriff der Gerichte bzw. Behörden des Staates unterliegt, in dem die Papiere emittiert oder gehandelt werden, oder wo der Bezug zu dieser Rechtsordnung nur durch die Zweitnotierung geschaffen wurde, greift die lediglich territoriale Anwendung nationaler Regelungen regelmäßig zu kurz.

Nun können territorial gebundene Normsetzer und Rechtsanwender auf die Normgebung bzw. -anwendung verzichten und auf die Herausbildung internationaler Verhaltenskodizes und die Selbstregulierungskräfte des Marktes hoffen. Unabhängig von der Frage, ob Selbstregulierungsinstitutionen überhaupt in der Lage sind, staatliche Aufsicht zu ersetzen, ist dieser Ansatz jedenfalls derzeit keine ernsthaft zu diskutierende Lösung, weil derartige Entwicklungen erst in den Anfängen stehen[162] und daher zumindest momentan einen effektiven Anlegerschutz nicht gewährleisten können.

---

[161] Austin, 228; Baum/Breidenbach, WM 1990, Sonderbeilage Nr. 6, 3, 7; Lamfalussy, Ausschuss der Weisen, 13.

[162] So gelten bspw. erst seit 01.09.2002 die Going Public Grundsätze, die einen Schritt in Richtung internationale Standards markieren.

Auch der Versuch, bi- bzw. multilateral eine Lösung in der Zusammenarbeit mit den nationalen Rechtsanwendern der anderen beteiligten Kapitalmärkte zu finden, stellt zurzeit keine gangbare Alternative dar. Eine umfassende Rechtsvereinheitlichung der verschiedenen Kapitalmarktordnungen ist für die Zukunft wünschenswert, aber in absehbarer Zeit jedenfalls außerhalb der EG kaum realisierbar, so dass auch dieser Ansatz im Zusammenhang mit Anlegerschutzfragen derzeit nicht fruchtbar gemacht werden kann.
Daher ist, wie bislang überwiegend praktiziert, unilateral anzusetzen und das eigene Recht extraterritorial anzuwenden.
Die extraterritoriale Anwendung des eigenen Kapitalmarktrechts führt allerdings regelmäßig zu Souveränitätskonflikten mit den betroffenen anderen Staaten, wenn diese entgegenstehende Rechtssätze erlassen haben, die anderen Ordnungsvorstellungen folgen. Dies gilt vor allem im Verhältnis zwischen dem an Publizität (*disclosure*) orientierten amerikanischen Kapitalmarktrecht und denjenigen europäischen Rechtsordnungen, die dem Bankgeheimnis eine vorrangige Stellung einräumen.[163] Die Bereitschaft der amerikanischen Gerichte, den Anwendungsbereich der eigenen Gesetze einseitig extraterritorial auszuweiten, hat – nicht zuletzt auch im Zusammenhang mit der Durchsetzung kapitalmarktrechtlich begründeter Ansprüche oder Aufsichtsmaßnahmen – in der Vergangenheit bekanntlich zu dem sogenannten „Justizkonflikt“ mit den USA geführt.[164]

Fraglich ist insofern, inwieweit eine extraterritoriale Rechtsanwendung zulässig ist, wo der geschädigte Anleger Verluste einklagen kann und unter Zugrundelegung welchen Rechts er seine Ansprüche herleiten kann.

Der unilaterale Ansatz birgt zudem Probleme bei der Rechtsdurchsetzung. Denn entgegenstehende Rechtssätze vereiteln den Durchsetzungsanspruch des extraterritorial angewandten Rechts und lassen die darauf fußende Kapitalmarktordnung in Teilen leer laufen. Um diese Konsequenz extraterritorialer Rechtsanwendung zu verhindern, hatte die SEC im Jahr 1984 das sog. *waiver by conduct* Prinzip als Lösung vorgeschlagen.[165] Danach hätten sich ausländische Marktteilnehmer mit Aufnahme der Geschäftsaktivität in den Vereinigten Staaten automatisch allen Schutzes ihrer heimischen *secrecy laws* oder *blocking statutes* begeben. Dieser Vorschlag konnte sich jedoch nicht durchsetzen. Kritisiert wurde vor allem die mangelnde Eignung der Konzeption, eine Rechts-

---

[163] Baum/Breidenbach, WM 1990, Sonderbeilage Nr. 6, 3, 8; vgl. nur das Bestreben in dem aufsehenerregenden Fall *Marc Rich* Schweizer Akten für ein Steuerverfahren in die USA zu bringen, Marc Rich & Co. v. United States, 707 F. 2d 663, 667 (2nd Cir. 1983).
[164] Schlosser, Justizkonflikt, 1 ff.; Stürner, in: Habscheid, 5 ff.; zu den Problemen im Zusammenhang mit dem SOA 2002 vgl. Hilber/Hartung, BB 2003, 1054, 1054 ff.
[165] Baum/Breidenbach, WM 1990, Sonderbeilage Nr. 6, 3, 8; Fedders/Wade/Mann/Beizer, 6 J. Bus. & Cap.Mkt.L. 1 ff. (1984).

durchsetzung in Drittstaaten zu ermöglichen, da derartige Bestimmungen in der Regel gar nicht der Disposition der privaten Parteien unterliegen. Ferner wurde die Gefahr betont, dass Teile des Geschäfts ins Ausland abgedrängt würden.[166]

Dementsprechend helfen die umfangreichsten Schadensersatzansprüche nicht weiter, wenn sie nicht auch durchgesetzt werden können. In einem letzten Schritt wird daher die Anerkennung und Vollstreckung von ausländischen Urteilen untersucht werden. Denn ohne die Möglichkeit einen Schadensersatzanspruch auch durchsetzen zu können, ist dieser für den Anleger wertlos.

---

166 Baum/Breidenbach, WM 1990, Sonderbeilage Nr. 6, 3, 8.

§ 2. THEORIEN UND WIRKUNGSKONZEPTE DES ANLEGERSCHUTZES

Vor allen Einzelfragen des Anlegerschutzes ist es ratsam, die konzeptionellen Grundlagen des Anlegerschutzes zu analysieren.[167] Ein solcher theoretischer „Überbau" lässt die tragenden Säulen dieses noch jungen Teilgebietes deutlicher hervortreten und ermöglicht es so, aus der Gesamtansicht an Detailproblemen fortzuarbeiten.[168]

A. Ausgangspunkt

I. Begriff des Anlegerschutzes

Der Begriff *Anlegerschutz* bezieht sich auf den Interessenschutz derjenigen, die sich durch Vermittlung des öffentlichen Kapitalmarktes mittelbar oder unmittelbar an Unternehmen oder anderen Sondervermögen zu Anlagezwecken beteiligen oder eine Kapitalanlage beabsichtigen, wobei die Kapitalanlage zum Zwecke der Substanzerhaltung und Erwirtschaftung eines Ertrages, nicht jedoch mit dem Ziel unternehmerischer Betätigung erfolgen muss.[169]

Der Grundgedanke des Anlegerschutzes ist es, das Vertrauen des Anlegers in den Kapitalmarkt zu stärken und zu sichern, insbesondere den Anleger vor Vermögensverlusten oder nicht einkalkulierbaren Risiken zu schützen.[170] Anlegerschutz will gewährleisten, dass sich Interessenten insbesondere vollständig und wahrhaftig über die zu kaufenden Wertpapiere informieren können, um die hiermit verbundenen Risiken und Chancen erkennen zu können.[171]

Nach einer verbreiteten, von *Hopt* begründeten Differenzierung unterscheidet man fünf verschiedene Arten von Anlegerrisiken,[172] die sich jedoch nicht immer scharf voneinander trennen lassen.[173] Dazu zählen das Risiko der Substanzerhaltung, mithin die Gefahr des Anlageverlustes bei Zusammenbruch oder erheblicher wirtschaftlicher Schwierigkeiten der Gesellschaft, und das Informations-

---

[167] vgl. gleichnamigen Aufsatz von Assmann, ZBB 1989, 49.

[168] Fleischer, in: Fleischer/Merkt, F 19.

[169] ausführl. Harbarth, 72; Peltzer, NJW 1976, 1615, 1616; Wiedemann, Gesellschaftsrecht, 475 f.

[170] Assmann, in: Assmann/Schütze, § 1, Rn. 63; Büschgen, Börsenlexikon, Anlegerschutz; Kübler, 390; Waldhausen, 23.

[171] Claussen, 355.

[172] Hopt, Kapitalanlegerschutz, 82 ff., 288 ff.; ders., Gutachten G 15 f.; Horst, Kapitalanlegerschutz, 209 ff.; Hüffer, 168; Waldhausen, 23.

[173] Harbarth, 73; Thiel, 14.

risiko, das die Gefahr der Fehleinschätzung des Anlagerisikos wegen mangelhafter oder falscher Informationen betrifft. Darüber hinaus ist auch das Interessenvertretungsrisiko zu berücksichtigen, das die Fälle erfasst, in denen die Anleger nicht in der Lage sind ihre Anlageinteressen selbst wahrzunehmen, und deshalb die Gefahr einer eigennützigen Ausübung der Rechte besteht. Schließlich steht der Anleger dem sog. Konditionenrisiko gegenüber, der Gefahr, dass das Kapital zu Bedingungen angelegt wird, die den Anleger übervorteilen. Dem wurde insbesondere von *Schwark* das Interesse an einer sachgerechten Anlageentscheidung, das Interesse an der Erhaltung der Vermögensanlage, das Ertragsinteresse sowie das Liquiditätsinteresse gegenübergestellt.[174] Sowohl Anlegerrisiken wie -interessen sind bei der Ausgestaltung eines effektiven Anlegerschutzsystems Rechnung zu tragen. Denn die Attraktivität eines Finanzplatzes wird in hohem Maße von wirksamen Regelungen des Anlegerschutzes beeinflusst. Effektiver Anlegerschutz auf besonders sensiblen Finanzmärkten wird dabei durch eine ausgewogene Arbeitsteilung zwischen Selbstregulierung der Finanzmarktteilnehmer einerseits und staatlichen Finanzmarktgesetzen andererseits gesichert, wobei Überregulierungen zu vermeiden sind. Auch sollte man berücksichtigen, dass spekulative Blasen durch Herdenverhalten der Anleger ebenso wenig wie übertriebene Erwartungen durch scheinbar perfekte Regulierungen zu verhindern sind.[175]

II. Betroffene Regelungsbereiche

Da der Anleger im Regelungsdreieck von Vertrag, Verband und Markt agiert, stellt sich der Anlegerschutz als eine ausgesprochene Querschnittsmaterie dar. Er betrifft sowohl das Schuldvertrags-, das Gesellschafts- als auch das Kapitalmarktrecht.[176] Aufgrund des enger geschnittenen Arbeitsthemas, werden sich die weiteren Betrachtungen jedoch primär auf den börsen- und kapitalmarktrechtlichen Bereich beziehen.

III. Ökonomische Aspekte

Grundsätzlich lässt sich Anlegerschutz in all seinen Ausprägungen als Antwort des Rechts auf die zwei kapitalmarktlichen Grundprobleme verstehen, nämlich dem scharfen Informationsgefälle zwischen den Marktgegenseiten und den

[174] Schwark, Anlegerschutz, 10 f.; abweichend Wiedemann, der zwischen Verwaltungsinteresse, Bestands- und Ertragsinteresse, Informations- und Kontrollinteresse sowie Liquiditätsinteresse unterscheidet, BB 1975, 1591, 1594.
[175] Wolf, WM 2001, 557, 557.
[176] Fleischer in: Fleischer/Merkt, F 37.

Interessenkonflikten der Marktteilnehmer in der vielgliedrigen Kette der Finanzintermediäre.[177]

Die kapitalmarktrechtlichen Zusammenhänge lassen sich nur verstehen, wenn man die ökonomischen Besonderheiten des börslichen Güterangebots beachtet. Im Gegensatz zu Erzeugnissen, die man vor Vertragsschluss begutachten und auf ihre Werthaltigkeit überprüfen kann, werden am Kapitalmarkt Hoffnungen und Geldversprechungen gehandelt.[178] Folglich zählen Wertpapiere nicht zu den Sach- oder Erfahrungs-, sondern zu den Vertrauensgütern.[179] Diese wird ein vernünftiger Anleger nur dann erwerben, wenn er verlässliche Informationen über die anfängliche Glaubwürdigkeit und spätere Einhaltung der Geldversprechen besitzt.[180] Dementsprechend liegt die Hauptaufgabe des Anlegerschutzes darin, durch institutionelle Arrangements eine hinreichende Informationsversorgung des Anlegerpublikums zu gewährleisten und das Wissensgefälle zwischen den Marktgegenseiten auszugleichen.
Neben der Beseitigung von Informationsasymmetrien sind Anlegerschutzbestimmungen notwendig, um Interessenkonflikten einzelner Marktteilnehmer sachgerecht zu begegnen,[181] die durch die stetige Spezialisierung und Ausdifferenzierung kapitalmarktbezogener Funktionen in den letzten Jahren zugenommen haben. Ein erhebliches Konfliktpotential findet sich bspw. zwischen den Anteilseignern und dem Management, den Anlegern und Anlageberatern sowie den Aktiensparern und Finanzanalysten. Hier sind rechtliche Schutzmaßnahmen zugunsten der nicht spezialisierten Anleger erforderlich, um das dahinter stehende *Principal-agent*-Problem wirksam zu bewältigen.

Auch empirische Untersuchungen stützen diese Überlegungen. Danach sind nämlich anlegerschützende Vorschriften und ihre wirksame Durchsetzung eine entscheidende Voraussetzung für die Entwicklung und Funktionsfähigkeit liquider Kapitalmärkte.[182]

---

[177] Fleischer in: Fleischer/Merkt, F 23, 37.
[178] Plastisch Taylor, in: Blair, 17, 29: „*The essence of a financial contract is that it involves a promise: money is exchanged today for an (often vague) promise of money in the future.*"
[179] Fleischer, in Fleischer/Merkt, F 23.
[180] Ist der Anleger (etwa wegen hoher Transaktionskosten) nicht in der Lage, die Informationsasymmetrie zwischen Anbieter- und Anlegerseite auszugleichen, kommt es zu Misstrauen, Marktabwanderung in sichere Anlageformen und damit zu Marktversagen. Vgl. Akerlof, 84 Q.J.Econ. 485, 488 (1970); Assmann, 276 ff.; Hopt, 1 ff.; Koch, 126 ff.
[181] ausführl: Jennings/Marsh/Coffee/Seligman, 5; Mahoney, 62 U.Chi.L.Rev. 1047 ff. (1995).
[182] vgl. La Porta/Lopez-de-Silanes/Shleifer/Vishny, 52 J.Fin. 1131 (1997); dies., 106 J.Pol.Econ. 1113 (1998); La Porta/Lopez-de Silanes/Shleifer, 54 J.Fin. 471 (1999); La Porta/Lopez-de-Silanes/Shleifer/Vishny, 55 J.Fin. 1 (2000); so auch Wolf, WM 2001, 557, 557; ausführlich zur ökonomischen und empirischen Beurteilung von Kapitalmarkteffizienz: Hsu, 16 ff., insb. 21 ff.

IV. Schutzprinzipien

Weiterhin lässt sich international eine Janusköpfigkeit des Anlegerschutzes eruieren,[183] die man in der schweizerischen Dogmatik treffend als Vertrauensindividual- und Vertrauenskollektivschutz umschreibt.[184] Diese Schutzrichtungen lassen sich wiederum in vier sachliche Leitprinzipien gliedern. An erster Stelle steht dabei das Prinzip der informierten Transaktionsentscheidung, worunter die Möglichkeit des Anlegers zu verstehen ist, durch ein möglichst dichtes Informationsumfeld eine wohlüberlegte Investitionsentscheidung zu treffen. Damit hängt das Prinzip der Markttransparenz eng zusammen, welches einmal in Form der Unternehmenstransparenz durch periodische und anlassbezogene Publizität auftritt und zum anderen in Gestalt der Beteiligungstransparenz, worunter bspw. die Pflichten zur Offenlegung von bestimmten Stimmrechtsanteilen, Haltefristen sowie Eigengeschäften von Verwaltungsmitgliedern fallen. Ein drittes Leitprinzip, dass oft auch als *magna carta* des Kapitalanlegerschutzes bezeichnet wird, ist der Grundsatz der Anlegergleichbehandlung.[185] Schließlich ist der Grundsatz der Marktintegrität zu nennen, der gewährleisten soll, dass die Rechtsordnung einen wirksamen Schutz vor Marktmissbräuchen bietet, da nur so das unverzichtbare Marktvertrauen der Anleger dauerhaft gesichert werden kann.[186]

V. Leistungsgrenzen des Anlegerschutzes

Eine grundlegende Leistungsgrenze des Anlegerschutzes ergibt sich aus dem Wesen von Kapitalanlagen: Aktien sind Risikopapiere, und die hierin verkörperten Unwägbarkeiten muss grundsätzlich der Anleger tragen. Wollte man diese nämlich vor sämtlichen Risiken schützen, würden besonders riskante Investitionen zum Schaden der Volkswirtschaft unterbleiben.[187] Dementsprechend muss Anlegerschutz seine Grenzen finden, wo das inhärente Kapitalmarktrisiko beginnt. *Loss* sprach bildhaft von dem *„sacred right to make a fool of oneself"*.[188]

Insofern können dem sog. Dispositionseffekt[189] und dem sog. Herdenverhalten[190], die bei vielen Anlegern festgestellt wurden, letztlich nur das Mittel der

---

[183] für die USA, Wiedemann, Gesellschaftsrecht, 482; für Deutschland, vgl. Lenenbach, Rn. 8.2 f.; S. 383 f.

[184] Fleischer, in: Fleischer/Merkt, F 25 f.

[185] so die Zwischenüberschrift bei Peltzer, in: Assmann/Basaldua/u.a, 179, 187.

[186] Fleischer in: Fleischer/Merkt, F 28.

[187] Engels, 11, 30; ferner Micklitz/Träger, in: Keßler/Micklitz, 53, 58.

[188] vgl. Loss, ZHR 1967, 197, 208.

[189] Dieser beschreibt das Phänomen, dass Anleger den Einstandspreis ihrer Aktien zum Referenzzeitraum ihrer Folgeentscheidung machen. In dem Wunsch Plusminus Null

moral suasion[191] entgegengesetzt werden.[192] Denn grundsätzlich muss der Anleger selbst Verantwortung für seine Entscheidungen tragen.

B. USA

In den USA waren der Kapitalmarkt und insbesondere die Tätigkeit der Börsen bis zum Beginn des zwanzigsten Jahrhunderts nahezu vollständig frei von gesetzlichen Regelungen.[193] Das rasche Anschwellen der Wertpapiergeschäfte im Zusammenhang mit der wirtschaftlichen Erschließung des Westens provozierte dann allerdings fragwürdige Vertriebspraktiken in einem solchen Ausmaß, dass der Gesetzgeber bald zum Einschreiten gezwungen war. So kam es trotz einer zunächst anlegerunfreundlichen *Common Law*-Rechtsprechung[194] schon relativ frühzeitig zu umfassenden anlegerschützenden Regelungen.

I. Gesetzgebung

1. Bundesebene

Insbesondere in der Zeit nach dem ersten Weltkrieg nahm der amerikanische Kapitalmarkt einen ungeahnten Aufschwung. Es wurden neue Wertpapiere im Wert von annähernd 50 Mrd. US$ ausgegeben, von denen mit Beginn des Börsencrashs im Oktober 1929 die Hälfte ihren Wert verlor.[195]
Zwischen 1929 und 1932 reduzierte sich der gesamte Börsenwert aller gelisteten Aktien der NYSE von beinahe 90 Mrd. US$ auf fast 16 Mrd. US$.[196] Die Folge

---

abzuschließen führt dies tendenziell dazu, Gewinne allzu schnell, Verluste aber deutlich zu spät zu realisieren. Vgl. Fleischer in: Fleischer/Merkt, F 30.

190 Unter Herdenverhalten versteht man die nachahmende Anlage in bestimmten Wertpapieren, die in einem haussierenden Börsenumfeld dazu führen kann, dass Aktien, die in letzter Zeit gestiegen sind, unaufhörlich steigen und sich weit von den fundamentalen Unternehmensdaten entfernen. Vgl. Grinblatt/Titman/Wermers, 85 Am. Econ. Rev. 1088 (1995).

191 Ein Bsp. bildet die im November 1996 öffentlich ausgesprochene Warnung von Alan Greenspann, Chairman der amerikanischen Notenbank, der vor einem „irrationalen Überschwang" an den Aktienmärkten warnte. Vgl. o. V. FAZ vom 23.02.2002, 23.

192 Zur *moral suasion* als Mittel der Geldpolitik, Issing, 134; vgl. auch, Claussen, BB 2002, 105, 106.

193 Merkt, in: Hopt/Rudolph/Baum, 17, 97.

194 Starker Einfluss ging dabei von einer englischen Entscheidung aus dem Jahre 1902 aus, mit der die Klage einiger Aktionäre gegen das Managment wegen Verschweigens von Tatsachen im Zusammenhang mit dem Verkauf von Aktien abgewiesen wurde, Percival v. Wright (1902), 2 Ch. 421.

195 Seligman, 1.

196 Fredebeil, 24; Seligman, 1.

waren neben erheblichen einzelwirtschaftlichen auch enorme volkswirtschaftliche Schäden.[197]

Grund für diese einzigartigen Verluste war insbesondere die Ausgabe einer großen Anzahl an eigentlich wertlosen Wertpapieren, die von Investmentbanken (*underwriter*) und Wertpapierhändlern (*dealer*) ermöglicht wurde. Infolge treuwidriger Praktiken, Diebstahls und Unterschlagungen wurden viele Anleger in erheblichem Maße geschädigt. Zur Verschleierung der Vorgänge wurden die Anleger zudem oft völlig unzureichend oder falsch informiert. Nicht wenige Investmentbanken und Wertpapierhändler hatten ihre Handelsgrundsätze wie Fairness, Ehrlichkeit und Vorsicht völlig aufgegeben.[198]

Bis zu diesem Zeitpunkt war das Börsenrecht, sofern man überhaupt von einem solchen sprechen will, auf Bundesebene ein Bereich der weitgehenden Selbstregulierung der Börsen. Der Anlegerschutz war, wie vielfach noch heute in Deutschland, Deliktsrecht (*Tort Law*) und dementsprechend noch ganz von den Prinzipien des Rechts der unerlaubten Handlungen bestimmt.[199]

Spätestens mit dem Börsenkrach von 1929 wurde jedoch deutlich, dass die Funktionsfähigkeit der Kapitalmärkte nur dann gesichert ist, wenn entsprechende gesetzliche Schutzbestimmungen geschaffen werden. Als Antwort auf den Börsenkrach und die zeitgleich einsetzende Wirtschaftskrise reagierte der US-Kongress unter Präsident Roosevelt daher mit der sog. *New Deal* – Politik[200]. Durch staatliche Eingriffe und Steuerungen sollte die amerikanische Wirtschaft neu belebt, die Wiederholung ähnlicher Ereignisse verhindert und das Vertrauen der Öffentlichkeit in die Börse wiederhergestellt werden. So erließ der Kongress in den folgenden Jahren eine Reihe von Gesetzen, die heute noch in Kraft sind und den gesamten Kapitalmarkt einer strengen Regulierung unterwerfen.

Die ersten grundlegenden Gesetze dieser Art waren auf der Bundesebene der *Securities Act of 1933* (*SA 1933*) und der *Securities Exchange Act of 1934* (*SEA 1934*).[201] In *sec. 2 SEA 1934* hat der Gesetzgeber die Notwendigkeit seines gesetzlichen Eingreifens in den Wertpapierhandel begründet. Danach ist ein nicht funktionierender Kapitalmarkt die Ursache für Arbeitslosigkeit und eine allgemeine Fehlallokation finanzieller und sonstiger Ressourcen, was entsprechende Auswirkungen auf die Wohlfahrt der amerikanischen Gesellschaft

---

[197] Das gesamte Ausmaß des Geschehens wurde durch eine vom Gesetzgeber beauftragte Studie der Wertpapieraufsichtsbehörde bekannt, die nach 4 Jahren Ermittlungszeit von „schockierenden" Zuständen berichtete, vgl. Noller, ZfgK 1997, 1103, 1104; Thiel, 18.

[198] Eisolt, 34 f.; Fredebeil, 24.

[199] Der Fall Ultramares Corp. v. Touche, 174 N.E. 441 (N.Y. 1931) gab wohl den letzten Anstoß für eine neue Gesetzgebung, da ein effektiver Anlegerschutz durch das allgemeine Deliktsrecht offensichtlich nicht gewährleistet werden konnte. Denn zum Ersatz ist danach nur verpflichtet, wer einen anderen bewusst täuscht, hierzu die klägerischen Rechte absichtlich und rücksichtslos missachtet, wobei der Kläger dem Schädiger vertraut und dadurch einen Schaden erleidet.

[200] Übersetzen lässt sich dieser Begriff in etwa mit „Politik des Neubeginns", vgl. Eisolt, 34.

[201] Shearman & Sterling, in: NM-Report, 61.

nach sich zieht.[202] Hiermit wird explizit der Funktionsschutz des Wertpapiermarktes angesprochen. Aber auch der Anlegerschutz ist ein weiteres Anliegen beider Gesetze.[203]

Der *SA 1933* befasst sich mit der Neuemission von Wertpapieren. Nach dem Grundsatz der *truth in securities* hat nach dem *SA 1933* jedes Unternehmen, das Wertpapiere am Bundeswertpapiermarkt emittieren möchte, der amerikanischen Börsenaufsichtsbehörde SEC einen Bericht (*registration statement*) mit detaillierten Informationen zum Emittenten und seinen Wertpapieren einzureichen. Zudem ordnet das Gesetz die Aushändigung eines umfangreichen Verkaufsprospekts an jeden Käufer an.

Der *SEA 1934* dehnt das Publizitätsprinzip auf die in Umlauf befindlichen Wertpapiere und ihren öffentlichen Handel an den staatlichen Börsen aus. Danach haben sämtliche Unternehmungen, deren Wertpapiere in den USA öffentlich gehandelt werden, der SEC regelmäßig bestimmte Unternehmensdaten offen zu legen (*continuous reporting*).

Durch den 1938 als Ergänzung zum *SEA 1934* erlassenen *Maloney Act* sind als zusätzliche Überwachungseinrichtungen neben der SEC sog. *national securities associations* vorgesehen worden, die nach ihrer Registrierung bei der SEC vor allem den OTC-Markt[204] auf der Grundlage freiwilliger Selbstkontrolle regulieren sollen. Als bisher einzige Vereinigung dieser Art hat sich die *National Association of Securities Dealers* (NASD) konstituiert und auf der Grundlage ihrer Satzung, den sog. *Rules of Fair Practice*, landesweit die Kontrolle übernommen.[205]

Weitere dem Anlegerschutz dienende Gesetze sind der *Public Utility Holding Company Act of 1935*, der die Finanzierung und den Wertpapierhandel im Bereich von Versorgungsunternehmen regelt und der *Trust Indenture Act of 1939*, der sich mit den öffentlich vertriebenen Schuldtiteln und den diesbezüglichen Treuhandverträgen befasst. Daneben sind der *Investment Companies Act of 1940* (*ICA 1940*) und der *Investment Advisers Act of 1940* (*IAA 1940*) zu nennen. Während der *IAA 1940* wie die vorangegangenen Gesetze im wesentlichen auf dem Grundsatz der Offenlegung beruht, ist der *ICA 1940* ein *regulatory act*, der sehr konkret den erwähnten Missbrauchspraktiken

[202] *Sec. 2 SEA 1934*: *„National emergencies, which produce widespread unemployement and the dislocation of trade, transportion, and industry, and which burden interstate commerce and adversely affect the general welfare, are precipitated, intensified, and prolonged by manipulation and sudden and unreasonable fluctuations of security prices and by excessive speculation on such exchanges and markets, and to meet such emergencies the Federal Government is put to such great expense as to burden the national credit."*

[203] Ziel des *SA 1933* ist nach dessen Präambel: *„To provide full an fair disclosure of the character of securities sold in interstate and foreign commerce and through the mails, and to prevent frauds in the sale therof, and for other purposes."*

[204] *Over the Counter Market*: Außerbörslicher Handel, der den Handel aller Wertpapiere erfasst, die nicht zum offiziellen Börsenhandel zugelassen sind.

[205] Thiel, 20.

entgegentritt und neben organisatorischen Bestimmungen den Unternehmen bestimmte Handlungsweisen reglementiert. Er legt verstärkt Gewicht auf die Verhinderung betrügerischer Machenschaften und ist das komplexeste der genannten Gesetzeswerke.
Auch mit dem *Securities Investor Protection Act of 1970*, mit dem Regelungen zur Überwachung und Sicherung der von Wertpapierhändlern (*Brokern* und *Dealern*) gehaltenen Kundenvermögen aufgestellt wurden, und dem *Insider Trading Act of 1984*, der die strafrechtliche Verfolgung des Ausnutzens von Insiderinformationen durch professionelle Anleger im Bereich des Wertpapierhandels gewährleisten soll, wurde der Anlegerschutz in den USA weiter gestärkt. Das jüngste dem Anlegerschutz dienende Gesetz ist der *Sarbanes Oxley Act of 2002*, auf dessen Grundlage eine verschärfte Kontrolle, Haftung und Ahndung falscher oder irreführender Firmenangaben erfolgen und damit Bilanzmanipulationen erschwert sowie die Anleger besser vor Betrügereien geschützt werden sollen.

2. Landesebene

Die ersten Ansätze zu einem umfassenden Wertpapierrecht gab es jedoch zunächst auf der Ebene der Einzelstaaten. Bereits 1852 erließ Massachusetts eine Regelung, wonach Eisenbahngesellschaften erst dann ihre Trassen errichten durften, wenn sie ein Zertifikat bei der zuständigen Behörde abgegeben hatten. Dieses sollte beurkunden, dass sämtliche Papiere von den beteiligten Parteien unterschrieben worden und 20 % des erzielten Wertes der Anteile in das Vermögen der Gesellschaft eingeflossen waren.[206] Ähnliche, z. T. weiterführende Bestimmungen fanden sich in fast allen anderen Bundesstaaten der USA,[207] die aber immer nur ausgewählte Regelungsbereiche erfassten. Das erste umfassende ertpapierrecht wurde 1911 in Kansas geschaffen. Die meisten Bundesstaaten der USA sind diesem Beispiel gefolgt und haben unabhängig vom US-Kongress ihr eigenes Kapitalmarktrecht weiterentwickelt, die sog. *Blue Sky Laws*[208].

---

[206] Fredebeil, 23.

[207] z.B. *California Constitution of 1879*; *Georgia Statute of 1904*; *Missouri Statute of 1907*.

[208] Die *Blue Sky Laws* umfassen Vorschriften über Wertpapiere, deren Emission und den öffentlichen Handel, Regelungen gegen betrügerische Verhaltensweisen in diesem Zusammenhang sowie Bestimmungen über die Tätigkeit von Kommissionären (*broker*) und Wertpapierhändlern (*dealer*); Fredebeil, 23; Loss/Seligmann, Band 1, 36; Der Begriff „*Blue Sky Law*" geht zurück auf eine im Jahre 1917 vom obersten Gerichtshof der USA getroffenen Entscheidung, in der den Wertpapiergesetzen der Bundesstaaten der Verdienst zugesprochen wurde, die Anleger vor geschäftstüchtigen Wertpapierverkäufern zu schützen, die selbst den „Himmel in Parzellen aufgeteilt hätten, um dem Anleger die Anteile in Form von Wertpapieren zu offerieren"; vgl. Hall v. Geiger-Jones Co., 242 U.S. 539, 550 (1917).

In den USA gilt der Grundsatz, dass die Gesetze der einzelnen Bundesstaaten dieselbe Gültigkeit wie Bundesgesetze haben. Voraussetzung hierfür ist allerdings, dass das Staatenrecht dem Bundesrecht nicht widerspricht. Im Falle konkurrierender Gesetzesbestimmungen gilt Bundesrecht vor Staatenrecht, sog. *Supremacy Clause* in *Art. VI* der US-Verfassung.[209] Darüber hinaus findet Landesrecht nur Anwendung auf Transaktionen innerhalb eines Staates oder auf einseitige Vorbereitungshandlungen ohne nationale Geschäftsanbahnungen von Händlern oder Agenten. Es sei denn, dass dies durch die übergeordneten, bundesrechtlichen Vorschriften des *Securities Exchange Act of 1934* ausgeschlossen ist.

Folglich sind in den USA in Ergänzung zu den Bundesgesetzen grundsätzlich auch die Wertpapiergesetze der einzelnen Bundesstaaten zu beachten.

Die *Blue Sky Laws* der einzelnen Staaten haben sich früher teilweise stark voneinander unterschieden. Durch die Umsetzung des *Uniform Securities Act of 1956* und dem *revised Uniform Securities Act of 1985* im *state law* der einzelnen Bundesstaaten ist inzwischen eine teilweise Angelichung der *blue sky laws* erfolgt. Dennoch existieren auch heute noch z. T. erhebliche Unterschiede.[210]

Im Verhältnis zum Bundesrecht lässt sich jedoch feststellen, dass Gesellschaften regelmäßig auch den Wertpapiergesetzen der Einzelstaaten entsprechen, wenn sie die Bundesgesetze bzw. die Regelungen der SEC erfüllen.[211]

II. Regelungsphilosophie

Der Zweck der *Securities*-Gesetzgebung war von Anfang an sowohl der Individualschutz des kapitalanlegenden Publikums als auch der Funktionsschutz des für eine freie Wettbewerbswirtschaft notwendigen Kapitalmarktes.[212] Die Notwendigkeit für einen solchen Investorenschutz ergab sich in den USA aus dem Fehlen des Sozialstaatsgedankens und damit aus dem Fehlen eines Netzes

---

[209] *Art. VI* lautet: „*All debts contracted and engagements entered into, before the adoption of this Constitution, shall be as valid against the United States under this Constitution, as under the Confederation.*
This Constitution, and the laws of the United States which shall be made in pursuance thereof; and all treaties made, or which shall be made, under the authority of the United States, shall be the supreme law of the land; and the judges in every state shall be bound thereby, anything in the Constitution or laws of any State to the contrary notwithstanding. ..."

[210] Einige *Blue Sky Laws* beinhalten strengere Regelungen als der SEA 1934 und statuieren neben formellen Offenlegungspflichten auch inhaltliche Anforderungen an die Unternehmen. Vgl. Loss/Seligman, Band 1, 9.

[211] vgl. Hazen, 338.

[212] „*Over and over again Congress proclaimed that the regulatory authority conferred on the Commission was to be exercised, in the public interest' and for the protection of investors' ...*" (Report of Special Study of Securities Markets, SEC (1963); zitiert nach, Wiedemann, Gesellschaftsrecht, 482.

der sozialen Sicherheit.[213] Da die Kranken-, Invaliden- und Altersvorsorge im Wesentlichen individuell bewältigt werden soll, muss die Rechtsordnung der Sicherung des privaten Einkommens und privater Kapitalanlage vorrangig Rechnung tragen.[214]

Insgesamt ist der amerikanische Kapitalmarkt inzwischen durch eine besonders große Regelungsdichte und Regelungsreichweite gekennzeichnet. Er dürfte der im internationalen Vergleich am strengsten regulierte Kapitalmarkt sein. Dies gilt sowohl hinsichtlich der kostenintensiven Publizitätspflichten (*disclosure duties*) als auch bezüglich der sanktionsbewehrten Verhaltenspflichten für Markt-teilnehmer (*anti fraud provisions*).[215] Wobei allerdings Fälle von Bilanzmanipulationen wie Enron und WorldCom zeigen, dass betrügerisches Verhalten auch durch besonders strikte Sanktionsmechanismen nicht auszuschließen sind.

Während sich das bundesstaatliche Recht vorrangig mit der Regulierung der an Börsen gehandelten Kapitalanlagen befasst, steht im einzelstaatlichen Recht die Kontrolle ungewöhnlicher Kapitalanlagen sowie neugegründeter Gesellschaften oder Unternehmen im Vordergrund.[216] Den Hauptgrund dafür bilden zwei grundsätzlich unterschiedliche Regelungsphilosophien.[217]
Nach der bundesstaatlichen Regelungsphilosophie besteht die Hauptaufgabe der *securities laws* in der Offenlegung der relevanten Informationen, wobei angenommen wird, dass die Anleger fähig sind, sich selbst zu schützen, wenn sie über hinreichende Informationen verfügen (sog. *disclosure philosophy*). Ihre bedeutenste Ausprägung hat diese Philosophie in den wichtigsten bundesstaatlichen Kapitalmarktgesetzen - dem *SA 1933* und dem *SEA 1934* gefunden. *Full disclosure* bedeutet, dass im Prinzip jede *security* in legitimer Weise so lange verkauft werden kann, wie sie nur korrekt beschrieben ist. Es wird keine inhaltliche Bewertung durch die SEC durchgeführt. Es dürfen, nicht zuletzt im Hinblick auf die Vertragsfreiheit, selbst unvorteilhafte Wertpapiere verkauft werden, sofern eine vollständige Offenlegung all derjenigen Fakten mit Bezug auf den Emittenten stattgefunden hat, die ein *reasonable investor* für seine Anlageentscheidung interessieren könnte. Kritiker haben die *securities acts* daher als *„rotten eggs statutes"* bezeichnet: Erlaubt sei sogar der Verkauf fauler

---

[213] So hat jeder zweite Amerikaner Geld in Investmentfonds angelegt, vgl. Pitzke, SPIEGEL ONLINE vom 10.11.2003.
[214] Hsu, 66; Wiedemann, Gesellschaftsrecht, 482.
[215] Baum/Breidenbach, WM 1990, Sonderbeilage Nr. 6, 3, 9; Noller, ZfgK 1997, 1103, 1104
[216] Long, 32 Okla.L.Rev. 541, 543 (1979).
[217] näher dazu, Martin, 109 m.w.N.; ders., wistra 1994, 127, 130.

Eier, solange man die potentiellen Käufer nur darüber aufkläre, dass man ihnen solche offeriere.[218]
Das Konzept der *full disclosure* baut auf dem Gedanken auf, dass der Zugang zum Kapitalmarkt für Emittenten nicht administrativ, sondern am besten durch den Markt selbst reguliert werden soll.[219] Unternehmen von zweifelhaftem Ruf erhalten damit ebenso die Chance, sich über den Kapitalmarkt zu finanzieren, wie wagemutige Spekulanten, die ihr Kapital in Risikopapiere einsetzen wollen. Die Überprüfung der Werthaltigkeit eines Papiers soll aus dem Registrierungsvorgang herausgehalten werden und Gegenstand der Anlageberatung sein, die gesondert durch den *Investment Advisers Act of 1940* geregelt ist.[220] Außerdem hängt die Tauglichkeit als Anlagepapier entscheidend von der Akzeptanz durch den Kapitalmarkt ab, die sich ex ante im Registrierungsverfahren nicht abschließend absehen lässt.[221]
Die einzelstaatliche Regelungsphilosophie basiert dagegen auf der Prämisse, dass Kapitalanlagen mehr Wissen und Erfahrung voraussetzen, als die meisten Kapitalanleger besitzen, und führt dazu, dass materielle Anforderungen an den Inhalt der angebotenen *securities* und an die Qualifikation der Emittenten sowie der Vertriebspersonen gestellt werden (sog. *merit philosophy*). Danach spielt neben der Registrierung der *securities* auch die Registrierung der Broker, Wertpapierhändler und Anlageberater eine wichtige Rolle, wobei von diesen Personen häufig noch besondere Qualifikationen gefordert werden.[222]
Auch hinsichtlich der Wertpapiere selbst sahen die einzelstaatlichen Kapitalmarktgesetze eine Bonitäts- und Rentabilitätsprüfung vor (sog. *merit analysis*). Diese Prüfung und die Bewertung einer *security* war durchzuführen bevor Wertpapiere überhaupt zum Verkauf angeboten oder über eine Börse gehandelt werden durften. Beurteilungsmaßstab war danach, ob die *securities „on a fair, just and equitable basis*“ angeboten worden sind.[223]
Mit der Einführung des *National Securities Markets Improvement Act of 1996* ist die Kompetenz der Einzelstaaten hinsichtlich solcher Regelungen erheblich eingeschränkt worden. Die Reglementierung der Registrierung der Erstausgabe von *securities* ist ihnen nicht mehr gestattet, sofern diese der bundesrechtlichen

---

218 Becker, in: Hopt/Rudolph/Baum, 755, 774; Einen gewissen Schutz gewährt die SEC jedoch dadurch, dass sie die Ausgabe von zweifelhaften Wertpapieren verhindert, indem sie die Sondergenehmigung, die zur Beschleunigung des Zulassungsverfahrens notwendig ist, von der Einhaltung ihrer Empfehlungen abhängig macht (*acceleration weapon*). Vgl. Wiedemann, Gesellschaftsrecht, 484 f.
219 Becker, in: Hopt/Rudolph/Baum, 755, 774.
220 *Investment Advisers Act of 1940.*
221 Becker, in: Hopt/Rudolph/Baum, 755, 774.
222 Martin, wistra 1994, 127, 130.
223 Sog. *registration by qualification*. Dem Regelungsmodell einer strengen Rentabilitätsprüfung (*merit analysis*) folgten etwa Texas und Kalifornien. Ansonsten stimmten die Regelungsziele und -techniken jedoch weitgehend mit denen der Bundesgesetze überein. Vgl. Becker, in: Hopt/Rudolph/Baum, 755, 803.

securities regulation unterfallen. Denn der *Reform Act* soll einer vereinfachten und beschleunigten Aufbringung von Kapital dienen und eine Doppelregulierung vermeiden. Im Geltungsbereich des Verbots der Doppelregulierung entfällt daher die einzelstaatliche Rentabilitätsbewertung (*merit analysis*) von *securities.*[224] Allerdings sollen die einzelstaatlichen Rechtsbehelfe gegen Anlagebetrug und betrügerische Verkaufspraktiken weiterhin neben den Vorschriften des Bundesrechts stehen.

Daneben findet sich in zahlreichen Kapitalmarktregeln der Grundgedanke, dass ein erfahrener Investor weniger schutzwürdig ist als ein unerfahrener.[225] Gesetzlich wird gesprochen z. B. von *qualified clients* (*Investment Advisers Act of 1940*), *qualified investors* (*SEA of 1934*), *qualified institutional buyers* (*Rule 144 A*) oder *accredited investors* (*SA 1933*), wobei die Frage, was einen erfahrenen Investor kennzeichnet, in den einzelnen Vorschriften recht unterschiedlich beantwortet wird.[226]

Schließlich enthalten praktisch alle *securities laws* auch Betrugsregelungen (sog. *anti fraud provisions*), die – neben den allgemeinen strafrechtlichen Betrugsvorschriften – den massiven Betrug von Kapitalanlegern mit Penny Stocks[227] oder ähnlich unsicheren Anlageformen im Wege des Telefonhandels strafrechtlich sanktionieren.[228] Dabei ist von entscheidender Bedeutung, dass der Begriff *fraud* sehr weitgefasst ist. Ein *fraud* liegt vor, wenn jemand mit der Absicht tätig wird, einem anderen einen Vermögensschaden unter Anwendung eines Tricks oder einer Täuschung (*trick, deceit, chicane, overreaching*) zuzufügen.[229] Dieses weite Verständnis des Betrugs hat zur Konsequenz, dass ein Schaden nicht erforderlich ist. Schon bloße Versuchshandlungen genügen für die Annahme eines vollendeten Delikts. Zum anderen ist die Tathandlung mit jeder Art von Täuschung oder Trick nicht auf Täuschungen über (vergangene oder gegenwärtige) Tatsachen beschränkt, sondern erfasst auch falsche Aussagen oder Versprechungen, die sich auf die Zukunft beziehen.[230]

Zur Durchsetzung der *securities laws* stehen neben der Selbstregulierung der Wertpapiermärkte und zivilrechtlicher Klagemöglichkeiten spezielle durch die

---

[224] Becker, in: Hopt/Rudolph/Baum, 755, 803.
[225] Luttermann/Backmann, ZIP 2002, 1017, 1021.
[226] Fraglich bleibt im Gesamtbild, ob eine solche Differenzierung auf der Investorenseite angemessen ist. Vgl. Luttermann, ZIP 2001, 1901, 1905 f.
[227] übliche Bezeichnung für Aktien mit optisch sehr niedrigem Kurswert
[228] Martin, wistra 1994, 127, 130.
[229] siehe etwa, Hammerschmidt et al. v. United States, 265 U.S. 182, 188 (1923); Fasulo v. United States, 272, U.S. 620, 627 f. (1926); auch State of New Mexico v. McCall, [1984-1985 Transfer Binder] Blue Sky L.Rep. (CCH) Para. 71, 993 (N.M. Sup. Ct. 1984).
[230] Martin, wistra 1994, 127, 130.

Kapitalmarktaufsichtsbehörden der Einzelstaaten[231] und des Bundes zu verhängende verwaltungsrechtliche Maßnahmen[232] sowie Strafsanktionen zur Verfügung.
Die dabei auftretenden Fragen, welche Vorschriften der einschlägigen Gesetze individuelle Anspruchsgrundlagen sind und ob für eine Schadensersatzklage alle übrigen Tatbestandsvoraussetzungen (*the traditional elements of common law fraud: materiality, scienter, reliance, causation and damages*) vorhanden sein müssen, werden durch die Rechtsprechung widersprüchlich beantwortet.[233]
Maßgebend für den Erfolg der amerikanischen Gesetzgebung ist schließlich, dass der Kreis der zu Schadensersatz verpflichteten Personen immer weiter ausgedehnt wurde. Zu ihnen zählen nicht nur die emittierenden Unternehmen, ihre Direktoren und beherrschenden Gesellschafter selbst, sondern auch ihre Wirtschaftsprüfer und Anwälte sowie die Vertriebsmittler.[234]

III. Common Law

Neben den geschriebenen Gesetzen und untergesetzlichen Rechtsnormen, namentlich dem Satzungsrecht der Börsen, spielt in den USA auch das einzelstaatliche Richterrecht, das sog. *common law*, eine herausragende Rolle. Dieses konkretisiert das an sich durchgängig kodifizierte Kapitalmarktrecht, welches auf einigen Gebieten zwar relativ bestimmt ist, jedoch auf der anderen Seite häufig mit interpretationsbedürftigen Generalklauseln arbeitet.[235]

---

[231] Wie bei der Durchsetzung der bundesstaatlichen *securities laws* werden in den Einzelstaaten zur Durchsetzung des eigenen *blue sky law* neben strafrechtlichen Sanktionen auch zivil- und verwaltungsrechtliche Verfahren eingesetzt. Siehe dazu Friedman, 180, 183 f.

[232] Diese basieren auf den verschiedenen Registrierungsvorschriften der *securities laws* und umfassen z.B. Disziplinarmaßnahmen gegen Anlageberater, Widerruf bzw. Aussetzung einer Befreiung von der Registrierungspflicht sowie, als einschneidendste Maßnahme, die Suspendierung oder Aufhebung der Zulassung eines Brokers oder Wertpapierhändlers. Vgl. Martin, wistra 1994, 127, 131.

[233] Zum Pflichenmaßstab vgl. White v. Abrams, 495 F.2d 724 (9th Cir. 1974); zur Kausalität vgl. Affiliated Ute Citizens of Utah v. United States, 406 U.S. 128 (1972); Schlick v. Penn-Dixie Cement Corp. 507 F2d 374 (2nd Cir. 1973); zur Frage, wie weit der Kläger sich am Aktienhandel beteiligt haben muss, vgl. Birnbaum v. Newport Steel Corp., 193 F. 2d 461 (2nd Cir.), cert. denied, 343 U.S. 956 (1952); zum Informationsumfang Frumann, 88 Yale L.J. 338 (1979); zur Erweiterung des Insider-Handels-Verbots auf *market insider*, vgl. United States v. Chiarella, 588 F. 2d 461 (2nd Cir. 1978).

[234] vgl. zur Haftung der *broker/dealer* Cady, Roberts & Co., 40 S.E.C. 907 (1961); Shapiro v. Merrill Lynch, Pierce, Fenner & Smith, Inc., 495 F. 2d 228 (2nd Cir. 1974); zur Verantwortlichkeit des beratenden Anwalts SEC v. National Student Marketing Corp., 457 F.Supp. 682 (D.D.C. 1978).

[235] Dies gilt insbesondere für die *anti-fraud rules*, welche betrügerische Manipulationen verhindern sollen. Wiemann, 31.

Zu nennen ist in diesem Zusammenhang auch die Verstärkung des Anlegerschutzes durch Zubilligung privater Klagerechte (*private causes of action*).[236] Diese finden zwar keine ausdrückliche Stütze im geschriebenen Recht. Allerdings stehen die Gerichte auf dem Standpunkt, dass nur so der Wille des Gesetzgebers, umfassendem Anlegerschutz zu verwirklichen, rechnung zu tragen sei.[237] Dementsprechend sind individuelle Klagerechte, etwa auf Schadenersatz oder auf Rücktritt vom Vertrag (*recission*), der den Kauf oder Verkauf von *securities* zum Gegenstand hat, anerkannt worden. Dies gilt für Transaktionen, die im Zusammenhang mit rechtswidrigem *insider trading* nach *rule 10b-5* stehen,[238] die betrügerische Aufforderungen zur Erteilung von Stimmrechtsvollmachten (*proxy solicitation*) nach *rule 14a-9* betreffen oder die die Verletzung von Vorschriften des *Williams Act of 1968* zum Gegenstand haben.[239]

Neben den gesetzlichen Regelungen finden sich auch richterrechtlich entwickelte Grundsätze zum Konzept des erfahrenen Investors. So hat der *Supreme Court* bereits 1953 rechtsgrundsätzlich festgestellt, dass die Anleger keines besonderen Schutzes bedürfen, „*who are shown to be able to fend for themselves*". In dem dieser Entscheidung zugrunde liegenden Fall[240] ging es um die Befreiung eines Unternehmens von der anlegerschützenden Registrierungspflicht und den damit einhergehenden Publizitätspflichten nach dem *SA 1933*. Die Richter führten sinngemäß aus, dass die Befreiung zweierlei voraussetze:

1. Die Empfänger des Angebots müssten zur Vertretung ihrer Interessen in der Lage sein, und
2. ihnen müssten dieselben Informationen zur Verfügung stehen, welche bei der Registrierung (also *public offering*) zu veröffentlichen wären.

Daraus folgt, dass der erfahrene Investor als weniger schutzbedürftig angesehen wird und daher bestimmte Anlegerschutzvorschriften in den entsprechenden Fallkonstellationen ihm gegenüber eingeschränkt werden können.

---

[236] vgl. Medical Commitee v. SEC, 432 F. 2d 659 (D.C. 1970), vacated as moot, 404 U.S. 403 (1972); Independent Investor Protective League v. SEC, 495 F2d 311(2nd Cir. 1974); PBW Stock Exchange v. SEC, 485 F. 2d 718 (3rd Cir. 1973).

[237] zur Entwicklungsgeschichte Virginia Bankshares, Inc. v. Sandberg, 501 U.S. 1083, 1102 (1991).

[238] SEC v. Texas Gulf Sulphur Co., 401 F.2d 833 (2nd Cir. 1968).

[239] Becker, in: Hopt/Rudolph/Baum, 755, 804.

[240] SEC v. Ralston Purina Co., 346 U.S. 119, 125 (1953).

IV. Die Securities Exchange Commission (SEC)

Die größte Aufsichtsbehörde ist die durch *sec. 4 SEA* 1934 ins Leben gerufene bundesstaatliche SEC, die über einen Stab von 3000 Mitarbeitern verfügt.[241] Diese sind in 4 *divisions* und 11 *offices* organisiert. [242] Von besonderer Bedeutung für die Anforderungen an die Berichterstattung von in den USA berichtspflichtigen Unternehmen sind die *Division of Corporate Finance* sowie das *Office of the Chief Accountant.*

Die exekutive Funktion der SEC besteht darin, die Einhaltung der Bundesgesetze, die vom *US Congress* zum Schutz des Wertpapierhandels erlassen wurden, zu überwachen.[243] Diese Überwachungsfunktion beinhaltet die Überprüfung, ob die von Unternehmungen bei der SEC eingereichten Unterlagen vollständig, regelkonform und nicht irreführend sind. Eine Überprüfung der durch die veröffentlichten Zahlen zum Ausdruck gebrachten Qualität der Unternehmungen erfolgt nicht.[244]
Im Rahmen ihrer judikativen Funktion kann die SEC bei Streitigkeiten, die ihren Tätigkeits- und Aufgabenbereich betreffen, selbständig Recht sprechen. Dies geschieht in einem gerichtsähnlichen Rahmen. Die Entscheidungen haben den Rang eines erstinstanzlichen richterlichen Urteils.[245]
In ihrer quasilegislativen Funktion ist die SEC dazu ermächtigt, zur Erfüllung ihrer Überwachungsfunktion verbindliche Ausführungsbestimmungen zur Konkretisierung der Bundesgesetze zu erlassen. Diese lassen sich aufteilen in Formvorschriften (*forms*) und Verordnungen (*rules*, *regulations*). *Rules* die denselben Regelungsgegenstand betreffen, werden in einer *regulation* zusammengefasst.
Die *forms* sind keine Formulare, sondern detaillierte Anleitungen für den Inhalt und die Gliederung der bei der SEC einzureichenden Berichte. Gesellschaften, die Berichte bei der SEC einzureichen haben, müssen diese Gliederung einhalten, um dem Leser der Berichte das Auffinden bestimmter Informationen zu erleichtern.[246]
Neben der formellen Rechtssetzung veröffentlicht die SEC auf informeller Ebene sog. *releases*, in denen sie ihre Auffassung zu bestimmten Problemen darlegt und Vorschläge für künftige Normsetzungen unterbreitet. Diese münden nach eingehender Diskussion und Überarbeitung meist in eine verbindliche *rule.*

---

241 Micklitz/Beuchler, in: Keßler/Micklitz, 191, 236; Daneben existiert unter anderem die *Commodity Futures Trading Commission* (*CFTC*).
242 Siepmann, 121.
243 Gumpel/Ramin/Schiessl, DB 1988, 1432, 1432; Martin, wistra 1994, 127, 131.
244 Eisolt, 38, 41 f.
245 dies bedeutet, dass Kläger und Beklagter nur durch Berufung oder Revision auf der nächsthöheren Gerichtsstufe gegen ein ergangenes Urteil vorgehen können. Vgl. Siepmann, 122.
246 Siepmann, 124.

Zu den Aufgaben und Rechten der SEC zählt auch die Untersuchung von Verstößen gegen die von ihr verwalteten Gesetze. Insbesondere auf Bundesebene ist ausschließlich die SEC befugt, anfängliche Untersuchungen wegen einer möglichen Verletzung der *securities laws* durchzuführen.[247] Dies gilt auch wenn der Verdacht einer Straftat besteht. Zwar kann die SEC die Strafverfolgung nicht selbst durchführen, sondern muss den Fall an das bundesstaatliche Justizministerium weiterleiten, das allein zur Strafverfolgung ermächtigt ist. Einer solchen Weiterleitung geht jedoch formal eine eingehende Untersuchung des Falls durch die SEC sowie die im Ermessen der SEC stehende Entscheidung, dass eine strafrechtliche Verfolgung erforderlich ist, voraus. Häufig wenden sich allerdings die mit dem Fall befassten Anwälte der SEC direkt an den örtlich zuständigen Bundesanwalt, ohne erst das formelle Verfahren der SEC abzuwarten. Jährlich werden durch die *Division of Enforcement* im Hauptquartier der SEC in Washington D.C. und von neun regionalen Büros im Durchschnitt etwa 300 Fälle untersucht.[248] Der Umfang der Ermittlungstätigkeit der SEC ist dabei recht weit gefasst.[249] Die Mitarbeiter der SEC können zur Abnahme von Eiden und zum Erlass von Anordnungen (*sub poenas*) an Verdächtige und Zeugen, zur Aussage zu erscheinen bzw. eine Aussage zu machen, sowie zur Anordnung von Durchsuchungen und Beschlagnahmen ermächtigt werden.
40 % der Untersuchungen werden, obwohl eine Gesetzesverletzung festgestellt wird, nicht mit förmlichen juristischen Verfahren weiterverfolgt. Sie werden viel häufiger auf informellem Wege beseitigt oder sanktioniert.[250] So kann die SEC etwa, insbesondere auch im Bereich des betrugsträchtigen Handels mit Penny Stocks, *cease and desist orders*[251] verhängen. Erst deren Verletzung führt dann zu straf- oder zivilrechtlichen Sanktionen oder einer hohen Geldbuße.[252]

Trotz der umfangreichen Befugnisse und der im Vergleich zu Deutschland großzügigen personellen und sachlichen Ausstattung, ist die SEC mehr und mehr

---

[247] Martin, wistra 1994, 127, 131.
[248] Loss/Seligmann, 306.
[249] Martin, wistra 1994, 127, 131; Merrifield, 32 Bus.Law 1583 ff. (1977).
[250] Die SEC kann z.B. die Fälle an Selbstverwaltungskörperschaften der Börsenbeteiligten bzw. an staatliche Behörden (wie das Finanzamt) weiterverweisen oder ein öffentliches Eingeständnis der Gesetzesverletzung von den Tätern verlangen, die Registrierung bei der SEC aufheben, den Tätern besondere Auflagen – wie besondere Verpflichtungen zur Offenlegung von Daten oder zur Umstrukturierung der Firma – erteilen oder die Firma auflösen; vgl. Shapiro, 147. Von den durch die SEC untersuchten Vorgängen führen ca. 11 % zu einer strafrechtlichen Verfolgung sowie ca. 22 % zu zivilrechtlichen und ca. 21 % zu verwaltungsrechtlichen Verfahren. Vgl. Shapiro, 155.
[251] Unter einer *cease and desist order* versteht man die Anordnung einer Verwaltungsbehörde (oder eines Gerichts), durch die einer (natürlichen oder juristischen) Person untersagt wird, ein bestimmtes Verhalten fortzuführen. Vgl. Black´s Law Dictionary, Abridged Version, 115.
[252] Martin, wistra 1994, 127, 131.

überfordert. Die Rechnungsprüfer des amerikanischen Kongresses stellten fest, dass die Arbeitsbelastung der SEC in den vergangenen 10 Jahren um 80 % zugenommen hat. Die Zahl der verfügbaren Arbeitsleistung stieg dagegen zeitgleich um lediglich 20 %.[253] Die Behörde kann bei den 17.000 Unternehmen, die jährlich Millionen von Seiten einreichen nur Stichproben machen, so dass bspw. Bilanzmanipulationen wie im Fall Enron jahrelang unentdeckt bleiben konnten.

V. Sonderregelungen

Neben der jegliche Art von Wertpapieren erfassenden *securities regulation* existiert mit der *commodities regulation* eine Sonderregelung für den Bereich der Warentermingeschäfte, die sich mit der Regelung des allgemeinen Kapitalmarktrechts in den *securities laws* überschneidet und wie diese in den 30er Jahren mit dem *Commodity Exchange Act of 1936* (*CEA 1936*) auf bundesstaatlicher Ebene einheitlich geregelt wurden. Als in den 60er und 70er Jahren der Warenterminmarkt rapide wuchs, wurde die *Commodity Futures Trading Commission* (CFTC) geschaffen, eine der SEC nachgebildete, unabhängige Bundesbehörde. Ihre Aufgabe besteht in der Erteilung von Genehmigungen zum Handel mit neuen öffentlich gehandelten Warenterminkontrakten, der Überwachung der Registrierung von Warenterminhändlern, der Untersuchung von Betrugsfällen im Warenterminhandel und der Verhinderung von Preismanipulationen im inneramerikanischen Warenterminhandel.[254] Neben der zentralen *devision of Enforcement* in Washington D.C. unterhält die CFTC fünf regionale Büros. Sie verfügt über ähnlich weitreichende Befugnisse wie die SEC. Sie kann insbesondere jede Person oder Organisation verklagen, die den *CEA 1936* verletzt hat. Ähnlich wie bei den *securities laws* existieren auch im Bereich der *commodities laws* eine Vielzahl von Durchsetzungsmechanismen. Dazu zählen strafrechtliche Sanktionen,[255] ein weites Spektrum zivilrechtlicher Klagemöglichkeiten[256] und die Befugnis *cease and desist orders* zu erlassen.

Wie die SEC betreibt die CFTC die eigentliche Strafverfolgung nicht selbst, sondern leitet die von ihr untersuchten und für strafwürdig befundenen Fälle an die Bundesanwälte weiter, an die die CFTC eigene Juristen zur Unterstützung abgestellt hat.[257]

---

[253] Hillenbrand, SPIEGEL ONLINE vom 26.06.2002.

[254] Martin, wistra 1994, 127, 131.

[255] Dazu gehört insbesondere die Befugnis der CFTC, analog zu den Aufsichtsrechten der SEC über Broker, Wertpapierhändler und Börsen, den Marktbeteiligten die Registrierung zu suspendieren oder zu entziehen. Näher dazu, Friedman, 160 f.

[256] Hier sind vor allem die *injunctive actions* zu nennen. *Sec. 6 c CEA 1936* gewährt der CFTC umfangreiche Befugnisse zur Erlangung von gerichtlichen *injunctions* und sog. *writs of mandamus*; siehe dazu im Einzelnen, Friedman, 161 f.

[257] Friedman, 25.

VI. Fazit

Dieser Überblick über das amerikanische Kapitalmarktrecht zeigt, dass die umfangreichen Spezialregelungen im Bereich der *securities and commodities regulation* zunächst als zivil- und öffentlichrechtliche Bestimmungen Bedeutung entfalten, aber auch eine effektive Strafverfolgung ermöglichen. Für diese ist entscheidend, dass die Kapitalmarktaufsichtsbehörden befugt sind, selbst umfangreiche Untersuchungen anzustellen, und auch über die entsprechende personelle und sachliche Ausstattung verfügen.
Grund für die relativ früh erlassenen Anlegerschutzvorschriften in den USA ist zum Einen die Erfahrung aus den betrügerischen Aktivitäten, die zum Börsenkrach 1929 geführt haben, aber auch die Erkenntnis, dass private Alters-, Krankheits- und Invaliditätsvorsorge, wie sie in den USA schon lange die Regel ist, auf ein effektives Anlegerschutzkonzept angewiesen ist.

C. Deutschland

I. Gesetzgebung

In Deutschland wurde der Anlegerschutz erstmals Mitte des 19. Jahrhunderts zum Thema, als sich die Orientierung der Aktiengesellschaft an bestimmten ständisch organisierten Anlegern auflöste und auf das breite Publikum verlagerte. Das zunächst als Remedur gegen Schwindelgründungen praktizierte Konzessions-system offenbarte neben praktischen Schwierigkeiten aber sehr schnell den Nachteil, auch manch innovatives Projekt zu verhindern und das Publikum in falscher Sicherheit zu wiegen.[258] Statt Schutzmaßnahmen zu ergreifen, ging man zunächst davon aus, dass Missbräuche sich nur durch die eigene Erfahrung des Publikums, die zu Vorsicht und Mäßigung führen würden, verhindern ließen.[259] Dieser Denkansatz zieht sich im Folgenden gleichermaßen

---

[258] Assmann, Prospekthaftung, 43 f., 53 f.; ders., ZBB 1989, 49, 53.
[259] Assmann, Prospekthaftung, 44; ders. ZBB 1989, 49, 53.

durch die verschiedenen Novellierungen des Aktienrechts[260] und die Rechtsprechung des Reichsgerichts gegenüber Klagen getäuschter Anleger.[261]
Der Wegfall des Konzessionssystems und die nach dem siegreichen Deutsch-Französischen Krieg von 1870/71 nach Deutschland fließenden Kriegskontributionen führten zu einer enormen Belebung der Konjunktur.[262] Produktion und Aktienkurse im Deutschen Reich verdoppelten sich.[263]
Die damals notierten Nominalaktienwerte waren jedoch weit überhöht, so dass ein Rückschlag unvermeidlich war, der sich mit dem Wiener Börsenkrach 1873 und den zeitgleich einsetzenden 73 Aktienbankzusammenbrüchen einstellte, denen die Aufdeckung einer übertriebenen, unsoliden Börsenspekulation und umfangreiche Depotveruntreuungen folgten.[264] Legislative Maßnahmen zur Behebung der zutage getretenen Missstände waren unausweichlich. Dementsprechend wurden in der Folgezeit die Kontrolle des Gründungsvorgangs und die laufende Kontrolle der Geschäftsführung sowie der Insolvenzschutz, als Stärkung der Stellung des Anteilseigners in der AG, gesetzlich fixiert.[265] Mit dem BörsG von 1896 wurden erstmals Informationspflichten der börsennotierten Gesellschaften und ihrer Emissionshäuser sowie Bestimmungen zur Zulassung von Wertpapieren als anlegerschützende Maßnahmen eingeführt.[266]
Insgesamt gesehen lag der Gedanke des Anlegerschutzes zu Beginn des 20. Jahrhunderts in Deutschland allerdings nur sehr wenigen Regelungen als Leitmotiv zugrunde.[267] Dies liegt unter anderem daran, dass für einen umfassenden Anlegerschutz kein Bedarf bestand. Die Mehrzahl der deutschen Arbeitnehmer, Landwirte und Beamten hatte bis zum zweiten Weltkrieg nichts „anzulegen“, weil das Produktivvermögen in hohem Grad bei einem kleinen Bruchteil der Bevölkerung konzentriert war. Zudem wurde die Alters-, Kranken- und Invalidenfürsorge traditionell vom Staat zur Verfügung gestellt, so dass die

---

[260] So ist bspw. in den Protokollen zum ADHGB von 1861, S. 321, zu lesen: „Gegen die alsdann mit vorkommenden Missbräuche, soweit dieselben sich auf die davon berührten Interessen von Privaten beziehen, gibt es hauptsächlich nur ein wirksames Mittel, nämlich die eigene Erfahrung des Publikums, welche dahin führt, dass die Einzelnen selbst die erforderliche Vorsicht und Mäßigung anwenden, um sich vor Schaden in acht zu nehmen, ohne sich vorzugsweise auf die obervormundschaftliche Fürsorge des Staates zu verlassen.“ vgl. auch Assmann, Prospekthaftung, 53 ff.; Wiedemann, Gesellschaftsrecht, 477.

[261] vgl. RG, WarnRspr. 1908, Nr. 146, wonach niemand den Anleger zwinge, seine Gelder einer Aktiengesellschaft zu geben; wer sich darauf einlasse, trage selbst das Risiko; RGZ 111, 26, 30 (1925): „Wer Aktien erwirbt, hat sich den für die Aktiengesellschaften bestehenden Vorschriften anzupassen; wer das nicht kann oder will, soll dem Aktienverkehr fernbleiben; für ihn passt eine Vermögensanlage in Aktien nicht.“ Vgl. Wiedemann, Gesellschaftsrecht, 477.

[262] Sombart, 85.

[263] Brüggemeier, 51; vgl. auch Merkt, in: Hopt/Rudolph/Baum, 17, 59.

[264] Bericht der Börsen-Enquete-Kommission, 3; auch Merkt, in: Hopt/Rudolph/Baum, 17, 59.

[265] Assmann, ZBB 1989, 49, 53.

[266] Merkt, in: Hopt/Rudolph/Baum, 17, 85; Claussen, 55.

[267] Schäfer, Anlegerschutz, 21.

Notwendigkeit einer zusätzlichen privaten Vermögensvorsorge nicht oder jedenfalls nicht zwingend bestand.[268]
Dieses Rechtsbewusstsein hat sich seit dem zweiten Weltkrieg langsam geändert; es wurde eine Reihe von Gesetzen verabschiedet, die zumindest auch den Schutz von Anlegern bezweckten. Hier sind vorrangig das KAGG von 1957, das AuslInvG von 1969 und die Aktienrechtsnovelle von 1965 zu nennen.

Allerdings blieb noch bis in die 70er Jahre des letzten Jahrhunderts Anlegerschutz auf aktien- und börsenrechtlichen Aktionärsschutz beschränkt, ergänzt durch das Depotrecht in bezug auf die Verwahrung von Effekten und die Durchführung einzelner Orders. Das Anlegerschutzrecht war zersplittert: geschützt wurden nur die Gesellschafter einzelner Gesellschaftsformen,[269] insbesondere Aktionäre, oder der Schutz war davon abhängig, dass die Transaktion auf einem bestimmten Markt abgewickelt wurde, insbesondere an der Börse.[270]

Die weitere Entwicklung ist durch das Aufkommen neuer Anlageformen, der Ausweitung des Kreises potentieller Anleger sowie des anlagebereiten Kapitals und schließlich der Schaffung neuer Vertriebswege für das Publikum gekennzeichnet,[271] die weitere Maßnahmen zum Schutz der Anleger erforderlich machten. Zudem setzte sich unter dem Einfluss des amerikanischen Rechts auch in Deutschland zunehmend die Erkenntnis durch, dass alle Anleger in öffentlich angebotenen Wertpapieren gleichermaßen zu schützen sind,[272] so dass das Anlegerschutzprinzip als solches seit den Beschlüssen des 51. Juristentages in Stuttgart (1976)[273] als allgemein anerkannt gelten kann.[274]

Insbesondere seit den 90er Jahren ist der Anlegerschutz durch eine Reihe von Maßnahmen und Gesetzen verbessert worden. Dazu gehört die Errichtung des Bundesaufsichtsamts für den Wertpapierhandel (BAWe) 1995, die Einführung eines Insiderstraftatbestandes, die Verbesserung der Verhaltensregeln für den Wertpapierdienstleister, die Verbesserung der Börsenaufsicht durch das Zweite Finanzmarktförderungsgesetz sowie die Modernisierung der Haftung für fehlerhafte Börsenzulassungs- und Verkaufsprospekte im Dritten Finanzmarktförderungsgesetz.[275] Nach dem Kontroll- und Transparenzgesetz[276] von 1998 ist der Vorstand einer Aktiengesellschaft verpflichtet, ein funktionierendes Über-

---

[268] Wiedemann, Gesellschaftsrecht, 477.
[269] vgl. dazu ausführl. Wiedemann, Gesellschaftsrecht, 495 ff.
[270] Grundmann, RabelsZ 1990, 283, 284.
[271] Assmann, ZBB 1989, 49, 53.
[272] Grundmann, RabelsZ 1990, 283, 284.
[273] Verhandlungen des 51. DJT (1976), P 194 ff.
[274] Hopt, Gutachten zum 51. DJT, G 44 ff.; ders. ZHR 1977, 389, 398 ff.
[275] Wolf, WM 2001, 557, 557; Rosen, FAZ.NET vom 09.08.2002.
[276] BGBl. 1998 I, 24.

wachungssystem einzurichten. Außerdem enthält dieses Gesetz Regelungen zur Verbesserung der Qualität der Abschlussprüfung. Mit der vierten Novelle der Wirtschaftsprüferordnung ist ein sog. *Peer-Review-Systems* eingeführt worden, einem Qualitätssicherungsinstrument, das die Tätigkeit der Wirtschaftsprüfer selbst betrifft. Dadurch ist die Transparenz der internen Abläufe bei der Prüfung verbessert und das Vertrauen der Anleger in die Abschlussprüfung verstärkt worden. Zudem wurden verbesserte Regelungen für eine wirksame Corporate Governance[277] und einen *Code of Best Practice* erarbeitet, die jedoch grundsätzliche Rechtsfragen aufgeworfen haben, deren Diskussion und Klärung noch in den Anfängen steckt.[278]

Ferner wurde der Anlegerschutz im Vierten Finanzmarkt-förderungsgesetz von 2002 hervorgehoben. So soll durch die Neudefinition der Kursmanipulation, die Übertragung der Verfolgung dieser auf das BAFin mit verbesserten Möglichkeiten, der unlauteren Beeinflussung von Aktienkursen wirksamer entgegengetreten werden. Auch wurden mit den §§ 37 b, 37c WpHG den Anlegern erstmals ausdrücklich Anspruchsgrundlagen für Schadensersatz im Falle von Verstößen gegen die Ad-hoc-Publizität zur Seite gestellt.

Doch wie die Entwicklungen an den deutschen Aktienmärkten zeigen, reichen diese nicht aus, um die in den letzten Jahren aufgetretenen Missstände zu verhindern bzw. diesen wirksam zu begegnen. Das Vertrauen der Anleger in die Finanzmärkte ist noch nicht zurückgekehrt.

Um das Vertrauen der Anleger wieder zu gewinnen und den Finanzplatz Deutschland zu stärken, stellte die Bundesregierung im August 2002 einen „Zehn-Punkte-Plan" zur Verbesserung des Anlegerschutzes vor, der in der Zeit von 2002 bis 2006 realisiert werden soll.[279]

Von den dort genannten Vorhaben wurden bislang die beständige Weiterentwicklung des Corporate Governance Kodexes und die Fortentwicklung der Bilanzregelndurch das Bilanzrechtsreformgesetz[280] realisiert. Außerdem sind seit dem 01.11.2004 das Anlegerschutzverbesserungsgesetz[281] und seit dem 21.12.2004 das Gesetz zur Kontrolle von Unternehmensabschlüssen (BilKoG)[282] in Kraft, das Kapitalanlegermusterferfahrensgesetz (KapMuG) und das Gesetz zur Unternehmensintegrität und Modernisierung des Anfechtungsrechts (UMAG) sollen zum 01.11.2005 folgen. Dagegen ist der Vorstoß einer ausdrücklichen Vorstandshaftung durch das sog. Kapitalmarktinformationshaftungsgesetz aufgrund erheblichen Drucks aus der Wirtschaft vorerst zurückgezogen worden.

---

277 abrufbar unter: www.corporate-governance-code.de.
278 Lenenbach, Rn. 13.93.
279 vgl. Struve/Antonoff, DIE WELT vom 04.09.2002.
280 BGBl. 2004 I, 3166.
281 BGBl. 2004 I, 2360.
282 BGBl. 2004 I, 3408.

Zusammenfassend lässt sich feststellen, dass sich trotz dieser vielfältigen Anlegerschutzmaßnahmen bis heute kein einheitlicher rechtlicher Rahmen für den Anlegerschutz in Deutschland finden lässt.[283] Gesellschaftsrechtliche und kapitalmarktrechtliche Normen verschiedener Gesetze dienen diesem Ziel.

II. Regelungsphilosophie

Traditionell verfolgte das deutsche Recht ein Schutzkonzept, das nur bestimmte Anleger erfasst. Die Anwendung anlegerschützender Normen und Konzepte setzte entweder das Vorliegen einer bestimmten Rechtsform voraus oder eines bestimmten Marktes, an dem die Transaktion vorgenommen wurde.[284] Dadurch bleibt der Schutz auf bestimmte Anleger beschränkt, etwa diejenigen, welche in Aktien einer Aktiengesellschaft oder in Investmentanteile investieren, oder auf jene, die an der Börse notierte bzw. in den geregelten Markt eingeführte Wertpapiere halten und damit als Markt die Börse wählen.

Erst Mitte der 70er Jahre setzte sich auch im deutschen Recht der Gedanke durch, dass Anlegerschutz vorrangig durch ein umfassendes Kapitalmarktrecht zu gewährleisten ist.[285]

Beide Schutzkonzepte stimmen darin überein, dass sie ihr Ziel überwiegend durch Statuierung von Informationspflichten anstreben. Das aktuelle Schutzkonzept geht aber im Gegensatz zum traditionellen von der Erkenntnis aus, dass für alle Anleger in öffentlich angebotenen Wertpapieren das gleiche Schutzbedürfnis besteht, sei es aufgrund ihres Informationsdefizits gegenüber der Marktgegenseite oder aus dem Gesichtspunkt des Schutzes der schwächeren Partei.[286] Anlegerschutz hat daher nach dem heutigen Verständnis grundsätzlich rechtsform- und marktformunabhängig zu erfolgen und muss für den gesamten Kapitalmarkt gelten. Der deutsche Gesetzgeber konnte sich dieser Erkenntnis erst langsam öffnen und ließ sich noch relativ lange Zeit von dem alten Schutzkonzept leiten. Dies belegen die unter dem Eindruck drastisch steigender Anlagetätigkeit kleiner Sparer[287] entstandenen Gesetze der 60er Jahre, wie die AktG-Novelle mit neuen Publizitätsstandards sowie die Investmentgesetze von 1969[288], aber auch noch die BörsG-Novelle von 1986. Letztere ist dem alten

---

283 Weber, NJW 2003, 18, 19.

284 Grundmann, RabelsZ 1990, 283, 285.

285 Hopt, Kapitalanlegerschutz im Recht der Banken (1975); ders., Inwieweit empfiehlt sich eine allgemeine gesetzliche Regelung des Anlegerschutzes?: Verhandlungen 51. DJT (1976), G 1 ff.; Schwark, Anlegerschutz im Wirtschaftsrecht (1979).

286 Grundmann, RabelsZ 1990, 283, 285.

287 Vgl. z.B. Statistisches Bundesamt, Wirtschaft und Statistik 1975, 846, 850 (Anstieg von 1963 bis 1973 von einem Zehntel der Haushalte auf ein Viertel mit Wertpapierbesitz), zit. nach: Grundmann, RabelsZ 1990, 283, 286.

288 AktG vom 06.09.1965, BGBl. 1965 I, 1092; AuslInvestG vom 28.07.1969, BGBl. 1969 I, 986, insbesondere §§ 3, 12; Neufassung des KAGG vom 14.01.1970, insbesondere §§ 12, 20.

Schutzmodell insoweit verpflichtet, als sie die börsenrechtlichen, das heißt marktformabhängigen Publizitätsvorschriften verschärft.[289] Aber auch das neue Schutzmodell hat hier seinen Niederschlag insofern gefunden, als die Marktformspezifität der Schutzvorschriften durch Erweiterung auf den geregelten Markt gelockert wird. Die wichtigsten Anlegerschutzvorschriften gelten nicht nur bei Börsennotierung, sondern auch im sogenannten geregelten Markt und damit für einen viel größeren Kreis von Wertpapieren.[290] Ein Schritt in Richtung der moderneren rechtsformunabhängigen Regelung ist in den 60er Jahren im sogenannten Publizitätsgesetz[291] und dem Bilanzrichtliniengesetz von 1985[292] erfolgt, die jeweils Publizitätsvorschriften für eine Reihe verschiedener Rechtsformen gleich regeln.[293]
Jüngst findet sich jedoch wieder eine gewisse Modifizierung dieser Auffassung. So gelten für das Segment *Prime Standard* über die gesetzlichen Mindestanforderungen hinaus internationale Transparenzanforderungen, welche in der Börsenordnung statuiert sind, der seit dem Vierten Finanzmarktförderungsgesetz Rechtsnormqualität zukommt.
Dementsprechend gilt, dass das deutsche Recht den Anlegern grundsätzlich einen einheitlichen Mindeststandard an Schutz gewährt, welcher jedoch für besonders sensible bzw. qualifizierte Bereiche modifiziert wird.

Kennzeichnend für das deutsche Anlegerschutzkonzept ist weiter, dass es im Gegensatz zur amerikanischen Regelungsphilosophie von einem allgemeineren Gebot der meisten seiner Publizitätsgebote ausgeht: nicht nur der Kapitalanleger soll durch die Statuierung von Publizitätsgeboten geschützt werden, sondern auch weitere Gruppen (etwa Gläubiger) und noch weitergehend das allgemeine öffentliche Interesse.[294] Neben dem aus den jeweiligen Gesetzesmaterialien zu entnehmenden Willen des Gesetzgebers[295] ergibt sich dies auch aus dem Anwendungsbereich der entsprechenden Normen. Während in den USA die Registrierungs- und damit Publizitätspflicht des *SA 1933* die Platzierung bei mehr als 500 Anteilseignern voraussetzt, stellen die wichtigsten deutschen Publizitätspflichten auf die „Erheblichkeit“ ab und damit auf Größenkriterien, die allgemeiner die Bedeutung des Emittenten für den Markt begründen, vgl. §

[289] BörsG vom 16.12.1986, BGBl. 1986 I, 2478, anlegerschützende Publizitätsvorschriften (einschließlich flankierender Haftungsnormen) finden sich dort insbesondere in §§ 36 Abs. 3 Nr. 2, 38, 44 Abs. 1 Nr. 3, 44a-c, 45 – 49 BörsG (a.F.).
[290] ausführlich, Grundmann, RabelsZ 1990, 283, 286 f.
[291] Gesetz über die Rechnungslegung von bestimmten Unternehmen und Konzernen vom 15.08.1969, BGBl. 1969 I, 1189; textlich und inhaltlich nicht unerheblich geändert durch Art. 5 des Bilanzrichtliniengesetzes.
[292] Bilanzrichtliniengesetz vom 19.12.1985, BGBl. 1985 I, 2355, 2403.
[293] Grundmann, RabelsZ 1990, 283, 287 m.w.N.
[294] Grundmann, RabelsZ 1990, 283, 287 f.; zum Gläubigerschutz, Keßler, in: Keßler/Micklitz, 13, 17.
[295] vgl. Grundmann, RabelsZ 1990, 283, 287, Fn. 15.

267 HGB. Im deutschen Anlegerschutzsystem sind daher Anlegerinteressen häufig als Teil der weitergehenden Marktinteressen zu verstehen.[296]

Regelmäßig wird in Deutschland unterschieden:

Zum einen wird Anlegerschutz als Schutz der unbestimmten Allgemeinheit der Anleger als Träger des Angebots- und Nachfragepotentials verstanden,[297] die unmittelbaren oder mittelbaren Zugang zu den Kapitalmärkten haben. Das Börsengesetz spricht bei den einschlägigen Regelungen vom Schutz des „Anlegerpublikums".[298] Im Vordergrund steht hier der Aspekt des Vertrauens der Sparer und Anleger, dessen es zur Erhaltung und Steigerung des Volumens des gesamtwirtschaftlich erforderlichen oder erwünschten Investitionskapitals bedarf. Der Schutz des Anlegerpublikums in diesem überindividuellen Sinne dient zugleich dem Schutz der Funktionsfähigkeit des Kapitalmarktes, denn eine wesentliche Funktion des Kapitalmarktes ist – neben einer kontrollierten Preisfeststellung – das Zusammenführen und das effiziente Ausgleichen von Kapitalangebot und -nachfrage aus dem Anlegerpublikum.
Zum anderen ist unter dem Begriff Anlegerschutz der Individualschutz des Anlegers, dessen Sicherung um seiner selbst willen, zu verstehen.[299] Es geht um ein sozialpolitisches Ziel: die Rechtsordnung soll die Voraussetzungen dafür schaffen, dass der Private durch die Investitionen von Sparkapital Vorsorge für künftige Bedürfnisse wie Krankheit und Alter treffen kann.[300]
Diese Differenzierung ist von maßgeblicher Bedeutung, wenn einzelne Anleger aus der betreffenden Norm Rechte herleiten wollen.[301] Nur wenn einer Norm ein individualschützender Charakter zukommt, kann die pflichtwidrige Verletzung dieser Norm zu einem Schadensersatzanspruch des geschädigten Anlegers führen. Ob eine kapitalmarktrechtliche Norm dem Schutz der Individualinteressen der Anleger dient, muss für jede Norm gesondert geprüft werden. Entscheidend ist hierbei der gesetzgeberische Wille,[302] die Ausgestaltung und der Zweck der einzelnen Bestimmung.

Schließlich ist darauf hinzuweisen, dass man auch in Deutschland hinsichtlich des Sammelbegriffs des *Anlegers* etwas vergröbernd zwischen professionellen und privaten Anlegern unterscheidet.[303] Damit wird eine wichtige Vorselektion getroffen, die abhängig von der jeweiligen Regelungsaufgabe einer Norm häufig

---

296 Grundmann, RabelsZ 1990, 283, 287; Keßler, in: Keßler/Micklitz, 11, 17 f.
297 Kübler, 390; Kümpel, 75; ders., BuK, Rn. 8.419.
298 vgl. §§ 30 Abs. 3 Nr. 3, 37 Abs. 3, 38 Abs. 1 Nr. 1, 39 Abs. 1 Nr. 3 BörsG.
299 Assmann, ZGR 1994, 494, 499; Kübler, 390; Tippach, WM 1993, 1269, 1272.
300 Kübler, 390; ders. AG 1977, 85, 88; Kümpel, 78.
301 Kümpel, BuK, Rn. 8.419.
302 Staudinger/Schäfer, BGB, § 823, Rn. 580 m.w.N.
303 Fleischer, in: Fleischer/Merkt, F 19, 21.

weiter verfeinert wird: So kommt es etwa im Rahmen der Vertriebsregeln darauf an, das öffentliche Angebot im Sinne des VerkProspG von der Privatplatzierung abzugrenzen.[304] Auch die Wohlverhaltensregeln gemäß § 31 WpHG statuieren einen gestuften Anlegerschutz entsprechend den jeweiligen Erfahrungen und Kenntnissen im Wertpapiergeschäft. Ergänzt wird dieser personenbezogene durch einen situationsbezogenen Schutz, wie er beispielsweise in § 2 WpÜG durch den Schlüsselbegriff des öffentlichen Angebots erfolgt.[305]

III. Rechtsprechung

Ebenso wie in den USA haben die Gerichte in Deutschland ursprünglich den Schutz von Anlegern abgelehnt, weil die Kapitalanlage in Aktien bekanntermaßen riskant und es deshalb gerechtfertigt sei, dass der Anleger dieses Risiko selbst trage.[306] Eine solche Sichtweise weist in dieser Situation gegenläufiger Interessen jedoch aus dem Gedanken des Handelns auf eigene Gefahr das gesamte Risiko der Anlegerseite zu und ermöglicht es der anderen Seite, dieses Risiko zum eigenen Vorteil auszunutzen. Dieses Ergebnis war rechtspolitisch nicht vertretbar,[307] so dass sich die Auffassung der Rechtsprechung zwangsläufig zugunsten der Anleger ändern musste. Diese hatte mangels gesetzlicher Regelungen lange Zeit die Hauptlast des kapitalmarktorientierten Anlegerschutzes zu tragen und war in erheblichem Maße auf die „Substitution" fehlenden Kapitalmarktrechts durch Zivilrecht angewiesen.[308]

Bei der Herausbildung anlegerschützenden Rechts hat sich die Rechtsprechung aber keineswegs auf rechtsformspezifische, gesellschaftsrechtliche Maßnahmen beschränkt, sondern entwickelte auch eigene kapitalmarkt- und vertriebsbezogene Verhaltenspflichten. Vor allem die im Wertpapierhandel ausformulierten Sorgfalts- und Aufklärungspflichten der Banken, Anlageberater und -vermittler usw.[309] sind in diesem Zusammenhang zu nennen. So haben bspw. die in der

[304] vgl. zur Prospektfreiheit bei Wertpapierangeboten an institutionelle Investoren, Ritz, in: Assmann/Lenz/Ritz, § 2 Rn. 5 ff.

[305] dazu Fleischer, ZIP 2001, 1653, 1653 ff.

[306] RG, WarnR 1908, Nr. 146; vgl. auch RGZ 111, 26, 30 (1925): „Wer Aktien erwirbt, hat sich den für die Aktiengesellschaften bestehenden Vorschriften anzupassen; wer das nicht kann oder will, soll dem Aktienverkehr fernbleiben; für ihn passt eine Vermögensanlage in Aktien nicht."

[307] Hopt, Gutachten G 45; Horst, Kapitalanlegerschutz, 205 f.; Schwark, Anlegerschutz, 12.

[308] Assmann, Prospekthaftung, 47 ff.; ders., ZBB 1989, 49, 54; Keßler, in: Keßler/Micklitz, 11, 21, 23; vgl. auch RGZ 39, 245; RGZ 111, 233.

[309] dazu Hopt, Kapitalanlegerschutz, 413 ff.; ders., FS Fischer, 237 ff.; Heinsius/Kübler, ZHR 1981, 177 ff. und 204 ff.

Bond-Entscheidung[310] niedergelegten Grundsätze zur anleger- und objektgerechten Beratung erhebliche Bedeutung für den Anlegerschutz gewonnen.
Hinter den in der Rechtsprechung wiederkehrenden Formeln von der „Angewiesenheit" der Anleger auf korrekte Informationen über die angebotene Anlage und von dem „rechtlich gebotenen Kapitalanlegerschutz" verbergen sich neben anlegerschützenden auch marktbildende und marktordnende[311] Intentionen. Denn die aufgetretenen Anlegerschädigungen haben nicht nur den in „gesicherten" Rechtsformen betriebenen Unternehmen dringend benötigtes Risikokapital entzogen, sondern zugleich das Vertrauen in die Funktionsfähigkeit der Kapitalmärkte erschüttert. Individualschutz war auf diese Weise stets auch Funktionen- und Institutionenschutz. Gleichwohl richtete sich das Augenmerk der von der Rechtsprechung beherrschten Rechtsentwicklung aufgrund der vorgetragenen Fälle primär auf den Anleger.[312]

IV. Börsenaufsicht

In der Bundesrepublik Deutschland besteht ein dreistufiges Aufsichtsratssystem über die deutschen Wertpapiermärkte: das BAFin, die Börsenaufsicht der Länder sowie die Handelsüberwachungsstellen der einzelnen Börsen.
Während die Landesbehörden und die Handelsüberwachungsstellen die Aktivitäten und Handelsregeln an den Börsen überwachen, beaufsichtigt das BAFin das Marktgeschehen als Ganzes, d.h. sowohl den Handel mittels der börslichen Systeme als auch den außerbörslichen Handel. Das BAFin arbeitet dabei mit den Börsenaufsichtsbehörden der Länder und den Handelsüberwachungsstellen der Börsen eng zusammen. Dies ist vor allem auch deshalb erforderlich, um die Kooperation mit den ausländischen Aufsichtsbehörden, die ausschließlich dem BAFin obliegt, wirksam gestalten zu können.

Eine zentrale Bundesaufsichtsbehörde wurde erstmals durch das am 26.06.1994 verabschiedete Zweite Finanzmarktförderungsgesetz[313] mit dem Bundesaufsichtsamt für den Wertpapierhandel (BAWe) errichtet, das am 01.01.1995 seine Tätigkeit aufnahm.
Mit dem Gesetz über die integrierte Finanzdienstleistungsaufsicht[314] gingen die Aufgaben und Kompetenzen des BAWe zum 01.05.2002 auf die Bundesanstalt für Finanzdienstleistungen (BAFin) über. Unter dem Dach der neuen Anstalt werden neben den Aufgaben des ehemaligen BAWe auch die der ehemaligen Bundesaufsichtsämter für das Kreditwesen und das Versicherungswesen

---

[310] BGHZ 123, 126 ff.
[311] Schwark, Anlegerschutz, 6.
[312] Assmann, ZBB 1989, 49, 56.
[313] BGBl. 1994 I, 1749 ff.
[314] BGBl 2002 I, 1310.

zusammengeführt, so dass in Deutschland nun eine integrierte staatliche Aufsicht über Kreditinstitute, Finanzdienstleistungsunternehmen und Versicherungsunternehmen existiert, die sektorübergreifend den gesamten Finanzmarkt umfasst.[315] Für den Bereich Wertpapierhandel ist der Sektor Werpapieraufsicht/Asset-Management zuständig.
Aufgabe dieses Sektors ist die Marktaufsicht und damit die Sicherstellung der Funktionsfähigkeit der Märkte für Wertpapiere und Derivate. Dementsprechend hat sich die Behörde den Schutz der Anleger sowie die Gewährleistung von Marktransparenz und Marktintegrität zum Ziel gesetzt.[316]
Diesen Zielen sind alle Aufgaben dieses Sektors der BAFin untergeordnet, die insbesondere im Wertpapierhandelsgesetz, im Wertpapier-Verkaufsprospektgesetz und im Wertpapiererwerbs- und Übernahmegesetz (WpÜG) geregelt sind. Dazu gehört vor allem die Sicherstellung der Integrität und Transparenz des Wertpapierhandels durch die Verfolgung und präventive Bekämpfung des Insiderhandels. Zur Überwachung des Insiderhandelsverbots zählen neben der Untersuchung möglicher Insiderfälle auch das Sammeln der Meldungen aller getätigten Wertpapier- und Derivatgeschäfte sowie die Überwachung der Pflicht nach § 9 WpHG, Transaktionen in Wertpapieren und Derivaten zu melden.[317]
Bei entsprechenden Anhaltspunkten für Insidergeschäfte kann die BAFin von Wertpapierdienstleistungsunternehmen sowie von inländischen, zum Börsenhandel zugelassenen Unternehmen Auskünfte und Unterlagen verlangen, darunter auch Angaben zur Identität des Auftraggebers. Daneben obliegt der BAFin die Überwachung der Ad-hoc-Publizität börsennotierter Unternehmen, der Publizität bei Veränderungen der Stimmrechtsanteile bei im Amtlichen Handel notierten Unternehmen sowie der Verhaltensregeln und Organisationspflichten der Wertpapierdienstleistungsunternehmen. Zudem fungiert der Sektor Wertpapieraufsicht/Asset-Management der BAFin als Hinterlegungsstelle für Wertpapierverkaufsprospekte und hat Wertpapiererwerbsangebote, Übernahmeangebote sowie Pflichtangebote nach dem WpÜG zu kontrollieren. Schließlich ist dieser Sektor auch zuständig für Zusammenarbeit in der Bundesrepublik Deutschland ebenso wie für die internationale Zusammenarbeit bei der Beaufsichtigung des Wertpapierhandels.
Die BAFin ist gemäß § 35 Abs. 6 WpHG zum Erlass von Richtlinien ermächtigt, um die im WpHG enthaltenen Verhaltensregeln zu konkretisieren und für die Praxis besser handhabbar zu machen. Darüber hinaus kann die BAFin ihre Auffassung zu bestimmten Problemkreisen in Rundschreiben, Bekanntmachungen[318] und Informationsblättern darlegen, um Unsicherheiten für

---

[315] Weber, NJW 2003, 18, 23.
[316] Weber, NJW 2003, 18, 23.
[317] BAWe, Jahresbericht 1995, 4, damals noch für das BAWe.
[318] vgl. bspw. die Bekanntmachung des ehem. BAWe zum Verhältnis von Regelpublizität und Ad-hoc-Publizität vom 09.06.1996, Bundesanzeiger Nr. 133 vom 19.06.1996, S. 8167; die

die Marktteilnehmer zu vermeiden.[319] Schließlich hat der Bundesminister für Finanzen seine Verordnungskompetenzen nach dem WpHG mit der Verordnung vom 16.03.1995[320] auf das BAWe und damit nunmehr auf die BAFin übertragen.[321]
Verstöße gegen Mitteilungs- und Überwachungspflichten können mit erheblichen Bußgeldern geahndet werden.[322]
Zwar wurden die Kompetenzen des damaligen BAWe (nunmehr BAFin) durch das Dritte und Vierte Finanzmarktförderungsgesetz[323] beständig erweitert, sie sind jedoch mit denen der amerikanischen SEC keinesfalls vergleichbar.
Als Reaktion auf den im Hinblick auf die Probleme am deutschen Kapitalmarkt immer lauter werdenden Ruf nach einer starken Börsenaufsicht hat Bundesfinanzminister Eichel am 03.09.2002 in Frankfurt/Main einen „Finanzmarktförderungsplan 2002 – 2006" angekündigt, der unter anderem die Stärkung der BAFin beinhaltet.[324] In diesem Zusammenhang wird auf Grundlage des Bilanzkontrollgesetzes die Rechnungslegung börsennotierter Unternehmen seit dem 01.07.2005 einer zusätzlichen externen Kontrolle unterworfen. In einem zweistufigen Verfahren wird die Rechtmäßigkeit des zuletzt festgestellten Jahresabschlusses oder gebilligten Konzernabschlusses und der zugehörigen Lageberichte von Unternehmen, deren Wertpapiere an einer inländischen Börse zum Handel im amtlichen oder geregelten Markt zugelassen sind, geprüft. Auf der ersten Stufe ist eine von staatlicher Seite beauftragte privatrechtlich organisierte Prüfstelle tätig. Diese wird stichprobenartig und bei konkreten Anhaltspunkten für einen Verstoß gegen Rechnungslegungsvorschriften sowie auf Verlangen der BaFin tätig. Die Kontrolle durch die Prüfstelle setzt die Kooperationsbereitschaft der zu prüfenden Unternehmen voraus. Die BaFin wird auf der zweiten Stufe tätig, wenn das Unternehmen nicht freiwillig an der Prüfung mitwirkt, mit dem Ergebnis der Prüfung nicht einverstanden ist oder

---

Bekanntmachung zum Verkaufsprospektgesetz vom 15.04.1996, Bundesanzeiger Nr. 82 vom 30.04.1996, S. 5069.

[319] vgl. bspw. BAWe, Jahresbericht 1997, 50 f.

[320] BGBl. 1995 I, 390.

[321] Auf der Grundlage der hieraus folgenden Befugnisse die Verordnung des BAWe über die Meldepflichten beim Handel mit Wertpapieren und Derivaten nach § 9 WpHG, BGBl. 1995 I, 2094, Berichtigung in BGBl. 1996 I, 220 und die Verordnung über die Umlegung der Kosten des BAWe der Jahre 1994 bis 1997 vom 21.11.1997, BGBl. 1997 I, 2746.

[322] Allerdings wird bemängelt, dass beispielsweise Verstöße gegen die Ad-hoc-Publizitätspflichten zwar de facto ein Bußgeld von bis zu 1,5 Mio. € nach sich ziehen können, das BAFin aber bisher nie mehr als eine sechsstellige Summe verhängt hat, was angesichts der möglichen Kursgewinne eine unzureichende Sanktion sei. Zumal das BAFin die Namen der betroffenen Unternehmen nicht veröffentlicht. Weber, FTD vom 27.04.2001; so auch Kälberer in der Stellungnahme der Kanzlei Tilp & Kälberer (jetzt Tilp Rechtsanwälte) zum Reformbedarf im Bereich Anlegerschutz vom 05.02.2002.

[323] Drittes Finanzmarktförderungsgesetz, BGBl 1998 I, S. 529; Viertes Finanzmarktförderungsgesetz, BGBl. 2002 I, 2010.

[324] o.V., SPIEGEL ONLINE vom 03.09.2002.

wenn die BAFin selbst erhebliche Zweifel an der Richtigkeit der Prüfungsergebnisse oder an der ordnungsgemäßen Durchführung der Prüfung hat. Die BaFin hat die Möglichkeit die Prüfung der Rechnungslegung zwangsweise durchzusetzen. Darüber hinaus kann sie die Prüfung an sich ziehen, wenn sonst Doppelprüfungen bei Kredit- oder Finanzdienstleistungsinstituten und Versicherungsunternehmen drohen. Auch ist sie befugt, das geprüfte Unternehmen anzuweisen, die bei der Prüfung festgestellten Bilanzfehler sowie die wesentliche Begründung bekannt zu machen.

V. Fazit

Wenn Anlegerschutz nicht nur den schutzbedürftigen Privatanleger betreuen soll, sondern weitergehend den privaten Sparer zur Anlage in Wertpapieren veranlassen soll,[325] dann war Anlegerschutz in Deutschland bisher wenig erfolgreich: lediglich 8,3 % des Geldvermögens ist in Aktien angelegt. Der Anteil der direkten und indirekten Aktionäre liegt in Deutschland bei 20 % und ist aufgrund der schwierigen Situation an den Kapitalmärkten derzeit weiter rückläufig, während er in den USA rund 48 %, in Schweden, der Schweiz und in Spanien über 30 % beträgt.[326]

Das deutsche Anlegerschutzsystem stellt sich mangels eines einheitlichen Regelwerkes als sehr unübersichtlich dar. Erst in der jüngeren Vergangenheit sind vermehrt ausdrücklich individualschützende Anlegerschutznormen gesetzlich fixiert worden, die den Anlegern eigene Klagerechte einräumen. Diesbezüglich mangelt es jedoch oft noch an einer gesicherten einheitlichen Anwendungspraxis, da eine höchstrichterliche Rechtsprechung häufig fehlt.

Hinsichtlich der BAFin ist festzustellen, dass diese zurzeit nicht dieselben umfangreichen Strukturen, Kompetenzen sowie Sach- und Personalressourcen wie die amerikanische SEC hat.[327] Insbesondere erscheint problematisch, dass derzeit gerade einmal 40 der rund 1050 Mitarbeiter ca. 40.000 Beschwerden pro Jahr bearbeiten.[328]
Auch wenn die BAFin mit ihrer Banken- und Versicherungsaufsicht im Gegensatz zur SEC, die nur die börsennotierten Unternehmen überwacht, eine weitergehende Überwachungszuständigkeit zukommt. So hat sie auch nach den jüngsten Befugniserweiterungen geringere Eingriffsmöglichkeiten als die amerikanische SEC. Insbesondere hat sie aufgrund des deutschen Gewaltenteilungsprinzips keine der SEC vergleichbaren Strafermittlungskompetenz.

---

325 vgl. Claussen, AG 1995, 163.
326 Schmidt, Börsen-Zeitung vom 12.02.2002.
327 Leiss/Nowak, 6, Fn. 13.
328 Karl-Burkhard Caspari, Vizepräsident des BAFin, in: o.V., DIE WELT vom 22.07.2002.

D. Bewertung

Kennzeichnend für den Anlegerschutz in Deutschland ist, dass dieser aufgrund seiner Ursprünge im Gesellschaftsrecht nicht einheitlich geregelt ist und häufig abhängig von bestimmten Gesellschafts- oder Handelsformen.
In den USA hat der Bund demgegenüber einheitliche *securities regulations* erlassen, nicht zuletzt deshalb, weil das Gesellschaftsrecht in den USA der Kompetenz der Einzelstaaten unterliegt[329] und daher die bundesstaatliche Durchsetzung von Anlegerschutzmaßnahmen nicht an dieses anknüpfen konnte.
Auch hat sich der amerikanische Gesetzgeber schon wesentlich früher als der deutsche dem Problem der Kursmanipulation gewidmet. Bereits Anfang des letzten Jahrhunderts schuf er ein umfassendes, detailliertes Regelwerk, das beinahe jedes kursbeeinflussende Verhalten behandelt. Grund dafür sind zum einen die Erfahrungen, die zum Börsenkrach von 1929 geführt haben, zum anderen aber auch der Umstand, dass in den USA die Alters-, Kranken- und Invaliditätsvorsorge schon immer primär privat erfolgt, mithin schon frühzeitig das Bedürfnis eigener Kapitalanlagen und diesbezüglicher Schutzmechanismen bestand.
Anders ist die Situation in Deutschland. Hier tritt traditionell der Staat im Falle der Bedürftigkeit ein. Diesbezüglich vollzieht sich derzeit aber ein Wandel. Das Bedürfnis nach privater Vorsorge wächst seit einigen Jahren beständig. Parallel zu dieser Entwicklung haben Gesetzgeber und Literatur in Deutschland individuellen Anlegerschutzmaßnahmen in den letzten Jahren verstärkt Beachtung geschenkt.

Gemeinsam ist beiden Schutzsystemen deren Janusköpfigkeit.[330] Es sollen sowohl die Funktionsfähigkeit des Kapitalmarktes allgemein als auch die Interessen des einzelnen Anlegers geschützt werden.
Ebenso lassen sich Gemeinsamkeiten hinsichtlich des personellen Bezugsrahmens des Anlegerschutzes feststellen. Sowohl im amerikanischen als auch im deutschen Rechtssystem wird aufgrund der heterogenen Struktur der Anlegerschaft ein teilweise differenzierter Anlegerschutz gewährt.

Die amerikanische *disclosure philosophy* betrachtet den Individualschutz der Anleger und die Funktionsfähigkeit des Wertpapiermarktes bzw. die effiziente Allokation der zur Verfügung stehenden Finanzressourcen als wichtige Primärziele. Demgegenüber steht im Mittelpunkt des Wertpapierhandelsgesetzes die Funktionsfähigkeit der Finanzmärkte, während der durch die Insiderbestimmungen normierte Anlegerschutz im Wesentlichen als Maßnahme des kapital-

---

[329] Wiedemann, Gesellschaftsrecht, 483.
[330] für die USA, Wiedemann, Gesellschaftsrecht, 482; für Deutschland vgl., Lenenbach, Rn. 8.2 f., S. 383 f.

marktrechtlichen Funktionsschutzes betrachtet wird.[331] Demgemäß dient die in § 15 Abs. 1 WpHG enthaltene Ad-hoc-Publizitätspflicht primär der Prävention von Insidergeschäften, die nach Auffassung des Gesetzgebers das Vertrauen der Anleger in einen fairen Wertpapiermarkt gefährden und somit das Funktionieren dieses Marktes beeinträchtigen, während die Offenlegungspflichten in den USA grundsätzlich[332] unabhängig von der Insiderproblematik den gleichen und schnellen Zugang aller interessierter Investoren zu bestimmten Unternehmensinformationen bezwecken.

Was Verstöße gegen Rechnungslegungsstandards angeht, bleibt abzuwarten, inwieweit die jüngst eingerichtete Bilanzprüfstelle, einen effizienten und effektiven Anlegerschutz gewährleisten kann.

---

[331] vgl. die Begr. des Gesetzesentwurfs des Zweiten Finanzmarktförderungsgesetzes, BT-Drs. 12/6679 v. 27.01.1994, S. 1 u. 33: „... Verbesserung der Attraktivität und internationalen Wettbewerbsfähigkeit des Finanzplatzes Deutschland durch Erweiterung des Anlegerschutzes“ und „Für die Funktionsfähigkeit der Finanzmärkte ist das Vertrauen der Anleger von entscheidender Bedeutung“.

[332] Eine Ausnahme bildet die Pflicht eines Insiders, wesentliche und unveröffentlichte Informationen beim Kauf oder Verkauf von Wertpapieren offen zu legen, vgl. Gruson/Wiegmann, AG 1995, 173, 177.

§ 3. ANLEGERSCHUTZ UND AD-HOC-PUBLIZITÄT

Im Folgenden wird am Beispiel der Ad-hoc-Publizität der Anlegerschutz im positiven Recht in Deutschland und den USA dargestellt.
Nach allgemeinen Aussagen soll das Verständnis der Ad-hoc-Publizität in den einzelnen Ländern untersucht werden. Schließlich wird die Sanktionierung von Publizitätsverstößen analysiert, um daraus konkrete Unterschiede des Anlegerschutzes am Beispiel der Ad-hoc-Publizität in den USA und Deutschland ableiten zu können.

A. Begriff und Funktion der Ad-hoc-Publizität

I. Allgemeine Aussagen

1. Begriff

Die Ad-hoc-Publizität ist eine Publizitätsform, die dem Markt zeitnah nicht öffentlich bekannte Informationen, die den Emittenten unmittelbar betreffen, zur Kenntnis bringen soll, soweit sie Auswirkungen auf dessen Börsenkurs haben können.[333] Sie wird auch als „fortlaufende oder ereignisnahe" Unternehmenspublizität bezeichnet.[334] Als außerordentliche Informationsquelle ergänzt sie die periodische Publizität des Emittenten, die durch eine Jahres-, Halbjahres- oder sogar durch eine Quartals- oder Monatsberichterstattung erfolgt,[335] indem sie unabhägig von diesen Zeitpunkten eine aktuelle Versorgung der Marktteilnehmer mit kursrelevanten Insiderinformationen gewährleistet.[336] Damit trägt sie dem Problem Rechnung, dass die rückwärts orientierte periodische Publizität den Anleger meist zu spät erreicht.[337] Die periodische Berichterstattung erfolgt in regelmäßigen, im Voraus bestimmten Zeitabschnitten und enthält neben detaillierten Zahlenangaben auch ausführliche Erläuterungen zur Geschäftstätigkeit des Emittenten während eines fest definierten Berichtszeitraums. Demgegenüber berichtet die Ad-hoc-Publizität zeitnah in unregelmäßigen Abständen selektiv über einzelne, wesentliche Tatsachen,[338] wobei die Aktualität der Information von maßgeblicher Bedeutung ist.[339]

---

[333] Koch, DB 2005, 267, 271; Tollkühn, ZIP 2004, 2215, 2216.
[334] Claussen, 409.
[335] Heidmeier, AG 1992, 110, 111.
[336] Pellens, AG 1991, 62, 63.
[337] Hopt, Festgabe Hellner, 31.
[338] Bridts, 72.
[339] Heidmeier, AG 1992, 110, 111.

In zeitlicher Hinsicht wird der Emittent zur unverzüglichen Veröffentlichung und Mitteilung der bisher unbekannten Tatsachen verpflichtet. Dabei soll eine weitgehende Gleichbehandlung der Marktteilnehmer dadurch erreicht werden, dass diese einen möglichst gleichberechtigten Zugang zu kursrelevanten Unternehmensinformationen erhalten.

Ad-hoc-Publizitätspflichten können ausdrücklich in einer konkreten Vorschrift geregelt sein.[340] Vielfach ergeben sich aber vergleichbare Pflichten, Obliegenheiten oder zumindest Anreize zur Ad-hoc-Publizität auch aus anderen Regelungen, insbesondere aus Verbotsbestimmungen, die oftmals neben einer ausdrücklichen Bestimmung der Ad-hoc-Publizität Anwendung finden und diese ergänzen.[341]
So kann mit der Verletzung der Ad-hoc-Publizität gleichzeitig auch gegen ein Insiderhandelsverbot, eine Norm zur Bekämpfung der Kursmanipulation oder eine allgemeine Betrugsbestimmung verstoßen werden. Die Relevanz solcher Regelungen für die Ad-hoc-Publizität ist häufig nicht ohne weiteres erkennbar. Dementsprechend sind bei der Untersuchung der Ad-hoc-Publizität in den einzelnen Kapitalmarktordnungen ihre charakteristischen Merkmale und ihre Funktion im System der Publizitätspflichten und Verbotsnormen zu berücksichtigen und immer das gesamte Regelungskonzept einzubeziehen.[342]

2. Funktionen

Durch die Statuierung von Ad-hoc-Publizitätspflichten werden verschiedene Zwecke verfolgt. Dazu gehören an erster Stelle der Schutz der Funktionsfähigkeit des Kapitalmarktes und der allgemeine Anlegerschutz. Die Ad-hoc-Publizität soll diese Ziele durch eine erhöhte Markttransparenz erreichen und damit präventiv vor Insiderhandel schützen.

Die Funktionsfähigkeit des Kapitalmarktes wird durch die zeitnahe Versorgung des Marktes mit aktuellen Unternehmensinformationen gewährleistet.[343] Dabei soll die Ad-hoc-Publizität den Marktteilnehmern die für eine fundierte Anlageentscheidung benötigten Informationen schnellstmöglich zugänglich machen und so unangemessene Marktpreise aufgrund fehlerhafter oder unvollständiger Information vermeiden.[344]

---

[340] vgl. bspw. § 15 WpHG.
[341] Hsu, 10.
[342] Hsu, 10.
[343] ausführlich zur ökonomischen Analyse des Zusammenhangs von Ad-hoc-Publizität und Funktionsfähigkeit des Kapitalmarktes, Hsu, 16 ff.
[344] Cahn, ZHR 1998, 1, 21; Hopt, ZHR 1995, 135, 147; ders., in: Schimansky/Bunte/Lwowski (Hrsg.), § 107, Rn. 46; Kümpel, AG 1997, 66, 66; Pananis, WM 1997, 460, 460.

Dem Schutz des Anlegerpublikums dient die Ad-hoc-Publizität mindestens in dem Maße, als sie Markttransparenz garantiert und einen möglichst gleichberechtigten Zugriff zu aktueller Information sichert. Durch den dadurch bewirkten raschen Abbau von Informationsvorsprüngen am Markt wird zugleich ein präventiver Schutz vor Insiderhandel erreicht.[345] Da die Emittenten verpflichtet sind, Insiderinformationen unverzüglich der Öffentlichkeit zur Kenntnis zu bringen, spiegeln sich die nunmehr öffentlich zugänglichen Informationen über die Anlageentscheidungen der Marktteilnehmer rasch im Börsenkurs wider, so dass keine Insidergewinne mehr möglich sind.
Auf diese Weise soll das Anlegervertrauen in den Markt als wichtige Voraussetzung für einen funktionsfähigen Kapitalmarkt gefestigt werden, welcher wiederum durch eine effiziente Preisbildung das Anlegerpublikum schützt.[346] Beide Schutzziele hängen mithin eng zusammen. In welchem Maße allerdings eine Bestimmung der Ad-hoc-Publizität über den Schutz des Anlegerpublikums hinaus auch den Schutz des einzelnen Anlegers bezweckt, ist vom Verständnis der Ad-hoc-Publizität in der entsprechenden Kapitalmarktordnung und dem konkreten Rechtserlass abhängig.[347]

II. Verständnis der Ad-hoc-Publizität in den einzelnen Ländern

Nachdem der Begriff und die Funktion der Ad-hoc-Publizität im Allgemeinen erörtert wurden, soll nun das konkrete Verständnis dieser Pflicht in den USA und in Deutschland untersucht werden.

1. Zweck und Funktion der Ad-hoc-Publizität in den USA

Der Publizitätsgedanke als solcher vermochte sich in den USA nach dem Börsencrash von 1929, auf den die große wirtschaftliche Depression folgte, entscheidend durchzusetzen.[348] Damals galt es, das verlorene Vertrauen der Anleger in den Kapitalmarkt wieder herzustellen.[349] Um dies zu erreichen, war neben der Sicherung der Funktionsfähigkeit des Wertpapiermarktes von Anfang an auch der individuelle Anlegerschutz ein maßgebliches Regelungsziel.

---

[345] Hopt/Will, 175; Koch, DB 2005, 267, 271; Tollkühn, ZIP 2004, 2215, 2215; Klargestellt werden muss jedoch, dass Informationsasymmetrien vermindert, nicht aber verhindert werden können. Vgl. Hsu, 43 ff.
[346] Hsu, 15.
[347] Hsu, 15.
[348] Hazen, 6.
[349] Hopt, ZGR 1980, 225, 236.

Das amerikanische Wertpapierrecht statuiert daher sowohl zum Schutze der Anleger als auch zur Sicherung der Funktionsfähigkeit des Wertpapiermarktes umfassende periodische Publizitätspflichten und eine ergänzende Ad-hoc-Publizitätspflicht zur unverzüglichen Offenlegung von bestimmten Unternehmensereignissen. Letztere ist in den USA seit den 60er Jahren ein wesentliches Regelungselement im System der Publizitätspflichten.[350] Sie wurde von der SEC vor allem in den 70er Jahren verschärft[351] und hat seither in der Praxis eine steigende Bedeutung erlangt.
Regelungen zur Ad-hoc-Publizität finden sich in den Bestimmungen der einzelnen Wertpapierbörsen, in den *securities regulations* auf Bundesebene, einschließlich der hierzu erlassenen Verordnungen sowie in den *blue skye laws* der Einzelstaaten.

Dass hinsichtlich der Publizitätspflichten neben dem allgemeinen Anlegerschutz und dem Schutz der Funktionsfähigkeit der Kapitalmärkte auch der individuelle Anlegerschutz eine gleichberechtigte Stellung einnimmt, zeigt insbesondere der Umstand, dass dem einzelnen Anleger schon sehr früh Schadensersatzanspruchsgrundlagen zur Seite gestellt wurden.[352]

2. Zweck und Funktion der Ad-hoc-Publizität in Deutschland

Seit dem 30.10.2004 hat ein Emittent von Finanzinstrumenten, der zum Handel an einer inländischen Börse zugelassen ist,[353] gemäß § 15 Abs. 1 WpHG jede konkrete Information über nicht bekannte Umstände unverzüglich zu veröffentlichen, sofern sie ihn unmittelbar betrifft und geeignet ist, im Falle ihres öffentlichen Bekanntwerdens den Börsen- oder Marktpreis der Insiderpapiere erheblich zu beeinflussen. Die Vorschrift, beruht auf dem Anlegerschutzverbesserungsggesetz vom 29.10.2004[354] und erweitert im Vergleich zu ihrer Vorgängernorm den Anwendungsbereich der Ad-hoc-Publizität in Bezug auf den Adressatenkreis und den Veröffentlichungsumfang. Damit hat die seit dem

---

[350] vgl. Cohen, 79 Harv.L.Rev., 1340, 1360, 1362 Fn. 64 (1966); Pellens/Fülbier, DB 1994, 1381, 1386 f.
[351] vgl. Pastena, 776, 776 f.; SEC Act Release No. 34-8995 (October 15, 1970); SEC Act Release No. 33-5092, Timely disclosure of Material Corporate Developments"; auch SEC Act Release No. 12619 (September 1976) und Act Release No. 13156 (February 1977).
[352] vgl. Kardon v. National Gypsum Co., 69 F.Supp. 512 (E.D. Pa. 1946).
[353] Gemeint sind die zum amtlichen Handel und zum geregelten Markt zugelassenen Wertpapiere. Die Freiverkehrswerte werden nicht erfasst. Vgl. BT-Drs. 12/6679, 76; OLG München, ZIP 2001, 700, 703; Kümpel/Assmann, in: Assmann/Schneider, WpHG, § 15, Rn. 30. Kritisch zur Ausklammerung des Freiverkehrs Hopt, Festgabe Hellner, 29, 32, der darin einen Verstoß gegen die europarechtlichen Vorgaben sieht; ebenso Burgard, ZHR 1998, 51, 58; Hausmanniger, 256.
[354] BGBl. 2004 I, 2630.

01.05.1987 im deutschen Kapitalmarktrecht existierende Ad-hoc-Publizitätspflicht ihren bisher weitreichensten Anwendungsbereich.[355] Den europarechtlichen Hintergrund der aktuellen Regelung bilden die Richtlinie 2003/6/EG des Europäischen Parlaments und des Rates vom 28.01.2003 über Insidergeschäfte und Marktmanipulation (Marktmissbrauch)[356] sowie die Richtlinie 2003/124/EG der Kommission zur Durchführung der Richtlinie 2003/6/EG des Europäischen Parlaments und des rates vom 22.12.2003 betreffend die Begriffsbestimmung und die Veröffentlichung von Insiderinformation und über die Begriffsbestimmung der Marktmanipulation.[357]
§ 15 WpHG vervollständigt damit die börsenrechtliche Regelpublizität,[358] die sich aus jährlichen zu veröffentlichenden Jahresabschluss und Lagebericht[359] sowie halbjährlichem Zwischenbericht[360] zusammensetzt.

Normzweck dieser Regelung ist nach einhelliger Auffassung jedenfalls die Sicherung der Funktionsfähigkeit des Kapitalmarktes.[361] Durch die Publizitätspflicht nach § 15 WpHG sollen die Kapitalmärkte auf ein hohes Informations- und Transparenzniveau gebracht werden, die Informationsasymmetrie zwischen den Marktteilnehmern verringert und die Allokationseffizienz des entsprechenden Marktes erhöht werden. Zudem soll die Pflicht zur schnellen Veröffentlichung neuer Tatsachen dem Insiderhandel vorbeugen[362] und in dieser Eigenschaft ein strafrechtlich sanktioniertes Insiderhandelsverbot als ultima ratio legitimieren.[363]
Insofern stärkt die Ad-hoc-Publizität auch das Vertrauen der Marktteilnehmer in den Kapitalmarkt (Marktintegrität) und entfaltet dabei auch individuelle anlegerschützende Wirkung.[364] Ob daraus auch eine individualschützende Drittwirkung

---

[355] damals als § 44a BörsG, vgl. BGBl. 1986 I, 2478.
[356] ABl. EG Nr. L 96, 16.
[357] ABl. EG Nr. L 339, 70.
[358] BT-Drs. 10/4296, 16 (zu § 44a BörsG); Geibel, in: Schäfer, WpHG u.a., § 15 WpHG, Rn. 6; Hopt, Festgabe Hellner, 29, 31; Möllers, ZGR 1997, 334, 344.
[359] § 39 Abs. 1 Nr. 3, Abs. 2 BörsG i.V.m. § 65 BörsZulV.
[360] § 40 BörsG i.V.m. §§ 53 ff. BörsZulV.
[361] BT-Drs. 12/6679, 48; Finanzausschuss des Deutschen Bundestages, BT-Drs. 12/7918, 102; Feinendegen/Nowak, DBW 2001, 371, 371; Fürhoff/Wölk, WM 1997, 449, 449; Geibel, in: Schäfer, WpHG u.a., § 15 WpHG, Rn. 1; Krause, ZGR 2002, 799, 800 m.w.N.; Kümpel/Assmann, in: Assmann/Schneider, WpHG, § 15 Rn. 18; Leiss/Nowak, 6; Nowak, ZBB 2001, 449, 449; Pananis, WM 1997, 460, 460; skeptisch zur Eignung Pellens/Fülbier, DB 1994, 1381, 1383.
[362] Assmann, ZGR 1994, 494, 527; BAWe/Deutsche Börse AG, 26; Fürhoff, 21; Fürhoff/Wölk, WM 1997, 449, 449; Geibel, in: Schäfer, WpHG u.a., § 15 WpHG, Rn. 1; Großmann/Nikoleyczik, DB 2002, 2031, 2031; Leiss/Nowak, 6; Nowak, ZBB 2001, 449, 449; Pananis, WM 1997, 460, 460; Rössner/Bolkart, ZIP 2002, 1471, 1471.
[363] Fürhoff, 21.
[364] Geibel, in: Schäfer, WpHG u.a., § 15 WpHG, Rn. 3; Kümpel/Assmann, in: Assmann/Schneider, WpHG, § 15 Rn. 20; Nowak, ZBB 2001, 449, 450.

im Sinne eines Schutzgesetzes nach § 823 Abs. 2 BGB abzuleiten ist oder ob es sich dabei lediglich um einen insoweit unbeachtlichen Rechtsreflex handelt, ist demgegenüber umstritten.[365]

Jedenfalls durch die Ende der 90er Jahre verstärkt auftretende Praxis, die Ad-hoc-Publizität für zweifelhafte Aktivitäten zu missbrauchen, musste sich der deutsche Gesetzgeber der Erkenntnis stellen, dass der individuelle Anlegerschutz im deutschen Kapitalmarktrecht nicht ausreichend gewährleistet ist.[366] Er schuf daraufhin im Rahmen des Vierten Finanzmarktförderungsgesetzes mit den §§ 37b, 37c WpHG ausdrückliche Anspruchsgrundlagen für Schadensersatzansprüche aufgrund der Verletzung von Ad-hoc-Publizitätspflichten.

Somit kann spätestens seit Mitte 2002 von einem gleichberechtigten Nebeneinander des allgemeinschützenden und individualschützenden Charakters der Ad-hoc-Publizitätspflicht auch in der deutschen Rechtsordnung gesprochen werden.

3. Fazit

Die deutsche Regelung der Ad-hoc-Publizität unterschied sich lange Zeit von den amerikanischen Regelungen insofern, als nicht der Individualschutz des Anlegers im Vordergrund stand, sondern das abstrakte Gut der Marktintegrität.[367] Dabei wurde der durch die Insiderbestimmungen normierte Anlegerschutz im Wesentlichen als Maßnahme des kapitalmarktrechtlichen Funktionsschutzes betrachtet.[368]

Demgemäß diente auch die in § 15 Abs. 1 WpHG enthaltene Ad-hoc-Publizitätspflicht primär der Prävention vor Insidergeschäften, die nach Auffassung des Gesetzgebers das Vertrauen der Anleger in einen fairen Wertpapiermarkt gefährden und somit das Funktionieren des Marktes beeinträchtigen. Erst sehr spät, nämlich mit Einführung der §§ 37b, 37c WpHG im Jahre 2002 hat sich die Erkenntnis der Notwendigkeit eines Anlegerindividualschutzes auch in Deutschland gesetzlich durchgesetzt.

---

365 siehe insbesondere, Gehrt, 195 ff.; Geibel, in: Schäfer, WpHG u.a., § 15 WpHG, Rn. 149 ff.; Groß, WM 2002, 477, 478 ff; Klitzing, 217 ff. ; Krause, ZGR 2002, 799; Kümpel/Assmann, in: Assmann/Schneider, § 15 WpHG, Rn. 267; Möllers/Leisch, WM 2001, 1648 ff.; Reichert/Weller, ZRP 2002, 49, 52 ff.; Rodewald/Siems, BB 2001, 2437 ff.; Schlittgen, 193 ff.; Steinhauer, 130 ff.; Thümmel, DB 2001, 2331 ff.

366 Diskussionsentwurf zum Vierten Finanzmarktförderungsgesetz, Stand 04.09.2001, S. 155, abgedruckt in: ZBB 2001, 398.

367 Darunter versteht man das Erfordernis, dass sich alle Anleger auf den börsennotierten Kurs eines Wertpapiers als fairen Preis für dessen inneren Wert verlassen können. Leiss/Nowak, 6.

368 vgl. Begr. des Gesetzentwurfes zum Zweiten Finanzmarktförderungsgesetzes, BT-Drs. 12/6679 v. 27.01.1994, S. 1 und 33: „... Verbesserung der Attraktivität und internationalen Wettbewerbsfähigkeit des Finanzplatzes Deutschland durch Erweiterung des Anlageschutzes ...“ und „Für die Funktionsfähigkeit der Finanzmärkte ist das Vertrauen der Anleger von entscheidender Bedeutung...“; vgl. auch Assmann, ZGR 1994, 494, 499.

In den USA bezweckten die Offenlegungspflichten von Anfang an unabhängig[369] von der Insiderproblematik den gleichen und schnellen Zugang aller interessierten Investoren zu bestimmten Unternehmensinformationen.
Dabei stehen die Ziele des Funktionsschutzes bzw. der effizienten Allokation der zur Verfügung stehenden Finanzressourcen und des individuellen Anlegerschutzes als wichtige Primärziele gleichberechtigt nebeneinander. So gehen die Regelungen der stark anlegerschutzorientierten Publizitätsordnung oftmals von der Sicht des Anlegers aus.[370] Dies erklärt auch, weshalb in den USA etwa bei der Auslegung des Begriffs *material fact*, als veröffentlichungspflichtige Tatsache, auf die Sicht des hypothetischen *reasonable investor* abgestellt wird, während es in Europa auf die Kursrelevanz ankommt, also die potenzielle Marktreaktion.[371]

B. Rechtlicher Rahmen in den USA

Publizitätspflichten und die daraus folgenden Schadensersatzansprüche finden sich in den USA sowohl auf bundesrechtlicher als auch auf landesrechtlicher Ebene. Diese sind im Folgenden darzustellen.
Daneben ist auf die prozessuale Durchsetzbarkeit eventueller Schadensersatzansprüche einzugehen, da diese einen entscheidenden Einfluss auf die Effektivität der Ansprüche hat.
Bedeutsam sind in diesem Zusammenhang insbesondere die Möglichkeit der Sammelklage, sog. *class action*, und der *punitive damages*, welche dem deutschen Recht fremd sind.

I. Rechtliche Anforderungen an die Ad-hoc-Publizität

Die konkrete Ausgestaltung der Ad-hoc-Publizitätspflicht ergibt sich aus den Bestimmungen der einzelnen Wertpapierbörsen, die von sämtlichen dort notierten Gesellschaften zu beachten sind. Zusätzlich finden sich verschiedene Regelungen insbesondere in den Wertpapiergesetzen des Bundes einschließlich der hierzu erlassenen Verordnungen.

Ausgenommen von diesen Regelungen werden grundsätzlich sog. Pro-forma-Mitteilungen.[372] Gemeint ist damit die an der Wall Street übliche Praxis, lange

---

369 Eine Ausnahme bildet die Pflicht des Insiders, wesentliche und unveröffentlichte Informationen bei Wertpapiertransaktionen zu veröffentlichen.
370 Hazen, 7, beschreibt diese sogar als „... *first true consumer protection law* ...".
371 Hsu, 66.
372 sog. *Non-GAAP Financial Measures.*

vor den nach gesetzlichen Standards bilanzierten Quartalszahlen sanktionslos vorab schön gerechnete operative Gewinne zu veröffentlichen.[373] Dieses Vorgehen widerspricht der angestrebten Markttransparenz. Daher wurde die SEC durch *sec. 401(b) SOA 2002* verpflichtet mittels entsprechender Ausführungsregelungen zur Veröffentlichung von Pro-forma-Finanzinformationen durch Emittenten, diesen Missstand zu beheben. Die daraufhin am 15.01.2003 verabschiedete Regelung *Conditions for Use of Non-GAAP Financial Measures*[374] sieht nun vor, dass Pro-forma-Finaninformationen nicht irreführend und auf die nach US-GAAP erstellten Abschlüsse überleitbar sein sollen.[375]

1. Die Publizitätsvorschriften des Securities Exchange Acts of 1934

Sec. 13 (a) SEA 1934 ermächtigt die SEC, Informationspflichten für die Emittenten solcher Wertpapiere festzusetzen, die gemäß *sec. 12 SEA 1934* registrierungspflichtig sind. Von dieser Ermächtigung hat die SEC Gebrauch gemacht und Rechtsvorschriften erlassen, die von den Emittenten jährliche[376], vierteljährliche[377] und laufende Berichte verlangen. Seit Mai 1996 müssen diese Berichte ausschließlich über das System zur elektronischen Sammlung, Auswertung und Abrufung von Daten „*Electronic Data Gathering, Analysis and Retrieval*“ (EDGAR) der SEC per Computer zugeleitet werden. Diese Berichte sind der Öffentlichkeit per Internet zugänglich.[378]

Zusätzlich zu den periodischen Publizitätspflichten verlangen *sec. 13(a)(1) SEA 1934* und *rule 13a-11* die laufende Veröffentlichung kurserheblicher Tatsachen. Erstellt werden die Berichte nach Form 8-K. Diese sog. *current reports* sind keine Formulare im eigentlichen Sinne, sondern lediglich eine Anleitung zur Erstellung der zu publizierenden Meldung. Dadurch soll gewährleistet werden, dass der Anleger die entsprechenden Informationen unproblematisch auffinden und mit Meldungen anderer Unternehmen vergleichen kann.

---

[373] Hillenbrand, SPIEGEL ONLINE vom 26.06.2002.

[374] Vgl. SEC-Release No. 33-8176; 34-47226; FR-65; FILE NO. S7-43-02 abrufbar unter: www.sec.gov./rules/final/33-8176.htm.

[375] Lanfermann/Maul, BB 2003, 349, 353.

[376] *Sec. 13(a)(2) SEA 1934* in Verbindung mit *rule 13a-1* verpflichtet die Emittenten spätestens nach 90 Tagen eines jeden Geschäftsjahres einen Bericht mit allen wesentlichen Informationen zur Lage des Unternehmens einzureichen, regelmäßig mit Hilfe der Form 10-K.

[377] Nach *sec. 13(a)(2) SEA 1934* und *rule 13a-13* müssen innerhalb von 45 Tagen nach jeweils 3 Monaten und typischerweise in der Form 10-Q eingereicht werden, außer am Ende des vierten Quartals, da hier ohnehin der Jahresabschlussbericht fällig wird.

[378] Abrufbar über die homepage der SEC, www.sec.gov./info/edgar/shtml.

a) Adressat

Adressat der im *SEA 1934* geregelten Publizitätsvorschriften ist der Emittent von gemäß *sec. 12 SEA 1934* registrierungspflichtigen Wertpapieren. Nach *sec. 15(d) SEA 1934* gilt die Publizitätspflicht auch für Emittenten von Wertpapieren, die nicht nach dem *SEA 1934* sondern nach dem *SA 1933* registriert sind.

b) Erfasste Wertpapiere

Erfasst werden sämtliche *securities*. Darunter werden neben Aktien (*shares*) auch andere Wertpapiere wie beispielsweise Optionen, Futures oder Swaps (Derivate) verstanden.

c) Die Anforderungen an die Publizität

Die SEC hat durch einen Katalog die kurssensiblen Sachverhalte nach *sec. 13(a)(1) SEA 1934* in Verbindung mit *rule 13a-11* konkretisiert (Form 8-K).[379] Dieser Katalog stützt sich auf *sec. 13(a)(1), 15d SEA 1934* und dient zur Ergänzung der jährlichen und vierteljährlichen Berichterstattung.[380]
Nach dem *current report* zählen zu den kursrelevanten Sachverhalten:

1. Veränderungen in der Unternehmenskontrolle: erforderlich sind detaillierte Informationen über die veränderte Aktionärsstruktur, insbesondere Namen, Anteilshöhen und Daten der getätigten Wertpapiertransaktionen.
2. Erwerb oder Veräußerung von bedeutsamen Vermögensgegenständen: einzureichen sind Informationen über Inhalt, Art und Umfang der Transaktion, beteiligte Parteien und Finanzierungsquellen.
3. Konkurs- oder Vergleichsantrag: insoweit sind Einzelheiten von Konkurs- und Vergleichsverhandlungen sowie Konkurs- und Vergleichsverwalter und ein evtl. beteiligtes Gericht zu benennen.
4. Wechsel des Wirtschaftsprüfers: neben dem eigentlichen Wechsel des Wirtschaftsprüfers eines Unternehmens sind auch die Hintergründe mitzuteilen (auch, wenn dieser sich lediglich nicht zur Wiederwahl stellt).
5. Sonstige Ereignisse: nach einer Empfehlung der SEC ist jede sonstige, für das Anlegerpublikum potentiell interessante und wichtige Information zu publizieren.

---

[379] vgl. hierzu Pellens/Fülbier, DB 1994, 1381, 1387; Schulte, in: Möllers/Rotter, 118.
[380] Gruson/Wiegmann, AG 1995, 173, 174.

6. Rücktritt von Mitgliedern des *Board of Directors*: zu veröffentlichen ist der Rücktritt eines *directors*, dessen Funktion der eines deutschen Aufsichtsrats- oder Vorstandsmitglieds entspricht, bzw. seine Weigerung sich der Wiederwahl zu stellen, sofern dieser dem Emittenten schriftlich seine Missbilligung der Unternehmenspolitik, -geschäfte und -praktiken zum Ausdruck bringt und deren Enthüllung verlangt.
7. Jahresabschlüsse erworbener und veräußerter Unternehmen: einzureichen sind Jahresabschlüsse erworbener Unternehmen sowie Urkunden über Transaktionen mit wesentlichen Vermögensgegenständen, wofür automatisch eine auf 60 Tage verlängerte Frist gilt.
8. Änderung des Geschäftsjahres: sowohl die Änderungsentscheidung als auch der neue Zeitraum des Geschäftsjahres ist mitzuteilen.

Die Tatsachen nach Nr. 1, 2 und 3 müssen spätestens 15 Kalendertage sowie die unter Nr. 4 und 6 spätestens 5 Kalendertage nach ihrem Eintritt veröffentlicht werden. Die bislang freiwilligen Informationen nach Nr. 5 gehen nunmehr in der durch *sec. 409 SOA 2002* eingeführten allgemeinen Ad-hoc-Publizitätspflicht gemäß *sec. 13(l) SEA 1934* auf. Dadurch wurde eine umfassende Veröffentlichungspflicht, wie sie bislang nur aufgrund der *Listing Agreements* mit den einzelnen Börsen galt, nun auch in den USA gesetzlich festgeschrieben.[381]
Eine Befreiungsmöglichkeit von der gesetzlichen Veröffentlichungspflicht besteht nicht.[382] Sie entfällt allenfalls, wenn die Information bereits auf andere Weise an die Öffentlichkeit gelangt ist.[383]

2. Publizitätspflichten nach Rule 10b-5

Rule 10b-5 enthält ein generelles Betrugsverbot im Hinblick auf Wertpapiertransaktionen und ist in der Praxis von erheblicher Relevanz. Ein Verstoß gegen die Vorschrift setzt wissentlich falsche Angaben über wesentliche Tatsachen bzw. das vorsätzliche Verschweigen solcher Informationen voraus.
Material, d.h. wesentlich, ist eine Tatsache, wenn eine hohe Wahrscheinlichkeit besteht, dass sie ein vernünftiger Investor als bedeutsam für seine Anlage-

---

[381] *Sec. 13(l) SEA 1934* lautet: „*Real Time Issuer Disclosure – Each issuer reporting under sec. 13(a) or 15(d) shall disclose to the public on a rapid and current basis such additional information concerning material changes in the financial condition or operations of the issuer, in plain English, which may include trend and qualitative information and graphic presentations, as the Commission determines, by rule, is necessary or useful for the protection of investors and the public interest.*"
[382] Fürhoff, 138; Gehrt, 101; Schulte, in: Möllers/Rotter, 122.
[383] Fürhoff, 138.

entscheidung erachtet hätte.[384] Teilweise wird versucht, aus *rule 10b-5* in der Alternative des Verschweigens einer wesentlichen Tatsache eine positive Pflicht zur Veröffentlichung sämtlicher kurserheblicher Tatsachen abzuleiten.[385] Der Supreme Court lehnt allerdings eine derartige Interpretation ab.[386] Wenn eine Tatsache für Anleger von erheblicher Bedeutung ist, stellt dies nach Ansicht des Gerichts zwar eine notwendige Voraussetzung für eine Veröffentlichungspflicht dar. Sie allein begründet eine solche jedoch nicht.[387] Eine Publizitätspflicht besteht nur dann, wenn sie ausdrücklich gesetzlich festgeschrieben ist oder sich aus allgemeinen Rechtsgrundsätzen ergibt.
Als allgemeine Rechtsgrundsätze kommen in Betracht:

a) Duty to Disclose or Abstain

Als allgemeiner Rechtsgrundsatz ist anerkannt, dass derjenige, der in einem Treueverhältnis zum Unternehmen steht, wesentliche Informationen entweder bekannt zu machen oder aber vom beabsichtigten Geschäft abzusehen hat. Diese Pflicht wird als *disclose or abstain rule* bezeichnet. Sie ist als emittentenbezogene Publizitätsvorschrift bedeutsam, weil danach auch das Unternehmen selbst als publizitätspflichtiger Insider anzusehen sein kann. Verfügt das Unternehmen nämlich über bestimmte kurserhebliche und nicht öffentlich bekannte Informationen, und möchte es auf deren Grundlage Wertpapiergeschäfte tätigen, dann muss es diese Informationen zuvor bekannt geben.[388]

b) Duty to Avoid Misleading Statements

Auch wenn keine unmittelbare Publizitätspflicht existiert, entsteht eine solche, wenn freiwillig kurserhebliche Tatsachen bekannt gemacht werden. Hat sich ein Emittent zur Veröffentlichung entschlossen, so ist er zur umfassenden und korrekten Information verpflichtet. Er verstößt gegen *rule 10b-5*, wenn er Tatsachen derart unvollständig mitteilt, dass dadurch Anleger irregeführt werden

---

384 vgl. Basic, Inc. v. Levinson, 485 U.S. 224, 231 f. (1988), bezugnehmend auf TSC Industries, Inc. v. Northway, Inc., 426 U.S. 438, 449 (1976).

385 vgl. Hazen, 421.

386 Chiarella v. United States, 445 U.S. 222, 230 (1980).

387 Chirarella v. United States, 445 U.S. 222,235 (1980); Dirks v. SEC, 463 U.S. 646, 647 (1983); Polak v. Continental Hosts, Ltd., 613 F. Supp. 153, 156 (S.D.N.Y. 1985).

387 vgl. *SEC Comment on timely Disclosure of Material Corporate Developments, Securities Act Release No. 5092, [1970 Transfer Binder] Fed. Sec. L. Rep. (CCH) 77, 915 (October 15, 1970).*

388 Zur *disclose or abstain rule* als Publizitätsvorschrift vgl. Brown, 53 Geo. Wash. L. Rev. 741, 761 ff. (1985); Schulte, in: Möllers/Rotter, 119 f.

können.[389] Dementsprechend müssen auch Mitteilungen, die eine zu optimistische oder sonst ungerechtfertigt positive Einschätzung der Zukunft des Unternehmens vermitteln, durch Angaben über gegenläufige Entwicklungen relativiert werden. Dies gilt selbst dann, wenn die Entwicklungen nicht im unmittelbaren Zusammenhang mit der mitgeteilten Tatsache stehen.[390]
Allerdings begründet diese Pflicht regelmäßig keine Verantwortlichkeit für Angaben Dritter, die in keinerlei Verbindung zum Emittenten stehen.[391]

c) Duty to Correct

Eine weitere Veröffentlichungspflicht besteht, wenn sich eine der Öffentlichkeit bekannt gegebene Information als im Nachhinein falsch herausstellt.
Ist eine Information von Anfang an unrichtig, dann trifft den Emittenten eine *duty to correct.* Dagegen trifft den Emittenten eine Pflicht zur Aktualisierung, sog. *duty to update*, wenn die Meldung erst nach ihrer Veröffentlichung unzutreffend wird.[392]

Ist ein Emittent für eine veröffentlichte Information verantwortlich, die sich später als falsch herausstellt, so muss er diese umgehend berichtigen. Diese Pflicht besteht unabhängig davon, ob er selbst die betreffende Information veröffentlicht hat. Maßgeblich ist allein, dass eine solche Information in Anlegerkreisen bekannt ist.[393]
Eine Ausnahme existiert lediglich für Veröffentlichungen Dritter,[394] soweit nicht der Emittent die Verantwortung für diese übernommen oder sich die Mitteilung zu Eigen gemacht hat. Dem Emittenten ist eine Meldung nicht allein deshalb zurechenbar, weil Unternehmensorgane Artikel von Analysten oder Journalisten durchgesehen bzw. deren Fragen beantwortet haben. Erforderlich ist dass sie selbst vertrauliche Informationen weitergeleitet haben.[395]

---

389 Backman v. Polaroid Corp., 910 F.2d 10, 17 (1st Cir. 1990); First Virginia Bankshares v. Benson, 559 F. 2d 1307, 1317 (5th Cir. 1977), cert. denied, 435 U.S. 952 (1978).
390 vgl. Brown, 53 Geo. Wash. L. Rev. 741, 756 (1985).
391 Raab v. General Physics Corp., 4 F.3d 286, 288 (4th Cir. 1993).
392 Häufig wird allerdings in der amerikanischen Literatur diese Differenzierung nicht vorgenommen und beide Pflichten als *duty to correct* bezeichnet. So z.B. Brown, 53 Geo. Wash. L. Rev. 741, 759 ff. (1985).
393 Steinhauer, 186.
394 Electronic Specialty Co. v. International Controls Corp., 409 F.2d 937 (2nd Cir. 1969); Elkind v. Liggett & Myers, Inc., 635 F.2d 156 (2nd Cir. 1980); State Teachers Retirement Board v. Fluor Corp., 654 F. 2d 843 (2nd Cir. 1983).
395 Hazen, 867.

d) Duty to Update

Auch ist der Emittent verpflichtet Informationen, die aufgrund neuerer Erkenntnisse oder Ereignisse erst nachträglich fehlerhaft oder irreführend werden, dann umgehend zu revidieren, wenn die ursprünglich publizierte Tatsache noch relevant ist. Davon ist auszugehen, solange ein durchschnittlicher Investor vernünftigerweise auf die veröffentlichte Meldung vertraut, und diese durch nachfolgende Ereignisse oder Erkenntnisse irreführend wird.[396] Hinsichtlich des zeitlichen Rahmens der Aktualisierungspflicht lassen sich keine allgemeingültigen Grenzen festlegen. Entscheidend sind die Umstände des Einzelfalles, insbesondere die Art und Bedeutung der ursprünglichen Information, die Zukunftsbezogenheit der Aussage sowie die Zeitspanne zwischen ursprünglicher Aussage und neuerer Erkenntnis.[397] Dadurch besteht für den Emittenten regelmäßig ein gewisser Unsicherheitsfaktor, der u.U. weitreichende haftungsrechtliche Folgen haben kann. Durch die Verwendung zeitlich einschränkender Attribute, wie „zur Zeit“ oder „im Augenblick“ lässt sich ein solches Haftungsrisiko jedoch verhindern.[398]

Besonderheiten bestehen bei der Veröffentlichung von Prognosen (*forward-looking-statement*). Diese werden zwar als Tatsachen qualifiziert. Der spätere Nichteintritt des Prognostizierten führt jedoch dann nicht zu einer Haftung, wenn die Vorhersage ursprünglich richtig war, sie in gutem Glauben veröffentlicht wurde und die Qualität der Aussage als Prognose deutlich gemacht (*bespeaks caution*) wurde.[399]
Auch müssen nach *sec. 27A* und *21E SEA 1934* Prognosen, die sich später als irrig herausstellen, bei einem entsprechend einschränkendem Wortlaut weder aktualisiert werden noch können sie Grundlage einer zivilrechtlichen Haftung sein.[400] Unklar ist allerdings, ob der Gesetzgeber damit eine generelle Ablehnung einer Aktualisierungspflicht für Prognosen statuieren wollte, oder ob nur im Rahmen des *SEA 1934* eine solche nicht besteht.[401]

---

[396] Schulte, in: Möllers/Rotter, 115, 121; Steinhauer, 187.
[397] Ross v. A. H. Robins Co., 465 F. Supp. 904 (S.D.N.Y. 1979), rev'd on other grounds 607 F.2d 545 (2nd Cir. 1979) cert. denied 446 U.S. 946 (1980).
[398] Steinhauer, 187.
[399] Saltzberg v. TM Sterling/Austin Associates, Ltd. 45 F.3d 399 (11th Cir. 1995).
[400] Gleiches gilt auch ohne einschränkenden Wortlaut, wenn dem Kläger der Nachweis nicht gelingt, dass die ursprüngliche Prognose wissentlich falsch war. In jedem Fall bleibt aber eine Untersuchung durch die SEC möglich. Vgl. Steinhauer, 188.
[401] Steinhauer, 188.

3. Publizitätspflichten der Börsen

Die beiden großen amerikanischen Wertpapierbörsen, NYSE und AMEX, haben auf Grundlage ihrer Selbstregulierungsgewalt zwingende Börsenregeln (*listing agreements*) erlassen, die grundsätzlich die Veröffentlichung aller wesentlichen unternehmerischen Entwicklungen verlangen. Darin wird auch Zeitpunkt und Umfang der Publikation festgelegt. Ebenso werden die Gesellschaften verpflichtet, Gerüchte am Markt richtig zu stellen und ungewöhnliche Kursschwankungen zu erklären.[402]
Das NYSE *Listed Company Manual* bestimmt in § 202.05 betreffend *Timely Disclosure of Material News Developments*, dass Unternehmen verpflichtet sind, unverzüglich alle Informationen und Nachrichten zu veröffentlichen, von denen vernünftigerweise erwartet werden kann, dass sie von erheblicher Relevanz für die Kursverläufe der entsprechenden Papiere sind. Hierzu hat die NYSE in § 202.06 einen nicht abschließenden Katalog aufgestellt, der Tatsachen beinhaltet, die für sofort veröffentlichungswürdig erachtet werden.
Die zu publizierende Information soll außerdem möglichst schnell dem Anlegerpublikum zugänglich gemacht werden.[403] Vorher soll jedoch die NYSE so unterrichtet werden, dass sie noch rechtzeitig eine Entscheidung über eine vorübergehende Notierungsaussetzung treffen kann.[404]
Ausnahmen von der Publizitätspflicht sind für den Fall vorgesehen, dass übergeordnete Unternehmensinteressen entgegenstehen. Dann steht dem Unternehmen ein eigenständiger Entscheidungsspieraum zu.[405] Sobald allerdings ungewöhnliche Kursbewegungen indizieren, dass wesentliche Informationen nach außen gedrungen sind, muss die betreffende Information umgehend publiziert werden.
Die Regeln der AMEX stimmen weitgehend mit denen der NYSE überein. Auch ein an der AMEX notiertes Unternehmen muss erhebliche Informationen sofort veröffentlichen. Gerüchte oder Berichte sind richtig zu stellen, Gründe für ungewöhnliche Kursbewegungen sind zu untersuchen und entsprechende Erklärungen abzugeben. Ebenso existieren Ausnahmen von der Publizitätspflicht bei entgegenstehenden berechtigten Unternehmensinteressen.
Unternehmen, deren Wertpapiere nicht an der Börse, sondern im Freihandel (*over the counter*) gehandelt werden, unterliegen regelmäßig den Vorschriften der *National Assocation of Securities Dealers* (NASD). Wie die beiden großen Börsen verlangt auch die NASD von den Emittenten die umgehende Veröffentlichung aller wesentlichen Informationen, die sich auf den Wert ihrer Wertpapiere auswirken bzw. die Entscheidungen der Anleger beeinflussen.[406] Anders als die NYSE und die AMEX hat die NASD allerdings keine de-

---

[402] Brown, 53 Geo. Wash. L. Rev. 741, 773 (1985).
[403] *NYSE Listed Company Manual, § 202.06 A.*
[404] Hopt, ZHR 1995, 135, 148.
[405] Steinhauer, 190.
[406] vgl. *NASD Securities Dealers Manual, Schedule D, Part 11, § 1 (c) (16), 1803.*

taillierten Regelungen und Leitfäden hinsichtlich der Veröffentlichung erlassen. Auch wird den Unternehmen kein Ermessen in Bezug auf die Berücksichtigung berechtigter Unternehmensinteressen eingeräumt. Ein solches besteht nur in zeitlicher Hinsicht. Den Unternehmen wird nämlich bei der Frage, wann die Bekanntgabe der betreffenden Tatsachen noch „umgehend“ (*prompt*) erfolgt, ein weitgehender Beurteilungsspielraum eingeräumt.[407] Ein weiterer Unterschied zu den Regelungen der NYSE und AMEX besteht darin, dass die NASD keine Pflicht zur Richtigstellung von Gerüchten oder zur Untersuchung von ungewöhnlichen Kursbewegungen statuiert hat.

II. Haftung

Im amerikanischen Recht existieren Anspruchsgrundlagen nach kodifizierten bundesrechtlichen Vorschriften über den Wertpapierhandel regelmäßig neben einzelstaatlichen vertraglichen und deliktischen Ansprüchen, die durch Richter- oder Gewohnheitsrecht gewachsen sind. Diese Anspruchsgrundlagen können grundsätzlich kumulativ geltend gemacht werden, bedürfen aber eines gesonderten Sachvortrages, der die Kenntnis des Rechtes des jeweiligen Einzelstaates voraussetzt. Zwischen beiden Anspruchstypen ist daher zu unterscheiden. Ferner finden sich verschiedene kodifizierte Schutzgesetze in den Einzelstaaten, den sog. *Blue Sky Laws*.

In personeller Hinsicht geht es zunächst um die Ersatzpflicht des Emittenten der betroffenen Wertpapiere selbst. Daneben soll aber auch die Haftung der Vorstände untersucht werden, was insbesondere wegen der Insolvenzlastigkeit mancher Unternehmen von Interesse ist. Ausgeklammert wird dagegen die Verantwortlichkeit von Großaktionären als solchen mit entsprechendem Einfluss auf die Verwaltung oder von völlig außenstehenden Dritten, auf die eine Kursmanipulation durch gefälschte oder doch zumindest geschönte Meldungen zurückgeht.

Insgesamt ist kennzeichnend für die amerikanischen Anspruchsgrundlagen, dass sie jeweils sowohl gegen das Unternehmen als auch deren Vorstände geltend gemacht werden können.

1. Haftung nach Bundesrecht

Die *Federal Securities Laws* sind als Regelung des zwischenstaatlichen Handels Bundesrecht und immer dann anwendbar, wenn eine Transaktion unter

---

[407] Brown, 53 Geo. Wash. L. Rev. 741, 775 (1985).

Verwendung postalischer oder sonstiger Kommunikations- oder Transporteinrichtungen (*facilities of interstate commerce*) im zwischenstaatlichen Handel abgewickelt wird. An das Vorliegen dieser Voraussetzungen stellt die Rechtsprechung sehr geringe Anforderungen und zieht den Anwendungsbereich der Bundesgesetze entsprechend weit.[408] So begründet nach Ansicht verschiedener Obergerichte bereits ein zwischen den Parteien innerhalb eines Einzelstaates geführtes Telefongespräch die Anwendbarkeit der Bundesgesetze, wenn dabei die Einrichtungen einer überstaatlich operierenden Telefongesellschaft genutzt werden.[409]

Da der Begriff *interstate commerce* entsprechend der gesetzlichen Definition (*Sec. 2 (7) SA 1933, sec. 3a (17) SEA 1934*) auch den Handel zwischen den USA und ausländischen Staaten umfasst, ist bei grenzüberschreitenden Wertpapiergeschäften mit den Vereinigten Staaten regelmäßig der Anwendungsbereich der bundesstaatlichen Kapitalmarktgesetze eröffnet.[410]

a) Sec. 12(a)(2) SA 1933

Sec. 12(a)(2) SA 1933 statuiert eine privatrechtliche Anspruchsgrundlage, die auf Schadensersatz oder Rücktritt gerichtet werden kann, wenn im Zusammenhang mit einem Verkaufsangebot oder dem Verkauf von *securities* unrichtige oder unvollständige Angaben in einem Prospekt oder mündlich gemacht wurden.

Zwar ist der Wortlaut der Vorschrift weit gefasst, so dass jegliche Verkaufsangebote und Verkäufe von *securities* hierunter subsumierbar sind. Jedoch hat der Supreme Court im Jahre 1995 den Anwendungsbereich auf öffentliche Emissionen begrenzt, so dass *sec. 12(a)(2) SA 1933* auf Transaktionen im Sekundärmarkt nicht (mehr) anwendbar ist.[411]

b) Sec. 17(a) SA 1933

Sec. 17(a) SA 1933 statuiert ein allgemeines Verbot von Anlagebetrug und erfasst betrügerisches Verhalten im Zusammenhang mit dem Angebot und dem Verkauf von *securities*.

---

[408] vgl. Rechtsprechungsnachweise bei Jennings/Marsh/Coffee, 1336 ff.

[409] vgl. etwa Dupuy v. Dupuy, 511 F. 2d 641 (5th Cir. 1975); Gower v. Cohn , 643 F.2d 1146 (5th Cir. 1981).

[410] vgl. zur extraterritorialen Anwendung der amerikanischen Regelungen im einzelnen Kitch, in: Van Houtte, 137 ff., Rn. 7.01 ff., 7.04; Moessle, 16 Cal. W. Int. L. J. 1 ff. (1986); vgl. auch Aha, AG 2002, 313, 314 f.

[411] Gustafson v. Alloyd Company Inc., 513 U.S. 561, 569 (1995).

Die meisten Gerichte lehnen heute jedoch eine auf *sec. 17(a) SA 1933* gestützte Schadensersatzklage geschädigter Anleger ab, da dieser Regelung kein *implied remedy* zu entnehmen sei.[412]

c) Sec. 10(b) SEA 1934 in Verbindung mit SEC Rule 10b-5

Die zentrale Anspruchsnorm des Anlegerschutzes nach Bundesrecht ist die SEC *rule 10b-5*, die durch die SEC 1942 als eine den *sec. 10(b) SEA 1934* ausfüllende Verordnung erlassen wurde.[413]
Grundsätzlich macht diese Vorschrift jede betrügerische Maßnahme sowie jede irreführende Falschaussage bzw. Unterlassung einer wesentlichen Tatsache im Zusammenhang mit Wertpapiertransaktionen zu einer strafbaren Handlung, die auch eine Zivilklage begründen kann.
Obwohl weder *sec. 10(b) SEA 1934* noch die Gesetzesmaterialien individuelle Schadensersatzansprüche ausdrücklich vorsehen, wurde bereits 1946 im Wege richterlicher Rechtsfortbildung ein sog. *Implied Private Remedy*[414] auf Grundlage der *rule 10b-5* anerkannt und gilt inzwischen unbestritten.[415] Ausgangspunkt dafür war der im amerikanischen Schadensrecht allgemein anerkannte Grundsatz, wonach eine Rechtsverletzung dann Schadensersatzansprüche auslösen kann, wenn das verletzte Recht ganz oder teilweise dem Individualschutz dient und der Verletzte der geschützten Gruppe angehört.[416]

aa) Normadressat

Rule 10b-5 richtet sich an jede natürliche und juristische Person, die an Wertpapiertransaktionen direkt oder auch nur mittelbar beteiligt ist. Die

---

[412] Maldonado v. Dominguez, 137 F.3d 1, 11 (1st Cir. 1998); Bath v. Bushkin, Gaims, Gaines & Jonas, 913 F.2d 817, 819 (10th Cir. 1990); Sears v. Likens 912 F.2d 889, 893 (7th Cir. 1990).

[413] Der Wortlaut von *rule 10b-5* lautet: „*It shall be unlawful for any person, directly or indirectly, by the use of any means or instrumentality of interstate commerce, or of the mails or of any facility of any national securities exchange,*

1. to employ any device, scheme, or artifice to defraud,

2. to make any untrue statement of a material fact or to omit to state a material fact necessary in order to make the statements made, in the light of the circumstances under which they were made, not misleading, or

3. to engage in any act, practice, or course of business which operates or would operate as a fraud or deceit upon any person,

in connection with the purchase or sale of any security."

[414] Kardon v. National Gypsum Co., 69 F. Supp. 512 (E.D. Pa. 1946).

[415] Herman & MacLean v. Huddleston, 459 U.S. 375, 380 (1983).

[416] Kardon v. National Gypsum Co., 69 F. Supp. 512 (E.D. Pa. 1946).

Verantwortung für unrichtige Angaben trifft damit neben dem Unternehmen auch die Vorstandsmitglieder.[417]
Allerdings setzt der Schadensersatzanspruch aus *rule 10b-5* ein täterschaftliches Handeln voraus,[418] so dass die bloße Beteiligung als Anstifter oder Gehilfe nicht zu einer Haftung führt.[419]

bb) Erfasste Wertpapiere

Der Anwendungsbereich von *rule 10b-5* bezieht sich grundsätzlich auf alle Arten verkehrsfähiger Wertpapiere. Irrelevant ist, ob sie nach dem *SEA 1934* oder dem *SA 1933* zugelassen sind oder ob es sich um Wertpapiere privater oder öffentlicher Unternehmen handelt, *sec. 3 (10), (11) SEA 1934.*

cc) Misrepresentation or Omission of Material Facts

Die verbotenen Aktivitäten erlauben eine weite Auslegung, um alle Erscheinungsformen des Anlagebetruges zu erfassen. Im Laufe der Zeit haben die SEC und auch die angerufenen Gerichte für eine präzise und einzelfallgerechte Bestimmung der dort genannten Rechtsbegriffe unter den jeweiligen Marktgegebenheiten gesorgt. Durch die so entwickelten allgemeingültigen Anspruchsvoraussetzungen zu bestimmten Sachverhaltskonstellationen wird die nötige Flexibilität und Rechtssicherheit gewährleistet.

Ein Anspruch nach *rule 10b-5* im Zusammenhang mit der Verletzung von Publizitätspflichten setzt voraus, dass eine publizitätspflichtige natürliche oder juristische Person kurserhebliche Tatsachen nicht, nicht vollständig oder nicht richtig mitgeteilt hat.

(1) Verstoß gegen eine Veröffentlichungspflicht

Als Veröffentlichungspflichten, deren Verletzung zu einem Schadensersatzanspruch nach *rule 10b-5* führen kann, kommen neben den bereits erwähnten *duty to disclose or abstain*, *duty to avoid misleading statements*, *duty to correct* und *duty to update* auch gesetzliche Publizitätspflichten in Betracht. Dazu zählen z.B. Berichtspflichten nach *sec. 13(a) SEA 1934* mit den *forms* 10-K, 10-

[417] Roquette/Stanger, WM 1994, 137, 141.
[418] Hazen, 575.
[419] Central Bank of Denver, N.A. v. First Interstate Bank of Denver, 511 U.S. 164, 114 S.Ct. 1439, 128 L.Ed. 2d 119 (1994) Demgegenüber ist die Verantwortlichkeit von Teilnehmern im straf- oder zivilrechtlichen Sanktionsverfahren nach *rule 10b-5* anerkannt. Schulte, in: Möllers/Rotter, 130.

Q und 8-K,[420] sowie die Publizitätspflichten nach *sec. 13(d)* und *14(d)* und *(f) SEA 1934*.[421]

Die Publizitätspflichten der einzelnen Börsen und der NASD können dagegen nicht zur Grundlage individueller Schadensersatzansprüche nach *rule 10b-5* gemacht werden. Zwar hat es einige frühe Entscheidungen gegeben, in denen das Gegenteil vertreten wurde.[422] Dem ist jedoch der 2nd Cir. mit dem Argument entgegengetreten, dass die Regelungen der NYSE unternehmerische Tätigkeitsbereiche umfassen, die bereits weitgehend vom Gesetzgeber und der SEC geregelt seien.[423] Da der Gesetzgeber ausdrücklich keinen derartigen Anspruch in den Normen vorgesehen hat, durch die die *Self Regulation Organisations* geschaffen wurden, könne auf eine Absicht des Gesetzgebers, eine bundesrechtliche Haftung an die Verletzung von Börsen- oder NASD-Regeln zu knüpfen nicht geschlossen werden.[424] Das bedeutet, dass ein Verstoß gegen Börsenregeln und die Regeln der NASD nur dann einen Anspruch nach *rule 10b-5* auslöst, wenn die *misrepresentation or ommission of material fact* auch gegen die allgemein anerkannten Pflichten der *rule 10b-5* verstoßen.[425]

(2) Materiality

Eine Haftung nach *rule 10b-5* setzt weiter voraus, dass Gegenstand der Fehlinformation eine wesentliche (*material*) Tatsache ist.
Wesentlich ist eine Tatsache immer dann, wenn eine hinreichende Wahrscheinlichkeit dafür besteht, dass ein vernünftiger Anleger die Tatsache als bedeutend einstufen und sie in seine Anlageentscheidung einbeziehen wird (sog. *Probability/Magnitude-Formel*).[426]
Neben falschen Meldungen können auch richtige Informationen im rechtlichen Sinne unrichtig (*materially misleading*) sein. Das ist der Fall, wenn die wesentlichen Tatsachen in der Veröffentlichung versteckt (*buried*) und daher für einen durchschnittlichen Leser nur noch schwer erkennbar sind (sog. *buried*

---

420 Steinhauer, 193.

421 Diese betreffen Publizitätspflichten im Zusammenhang mit dem Erwerb erheblicher Unternehmensanteile bzw. öffentlicher Übernahmeangebote (*tender offers*); vgl. dazu ausführl. Steinhauer, 188 f.

422 Buttrey v. Merrill Lynch, Pierce, Fenner & Smith, 410F. 2d 135, 142 (7th Cir. 1969), cert. denied, 396 U.S. 838 (1970); Wolfson v. Baker, 444 F. Supp. 1124, 1133 – 1134 (M.D. Fla. 1978), aff'd, 623 F. 2d 1074 (5th Cir. 1980), cert. denied, 450 U.S. 966 (1981).

423 State Teachers Retirement Board v. Fluor Corp., 654 F.2d 843, 852 f. (2nd Cir. 1981); Jablon v. Dean Witter & Co., 614 F.2d 677, 681 (9th Cir. 1980).

424 vgl. Thompson v. Smith Barney, Harris Upham & Co., 709 F. 2d 1413, 1419 (11th Cir. 1983); Miley v. Oppenheimer & Co., 637 F. 2d 318, 333 (5th Cir. 1981); Jablon v. Dean Witter & Co. 614 F. 2d 677, 680 (9th Cir. 1980).

425 Cox/Hillman/Langevoort, 1138; Schulte, in: Möllers/Rotter, 139, Rn. 95.

426 Milton v. Van Dorn Co., 961 F.2d 965 (1st Cir. 1992).

facts doctrine).[427] Davon kann man bspw. ausgehen, wenn die betreffenden Tatsachen lediglich in Fußnoten oder Anhängen aufgeführt werden.[428] Meinungsäußerungen von Unternehmensorganen werden solange nicht als wesentlich betrachtet, als sie keine konkrete Einschätzung der Gesellschaft zum Gegenstand haben, so dass allgemein gehaltene optimistische Mitteilungen regelmäßig nicht als wesentlich zu qualifizieren sind.[429]
Als wesentlich werden dagegen eine beträchtliche Reduzierung der Dividende, eine spürbare Unterbewertung eines Unternehmens, ein wesentlicher Gewinnrückgang sowie der Fund eines bedeutenden Rohstoffvorkommens durch ein Erkundungsunternehmen eingestuft;[430] nicht dagegen das Unterlassen einer Mitteilung, dass Aktienhändler für die Sicherheiten ihrer Kunden für Leerkäufe Zinsen bekamen.[431]

Besonderheiten gelten für unrichtige Darstellungen in Prognosen. Eine Haftung ist mangels *materiality* dann ausgeschlossen, wenn die *safe harbour doctrine* nach *sec. 21E(c) SEA 1934* zur Anwendung kommt. Dies ist der Fall, wenn die Prognose ausdrücklich als solche bezeichnet und mit dem Hinweis versehen wurde, dass die tatsächliche Entwicklung aufgrund dazwischentretender Ereignisse von der Prognose abweichen kann. Weitere Besonderheiten bei mündlichen Prognosen lassen sich *sec. 21E(c)(2)(B) SEA 1934* entnehmen.
Werden Prognosen über die zukünftige Unternehmensentwicklung jedoch nicht auf eine vernünftige Tatsachengrundlage gestützt, liegt eine Publizitätspflichtverletzung vor.[432]

(3) Zusammenhang mit Wertpapiertransaktion

Die Täuschung (*misrepresentation*) muss im Zusammenhang mit dem Kauf oder Verkauf von Wertpapieren stattgefunden haben. Die Begriffe des Kaufs oder Verkaufs von Wertpapieren sind weit und über den eigentlichen Wortlaut hinaus auszulegen.[433] Darunter fällt auch die willentliche Umwandlung einer Wandelschuldverschreibung in eine Aktie[434] oder die Verpfändung von Wertpapieren,[435] nicht jedoch eine Schenkung[436].

---

[427] Hazen, 596.
[428] Schulte, in: Möllers/Rotter, 133.
[429] Fishbaum v. Liz Claiborne, Inc., 189 F.3d 460 (2nd Cir. 1999).
[430] vgl. Schulte, in: Möllers/Rotter, 134 m.w.N.
[431] Levitin v. Paine Webber, Inc., 159 F.3d 698 (2nd Cir. 1998).
[432] Schulte, in: Möllers/Rotter, 135.
[433] Hazen, 580.
[434] FS Photo, Inc. v. Picturevision, Inc., 61 F.Supp.2d 473 (E.D.Va. 1999).
[435] Rubin v. United States, 449 U.S. 424, 101 S.Ct. 698, 66 L.Ed.2d 633 (1981).
[436] Sanderson v. H.I.G. P-XI Holding, Inc., (1999-2000 Transfer Binder) Fed. Sec. L. Rep. (CCH) 91,047,2000 WL 1042813 (E.D.La. 2000).

Nach Ansicht des Supreme Court werden dagegen Fallkonstellationen nicht erfasst, in denen jemand aufgrund einer falschen oder irreführenden Aussage von einer ursprünglich geplanten, vorteilhaften Wertpapiertransaktion abgesehen hat (sog. *Would-be Purchasers and Sellers)*.[437] Zwar existiert eine ältere Entscheidung, wonach einem Anleger, der aufgrund einer Täuschung von einem Verkauf abgehalten wurde (*frustrated seller*) ein Schadensersatzanspruch gemäß *rule 10b-5* zugesprochen wurde.[438] Diese Rechtsprechung dürfte jedoch inzwischen überholt sein.

Nicht erforderlich ist, dass derjenige, der für die Fehlinformation verantwortlich ist, an der Wertpapiertransaktion beteiligt ist.[439] Allerdings ist das Zusammenhangserfordernis bereits erfüllt, wenn die unrichtige Mitteilung aus objektiver Sicht geeignet war, die Anlageentscheidung eines vernünftigen Anlegers zu beeinflussen. Dazu genügt in der Regel, dass die Infromation über ein Medium verbreitet wurde, welches ein vernünftiger Investor im Rahmen einer Anlageentscheidung konsultiert.[440]

dd) Reliance and Transaction Causation

Der Anleger muss im Vertrauen auf die fehlerhafte oder pflichtwidrig unterlassene Aussage sein Wertpapiergeschäft getätigt haben (*reliance*).[441] Dies zu beweisen stellt den Anleger oft vor unüberwindbare Schwierigkeiten. Daher wurde von den Gerichten die *Fraud on the market theory*[442] entwickelt. Danach genügt es, dass sich die Fehlinformation auf den Kurs des Wertpapiers auswirkt und der Geschädigte ganz allgemein auf das Funktionieren des Kapitalmarktes und die Richtigkeit der Information vertraut hat. Hierbei handelt es sich um eine widerlegbare Vermutung.

Gerade im Fall des Unterlassens ist *reliance* für den Kläger praktisch unmöglich darzulegen.[443] Daher geht die Rechtsprechung zugunsten des Anlegers von der Vermutung aus, dass er im Vertrauen auf die unterlassene Mitteilung gehandelt hat.[444] Teilweise fordern die Gerichte nur, dass der Kläger nachweist, dass der

---

[437] Blue Chip Stamps v. Manor Drug Stores, 421 U.S. 723, 95 S.Ct. 1917, 44 L.Ed.2d 539 (1975); Birnbaum v. Newport Steel Corp., 193 F.2d 461 (2nd Cir.), cert. denied 343 U.S. 956 (1952).

[438] Neuman v. Electronic Specialty Co., 1969 WL 2828 (1969 – 1970 Transfer Binder) Fed. Sec. L. Rep. (CCH) 93, 174 (S.D.N.Y. 1987).

[439] Basic Inc. v. Levinson, 485 U.S. 224, 108 S.Ct. 978, 99 L.Ed.2d 194 (1988).

[440] Schulte, in: Möllers/Rotter, 129.

[441] Hazen, 612.

[442] Basic Inc. v. Levinson, 485 U.S. 224 (1988).

[443] Hazen, 613.

[444] Affiliated Ute Citizens of Utah v. United States, 406 U.S. 128, 155, 92 S.Ct. 1456, 31 L.Ed.2d 741 (1972).

Marktpreis durch die falsche Mitteilung beeinflusst wurde,[445] selbst wenn der Kläger die falsche Mitteilung gar nicht kannte.
Trifft ein Unterlassen mit einer falschen Mitteilung zusammen, wird diese Vermutungsregel von der Rechtsprechung dann angewandt, wenn der Schwerpunkt des Falles auf der unterlassenen Mitteilung liegt.[446] Generell wendet die Rechtsprechung Vermutungsregelung aber eher zurückhaltend an. So ihre Anwendung im Falle der Verbreitung einer Halbwahrheit, also einer Veröffentlichung, die eine wichtige Tatsache verschwieg, mit der Begründung abgelehnt, dass die Beweisschwierigkeiten des Klägers in solchen Fällen geringer seien.[447]

Neben dem regelmäßig zu erbringenden Nachweis, dass der Kläger im Vertrauen auf die unrichtige Mitteilung gehandelt hat, muss er im Rahmen von *rule 10b-5* grundsätzlich auch beweisen, dass die Täuschung sowohl für die nachteilige Wertpapiertransaktion (*transaction causation*)[448] als auch für den Schaden ursächlich war (*loss causation*).[449]
In der Praxis trennt die Rechtsprechung jedoch häufig nicht zwischen *reliance* und der Kausalität (*causation*). Sie sieht vielmehr *reliance* oft als Mittel zur Darlegung der Kausalität an.[450]

(1) Transaction causation

Transaction causation liegt vor, wenn der Anleger ohne die schädigende Handlung des Beklagten die Wertpapiertransaktion nicht oder jedenfalls nicht in der gegebenen Form vorgenommen hätte.[451] Dazu genügt rgelmäßig der Nachweis, dass die Wertpapiertransaktion durch die unrichtige Information oder das Unterlassen einer Mitteilung wesentlich beeinflusst wurde.[452] Ein weiter-

---

[445] Affiliated Ute Citizens of Utah v. United States, 406 U.S. 128, 155, 92 S.Ct. 1456, 31 L.Ed.2d 741 (1972).
[446] Cavalier Carpets Inc. v. Caylor, 746 F.2d 749 (11th Cir. 1984).
[447] Abell v. Potomac Insurance Co., 858 F.2d 1104 (5th Cir. 1988), cert. denied, 492 U.S. 918 (1989).
[448] Suez Equity Investors, L.P. v. Toronto Dominion Bank, 250 F.3d 87, 2001, WL 487111 (2nd Cir. 2001).
[449] Grace v. Rosenstock, 228 F.3d 40 (2nd Cir. 2000).
[450] Affiliated Ute Citizens of Utah v. United States, 406 U.S. 128, 155, 92 S.Ct. 1456, 31 L.Ed.2d 741 (1972).
[451] Gannon v. Continental Ins. Co., 920 F.Supp. 566 (D.N.J. 1996).
[452] Suez Equity Investors, L.P. v. Toronto Dominion Bank, 250 F.3d 87, 2001, WL 487111 (2nd Cir. 2001).

gehender Nachweis, dass die Transaktion ohne die schädigende Handlung nicht vorgenommen worden wäre, wird nicht gefordert.[453]

(2) Loss causation

Von *loss causation* ist auszugehen, wenn der Kläger beweist, dass sein Schaden direkt der schädigenden Handlung sowie der Art und Weise der Ausführung der darauf beruhenden Wertpapiertransaktion zuzurechnen ist.[454] Mitursächlichkeit, d.h. ein kausaler Beitrag zum Handeln oder Unterlassen, der zu einem bedeutenden Teil zum Schaden beigetragen hat, reicht in diesem Zusammenhang aus.[455] In einem Urteil aus dem Jahre 1990 vertrat der 7th Circuit eine relativ strenge Beweislastregelung bezüglich der *loss causation*,[456] die vom amerikanischen Gesetzgeber im *PSLRA 1995* übernommen wurde. Nunmehr muss der Kläger beweisen, dass die in Frage stehende schädigende Handlung bzw. Unterlassung den geltend gemachten Schaden verursacht hat, *sec. 21D(b)(4) SEA 1934*. Kann der Beklagte darlegen – ohne Vorliegen weiterer klägerischer Beweise – dass sich der Kurs der Aktien von Mitbewerbern parallel entwickelte, liegt keine *loss causation* vor.[457]

ee) Schadensersatz

Die Schadensberechnung im Rahmen von *rule 10b-5* Klagen ist schwierig. Es ist nicht einfach den aktuellen Meinungsstand darzustellen, da viele Verfahren nach *rule 10b-5* vergleichsweise beendet werden und daher nicht zu einem Urteil führen. Darüber hinaus differieren die Ansätze zur Schadensbemessung zwischen den einzelnen Gerichten erheblich, so dass sich kaum allgemeingültige Aussagen ableiten lassen.

Jedenfalls ist der Umfang des Schadensersatzes durch *sec. 28(a) SEA 1934* begrenzt.[458] Danach kann der Kläger nicht mehr als den Ersatz seiner *actual damages* verlangen. *Punitive damages* sind ausgeschlossen.[459]

---

[453] Schutzky Distributors, Inc. v. Kelly, 643 F.Supp. 57 (N.D.Cal. 1986): In diesem Fall reichte der Nachweis, dass die Transaktion teilweise auf den falschen Mitteilungen beruhte, zur Darlegung der *transaction causation* aus.

[454] Franklin High Yield Tax-Free Income Fund v. County of Martin, Minnesota, 152 F.3d 736 (8th Cir. 1998).

[455] Schulte, in: Möllers/Rotter, 136, Rn. 84.

[456] Bastian v. Petren Resources Corp., 892 F.2d 680, 685 (7th Cir. 1990).

[457] Law v. Medco Research, Inc., 113 F.3d 781 (7th Cir. 1997).

[458] 15 U.S.C. § 78bb.

[459] z.B. Abell v. Potomac Insurance Co., 858 F. 2d 1104, 1139 (5th Cir. 1988); Hazen, 623; Loss/Seligmann, 1059 ff.; Schulte, in: Möllers/Rotter, 137, Rn. 86.

(1) Out of Pocket Measure

Der Kläger muss seine tatsächlich erlittene wirtschaftliche Einbuße nachweisen. Regelmäßig wird dazu der sog. *out of pocket* Schaden ermittelt, mithin die Differenz zwischen dem Kauf- oder Verkaufspreis des Wertpapiers am Tag der Transaktion und seinem tatsächlichen Wert zur selben Zeit.[460] Letzterer liegt regelmäßig vor, wenn die unveröffentlichte Information nachgeholt bzw. eine unrichtige korrigiert ist. Dabei wird eine hypothetische Berechnung des Wertes zum Zeitpunkt des Kaufs unter der Annahme vollumfänglicher Publizität vorgenommen.[461] Meist geschieht dies durch Sachverständige, deren Methoden wissenschaftlich anerkannt sein und eine akzeptable Fehlertoleranz aufweisen müssen.[462] Unter der Hypothese eines effizienten Marktes pegelt sich der Preis eines Wertpapiers nach Offenlegung aller mitteilungspflichtigen Tatsachen umgehend auf den Wert ein, in dem alle bekannten Informationen enthalten sind. Problematisch an dieser Annahme ist jedoch, dass der Markt bei verspäteter Veröffentlichung mitteilungspflichtiger Tatsachen zu einer Überreaktion neigt. Dies führt zu kurzzeitig stärkeren Kursreaktionen, die sich erst später wieder dem wahren Wert annähern.[463]

Aufgrund der Schwierigkeiten, den tatsächlichen Wert eines Papiers zu einem gegebenen Zeitpunkt auszurechnen, haben einige Gerichte den Preis des Papiers im Zeitpunkt des öffentlichen Bekanntwerdens der betreffenden Informationen als Indiz seines „wahren Wertes" herangezogen,[464] jedoch dem Beklagten die Möglichkeit eingeräumt, verlustbringende Kursveränderungen aufgrund anderer Faktoren nachzuweisen.[465]

Durch *sec. 101(b)* des *PSLRA 1995*, mit dem *sec. 21D(e)* in den *SEA 1934* eingefügt wurde, ist die Berechnung des Schadensersatzes in *securities fraud* Fällen vereinheitlicht worden.

Der Gesetzgeber beschränkt nunmehr die Berechnungsgröße des „wahren" Wertes auf den Durchschnittskurs (mittlerer Handelspreis), den das Papier in den ersten 90 Tagen nach Bekannt werden der kurserheblichen Information erzielt. Verkauft der Kläger das Wertpapier innerhalb dieser 90-tägigen Periode

---

[460] Affiliated Ute Citizens of Utah v. United States, 406 U.S. 128, 155, 92 S.Ct. 1456, 31 L.Ed.2d 741 (1972); Huddelston v. Herman & MacLean, 640 F. 2d 534, 549 (5th Cir. 1981), aff'd in part and rev'd in part, 103 S.Ct. 683 (1983); Cox/Hillman/Langevoort, 795; Schulte, in: Möllers/Rotter, 137, Rn. 87.

[461] Cox/Hillman/Langevoort, 791; Schulte, in: Möllers/Rotter, 137, Rn. 87.

[462] Daubert v. Merrell Dow Pharmaceuticals, Inc., 509 U.S. 579, 113 S.Ct. 2786 (1993).

[463] Schulte, in: Möllers/Rotter, 137, Rn. 87.

[464] z.B. Harris v. American Inv. Co., 523 F 2d 220, 226 (8th Cir. 1975), cert. denied, 423 U.S. 1054 (1976); aus der Lit. dazu ausführlich Thompson, 37 Vand. L. Rev. 349, 361 ff. (1984).

[465] vgl. Austin v. Loftsgaarden, 675 F. 2d 168, 180 (8th Cir. 1982); Nye v. Blyth Estman Dillon & Co., 588 F. 2d 1189, 1200 (8th Cir. 1978); Richardson v. Mac Arthur, 451 F. 2d 35, 43 f. (10th Cir. 1971).

(bzw. kauft er es zurück), so wird der ersatzfähige Schaden begrenzt durch die Differenz zwischen dem Transaktionspreis und dem Durchschnittspreis, der zwischen der Veröffentlichung der Information und dem anschließenden Verkauf (bzw. Kauf) des Papiers entsteht. Entsprechendes gilt, wenn der Kläger das Wertpapier in diesem Zeitraum zurückkauft. Der Durchschnittskurs wird gemäß *sec. 21D(e)(3) SEA 1934* durch die Schlusskurse der jeweiligen Handelstage bestimmt.
Diese Begrenzung des Schadensersatzanspruchs kommt allerdings allein dem Schädiger zugute.[466] Hat ein Anleger ein Papier zu teuer gekauft und steigt der Kurs des Papiers aufgrund allgemeiner Marktveränderungen in den 90 Tagen nach Veröffentlichung der Information an, so mindert dieser Kursanstieg den Anspruch des Klägers. Fällt der Kurs dagegen weiter aufgrund allgemeiner Tendenzen, so wird diese Kursveränderung bei der Schadensberechnung nicht berücksichtigt. Ausdrücklich erlaubt *sec. 105 PSLRA 1995* dem Beklagten die Berufung darauf, dass Kursverluste nicht durch die behauptete Pflichtverletzung verursacht wurden.

(2) Rescission als Vertragsabschlussschaden

Etliche Gerichte erlauben dem geschädigten Anleger auf *rescission* (Rückübertragung der Aktie Zug um Zug gegen Zahlung des Kaufpreises) bzw. *rescissionary measure of damages* (Zahlung des Unterschiedsbetrages zwischen Kauf- und Verkaufspreis in Fällen, in denen der Kauf durch die Täuschung veranlasst wurde) zu klagen. Voraussetzung dafür ist, dass der Schwerpunkt des Klagevortrags auf der willenswidrigen Täuschung beim Kauf- oder Verkaufsentschluss lag.[467] Vereinzelt wurde von den Gerichten in diesen Fällen auch der entgangene Gewinn für ersatzfähig gehalten.[468]

(3) Consequental Damages

Folgeschäden (*consequental damages*) werden in *securities fraud* Fällen in der Regel nicht ersetzt, obwohl sie nach amerikanischem Deliktsrecht grundsätzlich ersatzfähig sind. Diese Begrenzung auf den unmittelbaren Schaden ist von dem Gedanken geleitet, dass anders als eine defekte Maschine ein Wertpapier keinen weiteren Schaden anrichten kann.[469] Es handelt sich hierbei allein um eine ungünstige Investition, bei welcher der Verlust nicht größer als die Differenz zwischen Preis und Wert des Papiers sein kann. Wenn der Anleger aufgrund der

---

466 kritisch dazu: Dickey/Kramer Mayer, 51 Bus.Law. 1203, 1212 (1996).
467 Glick v. Campagna, 613 F.2d 31 (3rd Cir. 1979); Western FederalCorp. v. Davis, 553 F.Supp. 818 (D.Ariz. 1982).
468 Gould v. AmericanHawaiian Steamship Co., 535 F.2d 761, 781 (3rd Cir. 1976).
469 Steinhauer, 196.

ungünstigen Investition auf eine andere, günstige Investition verzichtet hat, so wird davon ausgegangen, dass der Anleger diese dennoch mit Krediten hätte finanzieren können. Ein Folgeschaden liege daher nicht vor.
Als solchen bekommt der geschädigte Anleger allerdings die Kosten ersetzt, die er als unmittelbare Folge der Publizitätspflichtverletzung getätigt hat. Dazu zählen z.B. die Ausgaben, die aufgrund der fehlerhaften Publikation zusätzlich zur Informationsbeschaffung erforderlich wurden.[470]

Ferner sei darauf hingewiesen, dass nach der sog. *american rule* die Parteien eines Rechtsstreits grundsätzlich ihre Anwaltskosten selbst zu tragen haben. Da diese Kosten nicht als unmittelbare Folge des schädigenden Verhaltens, sondern Kosten der Rechtsdurchsetzung sind, werden sie im Rahmen von Ansprüchen nach *rule 10b-5* nur erstattet, wenn dem Beklagten besonders unredliches Verhalten nachgewiesen wird.[471]

(4) Benefit of bargain

Schließlich ist auch der entgangene Gewinn, den der Geschädigte bei korrekter Information erzielt hätte, in der Regel nicht ersatzfähig. Diese sogenannten *benefits of the bargain* gehören grundsätzlich dem Vertragsrecht an und werden daher in *securities fraud* Fällen nur in engen Ausnahmesituationen gewährt.[472]

ff) Verschulden

Zwar enthält *rule 10b-5* kein ausdrückliches Vorsatzerfordernis. Allerdings ist *rule 10b-5* dem *common-law* Betrugstatbestand sehr ähnlich und dient wie dieser der Bekämpfung von betrügerischem Verhalten. Daher fordert der Supreme Court, dass der Kläger ebenso wie bei der *common law fraud* den Beweis erbringen muss, dass der Beklagte wissentlich (*with scienter*) gehandelt hat.[473] Offen gelassen hat er allerdings, ob - wie beim *common law fraud* unter bestimmten Umständen anerkannt - Leichtfertigkeit (*recklessness*) ausreichend ist. Unter Berücksichtigung der vom Supreme Court festgestellten Nähe von *rule 10b-5* zum *common law fraud* erscheint dies allerdings naheliegend.[474]

---

[470] Madigan, Inc. v. Goodman, 498 F. 2d 233 (7th Cir. 1974); Bowman & Bourdon, Inc. v. Rohr, 296 F. Supp. 847, 852 (D. Mass. 1969), aff'd 417 F. 2d 780 (1st Cir. 1969).
[471] Nemeroff v. Abelson, 620 F. 2d 339, 348 f. (2nd Cir. 1980).
[472] McMahan & Co. v. Wherehouse Entertainment Inc., 65 F.3d 1044 (2nd Cir. 1995); Osofsky v. Zipf, 645 F.2d 107 (2nd Cir. 1981).
[473] Ernst & Ernst v. Hochfelder, 425 US 185, 96 S.Ct. 1375, 47 L.Ed.2d 668 (1976).
[474] so die ganz überwiegende Zahl der Instanzgerichte; vgl. Sundstrand Corp. v. Sun Chemical Corp., 553 F.2d 1033, 1044 f. (7th Cir. 1977); Hackbart v. Holmes, 675 F.2d 1114, 1117 f (10th Cir. 1982); Van Dyke v. Coburn Enterprises, Inc. 873 F.2d 1094, 1099 f (8th Cir. 1989); Hollinger v. Titan Capital Corp., 914 F.2d 1564, 1568 ff. (9th Cir. 1990); In re Time Warner

Recklessness wird von der Rechtsprechung eher als eine abgeschwächte Form des Vorsatzes als ein erhöhter Grad gewöhnlicher Fahrlässigkeit verstanden.[475] Es ist ausreichend, wenn der Nachweis erbracht wird, dass der Beklagte die Täuschung der Anleger vernünftigerweise als eine mögliche Konsequenz seines Handelns vorhersehen konnte. Dagegen braucht nicht dargelegt zu werden, dass es ihm gerade auf die Täuschung ankam.[476]

Für den Kläger ist der Beweis eines vorsätzlichen Handelns des Beklagten, vielfach nur sehr schwer zu erbringen. Bei Vorliegen entsprechender Tatsachen sind die Gerichte zwar bereit, einen Rückschluss auf ein willentliches Handeln des Beklagten zuzulassen.[477] Doch stellen die Gerichte hohe Anforderungen für eine derartige Möglichkeit.[478] Selbst bei einem Gewinn von 1,6 Mio. US$ aus Insidergeschäften wurde ein solcher abgelehnt.[479]
Der Schluss auf die wissentliche Verwirklichung der Tatbestandsmerkmale der *rule 10b-5* muss praktisch zwingend sein.[480] Der Kläger muss insbesondere nachweisen, dass der Beklagte Kenntnis von den wahren Tatsachen hatte, um die wissentliche Fehlinformation durch den Beklagten beweisen zu können.[481]
Die Wissentlichkeit muss wie die übrigen Betrugstatbestandsmerkmale entsprechend der *rule 9(b)* der *Federal Rules of Civil Procedure* (*FRCP 1938*) vom Kläger ausführlich begründet werden. Die einzelnen Gerichte stellen jedoch unterschiedlich hohe Anforderungen an die Darlegungspflicht. Sie reichen vom Erfordernis der Darlegung von Tatsachen, die zwingend den Schluss auf den Täuschungsvorsatz des Beklagten zulassen,[482] bis hin zur schlüssigen Klägerbehauptung eines allgemeinen Täuschungsvorsatzes des Beklagten[483]. Die Mehrzahl der Gerichte fordern den Vortrag von Tatsachen, die ein Motiv[484] und eine Gelegenheit[485] zur Begehung einer Täuschungshandlung darstellen. Insoweit sind anerkannt: Insiderhandel, Widersprüche zwischen internen Berichten und Veröffentlichungen, zeitliche Nähe einer behaupteten falschen Mitteilung oder

---

Inc. Securities Litigation, 9 F.3d 259, 269 (2nd Cir. 1993); Anixter v. Home-Stake Production Co., 77 F.3d 1215, 1232 (10th Cir. 1996). Zum *scienter*-Kriterium und seiner Interpretation umfassend Hazen, 787 ff.; Mennicke, 296 ff.

475 Sanders v. John Nuveen & Co., 554 F.2d 790, 793 (7th Cir. 1977).

476 AUSA Life Insurance Co. v. Ernst & Young, 206 F.3d 202 (2nd Cir. 2000).

477 In re GlenFed, Inc. Securities Litigation, 11 F.3d 843 (9th Cir. 1993).

478 Rothman v. Gregor, 220 F.3d 81, 94 f. (2nd Cir. 2000); San Leandro Emergency Medical Group Profit Sharing Plan v. Phillip Morris Cos., 75 F.3d 801, 814 (2nd Cir. 1996).

479 Rothman v. Gregor, 220 F.3d 81, 94 f. (2nd Cir. 2000).

480 In re Theragenics Corp. Securities Litigation, 137 F.Supp.2d 1339 (N.D.Ga. 2001).

481 In re First Union Corp. Securities Litigation, 128 F.Supp.2d 871 (W.D.N.C.).

482 Novak v. Kasaks, 216 F.3d 300 (2nd Cir. 2000).

483 In re GlenFed, Inc. Securities Litigation, 42 F.3d 1541 (9th Cir. 1994) unter Berufung auf den Wortlaut der *rule 9(b)*.

484 Shields v. Citytrust Bancorp., Inc. 25 F.3d 1124, 1130 (2nd Cir. 1994).

485 In re American Bank Note Holographics Securities Litigation, 93 F.Supp.2d 424, 444 (S.D.N.Y. 2000).

einer unterlassenen Mitteilung zu einer späteren Veröffentlichung widersprechender Informationen; Bestechung durch einen leitenden Angestellten; schneller Vergleichsabschluss in einem ähnlich gelagerten Rechtsstreit; Eigeninteressen wie Vergütung oder Bewahrung des Arbeitsplatzes.[486]

gg) Verjährung

Für Klagen auf Grundlage der *rule 10b-5* existieren keine ausdrücklichen Verjährungsvorschriften. Lange Zeit wurde daher über die maßgebliche Verjährungsfrist kontrovers diskutiert.[487]
Mit der Einführung des *SOA 2002* ist die Verjährung für Klagen nunmehr auf zwei Jahre ab Entdeckung der Manipulation, längstens jedoch auf fünf Jahre seit der Verletzungshandlung festgelegt worden.[488]

d) Sec. 18(a) SEA 1934

Ein weiterer Schadensersatzanspruch kann sich aus *sec. 18(a) SEA 1934* ergeben.[489] Danach ist jede natürliche oder juristische Person, die in einem entsprechend den *SEA 1934* Vorschriften eingereichten Bericht oder Dokument hinsichtlich einer erheblichen Tatsache eine falsche oder irreführende Aussage macht, demjenigen zum Schadensersatz verpflichtet, der im Vertrauen auf die Aussage Wertpapiere zu einem Preis ge- oder verkauft hat, der von der Aussage beeinflusst war. Damit fallen u.a. Fehlinformationen im Zusammenhang mit den sog. *current reports* nach Form K-8 unter diese Norm. Der Schadensersatzanspruch ist allerdings ausgeschlossen, sofern der Kläger von der Unrichtigkeit der Mitteilung Kenntnis hatte, *sec. 18(a) SEA 1934*.

---

486 vgl. Greebel v. FTP Software, Inc., 194 F.3d 185 (1st Cir. 1999).
487 Vizcarrondo v. Houston, 1385 PLI/Corp 1067, 1161 f. (2003).
488 Vizcarrondo v. Houston, 1385 PLI/Corp 1067, 1165 f. (2003).
489 *Sec. 18(a) SEA 1934* lautet: „*Any person who shall make or cause to be made any statement in any application, report, or document filed pursuant to this title or any rule or regulation thereunder or any undertaking contained in a registration statement as provided in subsection (d) of section 15, which statement was at the time and in the light of the circumstances under which it was made false or misleading with respect to any material fact, shall be liable to any person (not knowing that such statement was false or misleading) who, in reliance upon such statement, shall have purchased or sold a security at a price which was affected by such statement, for damages caused by such reliance, unless the person sued shall prove that he acted in good faith and had no knowledge that such statement was false or misleading. A person seeking to enforce such liability may sue at law or in equity in any court of competent jurisdiction. In any such suit the court may, in its discretion, require an undertaking for the payment of the costs of such suit, and assess reasonable costs, including reasonable attorneys' fees, against either party litigant.*"

aa) Standing and Persons Liable

Ein Anspruch nach *sec. 18(a) SEA 1934* setzt voraus, dass der Kläger Wertpapiere, auf die sich die Fehlinformation bezieht, ge- oder verkauft hat. Die Tatbestandsmerkmale der Wertpapiertransaktion und der Fehlinformation entsprechen denen des Anspruches aus *rule 10b-5*.[490] Schadensersatzpflichtig ist nach *sec. 18(a) SEA 1934* jeder, der die Abgabe einer falschen oder irreführenden Aussage in einem der erfassten Dokumente verursacht hat.[491] Nicht erforderlich ist, dass Anspruchsteller und -gegner in einem besonderen Näheverhältnis zueinander stehen bzw. gestanden haben.

bb) Reliance and Causation

Im Gegensatz zu *rule 10b-5* enthält *sec. 18(a) SEA 1934* hohe Anforderungen an den Nachweis des Vertrauens auf die Fehlinformation (*reliance*). Die im Rahmen der *rule 10b-5* zugunsten des geschädigten Anlegers angewandte *fraud on the market theory* ist hier nicht anwendbar.[492] Die Geltendmachung eines Schadensersatzanspruches nach *sec. 18(a) SEA 1934* setzt vielmehr den positiven Nachweis des Anlegers voraus, dass er auf die Richtigkeit der falschen oder irreführenden Aussage vertraut und in diesem Vertrauen sein Wertpapiergeschäft getätigt hat. Davon ausgehend wird gefordert, dass der Kläger die betreffenden bei der SEC eingereichten Dokumente bzw. eine Kopie mit eigenen Augen wahrgenommen haben muss (*eyeball requirement*).[493] Daher genügt es nicht, wenn er ähnliche Informationen in anderen Dokumenten des Emittenten gesehen hat.[494]

Schließlich muss der Kläger auch beweisen, dass die Fehlinformation den Kurs der von ihm gekauften oder verkauften Wertpapiere tatsächlich beeinflusst hat.

cc) Schaden

Nach *sec. 18(a) SEA 1934* kann der geschädigte Anleger Schadensersatz verlangen, ohne dass *sec. 18(a) SEA 1934* erklärt, wie dieser zu bemessen ist.

---

490 Phillips v. TPC Communications, Inc., 532 F. Supp. 696, 698 (W.D.Pa. 1982).

491 Kramer v. Scientific Control Corp., 452 F. Supp. 812 (E.D. pa. 1978) – *directors*; Fischer v. Kletz, 266 F. Supp. 180, 189 (S.D.N.Y. 1967) – *accountants*.

492 Schulte, in: Möllers/Rotter, 138, Rn. 91; Hazen, 749 f. m.w.N.

493 Heit v. Weitzen, 402 F. 2d 909 (2nd Cir. 1968) 916, cert. denied, 395 U.S. 903 (1969).

494 Ross v. A.H. Robins Co., 607 F. 2d 545, 552 (2nd Cir. 1979), cert. denied 446 U.S. 946 (1980).

Die Gerichte wenden daher regelmäßig dieselben Regeln wie bei der Berechnung des Schadensersatzes nach *rule 10b-5* an.[495]
Der Umfang des Schadensersatzes nach *sec. 18(a) SEA 1934* ist ebenfalls begrenzt durch *sec. 28(a) SEA 1934*,[496] wonach der Kläger nur den Ersatz seines tatsächlich eingetretenen Schadens geltend machen kann.[497]

Im Unterschied zu den *rule 10b-5* Fällen steht es jedoch nach dem Wortlaut von *sec. 18(a) SEA 1934* im Ermessen des Gerichtes, einer Partei neben den Gerichtskosten auch die Anwaltskosten der Gegenpartei aufzuerlegen.

dd) Verschulden

Im Rahmen von *sec. 18(a) SEA 1934* braucht der geschädigte Anleger grundsätzlich weder Vorsatz noch Fahrlässigkeit beweisen.[498] Hier gilt zugunsten des Klägers eine Verschuldensvermutung. Diese ist widerlegt, wenn der Beklagte nachweist, dass er in guter Absicht und ohne positive Kenntnis von der Fehlerhaftigkeit der Aussage gehandelt hat.[499]
Eine Beweiserleichterung zugunsten des Anlegers gilt im Rahmen von *sec. 18(a) SEA 1934* dagegen nicht für fehlerhafte Vorhersagen (*foreward-looking statements*). Derartige Aussagen führen gemäß *sec. 102 PSLRA 1995* nur dann zu einer Haftung, wenn der geschädigte Anleger nachweisen kann, dass sie wissentlich falsch erbracht wurden.

ee) Verjährung

Ein Anspruch nach *sec. 18(a) SEA 1934* verjährt gemäß *sec. 18(c) SEA 1934* regelmäßig nach einem Jahr ab Entdeckung der Manipulation, spätestens jedoch drei Jahre nach dem Zeitpunkt der Verletzungshandlung.

ff) Verhältnis zu rule 10b-5

Nach Ansicht der meisten amerikanischen Gerichte können Schadensersatzansprüche sowohl auf *sec. 18(a)* als auch auf *sec. 10(b) SEA 1934* in

---

495 Harris v. American Investment Co., 523 F. 2d 220, 224 (8th Cir. 1975); cert. denied, 423 U.S. 1054 (1976).
496 15 U.S.C. § 78bb.
497 z.B. Abell v. Potomac Insurance. Co., 858 F. 2d 1104, 1139 (5th Cir. 1988).
498 Ross v. A.H. Robins Co., 607 F. 2d 545, 556 (2nd Cir. 1979), cert. denied 446 U.S. 946 (1980).
499 vgl. Ernst & Ernst v. Hochfelder, 425 U.S. 185, 211 Fn. 31 (1976); Schulte, in: Möllers/Rotter, 139, Rn. 93; Steinhauer, 192.

Verbindung mit *rule 10b-5* gestützt werden. Eine kumulative Geltendmachung ist zulässig.[500]

Dennoch werden die meisten Schadensersatzansprüche auf *rule 10b-5* gestützt. Zwar stellt die Verschuldensvermutung im Rahmen von *sec. 18(a) SEA 1934* gegenüber dem *scienter*-Erfordernis nach *rule 10b-5* eine wesentliche Beweiserleichterung für den Anleger dar. Allerdings muss er bei einem Anspruch nach *sec. 18(a) SEA 1934* sein Vertrauen auf die Fehlinformation positiv nachweisen. Da ihm der Nachweis dieser inneren Tatsache regelmäßig nicht gelingt und der Anspruch nach *sec. 18(a) SEA 1934* zudem in kürzerer Zeit verjährt, ist die Bedeutung dieser Anspruchsgrundlage in der Praxis ungleich geringer als die des Anspruchs nach *rule 10b-5*.[501]

2. Haftung nach einzelstaatlichem Recht

Der Inhalt der meisten anlegerschützenden *blue sky laws* entspricht in vielen Einzelstaaten denen des Bundes, denn der Bundesgesetzgeber hat den einzelnen Bundesstaaten vorgeschrieben, dass mindestens die Vorschriften der *federal laws* eingehalten werden müssen. Ihr Einfluss ist allerdings mit dem 1996 in Kraft getretenen *National Securities Markets Improvement Act* erheblich beschränkt. Zwar besteht nach wie vor eine Befugnis zum Erlass von Vorschriften gegen Anlagebetrug und betrügerische Verkaufspraktiken. Dennoch werden Klagen nur selten auf einzelstaatliches Recht gestützt, da die bundesrechtlichen Anspruchsgrundlagen in Bezug auf ihre Voraussetzungen und Durchsetzungsmöglichkeiten meist effektiver sind.

a) Ansprüche und Schadensumfang nach statutory law

In New York, dem Sitz der bedeutensten amerikanischen Börsen, finden sich Bestimmungen zu Wertpapierbetrugsfällen im *Martin Act of 1921*,[502] der auch zivil- und strafrechtliche Sanktionsmöglichkeiten beinhaltet. Allerdings enthält er keine Grundlage für einen individuellen Schadensersatzanspruch. New York ist damit einer der zwei Staaten, welche keinen privaten Klageanspruch nach ihren *securities fraud statutes* gewähren.[503]

---

[500] Huddelston v. Herman & McLean, 640 F. 2d 534 (5th Cir. 1981), aff'd in part and rev'd in part, 459 U.S. 375 (1983); Ross v. A.H. Robins Co., 607 F. 2d 545, 555 (2nd Cir. 1979), cert. denied 446 U.S. 946 (1980).

[501] Schulte, in: Möllers/Rotter, 127; Steinhauer, 195.

[502] N.Y. Gen. Bus. Law § 352-c.

[503] CPC Int'l, Inc. v. McKesson Corp., 70 N.Y.2d 268, 276-277, 514 N.E.2d 116, 119; 519 N.Y.S.2d 804, 807 (N.Y. 1987); Goudiss/Simpson 560 PLI/Lit 187, 209 (1997).

b) Ansprüche und Schadensersatzumfang nach *common law*

Geschädigte Anleger haben grundsätzlich zwei Möglichkeiten Schadensersatz auch nach *common law* Grundsätzen geltend zu machen.

aa) Common fraud action

Zunächst können sie einen Anspruch mit Hilfe der sog. *common fraud action* (Anspruch aufgrund betrügerischen Verhaltens) geltend machen. Dieses Institut ist durch Richterrecht geschaffen und beständig weiterentwickelt worden. Die Anwendung und Voraussetzungen richten sich ausschließlich nach dem jeweiligen einzelstaatlichen *common law*. Sie sind jedoch in vielen Staaten sehr ähnlich. Regelmäßig muss der Kläger behaupten und beweisen:

- eine wissentliche Unterlassung oder Falschdarstellung von tatsächlichen Fakten durch den Beklagten,[504]
- eine rücksichtslose Missachtung der klägerischen Rechte,[505]
- eine Täuschungsabsicht,
- die Absicht des Klägers dieser Information zu vertrauen,[506]
- die Vernünftigkeit des klägerischen Vertrauens sowie
- einen Schaden des Klägers, der aus diesem Vertrauen resultiert[507]

Grundsätzlich kann bei Vorliegen der obigen Voraussetzungen der Ersatz des aktuellen Schadens (*out-of the pocket losses*) verlangt werden.[508]
Darüber hinaus können nach einer Entscheidung von 1961[509] in New York *punitive damages* dann zugesprochen werden, wenn die Öffentlichkeit als solche betrogen wurde (nicht der individuelle Investor), das betreffende Fehlverhalten als schwer einzustufen ist und eine hohe moralische Schuld beinhaltet.[510]

---

[504] wobei in einigen Staaten, darunter New York, bereits der Nachweis von *recklessness*, d.h. der leichtfertige Unkenntnis der Fehlinformation, ausreichend ist. Vgl. Jo Ann Homes at Bellmore, Inc. v. Dworetz, 250 N.E.2d 214, 217 (N.Y. App. Div. 1969).

[505] Hofmayer v. Dean Witter & Co., Inc., 459 F.Supp. 733, 741 (N.D.Ca. 1978).

[506] Vielfach wenden die Gerichte die „*fraud on the market theory*“ bei *class actions* in Form der *common law fraud action* an. Strengere Anforderungen werden jedoch bei Einzelklagen gestellt. Ausführl., Yadlin, 21 Int'l Rev. L. & Econ. 69 ff. (2001).

[507] Gaffin v. Teledyne, Inc. 611 A.2d 467, 472 (Del. 1992); Gutman v. Howard Savings Bank, 748 F.Supp. 254, 257 (D.N.J. 1990); Orbit Holding Corp. v. Anthony Hotel Corp., 503 N.Y.S.2d 780, 782 (1st Dept. 1986).

[508] Barr v. McGraw-Hill, Inc., 710 F.Supp. 95, 98 (S.D.N.Y.1989); Ostano Commerzanstalt v. Telewide Systems, Inc., 794 F.2d. 763 (2nd Cir. 1986).

[509] Walker v. Sheldon 10 N.Y. 2d 488 (N.Y. 1961).

[510] vgl. auch Dailey, 67 UCINLR, 587, 604 f.; Vanyo, 958 PLI/CORP. 207, 248 (Sept./Oct. 1996); *punitive damages* ablehnend, z.B. Kalifornien, vgl. Mirkin v. Wasserman, 5 Cal. 4th 1082, 1108 (1993).

bb) Negligent misrepresentation

Neben der sog. *common law fraud action* können geschädigte Anleger Schadensersatz auch auf Grundlage des *common law tort of negligent misrepresentation* (unerlaubte Handlung aufgrund einer fahrlässigen Falschdarstellung) geltend machen. Deren Anforderungen variieren in den einzelnen Staaten. Die meisten orientieren sich offensichtlich an dem *restatement (second) of torts, sec. 552*. Danach muss insbesondere derjenige, der im Verlaufe seiner Geschäftstätigkeit oder seines Berufes, falsche Informationen zur Orientierung anderer bekannt gibt, für daraus resultierende finanzielle Schäden einstehen, wenn er bei der Bekanntgabe die erforderliche Sorgfalt oder Sachkenntnis außer acht gelassen hat.[511]
Voraussetzung ist jedoch, dass der Veröffentlichende eine Pflicht zur ordnungsgemäßen Information des Betroffenen hat. Es reicht nicht, dass der Geschädigte die betreffende Meldung vernommen und auf diese vertraut hat. Im Einzelnen differieren die diesbezüglichen Anforderungen der verschiedenen Gerichte. Sie reichen vom strengen Erfordernis einer persönlichen Verbindung bis hin zur Vorhersehbarkeit des Empfängers der Fehlinformation.[512]

c) Anwendbarkeit

Die Anwendung dieser individuellen Klagemöglichkeiten wurde eingeschränkt durch den *Securities Litigation Improvement Act of 1998*. Danach ist eine *securities class action* aufgrund einzelstaatlichen Gesetzesrechts oder *common law* unzulässig, so dass insoweit nur noch Einzelklagen möglich sind.[513]

III. Durchsetzungsmöglichkeiten, insbesondere durch Sammelklagen

Die Durchsetzung der ermittelten Ansprüche kann zum einen durch Einzelklagen erfolgen, zum anderen durch die sog. *class action* (Sammelklage). Letztere ist dem deutschen Recht fremd und soll daher an dieser Stelle genauer dargestellt werden.

Durch die Bündelung klägerischer Interessen in einer Sammelklage können Ansprüche zahlreicher Betroffener in einem einzigen Verfahren geltend gemacht und widersprüchliche Gerichtsurteile in vergleichbaren Fällen vermieden werden.

---

[511] Vanyo, 958 PLI/CORP. 207, 262 (Sept./Oct. 1996).
[512] Dailey, 67 Un.Cin.L.Rev. 587, 606 (1999).
[513] vgl. dazu ausführlich Dailey, 67 Un.Cin.L.Rev. 587, 597 ff. (1999).

Die *class action* in ihrer heutigen Form wurde 1966 in den USA eingeführt.[514] Ziel war es, die Zahl der Einzelprozesse zu begrenzen, Gerichtskosten für sozial schwächere Kläger gegen Großkonzerne niedrig zu halten, die Gleichbehandlung aller Geschädigten zu sichern und auch die Durchsetzung von geringeren Schäden wirtschaftlich sinnvoll zu ermöglichen.
Dabei wird die Sammelklage selbst nur von wenigen Klägern erhoben. Als *class representatives* treten diese jedoch zugleich für andere Geschädigte auf, die oft noch gar nicht bekannt sind. Wird die *class action* von einem Gericht zugelassen, müssen die übrigen Geschädigten darüber informiert werden. Oftmals erfahren viele Anleger erst durch diese Bekanntmachungen, dass sie einen Schaden erlitten haben sollen. Sie haben dann die Möglichkeit, sich von der Klage ausschließen zu lassen, etwa weil sie glauben, ihre Interessen im Alleingang besser vertreten zu können. Wenn sie sich hingegen der Sammelklage anschließen, sind für sie Einzelprozesse ausgeschlossen. Vielmehr ist die Entscheidung, mit der die *class action* abgeschlossen wird für sie verbindlich.

1. Allgemeine Voraussetzungen

Die *class action* ist nur zulässig bei kumulativem Vorliegen der folgenden Grundvoraussetzungen, die sich im Wesentlichen aus *rule 23 FRCP 1938* ergeben und die im Bereich der hier relevanten Wertpapiersammelklagen durch den *PSLRA 1995* zum Teil verschärft wurden, vgl. *sec. 21D(b)(1) SEA 1934*.[515]

a) Festlegung der Gruppe (*class must exist*)

Nicht gesondert erwähnt, aber dennoch logische Voraussetzung ist, dass die klagende bzw. beklagte Gruppe durch sichere, nachprüfbare Kriterien so fest umrissen sein muss, dass spätestens nach Abschluss des Verfahrens die Reichweite der Bindung feststeht.[516] Dementsprechend ist die unbekannte aktuelle Identität der Klassenmitglieder für eine *certification* als *class* nicht von vornherein hinderlich.[517]

---

[514] Greiner, 56; Schlurmann, 39.
[515] zur Wertpapiersammelklage vgl. Reus/Tilp, DAJV-NL 2005, 56 ff.
[516] Hay, Rn. 181.
[517] Greiner, 67; Mann, NJW 1994, 1187; Witzsch, JZ 1975, 277, 278.

b) Zahlreiche gleiche Sachverhalte (*numerosity*)

Rule 23 (a)(1) FRCP 1938 setzt voraus, dass die Zahl der *class members* so groß ist, dass ihr Zusammenschluss als Streitgenossen einer Klage praktisch undurchführbar wäre (*impracticability of joinder*). Grundsätzlich gilt nämlich, dass sämtliche Beteiligte in formeller Parteistellung vor Gericht auftreten müssen. Nur wenn dies nicht mehr praktikabel ist, kommt ein *class action*-Verfahren in Betracht.[518] Dabei gibt es keine allgemeingültigen Festlegungen hinsichtlich der erforderlichen Anzahl von Klägern oder Beklagten. Die *class representatives* müssen lediglich darlegen, dass eine Behandlung als Streitgenossen durch eine Klageverbindung äußerst schwierig wäre.[519] Die meisten Gerichte nehmen dies jedenfalls bei einer Zahl von über 40 Klägern an, wobei weitere Kriterien, wie eine erhebliche räumliche Entfernung der Betroffenen untereinander, nur relativ geringe Anspruchshöhen und sehr beschränkte finanzielle Ressourcen der Kläger, berücksichtigte werden.[520]

c) Gemeinsame Rechts- und Tatfragen (*commonality*)

Rule 23 (a)(2) FRCP 1938 bestimmt, dass die Ansprüche der Mitglieder der Gruppe in rechtlicher und/oder tatsächlicher Hinsicht ähnlich gelagert sein müssen (*commonality*). Damit ist keine vollständige Uniformität zwischen den Streitfragen gemeint. Erforderlich ist, dass einige Rechts- und Tatsachenfragen vorliegen, die für alle *class members* gleich zu beantworten sind.[521] Teilweise wird sogar eine einzige gemeinsame Streitfrage als ausreichend erachtet.[522] Das Gericht hat nach *rule 23 (c) (4) FRCP 1938* auch die Möglichkeit Untergruppen (*sub-classes*) zu bilden und so die *class action* auch dort zuzulassen, wo die Gemeinsamkeiten nicht die ganze *class* betreffen. In der Regel sehen die Gerichte die *common question of law and fact*, ohne dies weiter zu erklären, als gegeben an, so dass dieser Voraussetzung in der Praxis keine große Relevanz besitzt.[523]

d) Eingeklagte Ansprüche müssen typisch sein (*typicality*)

Ferner müssen die von den Repräsentanten eingeklagten Ansprüche typisch für alle *class-members* sein, *rule 23 (a) (3) FRCP 1938*. Dies ist der Fall, wenn die Ansprüche von Repräsentant und Gruppe auf demselben Ereignis oder Verhal-

---

518 Barron/Dielmann, 202; Haß, 265; Schulte, in: Möllers/Rotter, 119.
519 State of Minnesota v. United States Steel Corp., 44 F.R.D. 559, 566 (D. Minn. 1968); New Castle v. Yonkers Contracting Co. 131 F.R.D. 38, 40 (D.N.J. 1990).
520 Eichholtz, 83 m.w.N.
521 Greiner, 69; Haß, 264; Heß, JZ 2000, 375; Schlurmann, 15.
522 Cound/Friedenthal/Miller, 580.
523 Wright/Miller, § 1764, 614.

tensmuster beruhen und ihnen die gleiche Anspruchsgrundlage zugrundeliegt. Die Identität der Ansprüche ist allerdings nicht erforderlich, einzelne Unterschiede im zugrundeliegenden Sachverhalt stehen der Typizität nicht entgegen.

e) Angemessene Vertretung (*adequacy of representation*)

Schließlich muss eine faire und angemessene Vertretung der abwesenden Gruppenmitglieder durch die Kläger und ihre Anwälte gewährleistet sein, *rule 23 (a)(4) FRCP 1938*. Dieses Kriterium stellt einen besonders sensiblen Punkt der Sammelklage dar, weil der *class representative* keiner ausdrücklichen Autorisierung durch die *class members* bedarf, sie aber grundsätzlich die Folgen der *class action* hinnehmen müssen.
Für die Eignung als Repräsentant einer *class* kommt es darauf an, dass dieser Mitglied der *class*, in eigenen Rechten betroffen und eine Person „*of integrity and in every way splendidly qualified to represent the class*" ist. Es muss sichergestellt sein, dass „*the representative will put up a real fight*".[524]
Probleme hinsichtlich einer angemessenen Vertretung können dadurch auftreten, dass die Repräsentanten neben fremden Interessen zugleich auch ihr eigenes Interesse wahrnehmen. Zwar bietet dieses Eigeninteresse normalerweise gerade eine Gewähr für ein besonders sorgfältiges Prozessieren. Es kann aber auch vorkommen, dass nur das Begehren des Klägers und nicht das der übrigen Mitglieder befriedigt wird, z.B. durch einen vorzeitigen Vergleichsschluss.
Dieses Problem wird jedoch durch die in *rule 23 FRCP 1938* vorgesehenen Sicherungsmaßnahmen relativiert. Danach können dem Repräsentanten besondere Bedingungen auferlegt werden, das Gericht kann Unterklassen bilden, um den verschiedenen Ansprüchen gerecht zu werden und misstrauische *class members* können von ihrer *opting-out*-Klausel Gebrauch machen, mithin aus der *class* austreten. Eine weitere Sicherungsmaßnahme ergibt sich aus *rule 23 FRCP 1938* in Verbindung mit der *due process clause* des *XIV. amendments* der amerikanischen Bundesverfassung, die ein faires und gerechtes Verfahren garantieren soll. Danach entfaltet eine gerichtliche Entscheidung ihre Bindungswirkung für die anderen *class members* nur, wenn sie zuvor benachrichtigt wurden; sei es durch Zeitungsanzeigen, Fernsehen, Rundfunk, Internet oder Briefe.[525]
Nach dem durch den *PSLRA 1995* eingefügten *sec. 21D(a)(3)(A)(i) SEA 1934* muss eine Wertpapiersammelklage spätestens 20 Tage nach ihrer Einreichung veröffentlicht werden, um potentielle *class members* zu informieren.
Inhaltlich muss die Benachrichtigung nach *rule 23 (c)(2)(A) - (C) FRCP 1938* über die "*opt out*"-Möglichkeit, den "*binding effect*" einer ausbleibenden Ausschlusserklärung sowie die Möglichkeit, sich vor Gericht zu äußern, informie-

---

[524] Chaffee, 231.
[525] Handler, 71 Col. L. Rev. 1, 9 (1971).

ren. Darüber hinaus soll sie eine angemessene und für die abwesenden Klassenmitglieder allgemein verständliche Beschreibung des Verfahrens enthalten.[526] Hierzu gehört auch, dass in internationalen Fällen derartige Aufrufe und Informationen in den Muttersprachen sämtlicher potentieller *class members* erfolgen.[527] Die dazu notwendigen oft erheblichen Kosten werden regelmäßig von den Klägeranwälten vorfinanziert.
Zudem wurden durch den *PSLRA 1995* die Anforderungen an den Repräsentanten verschärft, um mutwillige Sammelklagen im Bereich des Wertpapierrechts zu erschweren. Gemäß *sec. 21D(a)(2)(A) SEA 1934* muss der potentielle *representative* eine beeidigte, unterschriebene Erklärung abgeben, in der er unter anderem erklärt, dass er die Klageschrift durchgelesen hat und ihre Einreichung billigt, dass er das Wertpapier, das Gegenstand der Klageschrift ist, nicht auf Veranlassung seines Rechtsberaters oder in der Absicht, an zivilrechtlichen Klageverfahren wegen Verletzung des *SEA 1934* teilzunehmen, gekauft hat. Weiter soll der *representative* der Kläger mit dem größten Eigeninteresse an der Klage sein, *sec. 21D(a)(3)(B)(i)(iii) SEA 1934*, also regelmäßig der Kläger mit der höchsten Schadenssumme. Ferner darf der *representative* innerhalb von 3 Jahren nur 5 Wertpapiersammelklagen vertreten, *sec. 21D(a)(3)(B)(vi) SEA 1934*. Darüber hinaus erhält er neben seinen Auslagen nur einen seinen Aktien entsprechenden Anteil vom Streiterlös, *sec. 21D(a)(4) SEA 1934*.

Vor allem in der Literatur wird für die wirksame Interessenvertretung häufig auch ein qualifizierter Anwalt verlangt.[528] Begründet wird dies mit der entscheidenden Rolle des Rechtsanwalts, der faktisch die Kontrolle über das Verfahren hat und als Bindeglied zwischen *representative* und *class members* fungiert.
Allerdings stellt trotz dieser erheblichen Bedeutung die Prüfung der Anwaltsqualität in der Praxis meist nur eine Floskel dar; Referenzen werden nicht verlangt.[529]

2. Ergebnis

Das Ergebnis eines Sammelklageverfahrens kann sowohl ein Urteil (*judgement*) als auch ein Vergleich (*settlement*) sein.

---

[526] In re Nissan Motor Corp. Antitrust Litigation, 552 F.2d 1088, 1104 f. (5th Cir. 1977).
[527] vgl. für den Fall eines Vergleiches: www.swissbankclaims.com.
[528] Wright/Miller, § 1766, Rn. 72.
[529] Greiner, 80.

a) Judgement

Die Wirkung des Urteils erstreckt sich auf alle Betroffenen, die unter dem Begriff *class* zusammengefasst sind.
Sind alle zuvor beschriebenen Voraussetzungen und ergänzenden Regelungen nach *rule 23 FRCP 1938* erfüllt, so bindet das daraus resultierende Urteil einer Sammelklage sämtliche Klassenmitglieder unabhängig davon, ob sie von ihrem Recht auf rechtliches Gehör Gebrauch gemacht haben. Die Geltendmachung von individuellen Ansprüchen wird präkludiert, obwohl der jeweilige Anspruchsinhaber möglicherweise von der prozessualen Durchsetzung seines Anspruchs keinerlei Kenntnis hatte und deshalb auch auf den Prozessverlauf keinen Einfluss nehmen konnte.

b) Settlement

Die meisten der angestrengten Sammelklagen, gut 90 %, enden mit einem Vergleich, dem sog. *class action settlement*.[530] So hat beispielsweise das wegen Irreführung von Aktionären in den USA verklagte Unternehmen Team Communications 12,5 Mio. US$ im Vergleichswege an Anleger gezahlt.
Grund für diese hohe Vergleichsquote ist unter anderem, dass die zum Teil sehr hohen Rechtsanwaltskosten regelmäßig nicht erstattungsfähig sind und dass auch die Bearbeitung der im *pretrial discovery* Verfahren gestellten Ausforschungsanträge für den Beklagten meist sehr kostenintensiv sind.
Um bei einem Vergleichsschluss die Gefahr des kollusiven Zusammenwirkens der unmittelbar Beteiligten (*named plaintiffs*, Beklagten und Anwälten) zu Lasten der außenstehenden *class members* (etwa durch einen frühzeitigen und lukrativen Vergleich zur Zeit- und Kostenersparnis) weitgehend auszuschließen, überprüft das angerufene Gericht von Amts wegen, ob die Interessen der abwesenden *class members* ausreichend berücksichtigt wurden.[531] Dabei kommt es zu einer doppelten Kontrolle, einmal bei der Klagezulassung, und zum anderen bei der Genehmigung des Vergleichs. Kommt es schon vor Klageeinreichung zu einem außergerichtlichen Vergleich, so erfolgt lediglich die gerichtliche Genehmigung des Vergleichs.
Die Überprüfung der Zulässigkeit der Klage erfolgt nach den bereits dargetanen Kriterien der *numerosity*, *commonality*, *typicality* und *adequacy of representation*.
Die Genehmigung des Vergleichs erfolgt nur, wenn der erzielte Kompromiss für alle Beteiligten *fair*, *adequate* und *reasonable* ist,[532] wobei der Vergleichsbetrag

[530] Lenenbach, WM 1999, 1393, Fn. 4 m.w.N.
[531] Ortiz v. Fibreboard, Corp. 144 L.Ed. 715, 742 (1999).
[532] Heß, JZ 2000, 373, 376.

im Verhältnis zu der zugesprochenen Summe im Falle des Obsiegens, die Vergleichsverhandlungen sowie die Reaktionen der repräsentierten *class members* überprüft werden.
Nach *sec. 21D(a)(5) SEA 1934* ist der Vergleich in Wertpapiersammelklageverfahren schließlich öffentlich bekannt zu machen.

IV. Bewertung/Fazit

Regelungen zur Ad-hoc-Publizität lassen sich in den USA an verschiedenen Stellen finden. Insbesondere der *SEA 1934* und *rule 10b-5* statuieren derartige Pflichten, wobei letztere durch die Anerkennung verschiedener Einzelpflichten und deren richterrechtliche Weiterentwicklung eine flexible Handhabung und damit Reaktion auf neue Entwicklungen in der Praxis ermöglicht.
Im Gegensatz zu den Publizitätspflichten der einzelnen Börsen können die gesetzlichen Pflichten zur Grundlage individualrechtlicher Schadensersatzansprüche gemacht werden.
Die diesbezüglichen Anspruchsgrundlagen *rule 10b-5* und *sec. 18(a) SEA 1934* bieten den Anlegern nicht zuletzt wegen ihrer unterschiedlich strengen Anforderungen einen umfassenden Schutz, da so je nach der konkreten Sachverhaltskonstellation die passende Anspruchsgrundlage gewählt werden kann.
Dieser Schutz wird dadurch effektiviert, dass in den USA die Möglichkeit der Bündelung von Interessen durch eine *class action* besteht. Nur so wird die Durchsetzung auch kleinerer Schadensbeträge sinnvoll ermöglicht, gegensätzliche Urteile werden verhindert.
Allerdings werden in derartigen Sammelklageverfahren keine *punitive damages* zugesprochen, da man den damit verfolgten Strafzweck schon durch die Summierung der Einzelansprüche gewahrt sieht.

C. Rechtlicher Rahmen in Deutschland

Obwohl jeder Anleger das allgemeine Kursrisiko seiner Aktien grundsätzlich selbst zu tragen hat, werden nach den teils dramatischen Kursverlusten der letzten Jahre an den deutschen Börsen die Rufe nach Schadensersatz für geschädigte Anleger auch in Deutschland immer lauter.
In diesem Zusammenhang sollen im Folgenden denkbare Ansprüche geschädigter Anleger in Fällen von Ad-hoc-Publizitätspflichtverletzungen untersucht werden. Dazu wird zunächst der rechtliche Rahmen der Ad-hoc-Publizität dargestellt und im Anschluss daran Anspruchsgrundlagen sowie Schadensersatzumfang ermittelt.

I. Rechtliche Anforderungen an die Ad-hoc-Publizität

1. Der Tatbestand des § 15 WpHG

a) Normadressat

Der Ad-hoc-Publizitätspflicht nach § 15 Abs. 1 WpHG unterliegt jeder Emittent von Finanzinstrumenten, der im Inland an einer Börse zum amtlichen Handel oder zum geregelten Markt zugelassen ist. Allerdings zeigt ein Vergleich mit § 13 Abs. 1 Nr. 1 WpHG, dass sich die Ad-hoc-Publizität nicht auf ein mit dem Emittenten verbundenes Unternehmen bezieht. Folglich ist ein Konzern als solcher nicht Emittent im Sinne des § 15 Abs. 1 S. 1 WpHG.[533]

Ferner ist eine Person, die im Auftrag oder auf Rechnung des Emittenten handelt, und die im Rahmen ihrer Befugnisse einem anderen Insiderinformationen mitteilt oder zugänglich macht, gemäß § 15 Abs. 1 S. 3 WpHG verpflichtet, diese zeitgleich zu veröffentlichen, es sei denn, die andere Person ist zur Vertraulichkeit verpflichtet. Wurde die Insiderinformation unwissentlich weitergegeben oder zugänglich gemacht, so ist die Veröffentlichung gemäß § 15 Abs. 1 S. 4 WpHG unverzüglich nachzuholen.

b) erfasste Finanzinstrumente

Welche Wertpapiere von § 15 WpHG erfasst sind, ergibt sich aus § 2 Abs. 2b WpHG, mithin Wertpapiere gemäß § 2 Abs. 1 WpHG, Derivate nach § 2 Abs. 2 WpHG und schließlich auch Rechte auf Zeichnung von Wertpapieren.

---

[533] Braun, in: Möllers/Rotter, 141.

Erfasst werden somit auch Zins- und Devisenswaps sowie Swaps auf Aktien- oder Aktienindexbasis (*equity swaps*), Kauf- und Verkaufsoptionen auf die beiden vorgenannten Kategorien einschließlich gleichwertiger Instrumente mit Barzahlung und Warenderivate.[534] Desweiteren gelten auch sonstige Instrumente, die zum Handel an einem organisiserten Markt im Inland oder in einem Mitgliedstaat der EU zugelassen sind, als Finanzinstrumente. Neben der bestehenden Zulassung genügt es bereits, wenn eine solche beantragt wurde, § 2 Abs. 2b S. 2 WpHG.
Anders als das Insiderhandelsverbot des § 14 WpHG und entsprechend den Vorgaben des Art. 7 der Insider-Richtlinie 89/592/EWG gilt die Vorschrift allerdings nicht für im Freiverkehr gehandelte Wertpapiere.[535]

c) Tatbestandliche Vorgehensweise

Da § 15 Abs. 1 S. 1 WpHG für sich genommen nur die Pflicht zur Veröffentlichung von Insiderinformationen anordnet, stellt auf den ersten Blick nur die Unterlassung der gebotenen Publikation einen Normverstoß dar. Darüber hinaus ist aber auch eine inhaltlich unrichtige Ad-hoc-Mitteilung als eine Verletzung dieser Vorschrift anzusehen, wie § 15 Abs. 2 S. 2 WpHG zeigt, der auf die Veröffentlichung unwahrer Tatsachen nach § 15 Abs. 2 S. 2 WpHG Bezug nimmt, mithin diese als von der Norm erfasst voraussetzt. Dies ergibt sich ebenso aus dem Verweis in § 15 Abs. 6 WpHG auf die Schadensersatznorm § 37c WpHG, die explizit den Fall der Veröffentlichung unwahrer Tatsachen behandelt, sowie aus § 39 Abs. 1 Nr. 2a WpHG, der ausdrücklich auch die nicht richtig vorgenommene Mitteilung als Ordnungswidrigkeit einstuft.

d) Publizitätspflichtige Umstände

Mit der Neufassung des § 15 WpHG im Jahre 2004 ist die bislang geltende Unterscheidung zwischen ad-hoc-publizitätspflichtiger Tatsache nach § 15 WpHG a.F. und der Insidertatsache nach § 13 WpHG a.F. aufgegeben worden.

aa) Insiderinformation

Nach § 15 WpHG a.F. waren nur Tatsachen, mithin gegenwärtige oder vergangene Verhältnisse, Geschehnisse und Zustände, die dem Beweis zugänglich sind, zu veröffentlichen.[536]

---

[534] Tollkühn, ZIP 2004, 2215 m.w.N.
[535] ausführlich zu den Gründen der Ausklammerung des Freiverkehrs, Kümpel/Assmann, in: Assmann/Schneider, WpHG, § 15, Rn. 34.

Nach der Novellierung von 2004 ist der Emittent jetzt weitergehend zur Veröffentlichung von Insiderinformationen verpflichtet. Nach § 13 Abs. 1 S. 1 WpHG ist darunter eine konkrete Information über nicht öffentlich bekannte Umstände zu subsumieren, die sich auf einen oder mehrere Emittenten von Insiderpapieren[537] oder auf Insiderpapiere selbst beziehen, und die geeignet sind, im Falle ihres öffentlichen Bekanntwerdens den Börsen- oder Marktpreis der Insiderpapiere erheblich zu beeinflussen. Auch „überprüfbare Werturteile und Prognosen" sollen Insiderinformationen darstellen können.[538] Allerdings ist bisher unklar, was darunter konkret zu verstehen ist.[539]
Nach der Gesetzesbegründung werden hiervon nur „präzise Informationen" erfasst.[540] Von einer solchen ist auszugehen, wenn Umstände bzw. Ereignisse vorliegen, die bereits existieren bzw. eingetreten sind oder bei denen man vernünftigerweise damit rechnen kann, dass sie in Zukunft eintreten werden.[541] Erforderlich ist lediglich, dass der Eintritt des Umstandes in der Zukunft hinreichend wahrscheinlich ist, und zwar unabhängig davon, ob er bereits nach außen wahrnehmbar hervorgetreten ist.[542]
Dementsprechend können zukünftig auch bloße Planungen und Konzepte sowie vorbereitende Maßnahmen die Publizitätspflicht auslösen, solange kein Befreiungstatbestand eingreift.
Dies hat vor allem Bedeutung für mehrstufige Entscheidungsprozesse. Insoweit war bisher streitig, von welcher Stufe an von einer veröffentlichungspflichtigen Tatsache auszugehen ist, bzw. ob erst auf der letzten Entscheidungsstufe (in der Regel der Aufsichtsratsbeschluss) eine Tatsache entsteht.[543] Nunmehr kommt es nicht mehr auf die Entstehung einer Tatsache an. Maßgeblich ist allein, ab welchem Zeitpunkt ein verständiger Anleger den Planungen wegen ihres Konkretisierungsgrades schon Kursbeeinflussungspotential zuerkennt.

bb) Kurserheblichkeit

Eine Publizitätspflicht nach § 15 WpHG besteht nur, wenn die fragliche Information geeignet ist, den Kurs des Wertpapiers erheblich zu beeinflussen.

---

[536] BGHZ 3, 270, 273; BGHZ 45, 389, 394.
[537] vgl. zum Begriff des Insiderpapiers § 12 WpHG
[538] Begr. RegE BT-Drs. 15/3174, S. 18.
[539] Vgl. dazu Grothaus, ZBB 2005, 62, 62.
[540] Begr. RegE BT-Drs. 15/3174, S. 33.
[541] RL 2003/124/EG der Kommission zur Durchführung der RL 2003/6/EG des Europäischen Parlaments und des Rates, ABl. EG Nr. L 339, 70.
[542] Tollkühn, ZIP 2004, 2215, 2216.
[543] dazu Assmann, WM 1996, 1337, 1340; Fürhoff/Wölk, WM 1997, 449, 450; Happ/Semler, ZGR 1998, 116 ff.; Heidmeier, AG 1992, 110, 111; Hopt, ZHR 1995, 135, 152; Kiem/Kotthoff, DB 1995, 1999, 2000; Kümpel/Assmann, in: Assmann/Schneider, WpHG, § 15, Rn. 61, 60; ders., BuK, Rn. 16.277 Steinhauer, 116; Pananis, WM 1997, 460, 462; ferner BAWe/Deutsche Börse AG, 32; Burgard, ZHR 1998, 51, 55f. m.w.N.

(1) Kursbeeinflussungspotential

Durch das Erfordernis eines erheblichen Kursbeeinflussungspotentials sollen Informationen, die allenfalls minimale Kursschwankungen hervorrufen können, von der Publizitätspflicht ausgenommen werden. Eine Veröffentlichungspflicht besteht nur, wenn das fragliche Ereignis überhaupt geeignet ist, eine bedeutsame Kursveränderung zu bewirken. Dies soll unter Zugrundelegung der allgemeinen Lebenserfahrung und durch Konsultierung von Kapitalmarktspezialisten beurteilt werden.[544] Dabei muss *ex ante* durch den Emittenten über die Geeignetheit der Information zur Kursbeeinflussung entschieden werden. Dementsprechend kommt es eigentlich nicht darauf an, ob dem Bekannt werden der Information tatsächlich eine starke Kursschwankung folgt.[545] Da der tatsächliche Kursausschlag nach Bekanntwerden der Information aber regelmäßig das einzig verlässliche Kriterium zur Bestimmung der Kurserheblichkeit ist, wird in der Praxis doch häufig auf dieses Indiz zurückgegriffen.[546]

(2) Problem bei mehrstufigen Entscheidungsprozessen

Besondere Probleme wirft die Frage auf, wann im Laufe eines mehrstufigen Entscheidungsprozesses das erforderliche Kursbeeinflussungspotential erreicht ist.[547]
Es scheint naheliegend, entscheidend auf den Wahrscheinlichkeitsgrad des Eintritts des Ereignisses abzustellen.[548] Jedenfalls wenn man mit fast schon an Sicherheit grenzender Wahrscheinlichkeit vom Eintritt eines bestimmten Ereignisses ausgehen kann, liegt eine Kurserheblichkeit vor.
Nicht unberücksichtigt bleiben darf aber die Einschätzung des Marktes. Für diesen kommt es neben der Wahrscheinlichkeit des Eintritts eines Ereignisses vor allem auf dessen Erheblichkeit an. Eine geringere Wahrscheinlichkeit wird die Anleger jedenfalls dann zu einer veränderten Bewertung veranlassen, wenn die Auswirkungen des Ereignisses, erheblich sind. Beispielhaft dafür ist der Rechtsstreit zwischen Volkswagen und General Motors aus dem Jahre 1996, wo

---

544 Zweites Finanzmarktförderungsgesetz, BT-Drs. 12/6679, 48.
545 Fürhoff/Wölk, WM 1997, 449, 454.
546 Diesbezüglich darf allerdings nicht auf starre Prozentsätze abgestellt werden, da diese der Vielfalt der unterschiedlichen Notierungen, insbesondere ihrer spezifischen Abhängigkeit vom allgemeinen Marktgeschehen und ihrer Volatilität nicht berücksichtigen. Maßgeblich ist vielmehr eine finanzwissenschaftliche Analyse, die sämtliche Störfaktoren herausrechnet und dadurch mit statistisch signifikanter Wahrscheinlichkeit eine Kausalität zwischen Kursveränderung und Bekannt werden der Informationen herstellen kann. Vgl. Steinhauer, 118.
547 ausführlich hierzu Burgard, ZHR 1998, 51 ff.; Happ/Semler, ZGR 1998, 116 ff.; Kiem/Kotthoff, DB 1995, 1999 ff.
548 vgl. Assmann, in: Assmann/Schneider, WpHG, § 13 Rn. 36; Kümpel, AG 1997, 66, 68; ders., WM 1996, 653, 654.

die bloße Klagezulassung in den USA zu einem signifikanten Kursverlust bei General Motors führte, ohne dass mit der Klageerhebung der Verfahrensausgang in besonderem Maße prognostizierbar war.[549]
Sachgerecht ist es daher beide Kriterien zu berücksichtigen. Dies hat allerdings zur Konsequenz, dass wesentliche Unternehmensentscheidungen frühzeitig bekannt gegeben werden müssen, was regelmäßig dem Unternehmensinteresse an möglichst langer Geheimhaltung widerspricht, etwa weil dadurch bevorstehende Geschäftsabschlüsse oder Wettbewerbsvorsprünge gefährdet werden.[550] Folglich muss durch eine Gesamtschau, unter Berücksichtigung der Bedeutung des Ereignisses und der Wahrscheinlichkeit seines Eintrittes, die Kurserheblichkeit eines Ereignisses bestimmt werden.[551]
Dadurch wird auch das Unternehmensinteresse an einer möglichst langen Geheimhaltung hinreichend berücksichtigt. Das Unternehmen kann nämlich nach § 15 Abs. 3 WpHG von einer unverzüglichen Veröffentlichung zum Schutz seiner berechtigten Interessen absehen, sofern keine Irreführung durch die Öffentlichkeit zu befürchten und die Vertraulichkeit der Insiderinformation gewährleistet ist.

Insgesamt ist jedoch zu bemängeln, dass das Kriterium der Kursbeeinflussung angesichts der heute bestehenden Volatilität der Märkte den Begriff der Insiderinformation nicht hinreichend konkretisiert. Es ermäglicht dem Adressatenkreis nicht mit ausreichender Sicherheit aus der maßgeblichen ex ante Sicht zu beurteilen, ob es sich um eine publizitätspflichtige Insiderinformation handelt oder nicht. Insoweit ist auch die gesetzliche Konkretisierung, dass ein Kursbeeinflussungspotential vorliege, wenn ein verständiger Anleger das Ereignis bei seiner Anlageentscheidung berücksichtigen würde, unzureichend. Es ist bereits unklar, welcher Maßstab an einen vertsändigen Anleger anzulegen ist. Der Emittentenleitfaden der BAFin, als Orientierungshilfe, geht sogar noch weiter. Danach soll eine Insiderinformation bereits vorliegen, wenn eine erhebliche Preisbeeinflussung aus Sicht eines verständigen Anlegers möglich erscheint.[552]

cc) Fehlende öffentliche Bekanntheit

Veröffentlicht werden müssen nur solche Umstände, die nicht öffentlich bekannt sind, § 13 Abs. 1 WpHG.
Eine Veröffentlichung ist demnach nicht erforderlich, wenn die Geschehnisse ohnehin bekannt sind. Dazu genügt nach Auffassung des Gesetzgebers die sog. Bereichsöffentlichkeit, also die Möglichkeit für eine unbestimmte Anzahl von

[549] Beispiel nach Fürhoff/Wölk, WM 1997, 449, 454.
[550] vgl. Cahn, ZHR 1998, 1, 22; Hopt, ZHR 1995, 135, 152; Steinhauer, 119.
[551] so auch Kümpel, AG 1997, 66, 68; Pananis, WM 1997, 460, 464; Schander/Lucas, DB 1997, 2109, 2110.
[552] Emittentenleitfaden vom 15.07.2005, S. 22 abrufbar unter: www.bafin.de.

Personen, in der Regel Börsenspezialisten, von der Information Kenntnis zu nehmen. Dieser Ansicht liegt der Gedanke zugrunde, dass sich die Informationen in dem Moment, in dem sie den Börsenspezialisten zugänglich sind, unmittelbar im Kurs des Wertpapiers niederschlagen, so dass weder die Gefahr von Insiderhandel noch von inadäquaten Kursen besteht.[553] Dagegen wird vorgebracht, dass das Konzept der Bereichs-öffentlichkeit gegen europäisches Recht verstoße, da nach der Börsenzulassungs-richtlinie[554] gerade nicht auf eine Bereichsöffentlichkeit, sondern auf eine breite Öffentlichkeit abzustellen ist.[555] Inzwischen ist dieses Problem von der Praxis in eindrucksvoller Weise gelöst worden. Der Zugang zu Ad-hoc-Mitteilungen ist inzwischen für jedermann kostenfrei möglich: Auf den Internetseiten der Vereinigten Wirtschaftsdienste GmbH, der Deutschen Börse AG und bei etlichen weiteren Anbietern werden die Ad-hoc-Meldungen publiziert. Der Fernsehsender n-tv verbreitet die Meldungen per Videotext. So hat sich die Annahme von *Kümpel* bestätigt, dass die ursprüngliche „Bereichs"öffentlichkeit selbständig zunehmend zur „Gesamt"-öffentlichkeit wird und folglich keine Diskrepanz mehr zwischen den Richtlinienvorgaben und den Gesetzesvorgaben besteht.[556]

dd) Unmittelbare Betroffenheit

Um eine Publizitätspflicht nach § 15 Abs. 1 WpHG auszulösen, muss das fragliche Ereignis den Emittenten unmittelbar betreffen. Das bislang bestehende Erfordernis, dass die Tatsache dem Tätigkeitsbereich des Emittenten zuzurechnen sein muss, entfällt. Dieser Umstand ist nur noch beispielhaft in § 15 Abs. 1 S. 2 WpHG für eine unmittelbare Betroffenheit des Emittenten aufgeführt. Folglich sind nunmehr auch solche Insiderinformationen zu veröffentlichen, die nicht im Tätigkeitsbereich des Emittentenselbst eingetreten sind, bspw. die Übermittlung eines Übernahmeangebots nach § 29 Abs. 1 WpÜG durch eine andere Gesellschaft oder eine Herabstufung durch eine externe Rating-Agentur.[557]

Ausgenommen sind nach dem Wortlaut des Gesetzes Insiderinformationen, die den Emittenten nur mittelbar betreffen. Dazu gehören insbesondere allgemeine volkswirtschaftliche Informationen wie Wirtschaftsdaten, allgemeine Marktentwicklungen, Arbeitslosenzahlen oder Ölpreisentwicklungen sowie Änderungen der Gesetzeslage, Zinsentscheidungen der Zentralbank und Entscheidungen der

---

553 vgl. Fürhoff/Wölk, WM 1997, 449, 451; Kümpel/Assmann, in: Assmann/Schneider, WpHG, § 15, Rn. 52 f.

554 Richtlinie des Rates 79/279/EWG vom 05.03.1979 zur Koordinierung der Bedingungen für die Zulassung von Wertpapieren zur amtlichen Notierung an einer Wertpapierbörse, ABl. EG Nr. L 66, 21.

555 Braun, in: Möllers/Rotter, 174.

556 vgl. Kümpel/Assmann, in: Assmann/Schneider, WpHG, § 15, Rn. 53.

557 Bgr. RegE BT-Drs. 15/3174, S 35.

Wettbewerbsbehörden bezüglich börsennotierter Gesellschaften.[558] Ferner dürfte von einer nur mittelbaren Betroffenheit auszugehen sein, bei Informationen, die sich auf Konkurrenten des Veröffentlichungspflichtigen beziehen und in dessen Tätigkeitsbereich eingetreten sind (z.B. Aufgabe einer konkurrierenden Produktlinie). Sie können zwar durch bessere Absatzchancen o.ä. Auswirkungen auf den Veröffentlichungespflichtigen haben, betreffen ihn aber nur mittelbar.[559]

ee) Katalog potentiell publizitätspflichtiger Insiderinformationen

Die dargestellten weiten Auslegungsspielräume erschweren die Entscheidung, ob ein Ereignis zu veröffentlichen ist, im Einzelfall erheblich. Dies umso mehr, als die Emittenten bereits ex ante abschätzen müssen, ob der konkrete Sachverhalt geeignet ist, bei seinem Bekannt werden den Kurs des Wertpapiers maßgeblich zu beeinflussen.
Als Orientierungshilfe für die Praxis haben daher die Deutsche Börse AG und die BAFin den folgenden Katalog potentiell publizitätspflichtiger Insiderinformationen erstellt:[560]

Veränderungen der Vermögens- und Finanzlage:
- Veräußerung satzungsmäßiger Kernbereiche
- Verschmelzungsverträge
- Eingliederungen, Ausgliederungen, Umwandlungen, Spaltungen sowie andere wesentliche Strukturmaßnahmen
- Beherrschungs- und/oder Gewinnabführungsverträge
- Erwerb oder Veräußerung von wesentlichen Beteiligungen
- Übernahme- und Abfindungs-/Kaufangebote
- Kapitalmaßnahmen einschließlich Kapitalberichtigungen
- Änderung des Dividendensatzes
- Bevorstehende Zahlungseinstellung/Überschuldung, Verlustanzeige nach § 92 AktG
- Erhebliche außerordentliche Aufwendungen (z.B. nach Großschäden oder Aufdecken krimineller Machenschaften) oder erhebliche außerordentliche Erträge

Veränderungen im allgemeinen Geschäftsverlauf:
- Rückzug aus oder Aufnahme von neuen Kerngeschäftsfeldern
- Abschluss, Änderung oder Kündigung besonders bedeutender Vertragsverhältnisse (einschließlich Kooperationsabkommen)
- Bedeutende Erfindungen, Erteilung bedeutender Patente und Gewährung wichtiger (aktiver/passiver) Lizenzen

---

[558] weitere Bsp. im Emittentenleitfaden vom 15.07.2005, S. 41 f. abrufbar unter: www.bafin.de.
[559] Tollkühn, ZIP 2004, 2215, 2216.
[560] Emittentenleitfaden vom 15.07.2005, S. 43 f. abrufbar unter: www.bafin.de.

- Maßgebliche Produkthaftungs- oder Umweltschadensfälle
- Rechtsstreitigkeiten und Kartellverfahren von besonderer Bedeutung
- Veränderungen in Schlüsselpositionen des Unternehmens

Diese Beispiele sind weder als vollständig noch als rechtsverbindlich anzusehen. Es sind immer auch die Umstände des konkreten Einzelfalles zu berücksichtigen. Allerdings kann im Zweifel davon ausgegangen werden, dass die aufgeführten Umstände zu veröffentlichen sind.

ff) Sonderfall der Berichtigung

Sofern Ad-hoc-Meldungen zum Zeitpunkt ihrer Veröffentlichung falsch oder unvollständig waren, sind diese gemäß § 15 Abs. 2 S. 2 WpHG unverzüglich zu berichtigen.
Ihrem Wortlaut nach ist die Vorschrift nicht für den Fall einer nachträglich fehlerhaften Meldung konzipiert. Eine derartige Aktualisierungspflicht ergibt sich aber regelmäßig aus § 15 Abs. 1 S. 1 WpHG, da die eingetretenen geänderten Umstände in der Regel selbst als publizitätspflichtige Insiderinformation anzusehen sind.

e) Veröffentlichung

Schließlich muss die Insiderinformation unverzüglich publiziert werden.

aa) Inhaltliche Anforderungen und Reichweite

Da in der Vergangenheit Ad-hoc-Meldungen nicht selten für Werbeaussagen und beschönigende Mitteilungen missbraucht worden sind,[561] schafft § 15 Abs. 1 S. 4 WpHG eine klarstellende Beschränkung der Ad-hoc-Publizität auf bestimmte „Kennzahlen". Nach § 15 Abs. 2 S. 1 WpHG dürfen sonstige Angaben, welche die Voraussetzungen des Satzes 1 offensichtlich nicht erfüllen, auch in Verbindung mit veröffentlichungspflichtigen Umständen im Sinne des Absatzes 1, nicht veröffentlicht werden.

Die auf Grundlage des § 15 Abs. 7 WpHG erlassene Wertpapierhandelsanzeige- und Insiderverzeichnisverordnung vom 13.12.2004 (WpAIV)[562] bestimmt in § 5 WpAIV in welcher Art und Weise die Veröffentlichung zu erfolgen hat. Danach sind kumulativ zwei Veröffentlichungsarten einzuhalten:

- Die Veröffentlichung ist zunächst über ein elektronisch betriebenes Informationssystem, das bei Kreditinstituten, nach § 53 Abs. 1 S. 1 KWG tätigen Unternehmen, anderen Unternehmen, die ihren Sitz im Inland haben und an einer inländischen Börse zur Teilnahme am Handel zugelassen sind, und Versicherungsunternehmen weit verbreitet ist, vorzunehmen.
- Sofern eine Website des Emittenten besteht, ist die Meldung zeitgleich oder später auch auf dieser Website für mindestens einen Monat unter einer Seite einzustellen, die von der Hauptseite aus leicht auffindbar ist und unter einer aussagekräftigen Rubrik eingeordnet ist.

Die Veröffentlichung hat in Deutsch zu erfolgen, wobei eine zeitgeliche Veröffentlichung in englischer Sprache zulässig ist.
Für Emittenten mit Sitz im Ausland kann durch die BAFin eine Veröffentlichung ausschließlich in englischer Sprache gestattet werden, wenn dadurch die Unterrichtung der Öffentlichkeit nicht gefährdet ist.[563]

bb) Zeitliche Anforderungen

Nach § 15 Abs. 1 WpHG hat die Veröffentlichung unverzüglich zu erfolgen. „Unverzüglich" bezeichnet in Anlehnung an die Legaldefinition des § 121 BGB ein Handeln „ohne schuldhaftes Zögern" und grenzt sich dadurch von einem Handeln „ohne zeitliche Verzögerung" ab. Allerdings bereitet die Anwendung eines derart unbestimmten Rechtsbegriffes dem regelmäßig nicht juristisch

---

561 Rundschreiben des BAWe vom April 1998; ebenso Möllers/Leisch, WM 2001, 1648, 1652.
562 BGBl. 2004 I, S 3376.
563 vgl. Emittentenleitfaden vom 15.07.2005, S. 65 abrufbar unter: www.bafin.de.

vorgebildeten Normunterworfenen, mithin dem Emittenten, Probleme, da ihm ein klarer zeitlicher Rahmen zur Veröffentlichung fehlt.[564]
Jedenfalls ist dem Emittenten bei plötzlich auftretenden Ereignissen ein gewisser Beurteilungszeitraum zuzugestehen, in dem er diese auf ihre Richtigkeit untersuchen und das Vorliegen der Veröffentlichungsvoraussetzungen prüfen kann. Auch die Gesetzesbegründung sieht vor, dass der Emittent zur Beurteilung der Frage der Kursrelevanz gegebenenfalls das emissionsbegleitende Kreditinstitut oder einen Kapitalmarktspezialisten konsultieren soll,[565] wozu ihm die entsprechende Zeit zuzubilligen ist.

2. Aufschub der Veröffentlichung

Befürchtet der Emittent, dass durch die Veröffentlichung einer bestimmten Information ein berechtigtes Interesse des Unternehmens gefährdet würde, so kann es selbst über den Aufschub der Veröffentlichung entscheiden, § 15 Abs. 3 WpHG.[566] Insoweit steht dem Unternehmen ein Ermessensspielraum zu, der jedoch erhebliche Risiken birgt. Wird im Nachhinein festgestellt, dass die Voraussetzungen für einen Aufschub nicht vorlagen, drohen dem Unternehmen Schadensersatzklagen; außerdem handelt es ordnungswidrig.
Nach § 15 Abs. 3 S. 4 WpHG ist der Emittent verpflichtet, die Gründe für den Aufschub sowie den Entscheidungszeitpunkt zu dokumentieren. Dieses Dokument ist der BAFin zu übersenden, sobald der Emittent die Veröffentlichung nach Wegfall der Aufschubsvoraussetzungen unverzüglich nachgeholt hat, § 15 Abs. 3 S. 2 WpHG.

a) Berechtigtes Interesse des Emittenten

Ein zeitweiser Aufschub der Veröffentlichung setzt das Vorliegen eines berechtigten Interesses des Emittenten voraus.
Nach der WpAIV liegen berechtigte Interessen des Emittenten insbesondere in zwei Fällen vor. Zum einen, wenn das Ergebnis oder der Gang laufender Verhandlungen durch die Veröffentlichung wahrscheinlich erheblich beeinträchtigt würde und eine Veröffentlichung die Interessen der Anleger ernstlich gefährden würde. Zum anderen, wenn durch das Geschäftsführungsorgan des Emittenten abgeschlossene Verträge oder andere getroffene Entscheidungen zuammen mit

---

[564] Hutter/Leppert, NZG 2002, 656 schlagen eine Entsprechung zur aufgehobenen Regelung Ziff. 7.2. Regelwerk Neuer Markt vor, in dem es hieß: „unverzüglich, spätestens jedoch drei Tage nach Geschäftsabschluss".
[565] Begr. RegE., Zweites Finanzmarktförderungsgesetz, BT-Drs. 12/6679, 48.
[566] Ausführlich dazu Veith, NZG 2005, 254 ff.

der Ankündigung bekannt gegeben werden müssten, dass eine für die Wirksamkeit der Maßnahme erforderliche Zustimmung eines anderen Organs des Emittenten noch aussteht, und dies die sachgerechte Bewertung der Information durch das Publikum gefährden würde.
Das berechtigte Interesse des Emittenten ist in jedem Fall gegenüber dem Interesse des Kapitalmarktes abzuwägen. Dabei ist nach Auffassung der BAFin die Aufschubsmöglichkeit nicht allzu restriktiv auszulegen, da der Anwendungsbereich der Aufschubsmöglichkeit gegenüber der früheren Befreiungsmöglichkeit erheblich ausgeweitet worden ist.[567]

b) Keine Irreführung der Öffentlichkeit

Weiterhin darf der Aufschub der Veröffentlichung für die Öffentlichkeit nicht irreführend sein. Wann eine Irreführung zu befürchten ist, ist gesetzlich nicht definiert. Erforderlich ist eine situationsabhängige Prognose des Vorstands und seiner Berater, die mangels derzeit bestehender Kriterien schwer zu fällen ist.

c) Gewährleistung der Vertraulichkeit

Schließlich ist für einen zulässigen Veröffentlichungsaufschub die Gewährleistung der Vertraulichkeit der Insiderinformation während des Aufschubs erforderlich. Insoweit hat der Emittent den Zugang zur Insiderinformation zu begrenzen. Außerdem ist er gemäß § 15b WpHG verpflichtet Insiderverzeichnisse zu führen, in denen alle Personen erfasst sind, die bestimmungsgemäßen Zugang zu den Insiderinformationen haben.

d) Wegfall der Suspendierung

Sobald eine der Aufschubsvoraussetzungen fortfällt, ist die Veröffentlichung unverzüglich nachzuholen. Dementsprechend muss die getroffene Entscheidung fortwährend überprüft und hinterfragt werden.[568]

3. Zusammenfassung

Hinsichtlich der rechtlichen Anforderungen an die Ad-hoc-Publizität nach § 15 WpHG lässt sich eine kontroverse Diskussion hinsichtlich der verschiedenen

---

[567] Emittentenleitfaden vom 15.07.2005, S. 55 abrufbar unter: www.bafin.de.
[568] ausführlich Tollkühn, ZIP 2004, 2215, 2219.

Tatbestandsmerkmale feststellen. Da die Vorschrift noch relativ jung ist, jüngst noveliert wurde und eine gefestigte Rechtsprechung nicht vorliegt, bereitet dem Rechtsanwender, dem publizitätsverpflichteten Unternehmen, die Auslegung Schwierigkeiten. Zwar sind die Grundlinien inzwischen ausgelotet, aber gerade in Problemsituationen befindet sich der Normadressat auf unsicherem Terrain. Folglich werden viele Einzelfragen in künftige Schadensersatzprozesse verlagert, die für Kläger wie Beklagte schon hinsichtlich der inhaltlichen Anforderungen schwer prognostizierbar sind.

II. Haftung

Im Folgenden soll in erster Linie der Frage nachgegangen werden, auf welche Anspruchsgrundlagen sich geschädigte Anleger gegebenenfalls stützen können.

In personeller Hinsicht geht es neben der Ersatzpflicht des Emittenten der betroffenen Wertpapiere selbst auch um die Haftung der Vorstände, die im Falle der Insolvenz des Unternehmens von erheblichem Interesse ist. Unberücksichtigt bleibt die Verantwortlichkeit von Großaktionären als solchen mit entsprechendem Einfluss auf die Verwaltung[569] und von völlig außenstehenden Dritten,[570] auf die eine Kursmanipulation durch gefälschte oder irreführende Meldungen zurückgeht.

Im Gegensatz zur amerikanischen Konzeption führen in Deutschland nicht alle denkbaren Anspruchsgrundlagen zu einer Haftung sowohl des Unternehmens als auch des Vorstands. Insoweit bedarf es einer Differenzierung.

1. Unternehmen

Gemäß § 31 BGB ist das Handeln des Vorstands sowie verfassungsmäßig berufener Vertreter der Gesellschaft als eigenes Handeln zuzurechnen. Über seinen Wortlaut hinaus ist § 31 BGB auf alle juristischen Personen anzuwen-

[569] Siehe hierzu den Fall der Boswau und Knauer AG, bei dem es dem Großaktionär (und Aufsichtsratsvorsitzenden) im Jahre 1964 gelang, den Vorstand trotz sich verschlechternder Unternehmenslage zu optimistischen Presseberichten zu veranlassen, um seinen Anteil noch rechtzeitig zu günstigen Kursen veräußern zu können. Vgl. Lutter, JZ 1976, 225, 229 unter Hinweis auf die in diesen Konstellationen bestehende Haftung des Großaktionärs nach § 117 AktG. Zu Einzelheiten vgl. Ulsenheimer, NJW 1975, 1999 f.

[570] Siehe dazu den Fall des amerikanischen Studenten Jacob, der am 25.08.2000 mittels einer gefälschten Presseerklärung die Aktien des kalifornischen Technologieunternehmens Emulex innerhalb weniger Minuten um 62 % und damit um 2,2 Mrd. US$ abstürzen ließ. Vgl. Krause, ZGR 2002, 799, 804, Fn. 33.

den.[571] Das Unternehmen haftet für zum Schadensersatz verpflichtende Handlungen, die vom Vorstand, Mitgliedern des Vorstands oder anderen verfassungsmäßig berufenen Vertretern begangen wurden, sofern die Handlungen in Ausübung der von der Gesellschaft an die Organe übertragenen Verrichtungen vorgenommen wurden.[572]
Die Rechtsprechung legt den Begriff des verfassungsmäßigen Vertreters weit aus. Es ist weder erforderlich, dass die Tätigkeit des Vertreters in der Gesellschaftsverfassung verankert ist, noch dass er eine rechtsgeschäftliche Vertretungsmacht besitzt. Maßgeblich ist, dass dem Vertreter durch die allgemeine Betriebsregelung und Handhabung bedeutsame Funktionen der juristischen Person zur selbständigen eigenverantwortlichen Erfüllung zugewiesen sind.
Auf die vorliegende Fallkonstellation bezogen bedeutet dies, dass der Verstoß desjenigen, der innerhalb des Unternehmens für die Ad-hoc-Publizität nach § 15 WpHG verantwortlich ist, haftungsrechtlich (auch) dem Unternehmen zugerechnet wird.
Dass ein Rechtsverstoß nicht zur bestimmungsgemäßen Tätigkeit des Organs gehört, steht nicht der Tatsache entgegen, dass das Delikt „in Ausführung der ihm zustehenden Verrichtungen" begangen wurde. Ausreichend ist ein nicht bloß zufälliger zeitlicher und örtlicher Zusammenhang.[573]

Im Hinblick auf Ansprüche gegen das Unternehmen selbst besteht das Problem, dass mit der Leistung von Schadensersatz an einzelne Gesellschafter gegen das Verbot der Einlagenrückgewähr gemäß § 57 AktG und das Gebot der Gleichbehandlung aller Aktionäre verstoßen werden könnte.[574]
Richtet sich der Anspruch wegen falscher Ad-hoc-Mitteilungen gegen die Aktiengesellschaft, dann bedeutet die Rückgabe der Aktien durch den Aktionär an die Aktiengesellschaft den Erwerb eigener Aktien, der durch keinen Erlaubnistatbestand des § 71 AktG gedeckt ist.[575]
Eine explizite gesetzliche Regelung für dieses Spannungsverhältnis findet sich nicht. In der Literatur ist dieses Problem überwiegend im Rahmen von § 44 BörsG erörtert worden.
Zum Teil wurde zu § 45 BörsG a.F. die Auffassung vertreten, dass das Gesellschaftsrecht gegenüber dieser Vorschrift vorrangig sei.[576] Die Gegenansicht argumentierte, dass die §§ 44 f. BörsG gegenüber §§ 57, 71 AktG die

---

[571] für die AG: RG, JW 1930, 2967.
[572] vgl. Palandt/Heinrichs, § 31, Rn. 1 ff., 5.
[573] Palandt/Heinrichs, § 31, Rn. 10.
[574] generell siehe OLG Frankfurt/M. AG 1996, 324, 325; OLG München, NJW-RR 2000, 624, zur KG.
[575] vgl. Möllers/Leisch, WM 2001, 1648, 1649; Reichert/Weller, ZRP 2002, 49, 56.
[576] Lutter, in: KölnKomm., AktG, § 57 Rn. 22; § 71, Rn. 69.

spezielleren und neueren Vorschriften wären und deshalb zwingend dem AktG vorgehen.[577]
Diese Argumentation lässt sich auch auf die Normen der §§ 37b, 37c WpHG übertragen, so dass ein Vorrang des gesellschaftsrechtlichen Verbots der Einlagenrückgewähr vor einem kapitalmarktrechtlichen Schadensersatz aufgrund der *Lex-specialis-* und der *Lex-posterior*-Regel abzulehnen ist.[578] Diese formale Argumentation lässt sich durch Überlegungen zum Zweck der Normen untermauern.
§ 57 AktG erlaubt nach allgemeiner Meinung reguläre Geschäfte und damit auch die Abwicklung von Schadensersatzansprüchen,[579] worunter die Abwicklung von Haftungsansprüchen wegen fehlerhafter Ad-hoc-Mitteilungen fällt.
Nach einer Auffassung sollen die Haftungsansprüche zumindest dann nicht gegen § 71 AktG verstoßen, wenn dessen Abs. 2 eingehalten wird. Danach darf ein Unternehmen nur 10 % der Aktien erwerben und hierfür das Grundkapital oder die Rücklagen nicht mindern.[580] Allerdings setzt sich nach dieser Ansicht letztlich doch die gesellschaftsrechtliche Perspektive durch. Bei Ansprüchen wegen fehlerhafter Ad-hoc-Mitteilungen würden bei einer drohenden Insolvenz schon von vornherein Ansprüche gegen das Unternehmen scheitern.
Maßgeblich muss deshalb die Überlegung sein, dass § 249 S. 1 BGB mangels abweichender Regelung die Naturalrestitution anordnet. Der Annehmende kann verlangen, so gestellt zu werden, als hätte er die wahre Sachlage gekannt. § 71 AktG schränkt nicht Haftungsansprüche der Anleger ein, sondern nur die Handlungsmöglichkeiten der Gesellschaft.[581] Verbleibt die Zielgesellschaft am Markt, ist eine Naturalrestitution möglich. Im Ergebnis ist der Schutz der Aktionäre gegenüber dem der Gläubiger vorrangig.[582]

a) Vertragliche Haftung

Eine vertragliche oder quasivertragliche Haftung des fehlerhaft publizierenden Unternehmens setzt voraus, dass eine entsprechende Sonderbeziehung zwischen dem Unternehmen und dem geschädigten Anleger besteht.

---

[577] BGH ZIP 2005, 1270, 1273; LG Frankfurt/M. ZIP 1998, 641; OLG Frankfurt/M: ZIP 1999, 1005; Keusch/Wankerl, BKR 2003, 744, 745; so auch der Gesetzgeber, Bgr. Regierungsentwurf zum Dritten Finanzmarktförderungsgesetz, BT-Drs. 13/8933, 78.
[578] Rieckers, BB 2002, 1213, 1220; für § 71 AktG, Veil, ZHR 2003, 365, 389.
[579] Keusch/Wankerl, BKR 2003, 744, 744; Möllers, in: Bankrecht 2002, 271, 312.
[580] Schäfer/Hamann, WpHG/BörsG/VerkProspG, §§ 45, 46 BörsG a.F., Rn. 48; ähnlich auch Reichert/Weller, ZRP 2002, 49, 56.
[581] Kann die Aktiengesellschaft ihre Schadensersatzverpflichtung nicht erfüllen, ohne dass sie die 10 % Grenze überschreitet, so muss sie für die Veräußerung eigener Aktien sorgen. Vgl. Keusch/Wankerl, BKR 2003, 744, 746; Möllers/Leisch, in: Möllers/Rotter, 341.
[582] BGH ZIP 2005, 1270, 1273; Möllers, in: Bankrecht 2002, 271, 313; Renzenbrink/Holzner, BKR 2002, 434, 434.

Beim Kauf von Wertpapieren ist jedoch zu berücksichtigen, dass die sogenannte Selbstemission, also Kaufvertrag zwischen Emittenten und Anleger, eher der Ausnahmefall ist.[583] Dieser Vertriebsform bedienen sich in erster Linie Realkreditinstitute und auch Geschäftsbanken, die über unmittelbaren Zugang zu den als relevant angesehenen Investorenkreisen verfügen.
Im Falle doppelt gelisteter Unternehmen spielt die Selbstemission eine vernachlässigenswerte Rolle und kann daher im Weiteren unberücksichtigt bleiben. Bei der Fremdemission schaltet die kapitalsuchende Gesellschaft eine oder mehrere Banken (Konsortium) in den Prozess ein, so dass der Anleger eine vertragliche Beziehung lediglich zur Bank bzw. zum Bankenkonsortium eingeht. Verkauft dann seinerseits der Anleger die erworbenen Wertpapiere, bestehen Kaufverträge nur zwischen ihm und dem folgenden Erwerber.

Vertragliche Ansprüche scheiden somit von vornherein aus, da bei Geschäften des Sekundärmarktes typischerweise keine entsprechende vertragliche Beziehung zwischen Emittent und Anleger besteht.

b) Sachwalterhaftung

In Betracht kommt ein Schadensersatzanspruch des geschädigten Anlegers gegen den Emittenten nach §§ 311 Abs. 3, 241 Abs. 2, 280 Abs. 1 BGB.
Ein solcher Anspruch besteht, wenn der Emittent als Dritter im Sinne des § 311 Abs. 3 BGB in besonderem Maße Vertrauen für sich selbst in Anspruch genommen hat und dadurch erheblichen Einfluss auf die Vertragsverhandlungen oder den Vertragsschluss hatte. Dabei muss das in Anspruch genommene Vertrauen allerdings deutlich über das bei der Anbahnung von Verträgen üblicherweise jedermann entgegengebrachte Vertrauen auf Sorgfalt und Redlichkeit hinausgehen. Die neuere Rechtsprechung stellt an das Vorliegen dieser Voraussetzungen strenge Anforderungen.[584] Folgerichtig genügt eine Ad-hoc-Meldung an das anonyme Massenpublikum von (potentiellen) Anlegern für sich noch nicht, um diesen Anforderungen zu genügen.
Eine Sachwalterhaftung des Emittenten ist nur dann denkbar, wenn es bspw. um die Übertragung größerer Aktienpakete von einem Großaktionär an einen Investor geht, und der Emittent sich an den Verhandlungen beteiligt hat oder, wenn ein potentieller Anleger sich beim Emittenten nach bestimmten Umständen erkundigt.[585] Diese Fallkonstellationen bilden jedoch eher die Ausnahme, so dass die Sachwalterhaftung dem geschädigten Anleger im Regelfall nicht zu Schadensersatz verhilft.

---

[583] Obst/Hintner, 530.
[584] Palandt/Heinrichs, § 311, Rn. 60 mit Hinweis auf BGH NJW-RR 1991, 1241, 1242; NJW-RR 1992, 605, 605.
[585] Möllers/Leisch, in: Möllers/Rotter, 296, 345

c) §§ 37b, 37c WpHG

Nachdem der Gesetzgeber offensichtlich auch angesichts erheblicher Missstände am deutschen Kapitalmarkt in der jüngeren Vergangenheit die Relevanz der Ad-hoc-Mitteilungen für die Anlageentscheidungen des Investors erkannt hat, sind im Zuge des Vierten Finanzmarktförderungsgesetzes mit den §§ 37b, 37c WpHG spezifische Anspruchsgrundlagen für Schadensersatzansprüche von geschädigten Anlegern geschaffen worden.
Beide Normen sind sehr ähnlich strukturiert.
Während § 37b WpHG die Schadensersatzhaftung für die unterlassene rechtzeitige Veröffentlichung Insiderinformationen regelt, erfasst § 37c WpHG die Schadensersatzhaftung für die Veröffentlichung unwahrer Insiderinformationen durch eine Ad-hoc-Meldung.
Der Gesetzgeber hat bei der Ausgestaltung der Normen durch eine „komplizierte“[586] und „umständliche“[587] Formulierung der einschlägigen Fallgruppen eine Begrenzung der Anspruchberechtigten erreichen wollen, um so das Bedürfnis nach einer rechtzeitigen Information des Kapitalmarktes gegen die wirtschaftlichen Interessen der börsennotierten Unternehmen abzugrenzen.[588]

aa) Fehlinformation des Marktes

Haftbar sind nach den §§ 37b, 37c WpHG nur Emittenten von Finanzinstrumenten, die zum Handel an einer inländischen Börse zugelassen sind, und unwahre Insiderinformationen veröffentlichen (§ 37c WpHG)[589] oder die unverzügliche Veröffentlichung solcher Umstände unterlassen (§ 37b WpHG)[590]. Weitere Voraussetzung ist, dass die nicht veröffentlichte oder unwahre Insiderinformation den Emittenten unmittelbar betrifft.

Diese Anspruchsvoraussetzungen entsprechen sämtlich den Anforderungen an die Ad-hoc-Publizität nach § 15 WpHG, so dass hinsichtlich der Auslegung und der damit einhergehenden Probleme auf die diesbezüglichen Ausführungen verwiesen werden kann.

---

586 vgl. Lenenbach, Rn. 8.122.
587 vgl. Kissner, 156.
588 BT-Drs. 14/8017, 93 f.
589 vgl. zur sprachlichen Ungenauigkeit der Vorschrift; Maier-Reimer/Webering, WM 2002, 1858; ferner Rössner/Bolkart, ZIP 2002, 1473.
590 Unterlassen ist hier nicht rein faktisch im Sinne eines Nichtstuns zu verstehen, sondern normativ im Sinne des Verstoßes gegen eine in § 15 WpHG begründete Veröffentlichungspflicht anzusehen. Ausführlich Maier-Reimer/Webering, WM 2002, 1858.

bb) Transaktion während des Informationsdefizits

Ein Schadensersatzanspruch nach §§ 37b, 37c WpHG setzt darüber hinaus eine Transaktion von Finanzinstrumenten im Zeitraum des Informationsdefizits voraus.
Anspruchsberechtigt ist nach § 37b Abs. 1 Nr. 1 bzw. § 37c Abs. 1 Nr. 1 WpHG nur, wer in der Zeit der Desinformation des Marktes Finanzintrumente erwirbt und sie zu dem Zeitpunkt, in dem die Desinformation endet, noch hält.
Um einen Anspruch nach § 37b Abs. 1 Nr. 2 bzw. § 37c Abs. 1 Nr. 2 WpHG geltend machen zu können, muss der Anleger die Finanzinstrumente vor der Desinformation des Kapitalmarktes erworben und noch während dieser Zeit veräußert haben.[591]
Der praktisch wichtige Fall, dass ein Anleger durch eine falsche Ad-hoc-Meldung verleitet wird, seine Finanzinstrumente weiter zu halten, wird dagegen auch nach der Novellierung der Vorschriften nicht erfasst.[592]

(1) Unterlassene Ad-hoc-Mitteilung, § 37b WpHG

Ein Schadensersatzanspruch nach § 37b Abs. 1 WpHG besteht nur, wenn die Veröffentlichung einer Ad-hoc-Mitteilung unterlassen wurde und setzt damit eine Pflicht zum Handeln nach § 15 Abs. 1 S. 1 WpHG voraus.
§ 37b Abs. 1 Nr. 1 WpHG knüpft an den Erwerb von Finanzinstrumenten „nach der Unterlassung" an.
Da die Unterlassung mindestens auf grober Fahrlässigkeit beruhen muss, kommt ein Schadensersatzanspruch nur in Betracht, wenn die Finanzinstrumente zu einem Zeitpunkt erworben wurden, zu dem die Veröffentlichung ohne grobe Fahrlässigkeit spätestens hätte erfolgen müssen.[593] Irrelevant ist, ob die Unterlassung schon früher begann. Dem Wortlaut des § 37b Abs. 1 Nr. 1 WpHG ist nicht zu entnehmen, wann die Finanzinstrumente spätestens erworben sein müssen. Allerdings lässt sich aus der Formulierung „nach der Unterlassung erwirbt und ... bei Bekanntwerden der Insiderinformation noch Inhaber der Finanzinstrumente ist" folgern, dass sie jedenfalls vor Bekannt werden des publizitätspflichtigen Sachverhalts erworben sein müssen.[594]

---

[591] Aufgrund der expliziten Erfassung dieser Fallgruppe, die bisher in der Praxis eine vernachlässigenswerte Rolle gespielt hat, befürchten Möllers/Leisch, NZG 2003, 112, 113 eine erhebliche Zunahme derartiger Haftungsklagen.
[592] krit. zur Vorgängernorm Fleischer, NJW 2002, 2977, 2980; ders. BB 2002, 1869, 1869 f.
[593] Dühn, 177; Maier-Reimer/Webering, WM 2002, 1857, 1859; zweifelnd Fleischer, NJW 2002, 2977, 2980; offenlassend Reichert/Weller, ZRP 2002, 49, 55; ablehnend Großmann/Nikoleyczik, DB 2002, 2031, 2035.
[594] Maier-Reimer/Webering, WM 2002, 1859.

Dieser Maßstab gilt auch für § 37b Abs. 1 Nr. 2 WpHG: Anspruchsberechtigt ist nur, wer die Finanzinstrumente vor dem Eintritt des publizitätspflichtigen Ereignisses erworben und nach der Unterlassung veräußert hat.

(2) Unrichtige Ad-hoc-Mitteilung, § 37c WpHG

§ 37c Abs. 1 Nr. 1 WpHG sieht eine Haftung des Emittenten für den Fall vor, dass der Anleger die Finanzinstrumente vor der Veröffentlichung der unwahren Insiderinformation erwirbt und sie bei Bekannt werden der Unrichtigkeit des Sachverhalts noch hält.

Nach § 37c Abs. 1 Nr. 2 WpHG muss der Anleger die Finanzinstrumente vor der Veröffentlichung der unrichtigen Insiderinformation erworben und vor Bekanntwerden ihrer Unrichtigkeit veräußert haben. Zwar wird nicht ausdrücklich gesagt, dass die Veräußerung nach der unrichtigen Veröffentlichung erfolgen muss. Dies wird aber dadurch impliziert, dass der Anspruch nur Schäden umfasst, die entstehen, weil der Anleger auf die Richtigkeit der Information vertraut hat. Sie muss folglich bereits veröffentlicht sein.

cc) Haftungsbegründende Kausalität

Für die Frage, ob die Desinformation ursächlich für die Anlageentscheidung des Anlegers war, trägt dieser nach den strengen Maßstäben des § 286 Abs. 1 S. 1 ZPO grundsätzlich die Darlegungs- und Beweislast.[595] Da es sich hierbei um eine innere Tatsache des Geschädigten handelt, ist dieser Beweis regelmäßig schwer zu erbringen. Vielfach wird daher diskutiert, ob zugunsten des Anlegers eine Beweiserleichterung anzuerkennen ist.

Jedenfalls die Darlegung des Anlegers im allgemeinen Vertrauen in die Integrität und Informationseffizienz der Kapitalmärkte gehandelt zu haben, genügt wegen der eindeutigen Formulierung der §§ 37b, 37c WpHG nicht, um die haftungsbegründende Kausalität nachzuweisen.[596]

Ebenso ist eine Umkehr der Beweislast in analoger Anwendung des § 45 Abs. 2 Nr. 1 BörsG schon aus methodischen Gründen unzulässig.[597] Zwar hat sich der Gesetzgeber bei der Formulierung der §§ 37b, 37c WpHG stark an den §§ 44 ff.

---

595 vgl. BGH, WM 1991, 1543, 1545; BGH ZIP 1992, 1561, 1562; BGH, ZIP 1993, 1467, 1470; Zur Unterscheidung zwischen haftungsbegründender und haftungsausfüllender Kausalität vgl. Möllers/Leisch, WM 2001, 1648, 1656.

596 Dühn, 177; Fleischer, NJW 2002, 2977, 2980; a.A, unter Überdehnung des Wortlautes und gegen die Gesetzesmaterialien, Maier-Reimer/Webering, WM 2002, 1857, 1861.

597 Fleischer, NJW 2002, 2977, 2980; Miller, 208 f.; Möllers/Leisch, BKR 2002, 1071, 1077; dies. WM 2001, 1648, 1658; Rützel, AG 2003, 69, 74; abweichend Rössner/Bolkart, ZIP 2002, 1471, 1476.

BörsG orientiert.[598] Hätte er allerdings auch im Rahmen der Ad-hoc-Publizitätspflichtverletzung eine Beweislastumkehr gewollt, hätte es nahe gelegen, dies entsprechend dem § 45 Abs. 2 BörsG zu regeln.
Um dem geschädigten Anleger dennoch zu einer Beweiserleichterung zu verhelfen, wird vorgeschlagen, die Figur der Anlagestimmung anzuwenden.[599] Eine solche wird erzeugt, wenn die Information die Einschätzung des Finanzinstrumentes in Fachkreisen mitbestimmt.[600] Entscheidend hierfür ist, ob die Information überhaupt eine positive Unternehmensbewertung rechtfertigt. Dies ist jedenfalls dann anzunehmen, wenn positive Unternehmensdaten veröffentlicht werden, die eine positive Zukunftsprognose rechtfertigen.
Im Zusammenhang mit § 37b WpHG lässt sich die Rechtsfigur der Anlagestimmung jedoch nicht anwenden, da durch die Unterlassung einer Pflichtmitteilung eine solche nicht entstehen kann. Allerdings erscheint die Figur der Anlagestimmung im Rahmen des § 37c WpHG als sachgerechte Beweiserleichterung. Sie führt gerade nicht zu einer Beweislastumkehr, sondern lediglich zu einer Vermutung für das Vorliegen der haftungsbegründenden Kausalität. Dadurch wird auch der Emittent nicht in unbilliger Weise mit dem allgemeinen Marktrisiko belastet. Er kann dieser Vermutung nämlich dadurch entgegentreten, dass er die ernsthafte Möglichkeit eines anderen Ursachenverlaufs darlegt und beweist.[601] Weder dem Gesetz selbst noch den Gesetzesmaterialien ist zu entnehmen, dass auch solche behutsame Variationen der Beweislastverteilung dem Willen des Gesetzgebers widersprechen.[602]
Macht der geschädigte Anleger geltend, er hätte seine Finanzinstrumente bei zutreffender Information überhaupt nicht verkauft, so muss er nachweisen, dass er die Finanzinstrumente über den gesamten Zeitraum bis zum Ende der mündlichen Verhandlung in seinem Depot gehalten hätte. Dies dürfte ihm regelmäßig nicht gelingen.

dd) Verschulden

§§ 37b Abs. 2, 37c Abs. 2 WpHG setzen schließlich Verschulden in Form von Vorsatz oder grober Fahrlässigkeit voraus.

---

[598] Dies zeigen die Regelungen zum Mitverschulden, zur Verjährung, zur Unberührtheit weitergehender Ansprüche sowie zur Haftungsbeschränkung. Holzborn/Foelsch, NJW 2003, 935, 937; Möllers/Leisch, BKR 2002, 1071, 1074.
[599] ausführlich Baums, ZHR 2003, 139, 183 f.; Möllers/Leisch, WM 2001, 1648, 1657 ff.; krit. Veil, ZHR 2003, 365, 381 ff.
[600] RGZ 80, 196, 204; BGH WM 1982, 867; BGH WM 1998, 1772; OLG Düsseldorf, WM 1984, 586, 596; OLG Frankfurt/M. WM 1994, 291, 298.
[601] BGH, WM 1998, 1528, 1531; OLG Düsseldorf, WM 1984, 586, 596; OLG Frankfurt/M. WM 1994, 291, 298; Möllers/Leisch, BKR 2002, 1071, 1077; Schwark, Kapitalmarktrecht, § 45 BörsG, Rn. 43; ähnlich Fleischer/Kalss, AG 2002, 329, 333.
[602] vgl. auch Fleischer, in: Fleischer/Merkt, F 102 f.; ders., BB 2002, 1869, 1873.

Allerdings trägt der Emittent nach §§ 37b Abs. 2, 37c Abs. 2 WpHG die Beweislast für fehlendes Verschulden. Dadurch wird die Beweislast nach Verantwortungssphären verteilt und dem Umstand Rechnung getragen, dass der Anleger regelmäßig keinen Einblick in den Verantwortungsbereich des Unternehmens hat und somit ein Verschulden nicht nachweisen könnte.

ee) Der ersatzfähige Schaden

(1) Erfasste Schadenspositionen

Im Rahmen der §§ 37b, 37c WpHG kommt grundsätzlich die Geltendmachung des Vertragsabschlussschadens (negatives Interesse) und des Kursdifferenzschadens in Betracht.[603]
Keinesfalls kann der geschädigte Anleger verlangen so gestellt zu werden, als sei er korrekt informiert worden (Ersatz des positiven Interesses). Mangels vertraglicher Bindung „schuldet“ der Emittent dem Anleger nämlich nicht die ordnungsgemäße Information.[604] Im Übrigen herrscht Uneinigkeit, ob allein der Kursdifferenzschaden oder allein der Vertragsabschlussschaden ersatzfähig ist, oder ob dem geschädigten Anleger ein Wahlrecht zusteht.[605]

Eindeutig sind die Formulierungen der §§ 37b, 37c WpHG und die Gesetzesmaterialien nicht.
Nach dem Wortlaut des § 37c Abs. 1 WpHG wird ein Schadensersatzanspruch nur ausgelöst, wenn der Anleger auf die Richtigkeit der Information *vertraut* hat. Dies deutet auf den Ersatz des negativen Interesses hin, welches in den gesetzlich geregelten Fällen darin besteht, so gestellt zu werden, als hätte der Geschädigte nicht auf die Willenserklärung bzw. auf die Vollmacht *vertraut* (§§ 122, 179 Abs. 2 BGB). Nach den Gesetzesmaterialien soll allerdings der Kapitalanleger geschützt werden, der Finanzinstrumente „zu teuer“ gekauft oder „zu billig“ verkauft hat.[606] Die fehlende Bezugnahme auf die eigentliche Transaktion[607] und der Haftungsausschluss gegenüber Anlegern, die Finanzinstrumente während der Desinformationsphase erworben und wieder veräußert haben,[608] legen daher die Vorrangigkeit des Kursdifferenzschadens nahe.[609] Auch ein sys-

[603] vgl. umfassend Möllers/Leisch, BKR 2002, 1071, 1071 ff.
[604] Geibel, 50 f.; Möllers/Leisch, BKR 2002, 1071, 1072; Rössner/Bolkart, ZIP 2002, 1471, 1475; vgl. auch Assmann, FS Lange, 345, 350 f.; Auf den Gesellschaftsvertrag kann es hierbei nicht ankommen, da daraus keine Erfüllungsansprüche resultieren.
[605] vgl. ausführlich dazu Dühn, 149 f.
[606] vgl. BT-Drs. 14/8017, 93 f.
[607] so Fuchs/Dühn, BKR 2002, 1063, 1069; Mülbert, JZ 2002, 826, 835.
[608] so Maier-Reimer/Webering, WM 2002, 1857, 1860.
[609] Ohne dass dies allerdings zwingend ist. Vgl. Möllers/Leisch, BKR 2002, 1071, 1073; Veil, ZHR 2003, 365, 388.

tematischer Vergleich mit § 44 Abs. 1 BörsG führt zu keinem eindeutigen Ergebnis. Insbesondere kann aus der fehlenden Äußerung des Gesetzgebers zur Frage des Schadensumfanges jedenfalls dann nicht umgekehrt auf die Vorrangigkeit des negativen Interesses geschlossen werden, wenn die Auslegung der Gesetzesmaterialien den Vorrang des Kursdifferenzschadens nahe legt.[610] Umgekehrt hätte nämlich der Gesetzgeber den vorrangigen Ersatz des negativen Interesses, wie für die Börsenprospekte, auch für Ad-hoc-Mitteilungen ausdrücklich in §§ 37b, 37c WpHG regeln können.[611]

Im Interesse eines umfassenden Anlegerindividualschutzes ist es daher sachgrecht, grundsätzlich sowohl das negative Interesse als auch das Kursdifferenzinteresse der Kapitalanleger als ersatzfähigen Schaden anzuerkennen.[612]

Allerdings muss berücksichtigt werden, dass die Pflicht zur Kapitalmarktinformation der Sekundärmärkte gegenüber allen tatsächlichen und potentiellen Kapitalanlegern besteht, mithin einer anonymen Masse.[613] Dies könnte im Einzelfall zu erheblichen Schwierigkeiten bei der Rücknahme bzw. Verschaffung von Finanzinstrumenten führen. Daher erscheint es sachgerecht, die Geltendmachung des Kursabschlussschadens nur in den Fällen zuzulassen, in denen der Anleger tatsächlich nachweisen kann, dass er die Transaktion nicht durchgeführt hätte, wenn er korrekt informiert worden wäre. Eine Vermutungsregelung, dass der Anleger bei korrekter Information den Kauf oder Verkauf nicht vorgenommen hätte, besteht nicht.[614]

(2) Schadensberechnung

(a) Der Vertragsabschlussschaden

Der Geschädigte hat einen Anspruch so gestellt zu werden, wie er ohne Eintritt des zum Ersatz verpflichtenden Umstandes stünde. Der Geschädigte hat gemäß § 249 BGB primär ausschließlich einen Anspruch auf Naturalrestitution, folglich auf Rückabwicklung des Vertrages. Üblicherweise ist der Vertrag zum Erwerb der Aktien allerdings mit einem Dritten, nämlich mit der das Erwerbsgeschäft ausführenden Bank, geschlossen worden. Somit kommt eine *tatsächliche* Rückabwicklung nicht in Betracht.[615] In diesem Falle erfolgt die „Rückabwicklung“

---

[610] so aber Möllers/Leisch, BKR 2002, 1071, 1073.

[611] Dühn, 180.

[612] Dühn, 179; Kissner, 159 f; Möllers/Leisch, BKR 2002, 1071, 1076; dies. NZG 2003, 112; Rössner/Bolkart, ZIP 2002, 1471, 1475; für den grundsätzlichen Vorrang des Kursdifferenzinteresses Fleischer, BB 2002, 1869, 1874; Fuchs/Dühn, BKR 2002, 1063, 1069; Groß, WM 2002, 477, 486; Hutter/Leppert, NZG 2002, 649, 654; Mülbert, JZ 2002, 826, 835; Rützel, AG 2003, 69, 79.

[613] Dühn, 153 f.

[614] vgl. Veil, ZHR 2003, 365, 391.

[615] vgl. Fuchs/Dühn, BKR 2002, 1063, 1068; Geibel, 110 ff.

durch eine Ersatzvornahme. Danach richtet sich der Anspruch gegen den Schädiger auf Erstattung des Erwerbspreises einschließlich der Erwerbskosten, Zug um Zug gegen die Übertragung der erworbenen Rechtspositionen, hier also der Finanzinstrumente.[616]
Der Schadensersatzanspruch wegen einer irrtumsbehafteten Verkaufsentscheidung ist darauf gerichtet so gestellt zu werden, als hätte der Geschädigte die Finanzinstrumente nicht veräußert. Das bedeutet, dass der Emittent verpflichtet ist, dem Anleger eine entsprechende Anzahl an Finanzinstrumenten zu verschaffen,[617] Zug um Zug gegen Zahlung des vom Anleger erzielten Veräußerungspreises. Derartige Fälle dürften allerdings wegen der Kausalitätsproblematik die seltene Ausnahme sein.

Der Annahme einer Naturalrestitution mittels „Ersatzvornahme" steht insbesondere nicht die Gefahr entgegen, dass man ansonsten dem Emittenten das Risiko schwankender Kurse aufbürden würde,[618] weil dann der Emittent die Aktien auch in schlechten Börsenzeiten gegen Erstattung des gezahlten Kaufpreises übernehmen müsste und so der Schadensersatzanspruch für den Anleger faktisch zu einer Versicherung gegen schlechte Kursentwicklungen würde. In einem solchen Falle muss sich nämlich der Anleger bei der Berechnung des zurückzuzahlenden Preises dasjenige anrechnen lassen, was auf die allgemeine schlechte Marktlage zurückzuführen ist.[619]

(b) Der Kursdifferenzschaden

Bei der Ermittlung des Kursdifferenzschadens besteht hinsichtlich der Schadensberechnung noch erhebliche Unklarheit. In den Unterlassungsfällen wird teilweise auf die Differenz zwischen dem Börsenkurs an dem Tag, an dem die Ad-hoc-Mitteilung hätte publiziert werden müssen, und dem Tag, an dem sie tatsächlich bekannt wurde, abgestellt.[620] Unter Berücksichtigung von § 249 BGB müssen der tatsächliche Transaktionspreis und der wahre Wert des Papiers am selben Tag gegenübergestellt werden.[621] Entscheidend ist, wie der Geschädigte stünde, wenn der zum Ersatz verpflichtende Umstand nicht eingetreten wäre. Diesbezüglich lässt sich sowohl auf den Transaktionszeitpunkt, also auf den Zeitpunkt der Schadensverursachung als auch auf den Zeitpunkt des Bekanntwerdens der Desinformation abstellen. Nach ersterer Anknüpfungsmethode ist

---

[616] BGH, ZIP 1991, 297; LG Augsburg, BKR 2001, 99; Möllers/Leisch, WM 2001, 1648, 1665; Rössner/Bolkart, ZIP 2002, 1471, 1475; a. A. Dühn, 152 f.
[617] Rössner/Bolkart ZIP 2002, 1471, 1475; Sethe, in: Assmann/Schneider, WpHG, §§ 37b, 37c, Rn. 64; a. A. Reichert/Weller ZRP 2002, 49, 55.
[618] so etwa Fleischer, BB 2002, 1869, 1871; Steinhauer, 273 f.
[619] Sethe, in: Assmann/Schneider, WpHG, §§ 37b, 37c, Rn. 59.
[620] Reichert/Weller, ZRP 2002, 49, 55.
[621] Fleischer, BB 2002, 1869, 1872; ebenso Maier-Reimer/Webering, WM 2002, 1857, 1861.

als realer Vermögenswert der Gesamtpreis anzusehen,[622] den der Anleger bei seiner Transaktion tatsächlich gezahlt bzw. erlöst hat. Diesem ist der Gesamtpreis gegenüberzustellen, den er am selben Tag gezahlt bzw. erlöst hätte, wenn die erforderliche Ad-hoc-Mitteilung im nach § 15 WpHG vorgeschriebenen Zeitpunkt veröffentlicht worden wäre (§ 37b WpHG) bzw. wenn die Falschmitteilung unterblieben wäre (§ 37c WpHG). Nach der zweiten Anknüpfungsmethode ist der reale Wert der Finanzinstrumente zum Zeitpunkt der Schadensbehebung[623] maßgebend. Diesem gegenüberzustellen ist der hypothetische Wert der Finanzinstrumente, den sie hätten, wenn die Täuschung unterblieben wäre.[624] Große Unsicherheit besteht allerdings hinsichtlich der Frage, welcher Zeitpunkt für die Wertermittlung bei unterbliebener Täuschung maßgeblich ist.[625] Im Ergebnis dürfte regelmäßig auf den Zeitpunkt der Schadensverursachung abzustellen sein.[626] Soweit im Hinblick auf das Prinzip der Totalreparation erforderlich, können allerdings Modifikationen in Betracht kommen. Insbesondere muss berücksichtigt werden, dass eine Fehlinformation nicht nur zu einer fehlerhaften Widerspiegelung des Unternehmenswerts führt, sondern auch zu einem Vertrauensverlust der Kapitalanleger führen kann und daher auch subjektive Faktoren bei der Bestimmung der Kursdifferenz zu beachten sind. Folglich lässt sich der Kursdifferenzschaden häufig nur aufwendig (mit Hilfe von Finanzmathematikern) ermitteln[627] und ist zudem schwer prognostizierbar.[628]

(3) Schadensminderungspflicht

(a) Vertragsabschlussschaden

Soweit die Börsenkurse in dem Zeitraum zwischen dem Bekanntwerden der Fehlinformation und der letzten mündlichen Verhandlung erheblich fallen, könnte den geschädigten Anleger nach § 254 BGB die Pflicht zur Veräußerung der Finanzinstrumente treffen.[629]

Dem steht entgegen, dass schon aus praktischer Sicht die Bestimmung des Zeitpunkts, an dem der Anleger hätte veräußern müssen, kaum möglich ist, da sich Kursentwicklungen nur begrenzt kalkulierbar sind.[630] Zudem besteht die Gefahr,

---

[622] Also der Preis für die Wertpapiere einschließlich der bezahlten Gebühren und Provisionen.
[623] Das ist prozessual der Zeitpunkt der letzten mündlichen Verhandlung, vgl. Oetker, in: MünchKomm., § 249, Rn. 304.
[624] Möllers/Leisch, BKR 2002, 1071, 1078.
[625] vgl. Mertens, in: Soergel, Vor § 249 Rn. 50 ff.
[626] Möllers/Leisch, BKR 2002, 10071, 1078.
[627] zur Berechnung mit Hilfe des *Capital Asset Pricing Models (CAPM)*, Dühn, 163 ff.; Steinhauer, 276 ff.; ferner Fleischer, BB 2002, 1869, 1873.
[628] zu dem insoweit vereinfachten Kausalitätsnachweis vgl. Möllers/Leisch, BKR 2002, 1071, 1077 ff.; dies. WM 2001, 1648, 1656.
[629] i. Erg. aus tatsächlichen Gründen aber ablehnend, LG Augsburg, WM 2001, 1944, 1946
[630] Dühn, 158; Fleischer/Kalss, AG 2002, 329, 335.

dass durch den Verkauf einer Vielzahl von Finanzinstrumenten aufgrund einer allgemeinen Schadensminderungspflicht die Kurse infolge eines überhöhten Angebots nachgeben und aufgrund allgemeiner Marktreaktionen auf vermehrte Verkäufe zusätzlich belastet werden.[631]

(b) Kursdifferenzschaden

Bei der Geltendmachung des Kursdifferenzschadens ist schon konzeptionell die Annahme einer Schadensminderungspflicht nicht möglich, da wegen der zeitpunktbezogenen Berechnung des Kursdifferenzschadens ist spätere Kursentwicklungen unbeachtlich sind.[632]

ff) Verjährung

Nach §§ 37b Abs. 4, 37c Abs. 4 WpHG verjähren Ad-hoc-Publizitätshaftungsansprüche innerhalb eines Jahres von dem Zeitpunkt an, zu dem der Dritte von der Desinformation Kenntnis erlangt, spätestens jedoch nach drei Jahren ab dem schädigenden Ereignis.

gg) Ausschlussgründe

(1) Kenntnis der Desinformation

Schließlich ist darauf hinzuweisen, dass eine Haftung des Emittenten entfällt, wenn der Anleger Kenntnis von der Fehlerhaftigkeit der Information hatte, §§ 37b Abs. 3, 37c Abs. 3 WpHG. Der Gesetzgeber sieht darin eine gesetzliche Sonder-regelung des Mitverschuldens.[633] Aktiengeschäfte führen aber nicht schon deshalb zu einem Mitverschulden, weil sie Spekulationsgeschäfte sind.[634] Für den insoweit beweisbelasteten Emittenten dürfte ein Nachweis der Kenntnis des Anlegers allerdings wegen der Anonymität des Kapitalmarktes und der kaum nachprüfbaren individuellen Verhältnisse der einzelnen Anleger äußerst schwierig zu erbringen sein.[635]

---

[631] Dühn, 158; Fleischer/Kalss, AG 2002, 329, 335; Kissner, 98; Rützel, AG 2003, 69, 78.
[632] Dühn, 166.
[633] Begr. RegE 4. FMFG (zu § 37b WpHG-E), BT-Drs. 14/8017, 94.
[634] z.T. anders LG München, ZIP 2001, 1814; kritisch dagegen Möllers/Leisch, BKR 2001, 78, 81; Rodewald/Siems, BB 2001, 2437, 2440.
[635] Dühn, 181.

(2) Aufschub der Ad-hoc-Berichterstattung

Soweit ein Unternehmen nach § 15 Abs. 3 WpHG berechtigt die Veröffentlichung aufgeschoben hat, scheidet eine Haftung nach § 37b WpHG aus,[636] da in diesem Falle schon keine haftungsbegründende Fehlinformation existiert.[637] Außerdem käme es sonst zu der widersprüchlichen Situation, dass die rechtmäßige Unterlassung einer gebotenen Information nach § 15 Abs. 3 WpHG gleichzeitig zu einer Haftung nach § 37 b WpHG führt.[638]

hh) Zusammenfassung

Hinsichtlich der Auslegung der §§ 37b, 37c WpHG besteht noch viel Unsicherheit. So werfen diese Vorschriften erhebliche Fragen und Schwierigkeiten hinsichtlich der Kausalität und der Schadensberechnung auf.
Im Übrigen zeigt ein Vergleich mit Urteilen in Schadensersatzklagen im Zusammenhang mit der Verletzung von Ad-hoc-Publizität, denen die Rechtslage vor dem Vierten Finanzmarktförderungsgesetz zugrunde liegt, dass die Anleger häufig auch verloren hätten, wenn sie ihre Klage auf die Regelungen der §§ 37b, 37c WpHG gestützt hätten. Nach wie vor obliegt dem geschädigten Anleger nämlich der schwierig zu führende Kausalitätsnachweis, dessen Nichterbringung in den meisten „Altfällen" zur Abweisung der Klage führte.
§§ 37b, 37c WpHG sind somit als Schritt in die richtige Richtung zu werten, hinreichend sind sie allerdings noch nicht.

d) Anlehnung an Prospekthaftungstatbestände[639]

aa) Analogie zur börsengesetzlichen Prospekthaftung

Gelegentlich wird diskutiert, ob geschädigte Anleger im Falle der Verletzung von Ad-hoc-Publizitätspflichten Schadensersatz aufgrund einer analogen Anwendung der börsengesetzlichen Prospekthaftung nach den §§ 44, 45 BörsG geltend machen können.[640]
Eine solche Analogie ist seit der Novellierung der börsengesetzlichen Prospekthaftung durch das Dritte Finanzmarktförderungsgesetz von 1998 ausge-

---

[636] Fleischer, NJW 2002, 2977, 2980; Maier-Reimer/Webering, WM 2002, 1857, 1858; Möllers/Leisch, NZG 2003, 112, 114; Reichert/Weller, ZRP 2002, 49, 54; abweichend Groß, WM 2002, 477, 486.
[637] Dühn, 181; Maier-Reimer/Webering, WM 2002, 1857, 1858.
[638] vgl. Möllers/Leisch, NZG 2003, 112, 114; Reichert/Weller, ZRP 2002, 49, 54.
[639] Eine Haftung des Vorstands neben dem Emittenten kommt ggf. dann in Betracht, wenn dieser die Verantwortung für die Information mitübernommen hat.
[640] Vgl. z.B. Krause, ZGR 2002, 799, 826.

schlossen. Der Gesetzgeber hat durch den neugefassten § 44 Abs. 4 BörsG (§ 45 Abs. 4 BörsG a.F.) ausdrücklich angeordnet, dass eine schriftliche Darstellung, aufgrund deren Veröffentlichung der Emittent von der Prospektpflicht befreit worden ist, einem Prospekt gleichsteht. Mit dieser Änderung hat er eine zuvor im Schrifttum kritisierte und durch Analogie geschlossene Lücke[641] beseitigt. Er zeigt damit, dass sonstige Erklärungen von Emittenten gerade nicht unter §§ 44, 45 BörsG fallen sollen.[642]
Außerdem unterscheiden sich die im Gesetz geforderten Prospekte bzw. Darstellungen von den Ad-hoc-Publizitätspflichten durch ein besonderes Billigungsverfahren[643] und können aufgrund ihres umfassenden Charakters nicht mit Einzelangaben gleichgesetzt werden. Wenn man schon im Hinblick auf die nach § 40 BörsG geforderten Zwischenberichte eine analoge Anwendung der börsengesetzlichen Prospekthaftung im Allgemeinen verneint,[644] muss dies erst recht für einzelne Mitteilungen gelten.[645]

bb) Weiterentwicklung der allgemeinen zivilrechtlichen Prospekthaftung

Einen weiteren Ansatz, um geschädigten Anlegern in der vorliegenden Fallkonstellation zu Schadensersatz zu verhelfen, bildet das Instrument der allgemeinen zivilrechtlichen bzw. bürgerlichrechtlichen Prospekthaftung. Da insoweit grundsätzlich für jedes Verschulden gehaftet wird,[646] hätte dies unter Umständen im Verhältnis zu §§ 37b, 37 c WpHG eine erhebliche Ausdehnung der schadensrechtlichen Verantwortlichkeit zur Folge.

Soweit man das Rechtsinstitut der allgemeinen zivilrechtlichen Prospekthaftung grundsätzlich für anwendbar erachtet hat,[647] kann dies aber nicht mehr für nach dem 01.07.2002 veröffentlichte Ad-hoc-Meldungen gelten. Seit diesem Zeitpunkt gilt nämlich die speziellere Norm des § 37c WpHG. Ein Rückgriff auf die Grundsätze der allgemeinen zivilrechtlichen Prospekthaftung ist nicht möglich. Zwar bleiben nach § 37c Abs. 5 WpHG Ansprüche unberührt, die nach Vorschriften des bürgerlichen Rechts aufgrund von Verträgen oder vorsätzlichen unerlaubten Handlungen erhoben werden können. Die allgemeine zivilrechtliche

---

641 Assmann, AG 1996, 508, 512 ff.
642 Krause, ZGR 2002, 799, 826.
643 §§ 30 Abs. 4, 51 Abs. 2 BörsG.
644 Brondics/Mark, AG 1989, 339, 343 ff.; Krause, ZGR 2002, 799, 826; Siebel/Gebauer, WM 2001, 173, 188.
645 Krause, ZGR 2002, 799, 826; im Ergebnis ebenso zu § 44a BörsG schon Brondics/Mark, AG 1989, 339, 343 ff.; Schwark, NJW 1987, 2041, 2045; Kiel, 44.
646 vgl. BGHZ 71, 284, 291; 72, 382, 388; 79, 337, 345; Assman, Prospekhaftung, 366; Köndgen, AG 1983, 120, 128; Pleyer/Hegel, ZIP 1985, 1370, 1374; a.A. Brondics/Mark, AG 1989, 339, 346; Coing, WM 1980, 206, 212.
647 vgl. ausführl. dazu, Braun/Rotter, BKR 2003, 918, 918 ff.; Krause, ZGR 2002, 799, 826 ff.

Prospekthaftung ist jedoch weder vertraglicher noch deliktischer Natur.[648] Zudem kommt gemäß § 37c WpHG eine Haftung für fehlerhafte Ad-hoc-Meldungen nur bei grober Fahrlässigkeit in Betracht. Da die allgemeine zivilrechtliche Prospekthaftung dagegen bereits bei einfacher Fahrlässigkeit eingreift, würde deren Anwendung die gesetzlichen Haftungsregelungen unterlaufen. Folgerichtig ist nunmehr für eine Anwendung der allgemeinen zivilrechtlichen Prospekthaftung im Bereich der fehlerhaften Ad-hoc-Publizität kein Raum.

2. Haftung von Unternehmen und Vorstand

Als Anspruchsgrundlagen für Schadensersatz sowohl gegen das Unternehmen als auch den Vorstand kommen vornehmlich Ansprüche aus unerlaubter Handlung in Betracht. Unternehmen und Vorstand haften dann regelmäßig gemäß § 840 BGB gesamtschuldnerisch.

a) § 823 Abs. 1 BGB

Zwar ist die Mitgliedschaft an einer Gesellschaft, die aus dem Aktienbesitz resultiert, als sonstiges Recht im Sinne von § 823 Abs. 1 BGB anerkannt.[649]
Um die Grundentscheidung des Gesetzgebers gegen einen allgemeinen Deliktsschutz des Vermögens nicht zu unterlaufen, wird jedoch nur in solchen Maßnahmen eine Verletzung der Mitgliedschaft gesehen, die sich gegen ihren rechtlichen Bestand richten und eine Beeinträchtigung des Rechts selbst zur Folge haben (sog. Eingriffshandlungen mit mitgliedschaftsbezogener Finalität).[650] Daher ist ein Recht auf rechtmäßiges Verhalten des Vorstandes nicht erfasst.[651] Auch nicht geschützt ist die vermögensrechtliche Entwertung der Mitgliedschaft als solche, da insoweit allein ein von § 823 Abs. 1 BGB nicht erfasster Vermögensschaden vorliegt.[652]
Bei einem reinen Wertverlust der Aktie wird der „innere“ Wert der Aktie, also die Mitgliedschaft als solche, aber gerade nicht beeinflusst. Vielmehr liegt darin lediglich eine Beeinträchtigung des in der Aktie gebundenen Vermögens.[653]

---

[648] Assmann, in: Assmann/Schütze, § 7 Rn. 23; Hamann, in: Schäfer, WpHG u.a., §§ 45, 46 BörsG a. F., Rn. 18; Schwark, Kapitalmarktrecht, § 45 BörsG, Rn. 7.
[649] RGZ 158, 248, 255; BGH AG 2001, 484, 485.
[650] BGH AG 2001, 484, 485.
[651] Hadding, FS Kellermann, 91, 98 ff.; Holzborn/Foelsch, NJW 2003, 935, 938; Wiesner, in: Münch.Hdb. des Gesellschaftsrechts, 288, m.w.N.; a.A. Mertens, in: KölnKomm., AktG, § 93, Rn. 171 ff.
[652] Mertens, in: MünchKomm., § 823, Rn. 152; Jauernig/Teichmann, § 823, Rn. 18.
[653] BGH AG 2001, 484, 485; Kissner, 33; Mertens, in: MünchKomm., § 823, Rn. 152; Steinhauer, 133.

b) § 823 Abs. 2 BGB in Verbindung mit einem Schutzgesetz

Denkbar ist, dass über § 823 Abs. 2 BGB in Verbindung mit einem Schutzgesetz Schadensersatz im Falle von Ad-hoc-Publizitätspflichtverletzungen geltend gemacht werden kann. Denn verstößt der Schädiger gegen eine Norm, die gerade den Geschädigten zu schützen bezweckt, so gewährt § 823 Abs. 2 BGB auch Ersatz für reine Vermögensschäden.[654]

aa) Schutzgesetze

Als Schutzgesetz kommt jede Rechtsnorm[655] in Betracht, die ein Ge- oder Verbot ausspricht und nicht ausschließlich den Schutz der Allgemeinheit bezweckt, sondern nach dem Willen des Gesetzgebers zumindest auch die Interessen bzw. Rechtsgüter des Einzelnen oder einzelner Personenkreise gegen die Verletzung schützen soll.[656] Es kommt dabei nicht auf die Wirkung, sondern auf den Inhalt und den Zweck des Gesetzes an, insbesondere darauf, ob der Gesetzgeber bei Erlass des Gesetzes gerade einen Rechtsschutz, wie er wegen der behaupteten Verletzung in Anspruch genommen wird, zugunsten von Einzelpersonen oder bestimmten Personen gewollt oder doch mitgewollt hat. Es ist dabei ausreichend, dass die Norm auch das Interesse des Einzelnen schützt, wenngleich sie in erster Linie das Interesse der Allgemeinheit im Auge hat. Individualschutz lediglich als Rechtsreflex genügt hingegen nicht. Insbesondere sind Normen nicht als Schutzgesetze im Sinne von § 823 Abs. 2 BGB anzusehen, die ausschließlich die Allgemeinheit schützen.

(1) § 93 Abs. 1 AktG

Nach § 93 Abs. 1 AktG ist der Unternehmensvorstand verpflichtet, die ihm obliegenden Geschäfte unter Anwendung der Sorgfalt eines ordentlichen und gewissenhaften Geschäftsleiters auszuführen. Verletzt er bewusst die dem Unternehmen obliegenden Publizitätspflichten durch die Bekanntgabe falscher Tatsachen oder die Unterdrückung kursrelevanter Informationen, so verletzt der Vorstand seine Pflichten aus § 93 Abs. 1 AktG.
Fraglich ist, ob diese Norm neben der Gesellschaft auch den einzelnen Anleger schützen will, mithin als Schutzgesetz im Sinne des § 823 Abs. 2 BGB zu qualifizieren ist.
Zwar sind auch die einzelnen Aktionäre an einer ordnungsgemäßen Geschäftsführung durch den Vorstand interessiert. Jedoch sprechen weder der Wortlaut

---

[654] BGHZ 66, 354, 355; BGHZ 116, 7, 13.
[655] vgl. Art. 2 EGBGB.
[656] BGHZ 41, 17, 23; BGHZ 46, 17, 28; BGHZ 84, 312, 314; BGHZ 100, 13, 14; BGHZ 122, 1, 9; BGH AG 2001, 484, 486; Palandt/Thomas, § 823, Rn. 57.

noch die systematische Stellung von § 93 AktG dafür, dass diese Vorschrift zumindest auch den Schutz der gegenwärtigen oder künftigen Aktionäre bezweckt. § 93 AktG dient vielmehr allein dem Schutz der Gesellschaft gegen Pflichtverletzungen ihrer Vorstandsmitglieder.[657] Nur ihr gegenüber besteht die Pflicht zur Anwendung der Sorgfalt eines ordentlichen und gewissenhaften Geschäftsleiters bei der Geschäftsführung. Dass der einzelne Aktionär nicht geschützt werden soll ergibt sich zudem aus § 147 AktG, der nur unter besonderen Voraussetzungen Aktionäre zur Geltendmachung von Ersatzansprüchen gegen Vorstands- und Aufsichtsratsmitglieder berechtigt. Diese Vorschrift wäre überflüssig, wenn man jedem Aktionär nach § 823 Abs. 2 BGB in Verbindung mit § 93 AktG das Recht geben würde, unmittelbar gegen Vorstandsmitglieder vorzugehen.[658]

(2) § 15 WpHG

§ 15 Abs. 1 WpHG statuiert, wie bereits ausführlich dargestellt, die Ad-hoc-Publizität des Emittenten. Zwar beschränkt § 15 Abs. 6 WpHG dessen Haftung aufgrund einer Pflichtverletzung nach § 15 Abs. 1 - 3 WpHG auf die §§ 37b, 37c WpHG.
Da diese aber nur die Haftung für grobe Fahrlässigkeit und Vorsatz vorsehen und darüber hinaus auch nur den Emittenten in die Verantwortung nehmen, ist das Problem der Schutzgesetzeigenschaft des § 15 Abs. 1 - 3 WpHG und dessen Anwendbarkeit trotz § 15 Abs. 6 WpHG nach wie vor relevant.

Der Gesetzgeber beruft sich für den Haftungsausschluss nach § 15 Abs. 6 WpHG in erster Linie darauf, dass es bei der Ad-hoc-Publizität lediglich um die Sicherung der Funktionsfähigkeit des Kapitalmarktes als einem im öffentlichen Interesse liegenden Schutzgutes geht.[659] Diese Ansicht teilen auch die Rechtsprechung[660] und weite Teile des Schrifttums[661], wonach lediglich mit Rücksicht auf die praktische Bedeutung der Frage des Bestehens von Schadensersatzansprüchen eine klarstellende Regelung für den fehlenden Schutzgesetzcharakter geboten war.[662]

---

[657] RGZ 63, 324, 327 ff.; 115, 289, 295 f.; BGHZ 83, 122, 134; 110, 342, 359 f.; BGH AG 2001, 484, 486.
[658] BGH AG 2001, 484, 486; Geßler/Hefermehl, § 93, Rn. 90.
[659] Beschlussempfehlung und Bericht des Finanzausschusses des Dt. Bundestages, BT-Drs. 12/7918, 102.
[660] BGH ZIP 2004, 1593 ff., 1599 ff.; ZIP 2005, 1270, 1272; AG München, WM 2002, 594 f.
[661] Caspari, ZGR 1994, 530, 533; Geibel, in: Schäfer, WpHG u.a., § 15 WpHG, Rn. 3; Happ, JZ 1994, 240, 243; Kümpel/Assmann, in: Assmann/Schneider, WpHG, § 15, Rn. 18; Kümpel, BuK, Rn. 16.70 f.; Reichert/Weller, ZRP 2002, 49, 53; Schlittgen, 203; Kübler, 397; Weber, BB 1995, 157, 164.
[662] so auch die Beschlussempfehlung und der Bericht des Finanzausschusses des Deutschen Bundestages BT-Drs. 12/7918, 1002.

Dagegen wird eingewandt, dass sich der Schutzgesetzcharakter der Norm eindeutig aus Sinn und Zweck des WpHG ergebe[663] und auch im Hinblick auf die europarechtlichen Vorgaben der Börsenzulassungsrichtlinie 79/279/EWG und der Insiderrichtlinie 89/592/EWG[664] geboten sei, so dass die Regelung des § 15 Abs. 6 WpHG eingefügt werden musste, um Schadensersatzansprüche zu verhindern.

Jedenfalls mit Einführung der §§ 37b, 37c WpHG hat der Gesetzgeber seine Schutzzweckbestimmung korrigiert.
Durch die Statuierung eines individuellen Schadensersatzanspruches im Falle eines Verstoßes gegen die Ad-hoc-Publizitätspflicht ist notwendig auch die Anerkennung der individualschützenden Zweckrichtung der Ad-hoc-Publizität verbunden. Denn § 37b WpHG und § 15 WpHG statuieren dieselbe Pflicht. Dies hat denklogisch zur Folge, dass auch hinsichtlich des § 15 WpHG ein Individualanlegerschutz anzunehmen ist.[665]
Da jedoch § 15 Abs. 6 WpHG in nur leicht veränderter Form beibehalten wurde, ist dieser Vorschrift kein Schutzgesetzcharakter beizumessen.
Dem stehen auch die bereits benannten europarechtlichen Vorgaben nicht entgegen, da eine effektive Umsetzung ihres Regelungsgehaltes[666] jedenfalls nunmehr die hohen öffentlich-rechtlichen Bußgeldvorschriften nach § 39 Abs. 4 WpHG und die Haftung nach §§ 37b, 37c WpHG gewährleistet ist.

Soweit ein Teil der Literatur versucht, den Ausschlusstatbestand in personeller Hinsicht einzuschränken, mit der Folge, dass § 15 Abs. 1 WpHG ein Schutzgesetz zu Lasten der Organmitglieder sei,[667] kann diese Argumentation jedenfalls nach der Novellierung des WpHG durch das Vierte Finanzmarktförderungsgesetz nicht überzeugen. Der Gesetzgeber hat sich mit der Einführung der Haftungstatbestände der §§ 37b, 37c WpHG explizit gegen eine Haftung der Organmitglieder ausgesprochen.
Dieses Ergebnis entspricht mit unterschiedlicher Begründung auch der einhelligen Ansicht in Rechtsprechung[668] und dem weit überwiegenden Teil der Literatur[669].

---

663 z.B. Assmann, AG 1994, 196, 203, 237, 252; Claussen, 411; Gehrt, 24; Hopt ZHR 1995, 135, 158 ff.; Tippach, 65.

664 Gehrt, 201; Hopt, ZHR 1995, 135, 159 f.; von Klitzing, 53 f.; vgl. auch Grundmann, in: Ebenroth/Boujong/Joost, HGB, BankR VI 119 und BankR VI 162 f.

665 Leisch, in: Möllers/Rotter, 385, 408; Sethe, in: Assmann/Schneider, WpHG, § 15, Rn. 2

666 vgl. dazu ausführlich Schwintowski, in: Schulze/Ebers/Grigoleit, 267 ff.

667 Gehrt, 208 ff.; Dem Folgeproblem, dass die Gesellschaft gemäß § 31 BGB für ihre Organe an sich haftet und der Schaden sich somit doch wieder auf den Emittenten verlagert, wird mit einer teleologischen Reduktion des § 31 BGB begegnet. So auch Schwark, FS Hadding, 1117, 1133.

668 BGH, ZIP 2005, 1270, 1722; LG München, ZIP 2001, 1814, 1815; AG München, WM 2002, 594, 595.

(3) § 20a WpHG

§ 20a Abs. 1 S. 1 Nr. 1 WpHG statuiert unter anderem das Verbot, unrichtige Angaben über Umstände zu machen, die für die Bewertung eines Vermögenswertes erheblich sind, oder Umstände entgegen bestehenden Rechtsvorschriften zu verschweigen, wenn die Angaben oder das Verschweigen geeignet sind, auf den Börsen- oder Marktpreis eines Vermögenswertes einzuwirken. Dabei wird nicht zwischen anlegerschützenden und ggf. wünschenswerten Stabilisierungsmaßnahmen unterschieden. Insoweit wird durch die auf Grundlage von § 20a Abs. 2 WpHG erlassene Verordnung zur Konkretisierung des Verbots der Kurs- und Marktpreismanipulation vom 23.11.2003[670] die Abgrenzung zwischen erlaubten und verbotenen Praktiken durch einen abschließenden Regelbeispielkatalog erleichtert.[671] Die nach § 20a WpHG verbotene Kurs- und Marktpreismanipulation ist nach § 39 Abs. 1 Nr. 1, Abs. 4 WpHG mit Bußgeld bewehrt und gemäß § 38 Abs. 1 Nr. 4 WpHG strafbar, wenn es sich tatsächlich auf den Börsen- oder Marktpreis eines Vermögens ausgewirkt hat. Das Verbot der ist im Zuge des Vierten Finanzmarkförderungsgesetzes in das WpHG eingfügt worden und hat damit die Vorschrift des § 88 BörsG a.F. abgelöst.
Ein zivilrechtlicher Schadensersatzanspruch lässt sich aus § 20a WpHG indes nur dann ableiten, wenn dieser als Schutzgesetz (§ 823 Abs. 2 BGB) zu qualifizieren ist.
Hinsichtlich der Vorgängernorm § 88 BörsG a.F. standen der überwiegende Teil der Literatur und die Rechtsprechung auf dem Standpunkt, dass die Vorschrift nur mittelbar den Schutz des Kapitalanlegers bezwecke, mithin als Rechtsreflex. Unmittelbar diene die Vorschrift nur dem Schutz der Zuverlässigkeit und Wahrheit der Preisbildung an den Börsen und Märkten im Interesse ihrer Funktionsfähigkeit und damit einem überindividuellen Schutzzweck.[672]
Auf diese Überlegungen greift ein Teil der Literatur auch für die Qualifikation des § 20a WpHG zurück, da er den § 88 BörsG a.F. ersetzt und sich aus den

---

669 Franken/Heinsius, FS Budde, 213, 222; Groß, WM 2002, 477, 482; Gruson/Wiegmann, AG 1995, 173, 176; Hamann, in: Schäfer, WpHG u.a., §§ 45, 46 BörsG a.F., Rn. 30; Hausmaninger, 285; Immenga, ZBB 1995, 197, 205; Klitzing, 220; Kümpel/Assmann, in: Assmann/Schneider, WpHG, § 15, Rn. 268; Reichert/Weller, ZRP 2002, 49, 53; Rodewald/Siems, BB 2001, 2437, 2438; Steinhauer, 134; Thümmel, DB 2001, 2331, 2332; Weber, NJW 1994, 2849, 2853.

670 BGBl. 2003 I, 2300

671 vgl. zum Problem der Bestimmtheit der Norm, Altenhain, BB 2002, 1874 und zu verfassungsrechtlichen Fragen Eichelberger, ZBB 2004, 296 ff.

672 BGH ZIP 2004, 1593 ff.; OLG München, BKR 2002, 1096, 1098; Groß, Kapitalmarktrecht, § 88 BörsG, Rn. 1; Krause, ZGR 2002, 799, 816 f.; Schwark, BörsG, § 88, Rn. 1; a.A. Fuchs/Dühn, BKR 2002, 1063, 1064 f.; Rodewald/Siems, BB 2001, 2437, 2440.

Materialien zum Vierten Finanzmarktförderungsgesetz nichts für eine Schutzzweckänderung ergebe.[673]
Demgegenüber wird von einem Teil der Literatur § 20a WpHG (zumindest auch) ein individualschützender Zweck zugesprochen, der im Anlegerschutz als solchen oder konkreter im Schutz des Vermögens der Anleger erblickt wird.[674]
Zwar besteht zwischen Institutionen- und Individualschutz tatsächlich eine Wechselwirkung.[675] Der bloße Umstand, dass mittelbare individualschützende Auswirkungen einer Norm zu erwarten sind, ist für sich allein aber weder geeignet, die Schutzgesetzeigenschaft zu begründen, noch schließen derartige Wirkungen die Qualifikation als Schutzgesetz per se aus.[676] Vielmehr ist in jedem Fall zu untersuchen, ob die konkrete Norm, unmittelbar oder mittelbar, zumindest auch die Stärkung der individuellen Rechtsposition des potentiell geschützten Personenkreises bezweckt.
Soweit auf den Bericht des Finanzausschusses verwiesen wird, in dem es zu § 20a WpHG heißt, „dass durch das Verbot *insbesondere* die Zuverlässigkeit und Wahrheit der Preisbildung an den Börsen gewährleistet werden soll"[677], woraus sich ergebe,[678] dass daneben auch der Anlegerindividualschutz bezweckt sei, ist dieser Schluss nicht zwingend. So kann damit bspw. auch der Insiderpräventivschutz bewirkt werden. Ebenso ist davon auszugehen, dass gerade im Hinblick auf die Diskussion um die Vorgängernorm § 88 BörsG a.F. und aufgrund der aus einem Anlegerindividualschutz resultierenden Konsequenzen dieser auch konkret benannt worden wäre.
Ferner sind mit dem Vierten Finanzmarktförderungsgesetz durch die §§ 37b, 37c WpHG gesonderte Schadensersatzansprüche bei unterlassener Veröffentlichung kursbeeinflussender Tatsachen durch einen Emittenten eingeführt worden. Dies hätte der Gesetzgeber aber auch im jetzigen Abschnitt 4 tun können, wenn er einen allgemeinen Schadensersatzanspruch bei Kurs- und Marktpreismanipulation hätte begründen wollen.[679] Zwar ergibt sich aus den Gesetzesmaterialien nicht, dass §§ 37b, 37c WpHG auch eine abschließende Regelung hinsichtlich des 4. Abschnitts beinhalten sollten. Daraus lässt sich aber umgekehrt auch nicht ableiten, dass § 20a WpHG ein individualschützender Charakter beizumessen ist.
Vielmehr ist von der Überlegung auszugehen, dass Kurs- und Marktpreismanipulation einerseits und Insiderhandel andererseits Varianten des Marktmiss-

---

673 vgl. Viertes Finanzmarktförderungsgesetz Begr. RegE, S. 89; zunächst als Nachfolgeregelung des § 88 BörsG gedacht, orientiert sich auch § 20a WpHG an dessen Schutzzweck der Allgemeinheit; Möller, WM 2002, 309, 313.
674 Altenhain, BB 2002, 1874, 1875; Kissner, 163 f.; Lenzen, ZBB 2002, 279, 284; Sorgenfrei, wistra 2002, 321, 322; Tripmaker, wistra 2002, 288, 291; Ziouvas, ZGR 2003, 113, 143 f
675 Fuchs/Dühn, BKR 2002, 1063, 1064.
676 BGH, ZIP 1991, 1597, 1598; Fuchs/Dühn, 1063, 1064; Palandt/Thomas, § 823, Rn. 57.
677 Bericht des Finanzausschusses, BT-Drs. 14/8601, 20 (Kursivstellung nicht im Original).
678 Leisch, in: Möllers/Rotter, 385, 401.
679 Vogel, in: Assmann/Schneider, WpHG, § 20a, Rn. 17.

brauchs sind. Soweit hinsichtlich des Insiderhandelsverbots (§ 38 WpHG) ein individualschützender Charakter abgelehnt wird, lässt sich dies auf das aufgrund der Vergleichbarkeit auf das Kurs- und Marktpreismanipulationsverbot übertragen. Dem steht nicht engegen, dass der BGH den Schutzgesetzcharakter für den Kapitalanlagebetrug (§ 264a StGB) bejaht hat. Dort hat nämlich bereits der Gesetzgeber, anders als bei § 20a WpHG, den Individualschutz ausdrücklich benannt.[680] Zum anderen ist die durch das Zweite Gesetz zur Bekämpfung der Wirtschaftskriminalität[681] bewirkte Trennung von Kurs- und Kapitalanlagebetrug durch das Vierte Finanzmarktförderungsgesetz weiter verstärkt worden.[682] Berücksichtigt man weiter die grundlegende Wertung des deliktsrechtlichen Systems, wonach nur Rechtsgüter des § 823 Abs. 1 BGB umfassend geschützt sind und der Vermögensschutz die Ausnahme bildet, so spricht dies gegen die Annahme eines Schutzgesetzcharakters von § 20a WpHG. Um eine völlige Aufweichung dieses deliktischen Wertungssystems zu verhindern, sind nämlich Gesetze, die den Einzelnen nur mittelbar schützen wollen, mithin auch § 20a WpHG, nicht als Schutzgesetz im Sinne des § 823 Abs. 2 BGB zu werten.[683] Außerdem neigt die Rechtsprechung dazu, den Schutzgesetzcharakter straf- und bußgeldbewehrter Normen abzulehnen, wenn die berechtigten Interessen der Betroffenen in anderer Weise hinreichend geschützt werden.[684] Dies ist im Hinblick auf § 20a WpHG anzunehmen, da der Schutz gegen Kurs- und Marktpreismanipulation durch die Börsengeschäftsführung, die Handelsüberwachung und die Börsenaufsicht (§§ 2, 4 Abs. 1 S. 2, 12 BörsG) einerseits und durch das straf- und bußgeldbewehrte Verbot des § 20a WpHG selbst und dessen Überwachung durch die BAFin andererseits, hinreichend gewährleistet ist. Folgerichtig ist § 20a WpHG nicht als Schutzgesetz im Sinne des § 823 Abs. 2 BGB anzusehen.

(4) § 400 AktG

§ 400 AktG erfasst unrichtige Darstellungen im Zusammenhang mit dem Unternehmen und dient neben dem Schutz der Gesellschaft selbst und ihrer Anteilseigner auch dem Schutz der Personen, die zur Gesellschaft in rechtlicher oder wirtschaftlicher Beziehung stehen oder unmittelbar in eine solche Beziehung treten wollen.[685] Geschütztes Rechtsgut ist das Vertrauen dieser Personen in die

[680] vgl. OLG München, BKR 2002, 1096, 1098; in diesem Sinne nunmehr auch BVerfG, Beschl. v. 24.09.2002, WM 2002, 2207, 2209, jeweils mit Hinweis auf BT-Drs. 10/318, S. 45.
[681] BGBl. 1986 I, 721.
[682] Vogel, in: Assmann/Schneider, WpHG, § 20a, Rn. 17.
[683] Reichert/Weller, ZRP 2002, 49, 53.
[684] Vogel, in: Assmann/Schneider, WpHG, § 20a, Rn. 17 mit Hinweis auf BGHZ 84, 312, 317
[685] RGSt 41, 293, 298, 301; 43, 407, 415; 64, 422, 424; BGH ZIP 2001, 1323, 1325; ZIP 2001, 1874, 1877 f.; OLG München, ZIP 2002, 1989, 1994 m.w.N.; Krause, ZGR 2002, 799, 819 m.w.N.; Reichert/Weller, ZRP 2002, 49, 54.

Richtigkeit von Erklärungen und anderen Äußerungen, die bei bestimmten Anlässen von den im Gesetz genannten Organen der Gesellschaft abgegeben werden.[686] Bei § 400 Abs. 1 Nr. 1 AktG handelt es sich daher um ein Schutzgesetz zugunsten der Aktionäre und solcher Dritter, die erst nachträglich Aktien erwerben.[687]

Fraglich ist jedoch, ob Ad-hoc-Veröffentlichungen den Eindruck der Vollständigkeit[688] erweckende Darstellungen oder Übersichten über den Vermögensstand[689] im Sinne des § 400 AktG sind.[690]

Insofern ist problematisch, dass Ad-hoc-Meldungen regelmäßig keine umfassende Darstellung des Vermögensstandes beinhalten, sondern sich vielmehr auf einzelne aktuelle Entwicklungen beziehen.

Bedenkt man, dass die derzeitige Fassung des § 400 AktG auf das Bilanzrichtliniengesetz vom 14.12.1985 zurückgeht und zu diesem Zeitpunkt in Deutschland noch kein Recht zur Ad-hoc-Publizitätspflicht bestand, so lässt sich überlegen, ob § 400 AktG nicht durch eine entsprechend weite Auslegung an die aktuellen Gegebenheiten angepasst werden kann.

Diesen Standpunkt hat die Regierungskommission „Corporate Governance" in ihrem Bericht eingenommen.[691] Zur Begründung verweist sie darauf, dass es die bis zur Wortlautgrenze erlaubte strafrechtliche Auslegung nach der derzeitigen Fassung des § 400 AktG zulasse, auch unrichtige Ad-hoc-Mitteilungen zu erfassen.[692] Diese Auslegung widerspricht allerdings dem strafrechtlichen Grundsatz *nulla poena sine lege certa.* Aus Gründen des strafrechtlichen Analogieverbots (Art. 103 Abs. 2 GG) darf die Strafbarkeit nicht auf die unrichtige Darstellung von Einzelereignissen erstreckt werden, wie sie für Ad-hoc-Mitteilungen typisch sind. In diesen Fällen ist daher ein Rückgriff auf § 400 AktG unzulässig.[693] Entsprechend hat sich auch der Gesetzgeber im Zusammenhang mit der Schaffung des § 264a StGB ausgesprochen. In diesem Kontext stellte er fest, dass die in § 400 AktG verwandten Merkmale gegenüber dem Begriff der Mitteilung „enger" seien.[694]

Soweit im Einzelfall eine Ad-hoc-Mitteilung doch eine umfassende Darstellung des Vermögensstandes der Gesellschaft beinhaltet, so kann § 400 AktG zur

---

[686] Geilen in: KölnKomm., AktG, § 400, Rn. 2.

[687] RGZ 157, 213, 217; BGHZ 105, 121, 123; ZIP 2005, 1270, 1272.

[688] Otto, in: Hopt/Wiedemann, § 400 AktG, Rn. 32.

[689] Fuhrmann, in: Geßler/Hefermehl/Eckardt/Kropff, § 400 AktG, Rn. 16; Geilen, in: KölnKomm., AktG, § 400, Rn. 47.

[690] Thümmel, DB 2001, 2331, 2332.

[691] Baums, Corporate Governance, Rn. 184; zustimmend Groß, WM 2002, 477, 483 f.; ebenso AG München, Urteil vom 18.10. 2001 – 12 O 7922/01 (unveröffentlicht) – EM.TV II; zit. nach Möllers, in: Bankrecht 2002, 271, 283.

[692] Baums, Corporate Governance, Rn. 184.

[693] BGH ZIP 2004, 1599 ff.; Lambsdorff, VuR, 2003, 207, 209; Reichert/Weller, ZRP 2002, 49, 54; Thümmel, DB 2001, 2331, 2332.

[694] vgl. BT-Drs. 10/318, 23.

Grundlage etwaiger Schadensersatzansprüche gemacht werden. Dessen Wirksamkeit ist allerdings begrenzt,[695] weil auch insoweit zumindest wieder bedingter Vorsatz nachgewiesen werden muss.[696]

(5) § 263 StGB

Nach § 263 StGB macht sich strafbar, wer in der Absicht, sich oder einem Dritten einen rechtswidrigen Vermögensvorteil zu verschaffen, das Vermögen eines anderen dadurch beschädigt, dass er durch Vorspiegelung falscher oder Unterdrückung wahrer Tatsachen einen Irrtum erregt oder unterhält.
Da geschütztes Rechtsgut des § 263 StGB das Vermögen des Einzelnen ist,[697] stellt § 263 StGB ein Schutzgesetz i.S.v. § 823 Abs. 2 BGB dar.[698]
Die Vorschrift ist jedoch für den Schadensersatzanspruch im Falle von Ad-hoc-Publizitätspflichtverletzungen des Anlegers nicht fruchtbar zu machen. Zwar wird durch eine Fehlinformation regelmäßig der Anleger getäuscht, wodurch er zu einer irrtumsbedingten Vermögensverfügung veranlasst wird, die beim Anleger einen Schaden verursacht. Der Betrugstatbestand erfordert aber darüber hinaus, dass die Schädigung des Anlegers, und die vom Täter angestrebte Bereicherung auf derselben Verfügung beruhen, also stoffgleich sind.[699] Die schädigende Vermögensverfügung des Anlegers ist in der Wertpapiertransaktion mit einem unbeteiligten Dritten zu sehen. Das fehlerhaft publizierende Unternehmen profitiert aber von einem infolge der falschen Ad-hoc-Mitteilung steigenden Aktienkurs. Diese nur mittelbare Begünstigung reicht für die Annahme der Stoffgleichheit nicht aus.[700]
Ein Betrug ist damit nur bei einem unmittelbaren Geschäft (*face to face transaction*) denkbar, nicht aber bei einem über den Börsenhandel abgewickelten Kontrakt (*open market transaction*).[701]

(6) § 264a StGB

Nach § 264a Abs. 1 Nr. 1 StGB wird bestraft, wer im Zusammenhang mit dem Vertrieb von Wertpapieren, Bezugsrechten oder von bestimmten Anteilen in

---

695 Fleischer, BKR 2003, 608, 611.
696 Fuhrmann, in: Geßler/Hefermehl/Eckardt/Kropff, § 400 AktG, Rn. 27; Otto, in: Hopt/Wiedemann, § 400 AktG, Rn. 48.
697 Cramer, in: Schönke/Schröder, § 263, Rn. 1; Tröndle/Fischer, § 263, Rn. 3.
698 BGHZ 57, 137, 142 f.; BGH NJW 1993, 2992; Kaiser, WM 1997, 1557, 1559; Krause, ZGR 2002, 799, 817; Lambsdorff, VuR, 2003, 207, 208; Möllers, in: Bankrecht 2002, 271, 281; Palandt/Thomas, § 823, Rn. 65; Pleyer/Hegel, ZIP 1987, 79; Schniewind/Hausmann, BB 1986, Beilage Nr. 16, 26, 32.
699 BGHSt 34, 378, 391.
700 BGH ZIP 2004, 1599 ff.; Wilga, in: Möllers/Rotter, 203, 269; zu weit, Kissner, 69 ff.
701 Lambsdorff, VuR, 2003, 207, 208.

Prospekten oder in Darstellungen oder Übersichten über den Vermögensstand hinsichtlich der für die Entscheidung über den Erwerb oder die Erhöhung erheblichen Umstände gegenüber einem größeren Personenkreis unrichtige vorteilhafte Angaben macht oder nachteilige Tatsachen verschweigt.
Da mit dieser Regelung neben dem Vertrauen der Allgemeinheit in das Funktionieren des Kapitalmarkts ausdrücklich auch das individuelle Vermögen der Kapitalanleger und deren hierauf bezogene Dispositionsfreiheit geschützt werden soll,[702] besteht Einigkeit in Literatur und Rechtsprechung,[703] dass § 264a StGB ein Schutzgesetz im Sinne des § 823 Abs. 2 BGB darstellt.[704]
Ein derartiger Schadensersatzanspruch kommt tatbestandlich aber nur in Betracht, wenn es sich bei Ad-hoc-Mitteilungen um Prospekte, Darstellungen oder Übersichten über den Vermögensstand handelt. Diese Werbeträger müssen zwar nicht den Prospektbegriff im Sinne des Börsenrechts[705] erfüllen,[706] nach außen aber doch den Eindruck einer gewissen Vollständigkeit der Informationen erwecken.[707] Eine Ad-hoc-Meldung, die nur Einzeltatsachen des Unternehmens betrifft, wird von § 264a StGB nicht nicht erfasst.[708] Nur wenn im Einzelfall eine Ad-hoc-Meldung doch die gesamte Vermögens- und Finanzlage betrifft und sie in Zusammenhang mit einer konkreten Vertriebs- oder Kapitalsammelmaßnahme steht, erfüllt sie Tatbestand von 264a StGB. Denkbar sind daher allenfalls Ansprüche wegen fehlerhafter Ad-hoc-Meldungen im Zusammenhang mit der Emission des Wertpapiers oder einer Kapitalerhöhung.
Schließlich muss der Anleger den Nachweis des Vorsatzes erbringen. Auch wenn dabei Eventualvorsatz genügt,[709] dürfte dem Anleger dieser Beweis schwer fallen.
Damit ist ein Schadensersatzanspruch auf Grundlage von § 823 Abs. 2 in Verbindung mit § 264a StGB zwar grundsätzlich denkbar, aber praktisch von äußert geringer Relevanz.

(7) §§ 3, 4 UWG

Im Schrifttum wird im Zusammenhang mit falschen Ad-hoc-Meldungen zuweilen auf das Verbot des unlauteren Wettbewerbs (§§ 3, 4 UWG a.F.)

---

[702] Begr. RegE, BT-Drs. 10/318, S. 22 f.; BGHZ 116, 7, 13; Möllers, in: Bankrecht 2002, 271, 281; Tröndle/Fischer, § 264a, Rn. 2.
[703] BGHZ 116, 7, 13 f.; BGHZ 125, 366; OLG Frankfurt/M., WM 1992, 572, 576; Cramer, in: Schönke/Schröder, § 264a, Rn. 1; Schwark, Kapitalmarktrecht, § 45 BörsG, Rn. 74; Tröndle/Fischer, § 264a, Rn. 2.
[704] BGH WM 1991, 2090.
[705] §§ 36 Abs. 3 Nr. 2, 38 Abs. 1 Nr. 2 BörsG i.V.m. §§ 13 ff. BörsZulV.
[706] Krause, ZGR 2002, 799, 818; Pleyer/Hegel, ZIP 1987, 79, 81.
[707] BGH ZIP 2004, 1599; Park, BB 2001, 2069, 2074.
[708] LG München, ZIP 2001, 1814, 1818; LG Augsburg, ZIP 2002, 530; AG München WM 2002, 594, 596; vgl. auch, BT-Drs. 10/318, 23; anders aber Ekkenga, NZG 2001, 1, 6.
[709] Otto, WM 1988, 729, 739.

verwiesen.[710] Unabhängig von der Frage, inwieweit das Wettbewerbsrecht überhaupt als Grundlage für Schadensersatzansprüche von Verbrauchern im Allgemeinen[711] sowie von Kapitalanlegern im Besonderen[712] herangezogen werden kann und der Frage nach der Schutznormqualität von §§ 3 ff. UWG nach deren Novelle im Jahre 2004, ist eine Schadensersatzklage unter Bezugnahme auf §§ 3 ff. UWG abzulehnen, weil ein Wertpapier nicht als „Ware" im Sinne der §§ 3 ff. UWG anzuerkennen ist. Ein Wertpapier verkörpert im Wesentlichen die Mitgliedschaft an einer Gesellschaft.[713] Auf diese kommt es aber ausweislich der Bezugnahme auf die „Zusammensetzung" und „Herstellung" der Ware in § 5 Abs. 2 Nr. 1 UWG nicht an. Eine Auslegung über den Wortlaut hinaus verbietet sich im Hinblick auf den strafbewehrten § 16 Abs. 2 UWG, da diese eine nach § 103 Abs. 2UWG verbotene Analogie darstellt.

bb) Zusammenfassung

Nach den oben angestellten Erwägungen kommt ein Schadensersatzanspruch von Anlegern auf Grund der Verletzung von Ad-hoc-Publizitätspflichten durch den Emittenten oder dessen Organe nach § 823 Abs. 2 BGB in Verbindung mit einem Schutzgesetz (§ 400 AktG, § 264a StGB) nur in sehr eingeschränktem Umfang in Betracht.
Über die Schutzgesetzverletzung hinaus hat der geschädigte Anleger nachzuweisen, dass ihm ein Schaden entstanden ist, welcher auf das als Rechtsverletzung einzustufende Verhalten des Schädigers zurückzuführen ist.[714] Wegen der überaus geringen praktischen Relevanz dieser Anspruchsgrundlagen wird daher von einer Auseinandersetzung mit der haftungsbegründenden Kausalität und dem Schadensersatzumfang abgesehen.[715]

c) § 826 BGB

Ferner kommt als Anspruchsgrundlage für eine Schadensersatzforderung eines geschädigten Kapitalanlegers gegenüber der Gesellschaft oder dem Vorstand der

---

[710] vgl. Ekkenga, NZG 2001, 1, 6; den Schutznormcharakter von § 3 UWG a.F. verneinend BGH NJW 1974, 1503, 1505; Baumbach/Hefermehl, Wettbewerbsrecht, § 3, Rn. 441; Holzborn/Foelsch, NJW 2003, 932, 938; Riekers, BB 2002, 1213, 1214; krit. dazu Kissner, 84 ff.; diesen für § $ UWG a.F. bejahend BGH, NJW 1978, 173; Dühn, 193.
[711] dazu BGH NJW 1974, 1503, 1505.
[712] dafür Kissner, 84; Wiedemann/Schmitz, ZGR 1980, 129, 143 ff.; ablehnend Assmann, in: Assmann/Schütze, § 7 Rn. 34; Pleyer/Hegel, ZIP 1986, 681, 682; zweifelnd Krause, ZGR 2002, 799, 817.
[713] Barnert, WM 2002, 1473, 1474; Dühn, 193; a.A. Kissner, 78.
[714] Zu den Beweislastregeln statt vieler Palandt/Heinrichs, Vorb. § 249 Rn. 162.
[715] vgl dazu Holzborn/Foelsch, NJW 2003, 932, 939 f.

börsennotierten Aktiengesellschaft die Haftung aus der Generalklausel des § 826 BGB in Betracht,[716] wobei dessen Ausnahmecharakter im Hinblick auf den Ersatz reiner Vermögensschäden zu beachten ist.

aa) Sittenwidrigkeit

Zunächst muss die Ad-hoc-Publizitätspflichtverletzung als sittenwidrig einzustufen sein. Dafür ist erforderlich, dass zu dem Verstoß gegen § 15 Abs. 1 WpHG weitere Umstände hinzutreten. Ein Sittenwidrigkeitsverstoß kann aus einer besonderen Verwerflichkeit des Verhaltens, der verfolgten Ziele, der eingesetzten Mittel, der zutage tretenden Gesinnung oder auf den schwerwiegenden Folgen resultieren.[717] Allgemein wird Sittenwidrigkeit als ein Verhalten verstanden, dass gegen das „Anstandsgefühl aller billig und gerecht Denkenden" verstößt.[718] Davon ist auszugehen, wenn das Gesamtbild eines Vorgangs signifikant den Grundanschauungen über den loyalen Umgang unter Rechtsgenossen widerspricht,[719] wobei die berechtigten und gesellschaftlich als fundamental anerkannten gegenseitigen Verhaltenser-wartungen maßgeblich sind.
Ein Unterlassen ist als sittenwidrig einzustufen, wenn ein sittliches Gebot ein Handeln erfordert.[720]
Diese Wertungen werden durch eine Reihe von Fallgruppen konkretisiert. Soweit ein Sachverhalt unter eine dieser Fallgruppen subsumierbar ist, besteht eine widerlegbare Vermutung für das Vorliegen eines sittenwidrigen Verhaltens.[721] Diese Fallgruppen sind jedoch nicht abschließend. Sittenwidrigkeit kann auch dann vorliegen, wenn ein bestimmter Vorgang bei wertender Gesamtbetrachtung eine den bestehenden Fallgruppen vergleichbare Situation ist.[722]

(1) Bewusst unrichtige Auskunft

Die bewusst unrichtige Erteilung einer Auskunft stellt einen Sittenverstoß dar, wenn der Auskunftgebende den Auskunftsempfänger durch die Mitteilung

---

[716] vgl. BGH ZIP 2005, 1270; ZIP 2004, 1593; OLG München BKR 2002, 1096; Dühn, 133 ff.; Horn, FS Ulmer, 817, 820; Miller, 96 ff.; Möllers/Leisch, ZIP 2002, 1995, 1997; Rössner/Bolkart, WM 2003, 963, 858; näher zur persönlichen Haftung der Vorstände aus § 826 BGB, Möllers/Leisch, WM 2001, 1648; den Ausnahmecharakter betonen Claussen, Insiderhandelsverbot, Rn. 127; Köndgen, FS Druey, 791, 793 f., 809; Möllers, in: Bankrecht 2002, 271, 281; Reichert/Weller, ZRP 2002, 49, 53; Rieckers, BB 2002, 1213, 1219; Rodewald/Siems, BB 2001, 2437, 2440; Schwark, EWiR 2001, 1049, 1050; Thümmel, DB 2001, 2331, 2332.
[717] Dühn, 134; Horn, FS Ulmer, 817, 820; Steinhauer, 138 m.w.N.
[718] RGZ 48, 114, 124 f.; Oechsler, in: Staudinger, § 826, Rn. 4, 24.
[719] BGH, NJW 1981, 2184, 2185.
[720] Kissner, 140; Mertens, in: MünchKomm., § 826 BGB, Rn. 107 ff.
[721] Möllers/Leisch, WM 2001, 1648, 1651.
[722] BGH, NJW 1977, 657, 658 f.; Möllers/Leisch, WM 2001, 1648, 1650.

bewusst zur Übernahme eines bei Kenntnis der wahren Sachlage nicht vertretbaren Risikos verleitet hat.[723] Entscheidend ist, dass der Auskunftsempfänger auf die Richtigkeit der Information vertraut und in diesem Vertrauen eine Vermögensdisposition getroffen hat, wobei für den Auskunftsgeber die besondere Bedeutung der Auskunft erkennbar war.[724]

Für die Beurteilung der Unrichtigkeit einer Auskunft ist deren Funktion und Bedeutung maßgeblich. Sie hängt auch davon ab, welche Anforderungen der Empfänger an die konkrete Auskunft stellen kann.[725]
Durch die Ad-hoc-Publizitätspflicht soll vermieden werden, dass sich durch Informationsdefizite und -asymmetrien unter den Anlegern unangemessene, einzelne Anleger oder den Handel insgesamt schädigende Börsenpreise bilden. Der Inhalt einer Ad-hoc-Meldung darf folglich nicht geeignet sein, das Anlegerpublikum bei der Bewertung der finanziellen und wirtschaftlichen Situation des Unternehmens zu täuschen, sie dürfen weder unrichtig noch irreführend sein.[726]
Die Frage der Unrichtigkeit einer Ad-hoc-Mitteilung richtet sich nach den Vorgaben des § 15 Abs. 1 WpHG, da sowohl der tatsächliche als auch der potentielle Anleger erwarten kann, dass diese gesetzliche Anforderung erfüllt wird. Fraglich ist hingegen, ob ein besonderes Näheverhältnis zwischen Emittent bzw. Vorstand und dem Anleger vorliegt, das ein Vertrauen des Anlegers in die Kapitalmarktinformation rechtfertigt.
Ein solches wird regelmäßig bei individuellen und persönlichen Kontakten ange-nommen.[727] Dieses liegt aber erkennbar zwischen dem einzelnen Kapitalanleger und dem Unternehmen bzw. seinem Vorstand nicht vor.[728]
Ein so verstandenes Vertrauensverhältnis engt aber die Fallgruppe der unrichtigen Auskunftserteilung zu stark ein. Maßgeblich muss sein, wie sich der Auskunftsgeber gegenüber dem Auskunftsempfänger gerierte und ob dieser vernünftigerweise auf die Auskunft vertrauen durfte.
Soweit dieses weite Verständnis abgelehnt wird, weil das am Kapitalmarkt typische Spannungsverhältnis zwischen Anleger und Emittent einem berechtigten Vertrauen entgegenstehe,[729] wird die Bedeutung und der Zweck der Ad-hoc-Publizität verkannt.
Das Unternehmen hat nach § 15 Abs. 1 WpHG alle *kursrelevanten* Insiderinformationen zu veröffentlichen. Der Emittent hat die Bedeutung eines Ereignisses selbst zu beurteilen. Durch die Entscheidung zur Veröffentlichung hat er die besondere Bedeutung der Ad-hoc-Meldung anerkannt. Dies zeigt ins-

---

[723] BGH, WM 1974, 153; Rieckers, BB 2002, 1215, 1217 f.; Kissner, 104 ff.
[724] Oechsler, in: Staudinger, § 826, Rn. 199; Palandt/Thomas, § 826, Rn. 26.
[725] Möllers/Leisch, WM 2001, 1648, 1652.
[726] Hopt, ZHR 1995, 135, 152.
[727] Dühn, 135.
[728] mit diesem Argument die Kompatibilität der Fallgestaltungen ablehnend, Dühn, 135.
[729] Holzborn/Foelsch, NJW 2003, 932, 939.

besondere auch die in den 90er Jahren des letzten Jahrhunderts verfolgte Veröffentlichungspolitik einiger Unternehmen, mit der bewusst und auf unlauterer Art und Weise versucht wurde, auf das Anlegerverhalten einzuwirken.[730] Dabei wurde die steuernde Wirkung einer bestimmten Veröffentlichungspolitik bewusst ausgenutzt und zum eigenen Vorteil genutzt.
Das Erfordernis und die Erwartung einer hohen Verlässlichkeit hinsichtlich der publizierten Information wird deutlich, wenn man den Sinn der Ad-hoc-Publizität berücksichtigt, die Anleger über kursrelevante Vorgänge[731] zu informieren, um eine Tatsachengrundlage für eine wohlinformierte Anlageentscheidung zu schaffen. Die hohe Verlässlichkeit der Ad-hoc-Meldung wird unter anderem dadurch gewährleistet, dass Verstöße als Ordnungswidrigkeit eingestuft werden, § 39 Abs. 2 WpHG, und auch zivilrechtliche Haftungsansprüche auslösen können, §§ 37b, 37c WpHG. Zudem fließen die publizierten Tatsachen in die Bewertungen der Wertpapieranalysten und Anlageberater ein.[732] Insoweit liegt das Bewusstsein der unrichtigen Information umso näher, je offenkundiger die Meldung von der wahren Sachlage abweicht.
Die unlautere Beeinflussung des Sekundärmarktpublikums durch eine grob unrichtige Ad-hoc-Meldung verstößt folglich derart gegen die Mindestanforderungen im Rechtsverkehr auf dem Kapitalmarkt, dass von Sittenwidrigkeit auszugehen ist.[733]

(2) Leichtfertige Irreleitung Dritter durch Fehlinformationen

Dem insoweit beweisbelasteten Anleger wird der Nachweis, dass der Vorstand bewusst eine unrichtige Tatsache veröffentlicht hat häufig nicht gelingen.
Anerkannt ist jedoch, dass auch eine unrichtige Auskunft gegenüber Dritten sittenwidrig sein kann, wenn der Auskunftsgeber den Dritten leichtfertig durch die Fehlinformation irreleitet,[734] diese erkennbar eine besondere Bedeutung für den Empfänger hat und der Auskunftsgeber zudem eine herausragende Position innehat.

Eine herausgehobene Stellung wird von der Rechtsprechung bei Personen angenommen, die aufgrund ihrer beruflichen Laufbahn eine besondere Vertrauensstellung innehaben. Hinzukommen muss, dass der Geschäftsverkehr gerade mit ihrer beruflichen Stellung eine Pflicht zur sorgfältigen Auskunfterteilung verbindet. Zu diesen Berufsgruppen gehören etwa Wirtschaftsprüfer,

---

[730] BGH ZIP 2004, 1593, 1598 f.
[731] vgl. Wortlaut des § 15 Abs. 1 S. 1 WpHG.
[732] Möllers/Leisch, WM 2001, 1648, 1653.
[733] BGH ZIP 2004, 1593, 1598 f.
[734] Im Falle der Verneinung einer vorsätzlichen falschen Auskunft ist daher zu prüfen, ob leichtfertig eine falsche Auskunft gegeben worden ist. Vgl. BGH WM 1992, 1812; BGH, WM 2000, 2447.

Steuerberater, Rechtsanwälte, Testprüfer und Wertgutachter,[735] da mit diesen Berufen nicht nur besondere Sachkunde, sondern auch Unabhängigkeit sowie ein hohes Maß an Sorgfalt und Gewissenhaftigkeit verbunden ist.
Zwar haben Vorstände fehlerhaft publizierender Unternehmen keine herausgehobene, durch besondere Sachkenntnis oder Unabhängigkeit gekennzeichnete berufliche Stellung. Allerdings kommt nach der Rechtsprechung eine Haftung wegen leichtfertig falsch erteilter Auskünfte auch dann in Betracht, wenn die Auskunft selbst in *qualifizierter* Form erteilt wird, z.B. durch die grob unrichtige Ausstellung eines Arbeitszeugnisses.[736] Dabei wird entscheidend darauf abgestellt, dass bestimmte Dokumente einen besonderen *vertrauensheischenden Charakter* haben und daher häufig als Entscheidungsgrundlage dienen.[737] Außerdem wird wertungsmäßig berücksichtigt, dass der Arbeitgeber bei der Erteilung eines Arbeitszeugnisses ein *Informationsmonopol* besitzt, was diesem auch bewusst ist.
Wie bereits dargetan sind Ad-hoc-Mitteilungen gerade dazu bestimmt, die Entscheidungen von Anlegern zu beeinflussen. Sie sollen die umfassende Information des Anlegers gewährleisten, um eine adäquate Anlageentscheidung zu gewährleisten. Dementsprechend setzt das Anlegerpublikum berechtigterweise ein gesteigertes Vertrauen in die Richtigkeit von Ad-hoc-Mitteilungen. Der Unwertgehalt der leichtfertigen Erteilung einer fehlerhaften Ad-hoc-Mitteilung ist daher mit Verhaltensweisen vergleichbar, bei denen die Rechtsprechung bisher eine leichtfertig falsch erteilte Auskunft als ausreichend für die Annahme eines sittenwidrigen Verhaltens angesehen hat.[738] Von der Informationspolitik des Unternehmens hängen Analysen von Wertpapierspezialisten und die Effektivität einer Anlageberatung ab. Ad-hoc-Mitteilungen kommt dementsprechend eine entscheidende Funktion beim Schutz bzw. der Herstellung des Anlegervertrauens und bei der Sicherstellung der Funktionsfähigkeit des Kapitalmarktes zu.[739] Somit ist bei der Bekanntgabe inhaltlich falscher Ad-hoc-Meldungen von einer qualifizierten Form der Auskunftserteilung auszugehen.
Dafür spricht auch, dass die Emittenten bzw. ihre Vorstände regelmäßig allein über eine sichere Kenntnis hinsichtlich der Vorgänge und Daten, die Gegenstand der Ad-hoc-Mitteilungen sind, verfügen. Insoweit sind sie wie der das Arbeitszeugnis ausstellende Arbeitgeber *Informationsmonopolisten*.[740] Dies umso mehr,

[735] BGH, WM 1985, 1531 - Steuerbevollmächtigter; BGH WM, 1987, 257 - steuerlicher Berater; BGH, WM 1991, 2034 - Bodengutachten; BGH WM 2000, 2447 - Wirtschaftsprüfer.
[736] BGH VersR 1970, 1152, 1153; vgl. auch BGHZ 74, 281; In letzterer Entscheidung ging es allerdings um eine nachträgliche Aufklärungspflicht, da den Arbeitgeber an der falschen Ausstellung des Arbeitszeugnisses kein Verschulden traf.
[737] BGHZ 74, 281, 290.
[738] Möllers/Leisch, WM 2001, 1648, 1654.
[739] Möllers/Leisch, WM 2001, 1648, 1654; zustimmend Krause, ZGR 2002, 799, 823.
[740] Möllers/Leisch, WM 2001, 1648, 1654; krit. Rützel, AG 2003, 69, 73; a.A. Dühn, 137.

als auch die Sekundärinformationsquellen, wie Analystenmeinungen, im Wesentlichen auf diesen Darstellungen basieren.
Schließlich muss die Fehlinformation leichtfertig erfolgt sein. Davon ist auszugehen, wenn der Handelnde sich über bestehende Bedenken hinwegsetzt, einen eigenen Vorteil ohne Rücksicht auf die Belange Dritter sucht oder es ihm aus sonstigen Gründen gleichgültig ist, ob und gegebenenfalls welche Folgen sein Verhalten hat.[741] Dazu können auch Angaben „ins Blaue" hinein zählen.[742] Schließlich liegt Leichtfertigkeit bzw. Gewissenlosigkeit vor, wenn der Auskunftgeber sich grob fahrlässig der Einsicht in die Unrichtigkeit seiner Auskunft verschließt.[743]
Auch insoweit ist zu berücksichtigen, dass die Veröffentlichung einer Ad-hoc-Mitteilung voraussetzt, dass das betreffende Ereignis ein Kursbeeinflussungspotential besitzt. Da eine Kursbeeinflussung durch die Kauf- und Verkaufsentscheidung der individuellen Marktteilnehmern als zu erwartende Reaktion auf die Mitteilung der meldepflichtigen Tatsache erfolgt, wissen die Beteiligten, dass es infolge der Ad-hoc-Information zu entsprechenden Anlageentscheidungen kommen wird. Kennen sie die Unrichtigkeit der Ad-hoc-Meldung, wissen sie zugleich, dass deshalb Wertpapiertransaktionen auf fehler-hafter Tatsachengrundlage getroffen werden. Setzen sich die Unternehmen bzw. deren Vorstände dennoch über diese Erkenntnis hinweg, so ist von einer leichtfertigen Veröffentlichung unwahrer Ad-hoc-Mitteilungen auszugehen.

bb) Der ersatzfähige Schaden

Inhalt und Umfang des nach § 826 BGB ersatzfähigen Schadens richten sich nach den §§ 249 ff. BGB. Danach kann der geschädigte Anleger verlangen so gestellt zu werden, wie er ohne die fehlerhafte Kapitalmarktinformation stünde.[744]
Ebenso wie im Falle der §§ 37b, 37c WpHG kommen hier der Ersatz des Vertragsabschlussschadens (negatives Interesse) oder des Kursdifferenzschadens in Betracht, so dass auf die dortigen Ausführungen Bezug genommen werden kann.[745]

cc) Kausalität

Schadensersatz kann gemäß § 826 BGB nur geltend gemacht werden, wenn zwischen dem sittenwidrigen Verhalten und dem eingetretenen Schaden ein

---

741 BGH NJW 1991, 3282, 3283.
742 BGH NJW 1991, 3282, 3283; Krause; ZGR 2002, 799, 822 f.
743 BGH NJW 2001, 360, 365.
744 ausführl. Geibel, 16 ff., 21.
745 Siehe S. 133 ff.; so auch BGH ZIP 2005, 1270, 1272 f.

Kausalzusammenhang besteht. Entscheidend ist, ob die den Sittenwidrigkeitsvorwurf begründende Fehlinformation für den Schaden ursächlich war.[746]
Da eine Haftung nach § 826 BGB grundsätzlich keine Rechtsgutverletzung voraussetzt, ist eine eindeutige Unterscheidung zwischen haftungsbegründender Kausalität, die beweisrechtlich nach § 286 ZPO zu behandeln ist, und haftungsausfüllender Kausalität, deren Vorliegen sich nach § 287 ZPO bemisst, nicht möglich.[747]
In Fällen der Prospekthaftung fordert die Rechtsprechung, dass der Kläger gemäß § 286 ZPO nachweisen muss, dass der Kaufentschluss auf der Fehlinformation beruht.[748] Für den geschädigten Anleger würde dies im Falle einer Ad-hoc-Publizitätspflichtverletzung bedeuten, dass er den ursächlichen Zusammenhang zwischen der Falschinformation und dem Kaufentschluss nach § 286 ZPO beweisen muss. Der Nachweis dieser inneren Tatsache des Anlegers ist in der Praxis nur schwer zu erbringen.

Dementsprechend stellt sich auch hier die Frage, ob dem Anleger nicht durch eine Beweislastumkehr analog § 46 Abs. 2 Nr. 1 BörsG eine Beweiserleichterung zugute kommen kann.
Wie Prospekte und Unternehmensberichte im Sinne von §§ 44 ff., 1 ff. BörsG, §§ 1 ff. VerkProspG dienen auch Ad-hoc-Mitteilungen der Markttransparenz durch Information der Marktteilnehmer. In beiden Fällen stammen die Informationen von Personen, die in bezug auf die veröffentlichten Informationen ein Informationsmonopol haben. Trotzdem bestehen hinsichtlich der analogen Anwendung von § 46 Abs. 2 Nr. 1 BörsG auf Fälle fehlerhafter Ad-hoc-Mitteilungen Bedenken. Insoweit ist zu berücksichtigen, dass die §§ 46 ff. BörsG ein Gesamtkonzept darstellen, welches eine Kombination von anlegergünstigen und anlegerunfreundlichen Bestimmungen enthält. Nur in ihrer Gesamtheit stellen sie eine ausgewogene Regelung dar und vermeiden Nachweisschwierigkeiten durch klare Beweislastregelungen und kurze Fristen.[749] Die analoge Anwendung lediglich von Teilen dieses Gesamtkonzepts würde dieser Intention zuwiderlaufen.

Allerdings könnte im Rahmen von § 826 BGB durch die Anwendung der Rechtsfigur der Anlagestimmung dem geschädigten Anleger der Nachweis der haftungsbegründenden Kausalität erleichtert werden.

---

[746] BGH NJW 1994, 2541; NJW 1997, 2171, 2173; Schäfer/Müller, Rn. 66 ff., 79 ff.
[747] Kissner, 112; Möllers/Leisch, WM 2001, 1648, 1656.
[748] BGH WM 1991, 1543, 1545; WM 1992, 1892, 1893; WM 1993, 1787, 1790; Wobei der BGH jeweils betont, dass es der allgemeinen Lebenserfahrung entspreche, dass ein in wesentlichen Punkten unrichtiger Prospekt für den auf seiner Grundlage erlärten Beitritt ursächlich gewesen sei.
[749] Vgl. ausführlich Möllers/Leisch, WM 2001, 1648, 1660.

Ausgangspunkt ist die gesetzgeberische Wertung, dass Ad-hoc-Mitteilung und Prospekt bzw. Unternehmensbericht im Hinblick auf ihre Wirkung auf die Kapitalmarktteilnehmer weitgehend identisch sind. Dies lässt sich der Regelung von § 45 Abs. 2 Nr. 4 BörsG entnehmen. Danach entfällt eine Haftung des Prospektverantwortlichen, wenn er den Prospektfehler durch eine Ad-hoc-Meldung gemäß § 15 WpHG berichtigt. Diese gesetzlich fixierte Berichtigungsmöglichkeit wäre unverständlich, wenn der Gesetzgeber der Auffassung gewesen wäre, dass über eine Ad-hoc-Mitteilung eine anlagestimmungsverändernde Wirkung nicht erzielt werden könnte.[750]
Es liegt daher nahe, die allgemeinen Grundsätze der Rechtsprechung zur Anlagestimmung heranzuziehen.[751] Danach besteht während der Wirkung einer Anlagestimmung im Rahmen der Beweiswürdigung zumindest eine Vermutung, dass der Anleger die Aktien nicht erworben hätte, wenn die Information zutreffend gewesen wäre. Diese Vermutung kann der Schädiger gegebenenfalls widerlegen. Allerdings ist der BGH dieser Lösung nicht gefolgt. Er hält zwar das Vorliegen einer Anlagestimmung für möglich, spricht mangels hinreichender empirischer Erkenntnisse dem geschädigten Anleger aber keine Beweiserleichterung zu [752]

dd) Schutzzweck der Norm/Rechtswidrigkeitszusammenhang

Unterschiedlich wird beurteilt, ob im Rahmen des § 826 BGB der Schaden noch vom Schutzzweck der Norm erfasst ist, wenn nicht die fehlerhafte Information, sondern andere Umstände für den späteren Kursverfall ursächlich sind.[753]
Auszugehen ist von dem Schutzzweck des § 826 BGB, eine dem Willen des Getäuschten widersprechende Vermögensdisposition auszugleichen. Geschützt wird damit das wirtschaftliche Selbstbestimmungsrecht. Später hinzutretende Geschehnisse wie die weitere Entwicklung des Aktienkurses und der Umstand, dass dieser möglicherweise (auch) von anderen Umständen beeinflusst wurde, beseitigen den Rechtswidrigkeitszusammenhang nicht.[754]

[750] Möllers, in: Bankrecht 2002, 271, 303.
[751] So auch LG Frankfurt/M. BKR 2003, 506 ff.; LG Frankfurt/M. BKR 2003, 766 ff.; LG Frankfurt/M. vom 30.04.2004 – Az. 2-21 O 324/03; aus der Lit. Fleischer, in: Fleischer/Merkt, F 102; Kissner, 114 ff.; Möllers, in: Bankrecht 2002, 271, 303.
[752] BGH ZIP 2004, 1599 ff.; NJW 2004, 2668, 2571.
[753] vgl. Möllers/Leisch, WM 2001, 1648, 1661.
[754] BGH WM 1998, 1772.

ee) Subjektiver Tatbestand

§ 826 BGB setzt zumindest den bedingten Vorsatz,[755] einem anderen Schaden zuzufügen, voraus. Folglich muss der Täter im Bewusstsein der Schädigung handeln und die Schädigung bezwecken oder zumindest billigend in Kauf nehmen. Ausreichend ist, dass der Täter im Bewusstsein der Gefährdung der geschützten Rechtsgüter das weitere Geschehen dem Lauf der Dinge überlässt.[756] Zwar muss sich der Vorsatz auf die gesamten Schadensfolgen beziehen. Es genügt jedoch, wenn der Vorsatz die Art und Richtung der Folgen grob umfasst. Eine genaue Vorstellung vom Schadensumfang, dem Kausalverlauf und der Person des Geschädigten ist nicht erforderlich.[757]

In den Schadensersatzklagen aufgrund einer Ad-hoc-Publizitätspflichtverletzung hat die Rechtsprechung bisher den tatsächlichen Nachweis eines Schädigungsvorsatzes verlangt.[758] Ein entsprechender Nachweis wird dem Anleger jedoch nur in den seltensten Fällen gelingen.

Soweit das LG Augsburg von der objektiven Sittenwidrigkeit eines leichtfertigen Verhaltens auf den Schädigungsvorsatz geschlossen hat,[759] ist dies zum Teil heftig kritisiert worden, da das Unternehmen regelmäßig an steigenden Kursen und nicht an der Schädigung der Anleger interessiert sei.[760]

Dieser Einwand ist jedoch unerheblich, denn der Schadenseintritt erfolgt bereits zum Zeitpunkt der Wertpapiertransaktion. Künftige Kursentwicklungen betreffen allenfalls eine zukünftige Minderung oder Beseitigung eines bereits eingetretenen Schadens und können daher den Vermögensschaden nicht entfallen lassen.[761]

Auch der dem Deliktsrecht zugrunde liegende Ausnahmecharakter des Ersatzes von Vermögensschäden steht der Möglichkeit einer Indizwirkung des Schädigungsvorsatzes unter bestimmten Voraussetzungen nicht entgegen.[762]

So lässt der BGH dann den Schluss von der objektiven Sittenwidrigkeit auf den Schädigungsvorsatz zu, wenn sich das betreffende Verhalten als besonders gewissenlos darstellt, insbesondere, wenn der Täter vor den die Sittenwidrigkeit begründenden Tatsachen „geradezu die Augen verschließt".[763]

---

[755] BGH NJW 2000, 2313; Mertens, in: MünchKomm., § 826 BGB, Rn. 61; Palandt/Thomas, § 826, Rn. 9.

[756] Möllers/Leisch, WM 2001, 1648, 1662.

[757] BGH NJW 1951, 596, 597; BGHZ 108, 134, 143 f.; BGH NJW 1991, 634, 636 m.w.N.

[758] z.B. OLG München, BKR 2003, 1096, 1100; LG München, WM 2001, 1948, 1952; AG München, WM 2002, 594, 596.

[759] LG Augsburg, ZIP 2001, 1881; vorher schon Möllers/Leisch, WM 2001, 1648, 1662.

[760] Reichert/Weller, ZRP 2002, 49, 53; Thümmel, DB 2001, 2331, 2333.

[761] Dühn, 143; Fuchs/Dühn, BKR 2002, 1063, 1068; Horn, FS Ulmer, 817, 820; Möllers/Leisch, ZIP 2002, 1995, 1998.

[762] Reichert/Weller, ZRP 2002, 49, 53.

[763] BGHZ 10, 228, 233; BGH WM 1970, 1021, 1023; BGH WM 1975, 559, 560; BGH WM 1986, 904, 906.

Durch die Ad-hoc-Mitteilung gibt der Vorstand selbst zu erkennen, dass er das mitgeteilte Ereignis für kursrelevant hält. Ihm ist damit bewusst, dass er mit positiven, „werbewirksamen" Ad-hoc-Mitteilungen den Kurs nach oben treibt und Anleger veranlasst, das Wertpapier zu einem überhöhten Kurs zu erwerben bzw. durch das Verschweigen negativer Tatsachen Kursverluste verhindern kann. Insoweit kann von den Organmitgliedern eines börsennotierten Unternehmens erwartet werden, dass sie die Preisbildungsmechanismen an den Kapitalmärkten bzw. die Wirkung von Informationen auf die Aktienkurse kennen.[764]

ff) Haftungsausschluss

Auch wenn der Vorstand bei einer persönlichen Inanspruchnahme nach § 826 BGB einen Regressanspruch gegen die Gesellschaft geltend machen könnte, weil er zur Leistung von Schadensersatz an die Anleger verurteilt wird, führt dies nicht zum Ausschluss seiner persönlichen Haftung.
Zwar ist denkbar, dass dem Vorstand eines Emittenten analog § 670 BGB ein Anspruch auf Aufwendungsersatz gegen die Gesellschaft zusteht. Ein solcher ist aber ausgeschlossen, wenn das Verhalten des Vorstandes auch gegenüber der Gesellschaft als schuldhafte Pflichtverletzung zu werten ist.[765] Davon ist jedoch auszugehen, wenn durch den Vorstand eine Falschinformation veranlasst wurde und diese als sittenwidrige Schädigung im Sinne von § 826 BGB zu werten ist, denn dies widerspricht dem objektiven Interesse der Gesellschaft.

gg) Verjährung

Nach der früheren Fassung des § 852 BGB verjährte der Anspruch nach drei Jahren ab dem Zeitpunkt, in dem der Geschädigte vom Schaden und der Person des Schädigers Kenntnis erlangte. Durch das Schuldrechtsmodernisierungsgesetz wurde mit den §§ 195, 199 BGB diese Verjährungsregelung modifiziert. Danach beginnt die dreijährige Verjährungsfrist mit dem Schluss des Jahres, in dem der Anspruch entstanden ist und der Gläubiger von den anspruchsbegründenden Umständen und der Person des Schuldners Kenntnis erlangt oder ohne grobe Fahrlässigkeit erlangen müsste.

---

[764] BGH ZIP 2004, 1593, 1597; Dühn, 142.
[765] Möllers/Leisch, WM 2001, 1648, 1662 m.w.N.

3. Haftung des Vorstandes

Neben den soeben erörterten Anspruchsgrundlagen kommen gegenüber dem Vorstand grundsätzlich auch gesellschaftsrechtliche Regelungen und Prinzipien für einen Anlegerschutz bei Verstößen gegen die Ad-hoc-Publizität in Betracht.[766]

a) § 93 Abs. 2 AktG analog

Eine Anknüpfung an die allgemeine organschaftliche Sorgfaltspflicht scheidet von vornherein aus. Auch wenn man einen Verstoß gegen § 15 WpHG als eine Verletzung der Organpflichten einstufen kann, lässt sich daraus keine Schadensersatzpflicht der verantwortlichen Vorstandsmitglieder gegenüber aktuellen und potentiellen Aktionären herleiten. § 93 AktG schützt anerkanntermaßen nur die Gesellschaft, nicht aber Aktionäre bzw. Anleger.[767] Während man bspw. im schweizerischen Recht bei einem Verstoß gegen die Pflicht zur Ad-hoc-Publizität gemäß Art. 72 des Kotierungsreglements der Schweizer Börse (SWX) wegen der weiteren Fassung des Art. 754 Abs. 1 OR in bestimmten Fällen eine Haftung unter dem Gesichtspunkt der Verletzung von Verwaltungspflichten für möglich hält,[768] ist dieser Weg im deutschen Recht versperrt.

b) Aktienrechtliche Treuepflichtverletzung

In der Praxis zeigt sich, dass Vorstands- und Aufsichtsratsmitglieder häufig auch Inhaber von Unternehmensaktien sind.[769] Demzufolge ist zu überlegen, ob der Vorstand eines Unternehmens als Wertpapierinhaber durch die Verletzung von Ad-hoc-Publizitätspflichten möglicherweise seine aktienrechtliche Treuepflicht verletzt und sich dadurch gegenüber den geschädigten Anlegern schadensersatzpflichtig macht.[770]
Diese Überlegungen sind insbesondere deshalb relevant, weil es derzeit noch keine explizite Norm gibt, nach der Vorstands- und Aufsichtsratsmitglieder bei Verletzung von Ad-hoc-Publizitätspflichten haften.

---

[766] Zu den vielschichtigen Beziehungen zwischen Gesellschafts- und Kapitalmarktrecht grundlegend Hopt, ZHR 1977, 389 ff.; ferner Ekkenga, 15 ff.; Lutter, FS Zöllner, 363 ff.; Möllers, AG 1999, 433 ff.; Schwark, FS Stimpel, 1087 ff.

[767] RGZ 63, 324, 327 f; 115, 289, 295 f; BGHZ 83, 122, 134.

[768] vgl. Hsu, 283.

[769] Krause, ZGR 2002, 799, 837.

[770] so Schwintowski auf der Pressekonferenz der Kanzlei Tilp & Kälberer (jetzt Tilp Rechtsanwälte) am 05.02.2001 in Frankfurt/M. im Hinblick auf Publizitätspflichtverletzungen der Gebrüder Haffa im Fall EM.TV.

aa) Existenz einer Treuepflicht

Die Anerkennung einer gesellschaftsrechtlichen Treuepflicht war notwendig, da sich die Konflikte innerhalb einer Gesellschaft weder mittels spezialgesetzlicher Vorgaben[771] noch allgemeiner Vorschriften[772] hinreichend bewältigen ließen.[773] So hatte schon recht früh das Reichsgericht die Existenz einer Treuepflicht gegenüber der Gesellschaft bejaht.[774] Im Recht der Kapitalgesellschaften sind Treuepflichten seit der ITT-Entscheidung aus dem Jahre 1975[775] für die GmbH und seit der Linotype-Entscheidung von 1988[776] eingeschränkt auch für die Aktiengesellschaft gebilligt.[777] Eine umfassende Treuepflicht unter den Aktionären wurde dagegen erst durch die Girmes-Entscheidung Mitte der 90er Jahre[778] anerkannt.

bb) Grundlage der Treuepflichten

Bis heute gibt es verschiedene Erklärungsversuche zur Grundlage der zwischen den Aktionären bestehenden Treuepflicht.[779] Sie wird als vertragliche Pflicht,[780] als allgemeine Verhaltenspflicht im Sinne des § 823 Abs. 1 BGB[781] oder als Pflicht im Rahmen einer Sonderbeziehung verstanden,[782] bei der sich wiederum fragt, ob sie vertraglicher oder außervertraglicher Natur oder ein Drittes ist.
Für die Vermutung einer deliktischen Natur spricht, dass die Gerichte vor der Anerkennung der aktienrechtlichen Treuepflicht derartige Konflikte über § 826 BGB zu lösen versucht haben.[783] Zudem ist anerkannt, dass die Treuepflicht der Gesellschafter untereinander aus der Mitgliedschaft abzuleiten ist.[784] Diese ist als „sonstiges Recht" durch § 823 Abs. 1 BGB geschützt. Eingriffe in die Mitgliedschaft werden allerdings nur als zielgerichtete Eingriffe in die Substanz der Mitgliedschaft erfasst. Die aktienrechtliche Treuepflicht beinhaltet aber u.a.,

771 Vgl. die aktienrechtliche Haftungsklausel (§ 117 AktG), den Anfechtungstatbestand des Strebens nach Sondervorteilen zum Schaden der Gesellschaft (§ 243 Abs. 2 AktG), die Haftungsvorschriften des Konzernrechts (§§ 309, 317, 323 AktG).
772 §§ 826 und 242 BGB; dazu RGZ 107, 72, 76; 107, 202, 204; 112, 14; 119, 248, 255
773 dazu Raiser, § 12, Rn. 42.
774 RGZ 146, 71, 76 f.; 146, 385, 395 ff.; 158, 248, 254.
775 BGHZ 65, 18 f.; dazu ausführlich Stimpel, AG 1986, 117 f.
776 BGHZ 103, 184.
777 vgl. dazu Grunewald, 239; Lutter, ZHR 1998, 164, 165 f.; Wastl, NZG 2000, 505, 506.
778 BGHZ 129, 136.
779 vgl. Henze, BB 1996, 489, 491 f. m.w.N.; Hüffer, FS Steindorff, 59, 63 f. m.w.N.
780 so Ulmer, FS Werner, 911, 912.
781 so der Ansatz von Mertens, FS Fischer, 461 ff.
782 vgl. Lutter, AcP 1980, 84, 122 ff.; Schmidt, Gesellschaftsrecht, 552 f.; Wiedemann, Gesellschaftsrecht, 95.
783 vgl. BGHZ 31, 258, 278 f.; Mertens, FS Fischer, 461, 468.
784 Schmidt, Gesellschaftsrecht, 552; Wiedemann, Gesellschaftsrecht, 95.

dass Aktionärsrechte mit Rücksicht auf die Interessen der Mitgesellschafter ausgeübt werden. Damit liegt gerade kein gezielter Eingriff vor. Eine Ausweitung auch auf diese Fälle überdehnt die Schutzfunktion des § 823 Abs. 1 BGB. Folglich fragt sich, ob die aus der Mitgliedschaft resultierende Sonderverbindung der Aktionäre vertraglicher oder außervertraglicher Natur ist. Gegen die Annahme einer vertraglichen Grundlage spricht, dass die Aktionäre gerade keine willentliche Rechtsbeziehung im direkten Verhältnis zueinander eingegangen sind. Hält man für die Annahme einer Treuepflicht allein maßgeblich, dass die Mitglieder einer Kooperation die gesellschaftsbezogenen Interessen der Mitaktionäre schädigen können[785] und dass die Pflicht zur Rücksichtnahme nur als Gegengewicht zu dieser Möglichkeit besteht, so erscheint die außervertragliche Natur der zwischen den Aktionären bestehenden Sonderverbindung begründbar.[786]
Zu bedenken ist allerdings, dass Ausgangspunkt der aktienrechtlichen Treuepflicht die Mitgliedschaft ist, welche wiederum in der Satzung wurzelt. Diese ist die Grundlage der mitgliedschaftlichen Rechte und Pflichten und leitet ihre Verbindlichkeit aus dem Organisationsvertrag der Gründer ab. Die Satzung bestimmt dabei sowohl das Rechtsverhältnis zwischen Gesellschaft und Aktionär als auch das der Gesellschafter untereinander. Das bestätigen auch die Entscheidungen zur materiellen Beschlusskontrolle:[787] Die Prüfung, ob strukturändernde Mehrheitsbeschlüsse erforderlich und verhältnismäßig sind, schließt die Erkenntnis ein, dass es eine Verpflichtung der Gesellschafter untereinander gibt, die Regelung ihrer Angelegenheiten am Gesellschaftsinteresse und am Verhältnismäßigkeitsgrundsatz auszurichten. Auch diese Verpflichtung der Gesellschafter untereinander bezieht sich auf die Satzung. Diese regelt folglich auch das Verhältnis der Aktionäre untereinander, so dass die aktienrechtliche Treuepflicht als der Satzung immanent anzusehen ist.[788] Dementsprechend sind die Treuepflichten zwischen den Gesellschaftern durchgängig als Pflichten vertraglichen Ursprungs aufzufassen.[789]

cc) Inhalt und Umfang der Treuepflichten

Die Treuepflicht als richterrechtliche Generalklausel[790] lässt sich aufgliedern in die Pflicht zur Förderung des gemeinsamen Zwecks, also des von der AG betriebenen Unternehmens, und als Verbot der Schädigung des Unternehmens, als

---

[785] so auch BGHZ 103, 184, 195.
[786] so auch BGH NJW 1988, 1579 mit Anm. von Timm, NJW 1988, 1582; Dreher, ZHR 1993, 150, 153.
[787] BGHZ 71, 40, 43 ff.; BGHZ 83, 319, 321; auch BGH WM 1988, 325, 327.
[788] so Hüffer, AktG, § 53a, Rn. 15.
[789] Hüffer, FS Steindorff, 59, 68.
[790] Bungeroth, in: MünchKomm. zum AktG, Vor § 53a, Rn. 18; Henze, BB 1996, 489, 499; Raiser, § 12, Rn. 47.

Pflicht zur Rücksichtnahme auf die Interessen der Mitaktionäre und als Pflicht, die Rechte und Einflussmöglichkeiten, welche die Mitgliedschaft in der Gesellschaft gewährt, verantwortungsvoll auszuüben.[791]
Soweit sich der Schutz auf die Mitaktionäre und deren Vermögen bezieht, klagt der einzelne Aktionär aus eigenem, nicht aus von der Gesellschaft abgeleitetem Recht.[792]

Inhaltlich richten sich die Anforderungen der Treuepflicht nach den Umständen des Einzelfalls und sind abhängig von der Realstruktur der Gesellschaft und der Stellung des Aktionärs in ihr.[793] Sie verlangt eine Abwägung der im Spiel befindlichen Interessen nach dem Prinzip der Verhältnismäßigkeit, wobei die Gerichte nicht zu weit in den Spielraum eindringen dürfen, der für die freie Willensbildung in der Gesellschaft verbleiben muss. Es kann nur darum gehen, rechtliche Mindestgrenzen loyalen Verhaltens zu statuieren.
Soweit es um die Intensität der aus dem Treuegedanken ableitbaren Pflichten geht, unterscheidet man zwischen gesellschaftsbezogenen und eigennützigen Mitgliedsrechten.[794]
Mit der Wahrnehmung eigennütziger Mitgliedschaftsrechte verfolgt der Aktionär in der Gesellschaft seine eigenen Interessen. Zu ihnen gehören die Vermögensrechte, die individuellen Kontrollrechte und letztlich auch das Teilnahmerecht an der Hauptversammlung einschließlich des Rederechts.
Dagegen betrifft die Wahrnehmung gesellschaftsbezogener Rechte die Förderung des Gesellschaftsinteresses, das an Hand der Satzung, des Verbandszwecks und des Unternehmenszieles zu konkretisieren ist.[795] Zu dieser Art von Rechten gehören insbesondere die organschaftlichen Befugnisse der Aktionäre.
Die inhaltlichen Grenzen sind bei der Wahrnehmung eigennütziger Rechte weiter als bei Rechten, die dem Aktionär im Interesse der Gesellschaft gegeben sind. Bei der Ausübung eigennütziger Interessen sind aber in jedem Falle die Schran-ken einzuhalten, die sich aus dem Verbot einer willkürlichen oder unverhältnis-mäßigen Rechtsausübung ergeben. Insbesondere ist auf die mitgliedschaftlichen Interessen anderer Gesellschafter angemessen Rücksicht zu nehmen,[796] ohne dass der einzelne Aktionär seine eigenen Interessen hinter denen der Gesell-schaft zurücktreten lassen muss.
Demgegenüber müssen uneigennützige Rechte im Interesse der Gesellschaft ausgeübt werden, wobei die eigenen Interessen unter Umständen zurücktreten müssen.[797]

---

[791] Henze, BB 1996, 489, 493; Hüffer, FS Steindorff, 59, 68; Raiser, § 12, Rn. 47.
[792] Lutter, ZHR 1998, 164, 180 ff.; Raiser, ZHR 1989, 10 ff.
[793] Raiser, § 12, Rn. 48.
[794] Hüffer, FS Steindorff, 59, 62 m.w.N.
[795] Henze, BB 1996, 489, 492.
[796] Henze, BB 1996, 489, 493; Hüffer, FS Steindorff, 59, 68; Lutter, AcP 1980, 85, 110 ff.
[797] Henze, BB 1996, 489, 493 f.; Lutter, AcP 1980, 85, 110 ff.

dd) Verletzung der Ad-hoc-Publizitätspflicht als Treuepflichtverletzung

Fraglich ist allerdings, ob durch Kursverluste, die auf Ad-hoc-Publizitätspflichtverletzungen zurückzuführen sind, die gesellschaftsrechtliche Treuepflicht verletzt sein kann.

Ein Eingriff in die Mitgliedschaft als solche liegt nicht vor. Die Aktionäre sind weiterhin in demselben Umfang und mit denselben Rechten und Pflichten an der Gesellschaft beteiligt. Verändert hat sich nur der wirtschaftliche Wert der Aktie. Aber auch dieser wird von der Treuepflicht geschützt. Der Schutzbereich der Treuepflicht kann nicht auf rechtliche Nachteile beschränkt werden, sondern muss auch die wirtschaftlichen Folgen mit umfassen, sofern sie mitgliedschaftlich vermittelte Individualinteressen sind.[798]

Gerade bei Kleinaktionären wird das Interesse an einer effektiven Kapitalanlagemöglichkeit im Vordergrund stehen. Wichtige Voraussetzung dafür ist die Möglichkeit einer objektiven Wertpapierbeurteilung, mithin die Kenntnis, der für den Bestand und die Entwicklung des jeweiligen Unternehmens maßgeblichen Bedingungen. Nur so kann der Anleger sein Verfügungsrecht über die Wertpapiere, das aus der Mitgliedschaft folgt, effektiv ausüben. Die lukrativsten Geschäfte kann derjenige machen, der am besten unterrichtet ist, insbesondere zeitlich vor allen anderen Marktteilnehmern über kursrelevante Tatsachen verfügt. Dagegen ist solange nichts einzuwenden, als alle Anleger gleichzeitig Zugang zu allen Informationen haben und somit die gleiche „Ausgangsposition" besitzen.[799]

Probleme entstehen, wenn Unternehmensinsider gewisse Informationen besitzen, und diese den übrigen Aktionären vorenthalten werden. Damit ist nämlich die Basis der Anlageentscheidung der Mitaktionäre empfindlich gestört. Um diese Situation zu verhindern, ist das Unternehmen u.a. verpflichtet, kursrelevante Tatsachen unverzüglich bekannt zu geben. Diese Pflicht obliegt nach § 15 WpHG dem Unternehmen selbst und wird für dieses durch den Vorstand im Rahmen seiner Pflicht zur sorgfältigen Unternehmensführung nach § 93 Abs. 1 AktG eingehalten.

Denkbar ist es daher, die Verletzung der Ad-hoc-Publizitätspflicht durch den Vorstand als Pflicht im Rahmen des aktienrechtlichen Treueverhältnisses zu qualifizieren, sofern der zur Veröffentlichung verpflichtete Vorstand auch Aktieninhaber ist.

Dagegen spricht, dass die Pflicht zur sorgfältigen Geschäftsführung nur der Gesellschaft gegenüber besteht[800] und die Verletzung nach § 93 Abs. 2 AktG auch nur zu einer Schadensersatzpflicht gegenüber dieser führt.

---

[798] Ziemons/Jaeger, AG 1996, 358, 361.

[799] Ulsenheimer, NJW 1975, 1999, 1999.

[800] RGZ 63, 324, 327 ff.; 115, 289, 295 f.; BGHZ 83, 122, 134.

Dafür spricht jedoch, dass die Publizitätspflicht selbst nach § 15 Abs. 1 WpHG gegenüber allen (potentiellen) Anlegern besteht, mithin auch gegenüber den Mitaktionären, so dass eine daraus resultierende Treuepflicht grundsätzlich denkbar ist.
Bei der Verletzung der Publizitätspflicht kommt eine Treuepflichtverletzung in Form treuwidriger Wahrnehmung gesellschaftsbezogener Interessen durch die unbillige Ausübung von organschaftlichen Befugnissen des Aktionärs in Betracht.
Zu beachten ist allerdings, dass die Treuepflicht zum Ziel hat, die Loyalität der Gesellschaftsmitglieder untereinander zu gewährleisten und Einwirkungsmöglichkeiten auf die Gesellschaft zu kontrollieren. Dabei geht es immer um Rechte und Pflichten die aus der Mitgliedschaft selbst resultieren. Die Pflicht zur Ad-hoc-Publizität betrifft aber gerade nicht die Ausübung einer organschaftlichen Befugnis, die aus der Mitgliedschaft selbst erwächst. Die Publizitätspflicht obliegt dem Unternehmen gegenüber allen Marktteilnehmern, der Vorstand erfüllt diese Pflicht aufgrund seiner Funktion als Vorstand, nicht in seiner Eigenschaft als Mitgesellschafter. Daher ist allein durch die Verletzung der Ad-hoc-Publizitätspflicht die aktienrechtliche Treuepflicht noch nicht betroffen.

In der Praxis wurden allerdings häufig Ad-hoc-Meldungen dazu missbraucht, den Aktienkurs zu beeinflussen, um dadurch auch eigene Aktienpakete gewinnbringend zu veräußern.[801]
Die Verfügung über eigene Aktien betrifft die Wahrnehmung eigener Mitgliedsrechte, die jeder Aktionär grundsätzlich frei ausüben kann. Inwieweit dabei Beschränkungen aufgrund gesellschaftsrechtlicher Treuepflichten bestehen scheint einstweilen ungeklärt.[802]
Auszugehen ist von der Zielsetzung der Treuepflicht, die Gesellschafter im offenen, normenlosen Gelände in ihrem Vertrauen auf die Mitgesellschafter und deren Loyalität bei der Zielverfolgung und in ihrem wechselseitigen Verhältnis zu schützen wie deren Einwirkungsmacht auf die eigene Mitgliedschaft zu begrenzen.[803]
Diese Pflicht zur Loyalität und Rücksicht auf den Mitaktionär bedeutet gerade, dass man sich nicht spezielle Vorteile aus der Position des „Stärkeren" zu Lasten des „Schwächeren" verschafft, sondern „im Glied" bleibt und nicht ausbricht.[804]
Dementsprechend kann der Fall, dass ein Aktionär über einen Wissensvorsprung verfügt und diesen zu Lasten seiner Mitaktionäre ausnutzt, indem er die relevan-

---

[801] Vergleiche nur den Fall EM.TV, wo die Gebrüder Haffa, eigene Aktienpakete mit exorbitantem Gewinn veräußert haben, nachdem durch falsche Informationen der Kurs der Unternehmensaktie in die Höhe schoss.
[802] Raiser, § 12, Rn. 53.
[803] Schmidt, Gesellschaftsrecht, 588 bezeichnet dies sehr plastisch als „ungeschriebene Legalordnung im Gesellschaftsrecht".
[804] Lutter, ZHR 1989, 446, 458.

ten Informationen verschweigt oder verfälscht bekannt gibt, als geradezu typisch für den Gedanken der Treuepflicht unter den Aktionären angesehen werden. Allerdings gilt es zu berücksichtigen, dass das Verfügungsrecht zu den besonders starken eigennützigen Rechten jedes Aktionärs gehört und ihm daher ein relativ weiter Handlungsspielraum zusteht.[805]

In jedem Fall sind jedoch bei der Ausübung eigennütziger Mitgliedsrechte die Schranken einzuhalten, die sich aus dem Verbot einer willkürlichen oder unverhältnismäßigen Rechtsausübung ergeben.[806] Insbesondere ist dies zu fordern, wenn ein Mehrheitsgesellschafter durch Einflussnahme auf die Geschäftsführung die Möglichkeit der Beeinträchtigung von Interessen der Mitgesellschafter hat.[807] So ist es vor dem Hintergrund des Verbots aus § 117 AktG unzulässig, wenn sich jemand unter Ausnutzung seines Einflusses auf die Gesellschaft zu Lasten der Kleinaktionäre besondere Vorteile verschafft – auch wenn die Gesellschaft dabei keinen Schaden erleidet.[808]

Ähnlich inakzeptabel stellt sich die Situation dar, wenn der Vorstand zwar nicht durch die Einwirkung auf die Gesellschaft unmittelbar, sondern durch die unzulässige Veröffentlichung falscher Tatsachen bzw. Nichtveröffentlichung von Tatsachen, die für die anderen Aktionäre von erheblicher Bedeutung sind, seine überlegene Position ausnutzt, um sich durch Veräußerung eigener Aktien Vorteile zu verschaffen.

Folglich erscheint es sachgerecht, eine Haftung des Vorstandes als Aktieninhaber aus Treuepflichterwägungen dann anzunehmen, wenn durch die treuwidrige Verfügung über die Aktien mitgliedschaftliche Interessen der Mitaktionäre in erheblichem Maß beeinträchtigt wurden.

Wurde die Verfügung über die Aktien durch Informationen motiviert, die (noch) nicht oder fehlerhaft publiziert wurden, so wurden die Mitaktionäre in ihren Dispositionserwägungen benachteiligt. Irrelevant ist diesbezüglich, woher die ausgenutzten Informationen stammen. Es kann keinen Unterschied machen, ob diese etwa zufällig belauscht wurden oder infolge einer bestimmten Funktion des Aktionärs (Vorstand) erlangt wurden.[809] Entscheidend ist allein, dass hier durch Täuschung treuwidrig eine Verfügung unter Ausnutzung eines Wissensvorsprungs zu Lasten der Mitaktionäre erfolgte.

ee) Anspruchsberechtigte

Zu berücksichtigen ist, dass das Bestehen einer aktienrechtlichen Treuepflicht Mitgliedschaft voraussetzt.[810] Anleger, die sich auf der Basis einer fehlerhaften

---

805 Lutter, ZHR 1998, 164, 173

806 Burgard, AG 1992, 41, 48; Hüffer, FS Steindorff, 59, 69; Timm, WM 1991, 481, 483.

807 BGH WM 1988, 325, 329.

808 Lutter, JZ 1976, 225, 229.

809 Lutter, ZHR 1989, 446, 459.

810 Lutter, ZHR 1989, 445, 458.

Informationslage erst zu einem Aktienkauf entschließen, können als lediglich künftige Gesellschaftsmitglieder nicht durch (vor-)mitgliedschaftliche Treuebindungen geschützt werden.[811] Insoweit fehlt es gerade an dem durch die Mitgliedschaft begründeten Vertrauensverhältnis.
Auch im Bereich der vorvertraglichen Haftung nach §§ 280 Abs. 1, 311 Abs. 2, 241 Abs. 2 BGB ist eine vorvertragliche Nähebeziehung erforderlich, um auch in diesem Stadium eine Haftung zu rechtfertigen. Eine solche ist bei Informationen, die neben den Mitgesellschaftern grundsätzlich auch an ein anonymes Massenpublikum am Kapitalmarkt gerichtet sind, gerade nicht gegeben.

Aus dieser Treuepflichtverletzung folgt ein Schadensersatzanspruch gegen die verletzenden Gesellschafter (Vorstand), sofern die Aktionäre zum Zeitpunkt der Pflichtverletzung bereits Mitgesellschafter waren und der Vorstand handelte, um seine Mitgliedschaftsrechte (konkret sein Verfügungsrecht über seine Wertpapiere) zum eigenen Vorteil und zum Nachteil seiner Mitaktionäre ausüben zu können.
Folglich ist eine Haftung des Vorstandes unter Rückgriff auf die aktienrechtliche Treuepflicht im Falle der Ad-hoc-Publizitätspflichtverletzung nur eingeschränkt möglich.

ff) Weitere Haftungsvoraussetzungen

Die Schadensersatzhaftung setzt ferner Verschulden voraus. Für den diesbezüglich zu fordernden Sorgfaltsmaßstab ist zwischen den verschiedenen Treuepflichtverletzungstatbeständen zu unterscheiden.[812] Vorliegend geht es um die Einflussnahme auf die Geschäftsführung, nämlich die Publizitätspolitik des Unternehmens, um sich selbst zu begünstigen. Folglich ist die organschaftliche Sorgfaltspflicht des ordentlichen Geschäftsleiters maßgeblich, so dass auch hier die in § 93 Abs. 2 AktG angeordnete Beweislastumkehr gilt.

Hinsichtlich des ersatzfähigen Schadens ergeben sich keine wesentlichen Unterschiede zu den §§ 37b, 37c WpHG und bezüglich der haftungsbegründenden Kausalität zu § 826 BGB, so dass auf die dortigen Ausführungen verwiesen werden kann.
Insbesondere ist dem Vorstand aus den bereits benannten Gründen die Wirkung von fehlerhaften Ad-hoc-Meldungen bekannt. Wenn er diese aber bewusst ausnutzt, um eine Situation zu schaffen, in der er seine Wertpapiere profitabel veräußern kann, so erscheint es sachgerecht, dem geschädigten Anleger durch die Rechtsfigur der Anlagestimmung den Kausalitätsnachweis zu erleichtern.

---

[811] a.A. Weber (S. 226 ff.), der den Schutz auf best. Gruppen von (Noch-)Nichtgesellschaftern ausdehnt; grundsätzlich zurückhaltend Fleischer, NZG 2000, 561, 563.
[812] vgl. Wiedemann, Gesellschaftsrecht, 455.

4. Zusammenfassung

Insgesamt kann festgehalten werden, dass nach wie vor der materiellrechtliche Anlegerschutz im Fall von Ad-hoc-Publizitätspflichtverletzungen vor allem im Bereich der Beweisfragen Lücken aufweist, die durch die Rechtsprechung nur schwer zu schließen sein werden.[813] Die Haftungstatbestände der §§ 37b und 37c WpHG gewähren dem Anleger zwar einen gewissen Schutz vor Kursverlusten, richten sich jedoch nur gegen die Gesellschaft und ändern die viel diskutierten Fragen um Organfehlverhalten und Organhaftung im Gefolge der Börsenkrise nicht. Die oben genannten Anspruchsgrundlagen werden durch die Schutzgesetze des Aktiengesetzes und des Wertpapierhandelsgesetzes nur unzureichend ergänzt, so dass § 823 Abs. 2 BGB ebenfalls nur selten als Anspruchsgrundlage in Betracht kommt. Der Tatbestand des § 826 BGB wird dem geschädigten Anleger nur in besonders gelagerten Einzelfällen zu einem Schadensersatz verhelfen, wenn sittenwidrige Täuschung, Schaden und mindestens bedingter Schädigungsvorsatz beweisbar feststehen. Angesichts der hohen Komplexität von Kursverläufen und der Vielzahl der Einflüsse auf den Kapitalmarkt wird ein effektiver Anlegerschutz mit den gegebenen Instrumenten nur schwerlich zu realisieren sein und die prozessuale Geltendmachung von Schadensersatzansprüchen im Hinblick auf Kursverluste nicht ohne erhebliches Prozessrisiko zu Lasten der Anleger erfolgen können. Der 64. Deutsche Juristentag hat im Oktober 2002 daher die Empfehlung beschlossen, neben der Emittentenhaftung die persönliche Haftung der verantwortlichen Gesellschaftsorgane gegenüber dem Anleger einzuführen und die so genannte „Informationshaftung" der Emittenten auch im Hinblick auf andere Veröffentlichungen der Gesellschaft zu Gunsten von Investoren auszuweiten.[814] Ergänzt werden können diese Empfehlungen noch mit der Forderung nach Beweiserleichterungen zu Gunsten des Anlegers, insbesondere bei der haftungsausfüllenden Kausalität, ohne welche letztendlich der Anleger im Regelfall schutzlos bleiben wird.

Aus rechtsökonomischer Sicht ist es zwar durchaus gerechtfertigt, wenn das Risiko ungünstiger Markt- und Unternehmensentwicklungen grundsätzlich der Anleger trägt und deshalb die Haftung des Emittenten und seiner Organe für Kursverluste beschränkt wird.[815] Jedoch wird man dem gesetzlichen Schutzgedanken hinter der Mehrzahl der Melde- und Informationspflichten des Emittenten gegenüber dem Börslichen Investor nur gerecht werden können, wenn ein effektiver Rechtsschutz einen Missbrauch dieser Pflichten verhindert und dem Anleger ausschließlich das Marktrisiko des Wertpapiers überlässt. Hier besteht nach wie vor Nachbesserungsbedarf durch den Gesetzgeber.[816]

---

[813] Holzborn/Foelsch, NJW 2003, 932, 940.
[814] Beschlüsse des 64. DJT, abgedruckt in NJW 2002, 3082.
[815] Fleischer/Kalss, AG 2002, 329, 331 m.w.N.
[816] Baum/Reiter, BKR 2002, 651, 851.

Die deutsche Zivilprozessordnung ist derzeit auf Einzelverfahren zugeschnitten. Im Kapitalanlagerecht werden jedoch regelmäßig sogenannte Streuschäden verursacht.[817] Das heißt, der einzelne Anleger erleidet zwar einen relativ geringen Verlust, der volkswirtschaftliche Gesamtschaden kann aber ohne weiteres im dreistelligen Millionenbereich oder sogar darüber liegen. In diesen Fällen besteht für den einzelnen Anleger regelmäßig schon angesichts des erheblichen Prozessrisikos keine hohe Bereitschaft eine riskante und unter Umständen mit hohen Beweiskosten verbundene Einzelklage zu führen.[818] Dies umso mehr, als für die hier relevanten Fälle der Ad-hoc-Publizitätspflichtverletzungen noch keine höchstrichterliche Rechtsprechung existiert.
Die anspruchsbegründenden Sachverhalte sind oftmals erst aufzuklären und die entscheidenden Tatsachen in mühseliger Kleinstarbeit aufzubereiten. Nicht selten ist die kostenintensive Beauftragung von Fachleuten, wie Wirtschaftsprüfern und Privatdetektiven erforderlich. Für einen Einzelkläger lohnt sich dieser Aufwand selbst bei relativ hohen Verlusten kaum, insbesondere, wenn es sich wie vorliegend um auslandsbezogene Sachverhalte handelt. Hinzu kommt, dass der Gegenstandswert einer Einzelklage und das aus ihm errechnete Anwaltshonorar oft zu gering sind, um einen einzelnen Rechtsanwalt zu der für die Rechtsdurchsetzung notwendigen Mühewaltung zu veranlassen.[819]
Berücksichtigt man, dass das Unternehmen auf der Gegenseite regelmäßig schon von vornherein über ungleich bessere Ressourcen verfügt, wie eine eigene Rechtsabteilung, erhebliche finanzielle Mittel und eine größere Prozessroutine, so bedeutet dies eine erhebliche Ungleichgewichtslage zu Lasten der geschädigten Anleger.[820]

Selbst wenn einzelne Anleger unabhängig voneinander Prozesse gegen den Schädiger anstrengen, besteht die Gefahr unterschiedlicher Entscheidungen.
Aufgrund eines im Verhältnis zum Gesamtschaden relativ geringen Individualschadens hat der Einzelne in der Regel auch nicht die Möglichkeit, vom Schädiger außerprozessual mit Aussicht auf Erfolg Schadensersatz zu verlangen. Denn der Schädiger wird die Signalwirkung einer solchen Vereinbarung unter allen Umständen verhindern wollen und wird daher regelmäßig, unabhängig von der materiellen Rechtslage, nicht in außergerichtliche Verhandlungen eintreten.

---

[817] Baums, Corporate Governance, Rn. 188 ff.; Dühn, 321; Fleischer, in: Fleischer/Merkt, F 115 f.; Kalss, 229, 336 f.; Miller, 236 ff.; Rössner/Bolkart, WM 2003, 953, 959 f.; ausführl. Schäfer, in: Basedow/Hopt/Kötz, 67, 68 ff.
[818] vgl. auch Wunderlich, DB 1993, 2269, 2269.
[819] Wunderlich, DB 1993, 2269, 2269.
[820] Wunderlich, DB 1993, 2269, 2269.

Es sollen daher im Folgenden die Möglichkeiten untersucht werden, die auch in Deutschland zur effektiven Bündelung der Interessen geschädigter Anleger im Prozess führen können.

1. Fallbezogene Interessengemeinschaften

In der Vergangenheit wurde teilweise versucht, durch fallbezogene Interessengemeinschaften eine gemeinsame Rechtsdurchsetzung zu ermöglichen. Derartige Interessengemeinschaften werden zum Teil eigens zur Zusammenfassung der Interessen der Geschädigten gegründet. Häufig übernehmen aber auch bereits bestehende Organisationen die Interessenwahrnehmung der Betroffenen.[821] Aufgabe der Interessengemeinschaft ist es, zunächst vorprozessual Informationen und Beweismaterial zu sammeln und so den Sachverhalt aufzuklären.
Im Anschluss daran sollen sie häufig auch die Ansprüche der Geschädigten gerichtlich im Wege der treuhänderischen Abtretung, der gewillkürten Prozessstandschaft oder der Einziehungsvollmacht geltend machen. Die gerichtliche Rechtsdurchsetzung ist jedoch unter Berücksichtigung des RBerG unzulässig. Denn die gemeinschaftliche Vertretung geschädigter Kapitalanleger ist nach Art. 1, § 1 Abs. 1 S. 1 RBerG nur durch „die Berufstätigkeit der Notare und sonstige Personen, die ein öffentliches Amt ausüben, der Rechtsanwälte und Patentanwälte sowie der Rechtsanwaltsgesellschaften und Patentanwaltsgesellschaften, die durch im Rahmen ihrer beruflichen Befugnisse handelnden Personen tätig werden" oder durch berufsstandsähnliche Vereinigungen im Sinne von Art. 1, § 7 RBerG möglich.[822]

2. Verbandsklage

Ausnahmen bestehen gemäß Art. 1 § 3 Nr. 8 RBerG für Verbraucherverbände und -zentralen, die mit öffentlichen Mitteln gefördert werden und fremde Forderungen im Rahmen ihres Aufgabenbereiches geltend machen. Diese können seit Beginn 2002 auch Zahlungsansprüche für die Verbraucher aus abgetretenem Recht einklagen.[823] Dadurch sollen primär solche Schadensersatzansprüche geltend gemacht werden können, die im Wege der Individualklage wegen der geringen Anspruchshöhe nicht sinnvoll durchsetzbar sind und bei denen wegen eines typischen Machtgefälles zwischen Schädiger und Betroffenen, die Geschädigten häufig von einer Klageerhebung absehen.[824]

---

821 vgl. mit einzelnen Bsp., Eichholtz, 243; Haß, 96 f.
822 Hopt/Baetge, in: Basedow/Hopt/Kötz, 11, 55 f.; Miller, 246 ff.
823 Heß, AG 2003, 113, 122; Miller, 246 f.; allgemein Heidemann-Peuser, VuR 2002, 455 ff.
824 Eichholtz, 233 f.; Heidemann-Peuser, VuR 2002, 455, 457.

Die Geltendmachung derartiger Forderungen ist aber nur möglich, wenn dies im Interesse des allgemeinen Verbraucherschutzes erforderlich ist. Damit soll gerade ausgeschlossen werden, dass Verbraucherverbände als verlängerter Arm von Individualinteressen agieren.[825] Folglich scheidet ein Tätigwerden im Auftrag einzelner Verbraucher aus.
Da die Rechtsdurchsetzung des geschädigten Anlegers mittels Verbandsklage allein im Ermessen der Verbraucherverbände und –zentralen liegt, ist diese Vorgehensweise keine hinreichende Möglichkeit zur effektiven Bündelung gleichgerichteter Interessen in Anlegerschutzprozessen.

3. Gewillkürte Prozessstandschaft

Denkbar ist die gemeinsame Geltendmachung der Ersatzansprüche geschädigter Anleger durch einen Dritten im Wege der gewillkürten Prozessstandschaft. Eine solche liegt vor, wenn die Prozessführungsbefugnis vom Anspruchsberechtigten durch Rechtsgeschäft entsprechend § 185 Abs. 1 BGB auf die Partei des Rechtsstreites übertragen ist, die dann im gerichtlichen Verfahren fremde und ggf. eigene Schadensersatzansprüche geltend macht.
Sie wird in der Rechtsprechung nur dann für zulässig erachtet, wenn der Prozessstandschafter ein eigenes nicht nur wirtschaftliches Interesse an der Geltendmachung des fremden Anspruchs hat, das heißt der Ausgang des Rechtsstreits muss (auch) die Rechtslage des Klägers unmittelbar beeinflussen.[826]
Für die in Fällen der Fehlinformation des Kapitalmarktes als Prozessstandschafter in Frage kommenden Berater der geschädigten Anleger stehen aber regelmäßig ökonomische Gesichtspunkte, wie die Verfahrensverkürzung, die Streitwerterhöhung und die damit verbundenen Honorareinnahmen im Vordergrund.[827] Derartige wirtschaftliche Interessen genügen den Erfordernissen einer gewillkürten Prozessstandschaft jedoch nicht.
Anders wird dies bewertet bei Verbänden, zu deren satzungsmäßigen Aufgaben eine solche Rechtsverfolgung zählt.[828] Hier besteht aber häufig das Problem, dass die geschädigten Anleger regelmäßig nicht Mitglieder des in Frage kommenden Verbandes sind. Und selbst wenn dies der Fall sein sollte, ist immer noch nicht gewährleistet, dass dieser Verband auch tätig werden will.
Es ist daher nur in begrenzten Fällen möglich, mit Hilfe der gewillkürten Prozessstandschaft Anlegerschäden wegen Ad-hoc-Publizitätspflichtverstößen gerichtlich durchzusetzen.

---

[825] Heidemann-Peuser, VuR 2002, 455, 457.
[826] BGHZ 96, 151, 152; aus der Literatur: Dühn, 323; Eichholtz, 236 f.; Wunderlich, DB 1993, 2269, 2270.
[827] Dühn, 323.
[828] BGH MDR 1956, 154; Dühn, 323; Heß, AG 2003, 113, 122; Wunderlich, DB 1993, 2269, 2271.

4. Abtretung an Rechtsanwälte und Rechtsanwaltsgesellschaften

Eine Bündelung gemeinsamer Interessen kann auch durch die materiellrechtliche Abtretung kapitalmarktrechtlicher Schadensersatzansprüche an Rechtsanwälte und Rechtsanwaltsgesellschaften erfolgen.[829] Eine regelmäßig neben der Abtretung bestehende Vereinbarung gewährleistet, dass von den abgetretenen Ansprüchen nur im Interesse der geschädigten Anleger Gebrauch zu machen und der erzielte Erlös an diese auszukehren ist.[830]

Anders als bei der gewillkürten Prozessstandschaft geht der Kläger nicht aus fremdem Recht, sondern in eigenem Namen aus eigenem (abgetretenem) Recht vor, so dass es keines zusätzlichen Eigeninteresses bedarf. Die materiellrechtliche Abtretung individueller Schadensersatzansprüche an Rechtsanwälte bzw. Rechtsanwaltsgesellschaften führt neben der Erhöhung des Streitwertes und damit zu einer relativen Verringerung der Gerichts- und Anwaltskosten, auch zu einer gemeinschaftlichen und damit verfahrensverkürzenden Beweisaufnahme, bei der die geschädigten Kapitalanleger selbst als Zeugen vernommen werden können.[831]

Als nachteilig erweist sich allerdings, dass die materiellrechtliche Abtretung bestehender Schadensersatzansprüche als solche noch kein strukturiertes und organisiertes Verfahren bewirkt. Trotz einer gewissen Bündelung kann es zu einer Vielzahl unterschiedlicher Prozesse kommen. Dies umso mehr, wenn konkurrierende Rechtsanwaltsgesellschaften um die Vertretung geschädigter Kapitalanleger werben. Problematisch ist darüber hinaus, dass die Abtretung als solche keine einheitliche Lösung der praxisrelevanten Fragen der Ausgestaltung der Treuhandabrede sowie der Erlösverteilung bietet. Auch die materiellrechtliche Abtretung individueller Schadensersatzansprüche verspricht daher keine befriedigende Lösung der spezifisch prozessualen Probleme von Klagen geschädigter Kapitalanleger.

5. Streitgenossenschaft

Möglich ist auch die Bildung von Streitgenossenschaften nach §§ 59, 60 ZPO. Danach treten die geschädigten Anleger gemeinschaftlich als Kläger auf, um den Schädiger zu verklagen. Insbesondere die Beweisaufnahme kann so für alle verbundenen Verfahren einheitlich erfolgen. Auch können sich durch die Kostendegression bei den Gerichtsgebühren Kostenvorteile für die einzelnen Streitgenossen ergeben.

---

[829] Dühn, 324; Heß, AG 2003, 113, 124 f.; Hopt/Baetge, in: Basedow/Hopt/Kötz, 11, 55.
[830] Wunderlich, DB 1993, 2269, 2271.
[831] Dühn, 325; Wunderlich, DB 1993, 2269, 2271 f.

Nach § 60 ZPO ist die Bildung einer Streitgenossenschaft zulässig, wenn die geltend gemachten Ansprüche auf einem im Wesentlichen gleichartigen tatsächlichen oder rechtlichen Grund beruhen. Diese Voraussetzung dürfte bei den benannten Anlegerschäden regelmäßig erfüllt sein.
Problematisch ist aber, dass die einzelnen Klagen lediglich faktisch miteinander verbunden werden, aber nach wie vor rechtlich voneinander getrennt zu betrachten sind.[832] Das heißt, dass im Ergebnis trotz Verbindung der Klagen jeder Kläger seinen eigenen Prozess betreibt, vgl. § 61 ZPO. Hieraus folgt außerdem, dass auch eine Aufspaltung der Klagen im weiteren Verfahrensverlauf ohne weiteres möglich ist, abweichende Entscheidungen also nicht ausgeschlossen sind.
In der Praxis besteht zudem häufig das Problem, dass nicht sämtliche Geschädigte vor Erhebung der Klage zusammenfinden.[833] Ein Beitritt weiterer Geschädigter ist zwar auch nach Klageerhebung möglich, allerdings ohne Zustimmung des Beklagten nur in der ersten Instanz.[834] Verweigert der Beklagte die Zustimmung, muss eine völlig neue Klage eingereicht werden, obwohl der zu entscheidende Sachverhalt an sich schon einmal erstinstanzlich behandelt wurde.
In den meisten Fällen scheitert die gemeinsame Klageerhebung jedoch an der vorprozessualen Organisation. Denn die zeitlich versetzte Erweiterung (oder Verringerung) der Klägerzahl ist verwaltungstechnisch zumindest problematisch. Dies gilt sowohl für den beauftragten Prozessvertreter, als auch für das bearbeitende Gericht.
Da die einzelnen Verfahren bei der Streitgenossenschaft selbständig bleiben, bestimmen die Kläger als Herren ihres eigenen Verfahrens auch über dessen Verlauf. Das heißt, diejenigen, die – aus welchen Gründen auch immer – das Verfahren beenden wollen, können dies ohne weiteres tun. Umgekehrt werden mit steigender Verfahrensdauer immer neue Kläger aufzunehmen sein, die erst nachträglich von dem Verfahren Kenntnis erlangen. Effizienzgewinne lassen sich durch die Streitgenossenschaft daher nur insoweit erzielen, als sich die klagenden Anleger auch während des Prozessverlaufs einig sind.

6. Musterprozesse

Eine weitere Möglichkeit, Anlegerinteressen zu bündeln und Mehrfachprozesse zu vermeiden, ist die Musterprozessvereinbarung, aufgrund derer die Beteiligten nur einen oder wenige Musterverfahren stellvertretend durchführen und die Übernahme des Ergebnisses für die zurückgestellten Rechtsstreite vereinba-

[832] BGH NJW 1975, 1228, 1228.
[833] zu Bsp. aus der Praxis, in denen eine Zusammenführung gelang, vgl. Eichholtz, 238 f.
[834] vgl. BGH NJW 1976, 240.

ren.[835] Da das Urteil des Musterprozesses jedoch nur die Prozessparteien bindet und auch der Richter eines Zweitverfahrens nicht gebunden wird, müssen die übrigen geschädigten Anleger im Wege der außergerichtlichen Einigung zu einem vergleichbaren Ergebnis kommen. Diese Vereinbarung kann zwar nicht zu einer Rechtskrafterstreckung führen, allerdings können die Parteien durch einen materiellen Vergleich (§ 779 BGB) auf der Basis der Ergebnisse des Musterverfahrens die Rechtslage und damit eine Sachentscheidung des Gerichts beeinflussen. Häufig wird es aber schon nicht gelingen, den Schädiger oder alle Geschädigten für eine solche Vereinbarung zu gewinnen.[836] Gerade der Beklagte mag sich aus der Aufsplitterung in eine Vielzahl von Verfahren taktische Vorteile erhoffen.[837] Dementsprechend ist das größte Problem die fehlende Breitenwirkung des Urteils. Eine solche kann nur in Form einer Präzidenswirkung bestehen, die sich allein aus der Autorität des Spruchkörpers und der Überzeugungskraft der Urteilsbegründung ergibt. Diese wird umso größer, je höher das entscheidende Gericht im Instanzenzug steht. Ziel des Musterverfahrens muss es daher sein, das Verfahren mindestens bis zum Oberlandesgericht zu führen.[838] Unter prozessökonomischen Aspekten und Wirtschaftlichkeitserwägungen ist dies bedenklich, insbesondere weil auch dann keine Gewähr besteht, dass in Parallelfällen in gleicher Weise entschieden wird. Die praktische Bedeutung der Musterprozessvereinbarung dürfte daher begrenzt sein.[839]

7. Kapitalanlegermusterverfahren

Aufgrund der dargelegten Defizite im Bereich der Interessenbündelung geschädigter Kapitalanleger, ist das Kapitalanlegermusterverfahrensgesetz (KapMuG) beschlossen worden, das am 01.11.2005 in Kraft tritt. Das KapMuG sieht die Einführung von Musterverfahren vor, in dem die Klagen von Anlegern gebündelt werden. Danach kann jeder geschädigte Anleger, wenn er einen Schadensersatzanspruch wegen falscher Kapitalmarktinformation gerichtlich geltend macht, die Einleitung eines solchen Verfahrens beantragen. Der Antrag wird vom Gericht (Landgericht am Sitz des Unternehmens) in einem neuen Klageregister im Elektronischen Bundesanzeiger bekannt gemacht. Werden mehr als 10 identische Feststellungsanträge in verschiedenen Rechtsstreiten zur Klärung derselben Rechtsfrage erhoben, holt das Prozessgericht beim übergeordneten

---

[835] Baums, Corporate Governance, Rn. 189; Eichholtz, 234; Hopt/Baetge, in: Basedow/Hopt/Kötz, 11, 56 ff.; Miller, 252 ff.; Rössner/Bolkart, WM 2003, 953, 959 f.; Wunderlich, DB 1993, 2269, 2270.
[836] Dühn, 326; Eichholtz, 234 f.; Koch, Verbraucherprozessrecht, 31.
[837] Stadler, www.rws-verlag.de/volltext/stadler.htm, 3.
[838] vgl. ausführlich, Eichholtz, 235 f.
[839] Baums, Corporate Governance, Rn. 189; Miller, 252; Rössner/Bolkart, WM 2003, 953, 960; Rützel, Die Bank 2001, 667, 668.

OLG einen Musterentscheid ein. Während das Musterverfahren beim OLG anhängig ist, werden die Rechtsstreite der übrigen geschädigten Kapitalanleger ausgesetzt. Aus der Gruppe der Kläger wird dann von Amts wegen durch das OLG ein Kläger zum Musterkläger bestellt. Die übrigen Kläger werden zu dem Verfahren beigeladen, um deren Anspruch auf rechtliches Gehör zu sichern. Nach Abschluss des Verfahrens bindet der rechtskräftige Musterentscheid den Musterkläger, den Musterbeklagten sowie die beigeladenen Kläger. Die anfallenden Kosten werden später im Verhältnis der geltend gemachten Forderungen auf die einzelnen Prozessverfahren verteilt.

Die Möglichkeit der Durchführung derartiger Kapitalanlegermusterverfahrens ist als Schritt in die richtige Richtung zu werden. Allerdings bestehen im Vergleich zum amerikanischen Sammelklageverfahren insofern Nachteile, als jeder einzelne Anleger auch zukünftig seine eigene Klageschrift unter Einzahlung des Gerichtskostenvorschusses beim zuständigen Gericht einreichen muss. Lediglich die Durchführung des Musterverfahrens beim OLG wird kostenneutral sein. Darüber hinaus tritt, im Gegensatz zum amerikanischen Recht, keine Verjährungshemmung für die geschädigten Anleger ein, die nicht am Musterverfahren beteilight sind. Im Hinblick auf die beschränkte Zahl von Teilnehmern am Musterverfahren ist folglich die Gefahr sich widersprechender Urteile nicht hinreichend gebannt. Außerdem ist keine effektive Rechtsverfolgung gewährleistet, da die Musterentscheidung, an der sich auch die nicht beteiligten Anleger orientieren, häufig nicht innerhalb der Verjährungfrist ergehen wird.[840]

IV. Zusammenfassung

Als zentrale Vorschrift zur Regelung der Ad-hoc-Publizität findet sich im deutschen Recht § 15 WpHG. Hinsichtlich der genauen Anforderungen bestehen mangels höchstrichterlicher Rechtsprechung erhebliche Unklarheiten. Dies führt dazu, dass die auf dieser Vorschrift beruhenden Schadensersatznormen §§ 37b, 37c WpHG hinsichtlich ihrer tatbestandlichen Anforderungen nur bedingt prognostizierbar sind.
Darüber hinaus gibt es, soweit ersichtlich, noch keine Rechtsprechung zu diesen Anspruchsgrundlagen, so dass ungewiss ist, ob die Gerichte den geschädigten Anlegern beispielsweise für den Kausalitätsnachweis eine Beweiserleichterung durch die Rechtsfigur der allgemeinen Anlagestimmung zubilligen. Für § 826 BGB ist dies von der Rechtsprechung bisher weitgehend verneint worden.
Problematisch ist zudem, dass dem Anleger gegen den Vorstand nach derzeitiger Rechtslage keine spezielle Haftungsnorm zur Seite steht. Soweit er sich auf das allgemeine Deliktsrecht stützt, zeigt die bisherige Rechsprechung, dass

[840] kritisch auch Reus/Tilp, DAJV-NL 2005, 56, 59.

die Durchsetzung von Schadensersatzansprüchen aufgrund von Ad-hoc-Publizitätspflichtverletzungen schwer zu realisieren ist.
Die darüber hinaus denkbare Möglichkeit der Rechtsdurchsetzung auf Grundlage der gesellschaftsrechtlichen Treuepflicht erfasst zudem nur besondere Sachverhaltskonstellationen. Dies gilt ebenso für die Ansprüche nach § 823 Abs. 2 BGB in Verbindung mit § 264a StGB bzw. § 400 AktG.

Nach dem geltenden Verfahrensrecht besteht derzeit in Deutschland keine effiziente Möglichkeit die Interessen sämtlicher geschädigter Anleger zu bündeln. Dadurch wird in doppelter Hinsicht eine unangemessene Ungleichgewichtslage geschaffen.
Es werden zum einen diejenigen Schädiger, die sog. Streuschäden verursachen, gegenüber solchen, die einmalig einen summenmäßig gleich hohen Schaden verursachen, ohne sachlichen Grund bevorzugt.
Zum anderen werden geschädigte Anleger bei identischen Sachverhalten auch gegenüber solchen Investoren erheblich benachteiligt, die einen höheren Schaden erlitten haben. Denn bei einem verhältnismäßig geringen Verlust steht das Prozesskostenrisiko in keinem Verhältnis zu dem im Erfolgsfall realisierbaren Ersatz. Der Kleinanleger wird daher häufig von einer gerichtlichen Geltendmachung seines Anspruchs absehen.
Zusammenfassend sind aus verfahrensrechtlicher Sicht in Deutschland erhebliche Defizite hinsichtlich des Individualanlegerschutzes festzustellen.

D. Gesamtbewertung

Ein Vergleich der materiellen Rechtslage zwischen den USA und Deutschland zeigt, dass es in den USA ein wesentlich breiteres Spektrum an Regelungen zur Ad-hoc-Publizität gibt. Aufgrund der jahrzehentelangen Erfahrungen gibt es im Gegensatz zu Deutschland eine Vielzahl von Urteilen, welche die Anforderungen an die Ad-hoc-Publizitätspflicht und auch der diesbezüglichen Schadensersatzanspruchsgrundlagen konkretisieren.
Während dem Anleger im Rahmen eines Schadensersatzanspruches nach *rule 10b-5* eine Beweiserleichterung mit Hilfe der *Fraud on the market* Theorie zugesprochen wird, erkennen die deutschen Gerichte bislang eine solche nicht an.

In verfahrensrechtlicher Hinsicht besteht in den USA die Möglichkeit der Bündelung von Anlegerinteressen in einer sog. *class action*, wodurch die Durchsetzung auch kleinerer Anlegerschäden sinnvoll ermöglicht wird. Ein vergleichbarer Kollektivdurchsetzungsmechanismus existiert in Deutschland nicht, so dass eine effiziente Geltendmachung von Kleinanlegeransprüchen erschwert ist.

§ 4. DOPPELLISTING IM IPR/IZPR

A. Das Problem der extraterritorialen Rechtsanwendung

Wird das eigene Kapitalmarktrecht über die nationalen Grenzen hinaus angewandt, so wird regelmäßig in die Souveränität des betroffenen anderen Staates eingegriffen, wenn dieser Rechtssätze erlassen hat, die abweichenden Ordnungsvorstellungen folgen. Dies gilt vor allem im Verhältnis zwischen dem an Publizität (*disclosure*) orientierten amerikanischen Kapitalmarktrecht und denjenigen europäischen Rechtsordnungen, die dem Geschäfts- oder Bankgeheimnis eine vorrangige Stellung einräumen,[841] wozu auch die deutsche gehört. Die Tendenz der amerikanischen Gerichte, die eigenen Gesetze schon dann anzuwenden, sofern nur ein Verhalten substanzielle und vorhersehbare Auswirkungen auf das Staatsgebiet der USA haben *kann* (sog. Wirkungsprinzip) hat – nicht zuletzt auch im Zusammenhang mit der Durchsetzung kapitalmarktrechtlich begründeter Ansprüche oder Aufsichtsmaßnahmen – in der Vergangenheit bekanntlich zu dem sogenannten „Justizkonflikt“ mit den USA geführt.[842]
Entgegenstehende Rechtssätze vereiteln ferner den Durchsetzungsanspruch des extraterritorial angewandten Rechts und lassen die darauf fußende Kapitalmarktordnung in Teilen leer laufen.[843] Dieses Problem hatte die *SEC* mit zunehmender Deutlichkeit erkannt und daraufhin das sog. *Waiver-by-conduct*-Prinzip als Lösung vorgeschlagen.[844] Ausländische Marktteilnehmer hätten danach mit Aufnahme der Geschäftsaktivität in den USA automatisch den Schutz ihrer heimatlichen *secrecy laws*[845] oder *blocking statutes*[846] verloren. Dieser Vorschlag der *SEC* wurde fast ausnahmslos kritisiert, da derartige Bestimmungen regelmäßig nicht zur Disposition der privaten Parteien stehen und daher eine Rechtsdurchsetzung in Drittstaaten durch ein derartiges Prinzip nicht ermöglicht werden kann. Dementsprechend konnte sich dieser Vorschlag der *SEC* letztlich auch nicht durchsetzen.[847]
Allerdings versuchen amerikanische Gerichte auch weiterhin mit Hilfe von Strafandrohungen, eine in den USA beklagte Partei zur Vorlage von in ihrem ausländischen Heimatstaat befindlichen Dokumenten beziehungsweise zur Stellung von dort wohnhaften Auskunftspersonen zu zwingen;[848] dies unter Miss-

---

[841] Baum/Breidenbach, WM 1990, Sonderbeilage Nr. 6, 3, 8.
[842] Schlosser, Justizkonflikt, 1 ff.; Stürner, in: Habscheid, 5 ff.
[843] Baum/Breidenbach, WM 1990, Sonderbeilage Nr. 6, 3, 8.
[844] Baum/Breidenbach, WM 1990, Sonderbeilage Nr. 6, 3, 8; Fedders/Wade/Mann/Beizer, J. Comp. Bus. & Cap. M. L. 1984, 1 ff.; ausführl. Ebenroth/Palm, 1 ff.
[845] Regelungen, die generell die Weitergabe bestimmter Informationen verbieten, ohne speziell die Abwehr fremdstaatlicher Information zu intendieren.
[846] Gesetze zur Abwehr ausländischer Informationsbeschaffungsversuche.
[847] Baum/Breidenbach, WM 1990, Sonderbeilage Nr. 6, 3, 8.
[848] vgl. Honsell, FS Zäch, 39, 50.

achtung der im betreffenden Heimatland geltenden Vorlage- und Aussageverweigerungsrechte, unter Umgehung bestehender Rechtshilfeverträge und sogar im Durchgriff von der beklagten Muttergesellschaft auf nicht beklagte Tochtergesellschaften. Derartige Anordnungen erfolgten sogar in Fällen, in denen die Herausgabe im Ausland verboten ist, etwa bei Bankunterlagen, die in Deutschland dem Bankgeheimnis unterliegen,[849] wodurch der Betroffene regelmäßig in eine unerträgliche Pflichtenkollision gerät.
Auch durch die unilaterale Ausweitung des Geltungsbereichs der *Federal Securities Laws* im Zusammenhang mit grenzüberschreitenden Wertpapiergeschäften treten derartige Probleme auf. Nicht zuletzt, weil der amerikanische Markt durch eine besonders große Regelungsdichte hinsichtlich der kostenintensiven Publizitätspflichten (*disclosure duties*) und der sanktionsbewehrten Verhaltenspflichten für die Marktteilnehmer (*anti fraud provisions*) gekennzeichnet ist.
Die wesentliche Konfliktursache ist dabei, dass das amerikanische Recht bei Klagen, verwaltungsrechtlichen Kontrollverfahren und wirtschaftsrechtlichen Eingriffen in der Regel zur rigoroseren Wahrheitsermittlung als das deutsche Recht neigt und die amerikanischen Gerichte ihre Souveränitätsrechte relativ weit auslegen.[850]
Die bisherigen multi- oder bilateralen Verträge oder Vereinbarungen haben zur Konfliktbereinigung nur eingeschränkt beigetragen.[851]
Allerdings lässt sich in jüngerer Zeit die Tendenz amerikanischer Gerichte feststellen, dass sie ihre internationale Zuständigkeit bei Klagen ausländischer Kläger ablehnen, wenn diese offensichtlich nur von den potenziell höheren Schadenersatzsummen oder den Ausforschungsmöglichkeiten des Prozessgegners im *Discovery*-Verfahren profitieren wollen.[852]

Da die extraterritoriale Rechtsanwendung, trotz der benannten Probleme, der derzeit einzig gangbare Weg zur Durchsetzung von Schadensersatzansprüchen in Fällen mit Auslandsbezug ist,[853] werden im Folgenden die Möglichkeiten und Grenzen der extraterritorialen Rechtsanwendung anhand der Frage nach der internationalen Zuständigkeit, besonderen Verfahrensfragen sowie der Frage nach dem anwendbaren Recht ausgelotet, um so Möglichkeiten eines effektiven Anlegerschutzes im Rahmen des geltenden Rechts aufzuzeigen.

---

[849] vgl. Honsell, FS Zäch, 39, 50.
[850] Stürner, in: Habscheid, 34.
[851] vgl. zu den Problemen im Hinblick auf das Haager Übereinkommen, Schack, IZVR, Rn. 734 ff.; Stürner, in: Habscheid, 33 f.
[852] Allerdings sind auch Fälle aufgetreten, in denen sich ein amerikanisches Gericht für *non convinient* erklärte, obwohl ein ausreichender USA-Bezug bestand (vgl. Piper Aircraft v. Reyno, 454 US 235 (1981)). Dies geschieht häufig ohne sachlichen Grund und ist daher wohl als Diskriminierung ausländischer Kläger zu werten. Vgl. Hay, Rn. 143; Nagel, DB 2001, 1075.
[853] Zu weiteren Ansätzen vgl. Baum/Breidenbach, WM 1990, Sonderbeilage Nr. 6, 3 ff.

B. Klage vor amerikanischen Gerichten

Wird eine Anlegerschutzklage vor einem amerikanischen Gericht erhoben, so wird unter Zugrundelegung des amerikanischen Rechts entschieden, ob die Zuständigkeit eines amerikanischen Gerichts besteht und welches Recht dem Rechtsstreit zugrunde zu legen ist.

Ausgangspunkt dabei ist, dass das internationale Zivilprozessrecht von dem Grundsatz beherrscht ist, dass das jeweils angerufene Gericht nur sein eigenes Verfahrensrecht anwendet (sog. *Lex-fori*-Theorie).[854]
Das internationale Privatrecht geht hingegen davon ausgeht, dass ein inländisches Gericht auch ausländisches materielles Recht anwenden kann.

I. Internationale Zuständigkeit

Da amerikanische Gerichte bei der Rechtswahl häufig zur *lex fori* tendieren,[855] fällt mit der Bejahung der *jurisdiction* eine bedeutsame Vorentscheidung für das anwendbare Sachrecht.[856] Die Grundsätze der *jurisdiction* wurden in rein amerikanischen Fällen von *interstate conflicts* entwickelt und auf *international conflicts* übertragen,[857] so dass zur Darstellung der vorliegenden Problematik auch auf *interstate cases* zurückgegriffen wird.

Für jeden Rechtsstreit muss das Gericht sowohl *subject matter jurisdiction* als auch *personal jurisdiction* haben. *Subject matter jurisdiction* behandelt die Frage, ob das Gericht über den vorliegenden Sachverhalt verhandeln darf, wohingegen *personal jurisdiction* die Frage betrifft, ob das Gericht über eine bestimmte Person Gerichtsgewalt besitzt.[858]

1. Personal jurisdiction

Für Unternehmen besteht zunächst *jurisdiction* im Gründungsstaat und dem Staat ihres *principal place of business*.
Wurde das fragliche Unternehmen nicht in den USA gegründet, so kann dennoch eine *personal jurisdiction* bestehen, wenn es eine Niederlassung oder

---

[854] BGH NJW 1985, 552, 553; zu den verschiedenen Begründungsversuchen, Hoffmann, IPR, 65 f.; Schack, IZVR, Rn. 39 ff.
[855] vgl. World-Wide Volkswagen Corp. v. Woodson, 444 U.S. 286, 100 S.Ct. 559, 62 L.Ed.2d, 490 (1980).
[856] Blumenswitz, 138; Junker, IPRax 1986, 197, 199; Lejeune, RIW 1998, 8, 8.
[857] Grothe, RabelsZ 1994, 686, 693; Junker, IPRax 1986, 197, 199; Schack, Einführung, 23 f.
[858] Siegel, 33 f.

ein Tochterunternehmen in einem amerikanischen Bundesstaat unterhält (sog. Zuständigkeitsdurchgriff).[859] Voraussetzung dafür ist allerdings, dass die Verbindung zwischen den Unternehmen so eng ist, dass dies gerechtfertigt erscheint. Das Tochterunternehmen muss entweder einem *agent* gleichen oder so sehr vom Mutterunternehmen kontrolliert werden, dass es einer Abteilung dieses Unternehmens ähnelt.[860]

Das Fehlen derartiger Anknüpfungspunkte in den USA schließt eine *personal jurisdiction* jedoch nicht aus.
Die dafür maßgeblichen gesetzlichen Bestimmungen finden sich in der Mehrheit der Bundesstaaten in den sog. „*long-arm-statutes*,“[861] die sowohl auf Fälle mit Berührungspunkten zu verschiedenen Bundesstaaten als auch auf Fälle echter Auslandsberührung Anwendung finden.[862] Zwar regeln diese ausdrücklich nur die Reichweite der einzelstaatlichen Gerichtsbarkeit. Allerdings richtet sich auch die Zuständigkeit der Bundesdistriktgerichte, von Ausnahmen abgesehen, nach dem Recht des Einzelstaates, in welchem es seinen Sitz hat.[863] Die *long-arm statutes*, mit denen bildhaft die Erstreckung der *jurisdiction* eines Staates auf Rechts-subjekte außerhalb der Staatsgrenzen bezeichnet wird, enthalten zum Teil detaillierte, zum Teil generalklauselartig formulierte Gründe für die Gerichts-zuständigkeit über nicht im Staatsgebiet wohnende Bürger bzw. Gesellschaften mit auswärtigem Sitz.
Der New Yorker *long-arm statute*, der aufgrund des Sitzes der größten amerikanischen Börsen hier relevant ist, enthält eine detaillierte Regelung der Zuständigkeit in *sec. 302 (a) Civil Practice Law and Rules (CPLR)*. Danach müssen die folgenden Zuständigkeitsvoraussetzungen erfüllt sein:

> *1. ...a court may exercise personal jurisdiction over any non-domiciliary,....., who in person or through an agent...*
> *2. commits a tortious act within the state, except as to a cause of action for defamations of character arising from the act; or*
> *3. commits a tortious act without the state causing injury to person or property within the state, except as to a cause of action for defamation of character arising from the act, if he*

---

859 Grothe, RabelsZ 1994, 686, 701 f.; Vorpeil, RIW 1991, 995, 995 ff.
860 Welp, 97 ff.
861 Im Regelfall handelt es sich bei den long-arm statutes nicht um isolierte Regelungen mit der ausdrücklichen Bezeichnung als *long-arm statutes*, sondern um Bestimmungen aus den umfassenden Zivilprozessordnungen der Einzelstaaten; vgl. Lejeune, RIW 1998, 8, 11 f.; Schack, Einführung, 24 f.; Schmidt-Brand, 47 ff.
862 Vgl. *Sec. 10 Restatement of the Laws (2nd): Interstate and International Conflict of Laws*; vgl. auch Müller, 9 ff.; Schack, Einführung, 24.
863 vgl. dazu Safeway Trails, Inc. v. Stuyvesant Insurance Company, 211 F.Supp. 227 (1962); ferner Greiner, 61.

(i) regularly does or solicits business, or engages in any other persistent course of conduct, or derives substantial revenue from goods used or consumed or services rendered, in the state, or
(ii) expects or should reasonably expect the act to have consequences in the state and derives substantial revenue from interstate or international commerce.

Zunächst hat das angerufene Gericht zu untersuchen, ob ein Tatbestand des eigenen *long-arm statute* erfüllt ist und ob der Klagegrund auf dem ermittelten Forumkontakt beruht.
Bezogen auf doppelt notierte Unternehmen lässt sich feststellen, dass diese durch die bewusste Fehlinformation des Kapitalmarktes in den USA regelmäßig den Tatbestand einer Kapitalmarktmanipulation erfüllen. Auch wenn die fehlerhafte Information aus einem anderen Land herrührt, so besteht in den USA eine Veröffentlichungspflicht über die dortigen Börsenticker oder das Internet. Werden über diese Medien Falschmeldungen bekannt gemacht bzw. unterbleibt die Veröffentlichung relevanter Tatsachen, so wird unmittelbar in den USA ein Gesetzesverstoß begangen, welcher auf der geschäftlichen Aktivität in den USA, nämlich der dortigen Kapitalaufnahme, basiert. Auch wenn im Einzelfall kein amerikanischer Anleger einen Schaden erlitten haben sollte, so ist es jedenfalls für einen Emittenten, der sich bewusst an der amerikanischen Börse notieren lässt, um auch dortige Investoren für sich zu interessieren, vorhersehbar, dass er auch die Konsequenzen derartiger Geschäftstätigkeiten in den USA zu tragen hat.
Sind die Voraussetzungen des *long-arm statute* gegeben, so ist darüber hinaus zu prüfen, ob das auf der Grundlage der *long-arm statutes* gewonnene Ergebnis dem verfassungsrechtlichen Gebot eines fairen Gerichtsverfahren (*due process*) entspricht.[864] Nach der dazu ergangenen Grundsatzentscheidung des Supreme Court in dem Fall *International Shoe v. Washington* muss der betreffende Sachverhalt bestimmte Mindestkontakte (*minimum contacts*) zum Forum aufweisen, so dass die Klageerhebung an diesem Gerichtstand nicht gegen *traditional notions of fair play and substantial justice* verstößt.[865]
Welche Anforderungen im einzelnen an die Mindestkontakte zu stellen sind, ist von den Gerichten unterschiedlich beantwortet worden, je nachdem, ob es sich bei der Zuständigkeit um sog. *general jurisdiction* oder um *specific jurisdiction* handelt. Während erstere eine Allzuständigkeit für alle Streitgegenstände begründet (*adjudication on any claim against a defendant*) und daher stärkere Forumkontakte (*continous und systematic activities within the forum*)[866]

[864] vgl. ausführlich Lejeune, RIW 1998, 8, 11 ff.
[865] International Shoe Inc. v. Washington, 326 U.S. 310 (1945); vgl. ausführl. Bernstein, in: Gedächtnisschrift Martens, 751, 758 f.; Müller, 12; Schack, Einführung, 26.
[866] Perkins v. Benguet Consolidated Mining Co., 342 U.S. 437, 72 S.Ct. 413, 96 L.Ed. 485 (1952); LSI Industries Inc. v. Hubbel Lighting, Inc., 232 F.3d 1669 (Fed. Cir. 2000).

voraussetzt, lässt die *specific jurisdiction* einzelne Kontakte zum Forum für die Zuständigkeitsbegründung ausreichen, verlangt jedoch, dass der Klagegrund auf den Aktivitäten im Forumstaat beruht.[867]
In Bezug auf die fehlerhafte Ad-hoc-Publizität doppelt gelisteter Unternehmen knüpft eine Haftung an die wirtschaftliche Betätigung in den USA nämlich der Kapitalaufnahme an der dortigen Börse an. Maßgeblich ist damit die *specific jurisdiction*. Nach der grundlegenden Entscheidung *World Wide Volkswagen v. Woodson* bestehen hinreichende *minimum contacts* des Unternehmens, wenn es:

- eine Handlung ausführt, mit der er zielgerichtet das Privileg der Durchführung von geschäftlichen Aktivitäten im Forumstaat nutzt (*purposefully avails itself of the privilege of conducting business in the forum*). Dies erfordert, dass das Unternehmen seine Aktivitäten in einer solchen Weise auf den Forumstaat gerichtet hat, dass er vernünftigerweise annehmen konnte, vor einem dortigen Gericht verklagt zu werden (*reasonably anticipate being haled into the Court*);
- die Klage auf den Aktivitäten im Forumstaat beruht (*the cause of action arises out of the defendant's activities in the forum*);
- die Ausübung der *jurisdiction* den Grundsätzen des *fair play* und der elementaren Gerechtigkeit nicht widerspricht (*the exercise of jurisdiction does not offend traditional notions of fair play and substantial justice*).[868]

Insbesondere der letzte Gesichtspunkt verlangt von den Gerichten eine umfassende Abwägung der Zuständigkeitsinteressen der Parteien und des Gerichts bzw. des Forumstaates, die einerseits den Beklagten vor der Last, in einem entfernten Forum verklagt zu werden, schützt und andererseits sicherstellt, dass die Staaten durch ihre Gerichte nicht über die Grenzen ihrer Souveränität hinausgreifen.[869]
Hat in der hier interessierenden Konstellation das Unternehmen bewusst seine Anteile in den USA angepriesen und auch dort verkauft, um an der dortigen Börse Eigenkapital aufnehmen zu können, so ist dies als gezielte wirtschaftliche Betätigung in den USA zu qualifizieren. Eine Klage vor amerikanischen Gerichten ist daher vernünftigerweise vorhersehbar und belastet diesen letztlich nicht unangemessen.

---

[867] Müller, 12; Schack, Einführung, 28 ff.
[868] World-Wide Volkswagen Corp. v. Woodson, 444 U.S. 286, 100 S.Ct. 559, 62 L.Ed.2d 490 (1980).
[869] Davon zu unterscheiden ist die Lehre des *forum non conviniens*, welche an anderer Stelle zu erörtern ist.

2. Subject matter jurisdiction

Die Erhebung einer *securities class action* vor einem amerikanischen Gericht setzt neben der *personal jurisdiction* voraus, dass dieses in der Sache zuständig ist (*subject matter jurisdiction*).

Spezielle Grundsätze der *subject matter jurisdiction* wurden von den amerikanischen Gerichten für die Fälle eines *securities fraud* zur Beurteilung extraterritorialer Sachverhalte entwickelt. Dies vor allem deshalb, weil sich die Behandlung internationaler Sachverhalte weder aus dem *Securities Act of 1933* noch aus dem *Securities Exchange Act of 1934* ergibt.
Nach diesen Grundsätzen ist das amerikanische Gericht sachlich zuständig und das US-Wertpapierrecht extraterritorial anwendbar, wenn die in den USA begangenen Taten nicht nur vorbereitenden Charakter für einen außerhalb der USA getätigten *fraud* hatten (*conduct test*) oder wenn die im Ausland begangene Tat wesentliche Auswirkungen auf die USA hat (*effects test*).[870]

a) Effects test

Der 2nd Circuit hat eine Zuständigkeit amerikanischer Gerichte immer dann bejaht, wenn außerhalb der USA stattfindende Handlungen, welche gegen die amerikanischen Bestimmungen verstoßen haben sollen, Wertpapiere betreffen, die an einer amerikanischen Börse notiert sind und diese Handlungen sich nachteilig auf die Interessen amerikanischer Investoren auswirken (sog. *effects test*).[871] Voraussetzung ist somit, dass die Folgen der Handlungen sich nicht auf das Ausland beschränken, sondern Auswirkungen auf die Börsenkurse in den USA haben, sei es durch eine dadurch erzwungene Wertberichtigung der Gesellschaft, oder dass der Markt für die betroffenen Wertpapiere zum Schaden der betroffenen Aktionäre zusammenbricht.[872] Allgemeine nachteilige Wirkungen auf die amerikanische Wirtschaft oder das Vertrauen amerikanischer Investoren in den Kapitalmarkt reichen hingegen nicht.[873]
Nach diesen Grundsätzen ist bei einem doppelt notierten Unternehmen, aufgrund seiner wirtschaftlichen Aktivität an der amerikanischen Börse, immer auch von einer hinreichenden Wirkung in den USA für die Annahme einer

---

870 Cromer Finance v. Berger, 137 F. Supp. 2d 452 (S. D. N. Y. 2001); vgl ausführlich Angiolillo, 1136 PLI/Corp 469, 476 ff. (1999); Corvey, 14 Fordham Int. L. J. 240, 245 ff. (1991); Michaelis, 71 Corn. L. Rev. 919 ff. (1986); Wolf 6 NY Int. L. Rev. 1, 6 ff. (1995).
871 Schoenbaum v. Firstbrook, 405 F.2d 200 (2nd. Cir. 1968) cert. denied, 395 U.S. 906 (1969).
872 Des Brisay v. The Goldfield Corp., 549 F.2d 133 (9th Cir. 1977).
873 Bersch v. Drexel Firestone, Inc., 519 F.2d 974, 989 (2nd. Cir. 1975), cert. denied, 423 U.S. 1018 (1975).

subject matter jurisdiction auszugehen. Dies vor allem deshalb, weil sämtliche tatsächlichen und potentiellen Investoren, mithin auch die amerikanischen, durch die Fehlinformation gegebenenfalls positive Anlageentscheidung treffen, und damit sowohl den Wertpapierkurs des Unternehmens beeinflussen als auch eine eigene nachteilige Vermögensdisposition treffen.

b) Conduct test

Nach dem *conduct test* hängt die Zuständigkeit der amerikanischen Gerichte davon ab, dass sich ein Mindestmaß der schädigenden Handlung in den USA ereignet hat.[874] Bei einem Verkauf von Aktien außerhalb der USA an einen Ausländer muss das Verhalten in den USA die Verluste direkt verursachen (*directly cause such losses*).[875] Solange jedoch ein amerikanischer Staatsbürger als Beklagter oder Kläger beteiligt ist, muss das Gericht keine derartige Feststellung treffen, es genügt, dass es sich um *substantial activities* in den USA handelt, die wesentlich für die Falschdarstellung und den daraus folgende Täuschung sind.[876] Der 2nd und 3rd Circuit haben die Zuständigkeit ebenfalls für Fälle bejaht, in denen eine Handlung in den USA nur beim ausländischen Kläger einen Schaden verursacht hat, nicht jedoch bei den einheimischen Investoren, da auch ein Ausländer, der Wertpapiere in den USA kauft von den *securities laws* geschützt sei.[877]

Unter Zugrundelegung des *conduct tests* ist die *subject matter jurisdiction* dann zu bejahen, wenn die Ad-hoc-Meldung in den USA bekannt gegeben wurde. Da ein doppelt gelistetes Unternehmen sowohl in den USA als auch am heimischen Markt zur Publizität verpflichtet ist, werden die entsprechenden Informationen an beiden Kapitalmärkten veröffentlicht. Ein Fehlverhalten in den USA liegt damit immer vor, welches auch als *substantial* einzustufen ist. Durch die erhebliche Bedeutung der Ad-hoc-Meldungen wirken Fehlinformationen über die Investitionsentscheidungen der Anleger auf den Börsenkurs des betreffenden Unternehmens ein. Die Beeinflussung der Kurse ist aber gerade das Ziel fehlerhafter Kapitalmarktinformation. Folgerichtig ist die bewusste Falschdarstellung als *substantial activity* zu werten.

Bei der Entscheidung, ob ein amerikanisches Gericht für einen internationalen Sachverhalt zuständig ist, werden der *conduct test* und der *effects test* regel-

---

[874] Continental Grain Pty., Ltd. v. Pacific Oilseeds, Inc. 592 F.2d 409, 419 (8th Cir. 1979).

[875] Bersch v. Drexel Firestone, Inc., 519 F.2d 974 (2nd. Cir. 1975) cert. denied, 423 U.S. 1018 (1975).

[876] vgl. SEC v. Kasser, 548 F2d 109, 115 (1997), durch das 5th Cir. eingeschränkt (*direct cause*), Robinson v. TCI/US West Communications Inc., 117 F.3d 900 (5th Cir. 1997); Eine höchstrichterliche Entscheidung der Frage steht jedoch noch aus.

[877] SEC v. Kasser, 548 F2d 109 (3rd Cir. 1977); IIT v. Cornfield, 619 F.2d 909 (2nd Cir. 1980).

mäßig zusammen angewandt, um in jedem konkreten Einzelfall entscheiden zu können, ob die USA soweit in den Fall involviert sind, dass die Annahme einer Gerichtszuständigkeit sachgerecht erscheint.[878]

c) Federal question jurisdiction

Schließlich ist zu entscheiden, ob bei genereller Bejahung der *subject matter jurisdiction* die einzelstaatlichen Gerichte oder die Bundesgerichte zuständig sind. Dies beurteilt sich regelmäßig nach dem Recht, welches dem geltendgemachten Anspruch zugrunde liegt.[879] Da sich die Schadensersatzansprüche aufgrund fehlerhafter Ad-hoc-Publizität nach den *securities laws* des Bundes beurteilen, sind gemäß *28 U.S.C. sec. 1331* die Bundesgerichte zuständig, sog. *federal question jurisdiction*.
Speziell für *class actions* im Zusammenhang mit öffentlich gehandelten Wertpapieren ergibt sich die Zuständigkeit der Bundesgerichte aus dem *Securities Litigation Uniform Standard Act of 1998*.[880]

3. Forum non conveniens Lehre:

Doch auch wenn ein amerikanisches Gericht nach den dargelegten Grundsätzen an sich zuständig ist, so kann es sich nach der *forum non conveniens*-Lehre für unzuständig erklären. Danach steht es im Ermessen des an sich zuständigen Gerichts, die Klage abzuweisen, wenn es der Überzeugung ist, ein anderes Gericht sei aufgrund der Umstände besser geeignet, über die Klage zu entscheiden. Dazu muss das Gericht eine Abwägung zwischen mehreren in Frage kommenden Zuständigkeiten vornehmen.
Der Beklagte muss diesbezüglich darlegen, dass ein Rechtsstreit vor dem jetzigen Forum ihn unzumutbar belastet (*seriously and burdensomely inconvenient*) und dass das alternative Gericht wegen größerer Sachnähe (z.B. Zugang zum Beweismaterial, Anwesenheit von Zeugen, Möglichkeit der Vollstreckbarkeit eines Urteils etc.)[881] mehr *convenient* sei. Dabei differenzieren die Gerichte bei internationalen Sachverhalten zwischen in- und ausländischen Klägern.[882] Bei letzteren wird der Wahl eines amerikanischen Forums in der Regel weniger

---

[878] Itoba Ltd. v. LEP Group PLC, 54 F.3d 118 (2nd Cir. 1995).
[879] Zu den darüber hinaus möglichen Anknüpfungspunkten, die hier jedoch irrelevant sind, vgl. *28 U.S.C. sec. 1332 ff.*
[880] Hazen, 401 f.
[881] Hay/Hampe, RIW 1998, 760, 764.
[882] Piper Aircraft Co. v. Reyno, 454 U.S. 235, 102 S.Ct. 252, 70 L.Ed.2d 419 (1981); Guidi v. Inter-Continental Hotels, 224 F.3d 142 (2nd Cir. 2000).

Gewicht beigemessen,[883] um der Attraktivität eines amerikanischen Gerichtsstandes allein wegen des vorteilhaften Prozess- und Deliktsrechts entgegenzuwirken und zugleich das Interesse des fremden Staates an der eigenen Rechtsverfolgung zu berücksichtigen.[884]
So wurde die Klage deutscher Anleger gegen den niederländischen Software-Entwickler Baan, welcher auch an der Nasdaq notiert ist, mit der Begründung abgelehnt, dass die Aktien nicht an der Nasdaq gekauft wurden.[885]

Die Anwendung und Reichweite dieser Doktrin sind schwer abzuschätzen, so dass sich verlässliche Aussagen diesbezüglich nicht treffen lassen.

4. Transient rule

Ein weiterer exorbitanter Gerichtstand wird durch die sog. *transient rule* begründet, wonach die internationale Zuständigkeit kraft schlichten Aufenthalts des Beklagten im Zeitpunkt der Klagezustellung begründet wird.[886] Man spricht hier bildhaft auch von „*day jurisdiction*“: Lässt sich der Beklagte im Forumstaat antreffen und sei es auch auf dem Flughafen, während er auf einen Anschlussflug wartet, dann muss er damit rechnen, dass ihm eine Klageschrift und Ladung überreicht werden. Im Extremfall kann sogar eine Zustellung im Flugzeug, während es den Forumstaat überfliegt, dessen Zuständigkeit begründen.[887] Den schlichten Aufenthalt lassen die *long arm statutes* zahlreiche Bundesstaaten genügen. Auch wenn *presence* als einziger *minimum contact* den an *due process* gestellten Anforderungen kaum genügt, hat der U.S. Supreme Court die *transient rule* ausdrücklich aufrecht erhalten.[888] Härten für den Beklagten wird gelegentlich mit Erwägungen des *forum non conviniens* entgegengewirkt.

5. Beweisfragen

Der geschädigte Anleger trägt die Beweislast dafür, dass der Beklagte über ausreichende *minimum contacts* zu dem betreffenden Staat verfügte, wobei allerdings ein *prima facie* Beweis genügt.[889] Der Beklagte muss dagegen nachweisen, dass die Verpflichtung, sich vor dem vom Kläger gewählten Gericht

---

[883] Vgl. Hay, Rn. 143.
[884] Lejeune, RIW 1998, 8, 9.
[885] Pressemitteilung der Kanzlei Shearman & Sterling, Focus Money, vom 15.03.2001.
[886] Schack, IZVR, Rn. 195.
[887] Grace v. Mc Arthur, 170 F.Supp. 442, 447 (E.D.Ark. 1959).
[888] Burnham v. Superior Court, 495 US 604 (1990); hierzu auch Otte, IPRax 1991, 263; Peterson, IPRax 1991, 267.
[889] Travellers Indemnity Co. v. TEC America, Inc., 909 F. Supp. 249 (M. D. Pa. 1995).

gegen die Klage verteidigen zu müssen, den Grundsätzen eines fairen Verfahrens im Sinne des zweiten Teils der Prüfung der *due process clause* widerspricht. Nach der jüngeren Rechtsprechung[890] hat sich insofern ein Junktim herausgebildet, als die Anforderungen an die Beweislast des Beklagten davon abhängen, welche Beweise der Kläger seinerseits vorgelegt hat. Anders ausgedrückt, je schwächer die vom Kläger vorgelegten Beweise für *minimum contact* des Beklagten sind, desto geringere Anforderungen sind an die Beweise des Beklagten zur Unfairness und Unzumutbarkeit des Verfahren vor dem gewählten Gericht zu stellen.[891]

6. Ausländische Rechtshängigkeit

Fraglich ist, ob in Fällen, in denen bereits eine Klage gegen das betreffende Unternehmen bzw. dessen Vorstand im Ausland anhängig ist, eine Klageerhebung in den USA überhaupt noch möglich ist.
Das amerikanische Recht kennt keine eigenständige Lehre der anderweitigen Rechtshängigkeit, wie sie in Deutschland existiert. Liegt ein solcher Fall vor, so wird dies regelmäßig im Rahmen der *forum non conveniens*-Abwägung berücksichtigt.[892] Dabei steht den Gerichten ein weiter Ermessensspielraum zu. Allerdings lässt sich tendenziell feststellen, dass die USA mangels staatsvertraglicher Bindungen häufig versuchen, ihr eigenes Verfahren durchzusetzen, indem sie eine frühere ausländische Rechtshängigkeit nicht beachten.[893]
Besteht im Falle einer Klage Gerichtsgewalt eines amerikanischen Gerichts, dann soll das Gericht im Zweifel seiner Verpflichtung zur Rechtsfindung auch nachkommen. Dem amerikanischen Richter steht jedoch die Befugnis zu, den gesamten Verfahrensablauf zu bestimmen. Dementsprechend steht es in seiner Macht, eine anderweitige ausländische Rechtshängigkeit auf den Vortrag einer der Parteien hin zu berücksichtigen. Leitende Richtlinien gibt es dazu prinzipiell nicht. Vielmehr entscheiden die meisten Richter auf Grundlage von Faktorenkatalogen.[894]
Dazu gehören unter anderem:

- Identität der Parteien
- Adäquater Rechtsschutz der Parteien
- Schonung gerichtlicher Ressourcen
- Fortgeschrittenheit des ausländischen Verfahrens

---

[890] vgl. etwa Court of Appeals First Circuit in Sachen Ticketmaster New York Inc. v. Joseph M. Alioto, 26 F.3d 201, 210 (1st Cir. 1994) m.w.N.
[891] vgl. ebenda
[892] Dorsel, 146 f.
[893] Schack, IZVR, Rn. 751.
[894] Schulte, kollektive Geltendmachung von Verbraucherschäden, 158.

Aufgrund dieses weiten Ermessensspielraums amerikanischer Richter kann bei einander widersprechenden Urteilen im Gegensatz zu § 328 Abs. 1 Nr. 3 ZPO, das spätere dem früheren Urteil vorgehen.[895] Durch diese sog. *last in time rule* soll gewährleistet werden, dass sich gegebenenfalls das potentiell richtigere, weil auf einem jüngeren Erkenntnisstand beruhende Urteil durchsetzt.[896]

II. Prozessuale Aspekte

Die amerikanischen Gerichte wenden grundsätzlich ihr eigenes Verfahrensrecht an (*lex fori*).
Bei Klagen in den USA bestehen insoweit einige prozessuale Besonderheiten, die für die Frage einer effektiven Rechtsdurchsetzung von maßgeblicher Bedeutung sind. Die bedeutensten Aspekte, wie das *pretrial discovery* Verfahren, die Behandlung der Verjährung, das Beweisverfahren und die Kostenerstattung, werden daher im Folgenden kurz dargestellt.

Auf bundesstaatlicher Ebene sind insbesondere die *Federal Rules of Civil Procedure of 1938* (*FRCP 1938*) zu nennen. Diese gelten grundsätzlich für alle nicht strafrechtlichen Verfahren vor den Bundesdistriktgerichten. Allerdings hat jeder Bundesstaat auch seine eigene Prozessordnung. Viele Staaten haben zwar die *FRCP 1938*, in ihr eigenes Recht übernommen oder sich an diese angelehnt.[897] Es gibt allerdings auch erhebliche Unterschiede, die das amerikanische Zivilrecht nahezu unüberschaubar machen.[898]
Welches konkrete Prozessrecht Anwendung findet ist äußerst schwierig zu ermitteln.[899] Heute ist es üblich danach zu unterscheiden, ob die Regel, um deren Anwendung es geht, *outcome determinative* ist.[900] Danach sollen alle Vorschriften, die sich unmittelbar auf das Ergebnis des Rechtsstreits auswirken, dem einzelstaatlichen Recht entnommen werden. Unstreitig gilt dies für die Regelungen der Beweislast (*burden of proof*)[901] und die Verjährungsfristen (*statute of limitation*).[902] Darüber hinaus bestehen allerdings erhebliche Unsicherheiten hinsichtlich dieses Abgrenzungskriteriums.

---

[895] vgl. *Restatement (second), Judgments, sec. 15 (1982)*; Schack, Einführung, 74; ausführlich Ginsburg, 82 Harv. L.Rev. 798 (1969) 798 ff.; Schack, IZVR, Rn. 853 ff.
[896] Roth, 111.
[897] Junker, ZZP 1988, 241, 258 ff.
[898] Schack, Einführung, 13.
[899] vgl. Schack, Einführung, 15 f.
[900] vgl. ausführlich Sedler, 37 N.Y.U. L.Rev. 813 ff. (1962).
[901] Palmer v. Hoffmann, 318 US 109, 117 (1943).
[902] Guaranty Trust Co. v. York, 326 US 99 (1945).

Im Interesse einer nachvollziehbaren und überschaubaren Darstellung besonderer Einzelfragen des amerikanischen Zivilprozesses muss vorliegend auf die Berücksichtigung einzelstaatlicher Spezialregelungen weitgehend verzichtet werden.

1. Pretrial discovery

Im amerikanischen Zivilverfahren herrschen zunächst sehr schwache Anforderungen an die Substantiierung der Klageforderung. DieUrsache dafür liegt darin, dass der Sachverhalt erst nach Einreichung der Klage im sog. *Pretrial-discovery*-Verfahren aufgeklärt wird. Diese *discovery*, die vor der Hauptverhandlung stattfindet, ist ein von den Parteien geleitetes Tatsachenerforschungs- und Beweisbeschaffungsverfahren, in dem das Gericht im wesentlichen die Aufgabe hat, Missbräuche abzuwehren und eine Partei, die sich weigert bestimmte Beweismittel herauszugeben, durch Sanktionen zur Herausgabe anzuhalten.[903]
Vor allem die schwachen Anforderungen an die Substantiierung der Klageschrift in Zusammenhang mit dem *Discovery*-Verfahren führen zu einer erheblichen Erpressungsgefahr, da der geschädigte Anleger gewissermaßen „ins Blaue hinein“ Klage erheben kann und anschließend in der *discovery* vom Beklagten die Offenlegung wichtiger interner Unterlagen und Informationen verlangen kann.

Durch diese vorprozessuale Beweisermittlung, die hierzulande unzulässig wären, ist es sogar möglich, eine Klage erst durch das *Pretrial-discovery*-Verfahren schlüssig zu machen.
An sich müssten die amerikanischen Gerichte sich an das Haager Beweisaufnahmeübereinkommen (HBÜ) von 1970 halten und einen entsprechenden Vorbehalt beachten, den neben anderen Staaten Deutschland und Frankreich nach Art. 23 HBÜ in Bezug auf Rechtshilfe bei einer solchen *pretrial discovery* eingelegt haben. In Art. 23 HBÜ heißt es: „Jeder Vertragsstaat kann bei der Unterzeichnung, bei der Ratifikation oder beim Beitritt erklären, dass er Rechtshilfeersuchen nicht erledigt, die ein Verfahren zum Gegenstand haben, das in den Ländern des *common law* unter der Bezeichnung *pretrial discovery of documents* bekannt ist." Dies bedeutet, dass eine derartige *pretrial discovery* z. B. in Deutschland und Frankreich, die den Vorbehalt erklärt haben, unzulässig ist. Die Anwendung von Art. 23 HBÜ ist allerdings umstritten. Der US Supreme Court hat 1987[904] in einem Produkthaftungsfall mit 5 zu 4 Richterstimmen zu Lasten eines französischen Unternehmens das Beweishilfeverfahren des Über-

---

[903] Lenenbach, WM 1999, 1393, 1396.
[904] vgl. Société Nationale Industrielle Aérospatiale v. U.S. District Court for the Southern District of Iowa, JZ 1987, 984 mit Anm. Stürner, JZ 1987, 988 ff.

einkommens für lediglich *optional* erklärt. Danach *können* amerikanische Gerichte das Beweishilfeverfahren anwenden, wenn es die Beweisaufnahme erleichtert. Der Supreme Court interpretiert den Vertragstext und das völkerrechtliche Gebot der internationalen Rücksichtnahme lediglich dahingehend, dass allgemein auf Souveränitätsinteressen ausländischer Staaten zu achten sei. Richtlinien hierfür ließen sich aber nicht aufstellen. Insbesondere könne dem Vertrag nicht entnommen werden, dass amerikanische Gerichte eine Beweisaufnahme im Ausland nach den Regeln des HBÜ, das heißt in den Vorbehaltsstaaten nach deren nationalem Prozessrecht, notwendigerweise vorzunehmen hätten. Demgegenüber weist Justice Blackmun in seiner *dissenting opinion* mit Recht darauf hin, dass die Gerichte vorrangig nach dem Haager Übereinkommen vorgehen sollten, um das Funktionieren eines internationalen Rechts- und Wirtschaftssystems zu sichern. Eine individuelle Analyse der Umstände des Einzelfalls sei nur angebracht, wenn ein Vorgehen nach dem Übereinkommen zwecklos erscheine oder wenn sich ihr Verfahren als unzureichend erweise.
Die meisten amerikanischen Gerichte beachten, wenn sie die Vorlage von Dokumenten durch die Beklagten an die Kläger durch Sanktionsdrohungen absichern oder der Vernehmung von Zeugen in den USA anordnen, derartige internationale Rechtsprobleme nicht.[905]
Haben beklagte Gesellschaften amerikanische Tochtergesellschaften, so wird vielfach einfach den Tochterunternehmen aufgeben, das im Rahmen der *pretrial discovery* angeforderte Beweismaterial bei der Muttergesellschaft zu beschaffen. Zwar verstoßen die Gerichte damit gegen das HBÜ und den Grundsatz der Rücksichtnahme des internationalen Privatrechts.[906] In der Praxis handeln amerikanische Gerichte in der Regel dennoch nach diesen Grundsätzen.

2. Verjährung

Die Verjährung als prozessuale Frage zu qualifizieren, mag aus der Sicht des deutschen Rechts verwundern, da dieses die Verjährung als Institut des materiellen Rechts begreift (§§ 194 ff. BGB) und auch kollisionsrechtlich entsprechend behandelt.
Anders sieht dies das amerikanische Recht, das die Verjährung traditionell prozessual versteht.[907] Hier steht die Absicht im Vordergrund, das Gericht davor zu schützen, sich mit „abgestandenen“ Klagen (sog. *stale claims*) befassen zu müssen.[908] Andererseits ist eine Klageabweisung aufgrund der Verjährungs-

---

[905] Nagel, DB 2001, 1075.
[906] vgl. Geimer, IZPR, Rn. 2363 ff.; vgl. auch Leipold, 35 ff.
[907] wohl die erste Entscheidung zur prozessrechtlichen Qualifikation war Pearsall v. Dwight, 2. R. 84 (Mass. 1806), vgl. auch McElmoyle v. Cohen, 13 Pet. 312, 38 U.S. 312 (1839)
[908] Schack, IZVR, Rn. 522.

bestimmung der *lex fori* keine Entscheidung in der Sache (*on the merits*), so dass sie einer erneuten Klage in einem anderen Staat nicht im Wege steht.[909] Allerdings ist auch nach amerikanischem Recht das Verjährungsrecht als Sachrecht zu qualifizieren, wenn der Anspruch aus Gesetz erwächst und dasselbe Gesetz die Verjährungsfrist bestimmt.[910] In diesen Fällen ist die Verjährung in den Anspruch eingebaut (*built in*), und untersteht damit wie dieser der *lex causae*.[911]

Für die vorliegende Sachverhaltskonstellation bedeutet dies, dass bspw. ein zunächst auf *sec. 18(a) SEA 1934* gestützter Schadensersatzanspruch auch nach Ablauf der kurzen Verjährungsfrist nach *sec. 18(c) SEA 1934* erneut unter Zugrundelegung der *rule 10b-5* geltend gemacht werden kann.

3. Beweisverfahren

Weiter ist darauf hinzuweisen, dass nach den *Federal Rules of Evidence* der Zeuge vom Hörensagen in den USA nicht zugelassen wird. Dies geschieht allein mit Rücksicht auf die Jury, der man aufgrund ihrer Laienbesetzung nicht zutraut, den geringeren Beweiswert eines Zeugen vom Hörensagen richtig einzuschätzen. Wegen dieses allein auf den Spruchkörper zugeschnittenen Beweisverbotes unterliegt dieses der *lex fori*, mithin dem amerikanischen Recht.[912]

Die Beweisführungslast (*burden of producing evidence*) wechselt im amerikanischen Zivilverfahren während der Hauptverhandlung. Wenn der Kläger seinen Fall präsentiert, muss er zumindest so viele Beweismittel vorbringen, dass eine vernünftige Jury Zweifel über die streiterheblichen Tatsachen haben kann. Nur wenn der Kläger einen solchen *prima facie case* dargelegt hat, ruft der Richter den Beklagten auf, seinen Fall und seine Beweismittel zu präsentieren. Die objektive Beweislast (*burden of proof*) gewinnt ihre Bedeutung erst bei der Belehrung der Jury durch den Richter und die anschließende Beweiswürdigung durch die Jury. Während also die Beweisführungslast gegenüber dem Richter besteht, der den Fall durch ein *directed verdict* der Jury entziehen kann, wirkt sich die objektive Beweislast (*burden of persuasion*) bei der Beweiswürdigung durch die Jury aus.[913]

---

[909] Ein Beispiel ist die Entscheidung Keeton v. Hustler Magazine, Inc., 465 U.S. 770 (1984): Eine Klageabweisung wegen Verjährung in Ohio stand einer erneuten Klage in New Hampshire nicht im Wege.
[910] Hay, IPRax 1989, 197, 198.
[911] Die "lex causae" bezeichnet das Recht, das gemäß den Kollisionsnormen in der Sache selbst maßgebend ist.
[912] Coester-Waltjen, Rn. 299 ff.
[913] Coester-Waltjen, Rn. 391; Schack, Einführung, 66 f.

Diese verfahrensrechtlichen Besonderheiten führen dazu, dass sich die Beweisführungslast in solchen Fällen ebenfalls allein nach der *lex fori* richtet.[914]

4. Kosten und Kostenerstattung

Die Gerichtskosten sind in den USA traditionell niedrig, um den Zugang zu den Gerichten weit offen zu halten. Die für eine Zivilklage vor einem Bundesdistriktgericht zu entrichtende *filing fee* ist mit 150,00 US$ trotz mehrfacher Anhebung in den letzten Jahren immer noch moderat.[915]

Amerikanische Anwälte rechnen oft auf der Basis des konkreten Zeitaufwandes ab, die durchschnittlich bei 200-500 US$ pro Stunde für die Partner einer Kanzlei liegen.[916] In lukrativen Angelegenheiten, wie es in der hier zu behandelten Problemstellung regelmäßig der Fall sein wird, können die Kläger mit ihrem Anwalt ein Erfolgshonorar (*contigent fee*) vereinbaren, üblich sind 25-50 %, je nachdem, ob eine Einigung vorprozessual zustande kommt oder der Rechtsstreit in zwei Instanzen durchgefochten werden muss.[917] Bei *class actions* wird üblicherweise ein Fonds errichtet, aus dem die Kosten des Anwalts noch vor Befriedigung der einzelnen *class members* beglichen werden (*common fund doctrine*).[918] Auf diese Weise entgeht man der offensichtlichen Ungerechtigkeit, dass die repräsentierten, nicht vor Gericht auftretenden Klassenmitglieder sozusagen kostenlos von der Initiative der *class representatives* profitieren, indem sie Ansprüche zugesprochen bekommen, ohne sich an den Kosten beteiligt zu haben.[919] Ein solches Erfolgshonorar ist für den Kläger risikolos und für den Rechtsanwalt höchst profitabel, da er seinen Einsatz danach ausrichten kann, wie viel er dabei verdient. Für den Beklagten stellen sie dagegen eine erhebliche Belastung dar, da er in der Regel die teueren Stundensätze zahlen muss und u. U. mit einer unbegründeten Klage konfrontiert wird, von deren Erhebung der Kläger sonst angesichts des Kostenrisikos abgesehen hätte
So sind insbesondere Beweisaufnahmen in internationalen Rechtsstreitigkeiten besonders teuer, insbesondere die *pretrial discovery*, die sich über etliche Tage hinziehen und leicht ein ruinöses Ausmaß annehmen kann.[920] Zudem muss nach der sog. *american rule* grundsätzlich jede Partei ihre Rechtsanwaltskosten selber

[914] Coester-Waltjen, Rn. 398; Eisner, ZZP 1967, 78, 83 f.
[915] 28 U.S.C. sec. 1914 (a).
[916] Schack, IZVR, Rn. 580b.
[917] Greiner, 200 f.; Schack, Einführung, 8 f.; Spindler, FS Ulmer, 373.
[918] Greiner, 82 f.; Heß, AG 1999, 150; Mark, EuZW 1994, 238, 241; Schlurmann, 118
[919] Spindler, FS Ulmer, S. 373 f.
[920] vgl. Schack, Einführung, 46 f.

tragen,[921] da man grundsätzlich einen redlich um sein Recht kämpfenden Bürger nicht abschrecken will.
Allerdings ist es dem Gericht möglich, unabhängig vom Prozessausgang, einer Partei oder ihrem Rechtsanwalt[922] als Sanktion für Fehlverhalten Kosten aufzuerlegen, zu denen im Einzelfall auch Anwaltskosten gehören können.[923]
Den Gerichten kommt diesbezüglich eine Art Aufsichtsfunktion zu, die sich aus der Stellung des Anwaltes als "*Officer of the Court*" ergibt. Die Richter können sich gegebenenfalls über Honorarvereinbarungen hinwegsetzen und die Höhe selbst bestimmen.[924]
Die Art der Kostenregelung legt in den beschriebenen Situationen eine Sammelklage nahe, da der Anteil an einer Einzelforderung kein ausreichendes Honorar ergibt, eine Kumulation der jeweiligen Ansprüche jedoch immense Streitwerte entstehen lässt. Insofern trägt die *class action* entscheidend dazu bei, dass derartige (Schadensersatz-)Prozesse für Anwälte an wirtschaftlicher Attraktivität gewinnen. Folglich erhalten auch nur geringfügig Geschädigte effektiven Rechtsschutz, wodurch normwidriges Verhalten auch in diesen Fällen nicht sanktionslos bleibt.[925] In diesem Kontext sei erwähnt, dass sich inzwischen in den USA eine Vielzahl auf *Class-action*-Verfahren spezialisierte Anwälte und Großkanzleien herausgebildet haben, die ihren Aufgabenbereich ausschließlich auf die Bearbeitung derartiger Sammelklagen konzentrieren.[926]
Bei den benannten Vorteilen der *class action* ist sie dennoch nicht ganz unbedenklich, wenn dadurch überaus kostenintensive Großverhandlungen bei derart geringwertigen Streitgegenständen gefördert werden, die letztlich hauptsächlich den beteiligten Anwälten zugute kommen.[927] Diese Bedenken werden bei Betrachtung einiger Fälle der Vergangenheit durchaus verständlich. So kam es bspw. in den 60er Jahren in Kalifornien zu einer *class action*, in der die 460.000 Mitglieder des dortigen Playboy-Clubs im Rahmen eines Vergleiches jeweils einen Getränkebon im Werte von 8 US$ erhielten, sich das Anwaltshonorar hingegen auf einen Betrag von 275.000 US$ belief.[928] In einem anderen Fall

---

921 Gottwald, ZZP 1978, 25; Greiner, 82; Mark, EuZW 1994, 238, 241; Homburger, 71 Colum. L. Rev. 609, 647 f. (1971); Neufang, 31 ff.; Schack, Einführung, 10 f. m.w.N.
922 Comment, 44 U.Chi.L.Rev. 619 ff. (1977).
923 so z.B. 28 USC § 1927 gegenüber einem Anwalt, der die Kosten *unreasonably and vexatiously* in die Höhe treibt, oder in *rule 37 Federal Rules of Civil Procedure* als Strafe für mangelnde Mitwirkung bei der discovery.
924 Spilker v. Hankin, 188 F.2d 35, 39 (D.C. Cir. 1951).
925 Greiner, 42.
926 so z.B. die im Zusammenhang mit den Sammelklagen ehemaliger NS-Zwangsarbeiter bekannt gewordene Anwaltskanzlei Cohen, Milstein, Hausfeld & Toll (www.cmht.com).
927 Hay, Rn. 183.
928 Grossman v. Playboy Clubs Int'l, Inc., Civil No. 882939 (L.A. Superior Court, January 16, 1969).

einer *antibiotics antitrust class action* erhielten die *class members* durchschnittlich 364 US$, während die Anwälte ein 10 Mio. US$ verdienten.[929]
Da durch den *PSLRA 1995* die Voraussetzungen für die Durchführung einer Wertpapiersammelklage zum Teil erheblich verschärft wurden, ist jedoch eine derartige Überdehnung des Anwendungsbereich jedenfalls in den hier interessierenden Fallkonstellationen nicht zu befürchten.

III. Anwendbares materielles Recht

Aufgrund des bereits dargelegten umfassenderen Anlegerschutzes nach den amerikanischen *securities laws* wird der geschädigte Anleger bestrebt sein, in den USA einen Schadensersatzanspruch geltend zu machen.

Schadensersatzansprüche wegen fehlerhafter Kapitalmarktinformation basieren in den USA insbesondere auf den *securities regulations* die dem Deliktsrecht zuzuordnen sind.

Grundsätzlich lässt sich feststellen, dass die kollisionsrechtlichen Prinzipien die zu *interstate conflicts* innerhalb Amerikas entwickelt wurden, auch auf internationale Sachverhalte anzuwenden sind.
Für das hier relevante Deliktsrecht wird nach der traditionellen Regelung im *restatement (first)*[930] das Recht am *place of wrong*, das heißt am Ort, wo das schädigende Verhalten stattfand, angewandt.[931] Maßgeblich ist danach der letzte Akt, der für die Begründung des deliktischen Anspruchs notwendig ist. Das ist regelmäßig der Ort, an dem die Verletzung eintritt. Irrelevant ist der Ort des Schadenseintritts. Diese Regelung wurde vielfach als zu starr und unbillig empfunden. Modernere Ansätze versuchen daher vernünftige und gerechte Lösungen zu finden, die sowohl die Interessen der Parteien, als auch gesellschaftliche Aspekte berücksichtigen. Zu diesen Anknüpfungsmodellen gehören der *most significant relationship test* und die *interest analysis*.[932]

Der *most significant relationship test* fragt danach, zu welchem Forumstaat die engsten Beziehungen bestehen. Die Bestimmung der engsten Beziehungen wird allerdings nur durch allgemeine Grundsätze vorgenommen, hinreichend vorhersehbare Kriterien oder Grenzziehungen existieren nicht. Die zugunsten einer

---

[929] vgl. Note: 89 Harv. L. Rev. 1318, 1604 (1976).
[930] Die sog. *restatements* sind Stellungnahmen des *American Law Institutes,* einer privaten Organisation, die häufig großen Einfluss auf die Rechtsprechung haben. Vgl. Hay, Rn. 32.
[931] Hay, Rn. 259; ausführl. Kegel/Schurig, IPR, 626; Kropholler, IPR, 87; Scoles/Hay/u.a., Conflicts, 689.
[932] Siegel, 239 ff.

gerechten Lösung im Einzelfall eingeräumte Flexibilität geht hiernach auf Kosten der Vorhersehbarkeit und Rechtssicherheit.

Nach der daneben existierenden *interest analysis* soll der Richter im konkreten Fall untersuchen, welcher Staat ein Interesse an der Anwendung seiner Normen hat.[933] Sofern nur ein Staat interessiert ist (*false conflict*), wird sein Recht angewandt. Haben zwei oder mehrere Staaten ein Interesse an der Maßgeblichkeit ihres Rechts (*true conflict*) und lässt sich der Interessengegensatz nicht durch eine restriktive Interpretation des rechtspolitischen Anliegens des Forumstaates beseitigen, so ist das Recht des Forumstaates anzuwenden. Die Analyse der staatlichen Interessen setzt voraus, dass bei einer Kollision von Gesetzen verschiedener Staaten wirklich aus jeder materiellen Norm zu entnehmen ist, welchen Anwendungsbereich sie nach ihrem Zweck beansprucht. Dies ist häufig sehr schwierig, so dass sich bei Anwendung der *interest analysis* erhebliche Zweifel und Meinungsverschiedenheiten ergeben haben, wodurch die Voraussehbarkeit der Entscheidungen stark gelitten hat und manche sogar von einem Chaos sprechen.[934]
Darüber hinaus lässt sich eine Entscheidung hinsichtlich des anwendbaren Rechts mittels des materiell besseren Rechts (*better law approach*) durchführen. Als Maßstab für die Auswahl des besseren Rechts kommen sowohl die mit dem Recht bezweckten Ziele in Betracht als auch die Frage nach der sachgerechteren bzw. der fortschrittlicheren Lösung.[935] Diese ungenauen Kriterien lassen wiederum einen weiten Ermessensspielraum der Gerichte zu, so dass sich auch diesbezüglich kaum klare Abgrenzungskriterien aufstellen lassen.
Allgemein lässt sich aber feststellen, dass die vorgenannten Ansätze tendenziell zur Anwendung des eigenen Sachrechts (*lex loci rule*) führen.
Das sog. *restatement* (*second*) stellt durch die Abkehr von der starren Regelung des *restatement* (*first*) und der Berücksichtigung der sonstigen Abgrenzungsmethoden einen Kompromiss dar. Nach *sec. 188* soll über die allgemeinen Prinzipien des *sec. 6* der Staat mit der *most significant relationship* maßgeblich sein, wobei Abs. 2 Indizien für die engste Verbindung benennt. Problematisch ist dabei, dass die in *sec. 6* vorangestellten *choice of law principles* es erlauben, Kollisionsfälle unter Zugrundelegung unterschiedlicher Methoden zu lösen.[936] Damit wird den Gerichten die Möglichkeit eröffnet, in ihre Überlegungen die Elemente verschiedener Abgrenzungstheorien einfließen zu lassen. Eine einheitliche Handhabung ist bisher allerdings nicht zu erkennen. Vielfach wird in der Praxis das anwendbare Recht ergebnisorientiert gewählt, wodurch die Vorhersehbarkeit der Entscheidung stark erschwert wird.

---

[933] vgl. Kropholler, IPR, 87.
[934] vgl. Hill, 85 Colum. L. Rev. 1585 ff., insb. 1646 (1985).
[935] Kropholler, IPR, 88 f.
[936] Kropholler, IPR, 89.

Für die Fälle der fehlerhaften Kapitalmarktinformation doppelt gelisteter Unternehmen bedeutet dies eine gewisse Unsicherheit. Unter Berücksichtigung des Umstandes, dass mit der Verletzung der Ad-hoc-Publizitätspflicht in Deutschland regelmäßig auch in den USA ein haftungsbegründender Publizitätsverstoß vorliegt und dieser sowohl in Deutschland auch in den USA rechtswidrige Auswirkungen auf den Börsenkurs hat, spricht Vieles dafür, dass in derartigen Fallkonstellationen amerikanisches materielles Recht Anwendung finden wird. Dies vor allem deshalb, weil unabhängig von den einzelnen Abgrenzungstheorien immer noch eine hohe Bereitschaft amerikanischer Gerichte besteht, ihr eigenes materielles Recht anzuwenden.

IV. Anerkennung und Vollstreckbarkeit amerikanischer Entscheidungen in Deutschland

Die Anerkennung und Vollstreckbarkeit einer ausländischen Entscheidung gegen ein deutsches Unternehmen oder/und dessen Vorstand in Deutschland ist für den geschädigten Anleger von erheblicher Bedeutung, da er regelmäßig nur so seinen Schadensersatzanspruch auch tatsächlich durchsetzen kann.
Da im Verhältnis zu den USA weder die EuGVVO[937] anwendbar ist noch Staatsverträge existieren, ist auf die allgemeinen Regelungen des nationalen Anerkennungs- und Vollstreckungsrechts nach den §§ 328, 722 f. ZPO zurückzugreifen.

1. Anerkennung

Die in § 328 ZPO geregelte Anerkennung von Urteilen tritt automatisch ein, wenn die genannten Anerkennungsvoraussetzungen vorliegen. Es findet keine Überprüfung in einem gesonderten Verfahren statt.
Wird geschädigten Anlegern in den USA Schadensersatz zugesprochen, so geht es den Klägern aber regelmäßig nicht um die bloße Anerkennung der Entscheidung in Deutschland, sondern vielmehr um die Möglichkeit der Vollstreckung. Im Rahmen der Überprüfung, ob eine Entscheidung nach § 722 ZPO vollstreckbar ist, wird über die Frage der Anerkennung inzident als Vorfrage entschieden.[938]

---

[937] VO Nr. 44/2001 des Rates vom 0.12.2000 über die gerichtliche Zuständigkeit und Anerkennung und Vollstreckung von Entscheidungen in Zivil- und Handelssachen (EuGVVO).
[938] Gottwald, ZZP 1990, 257, 260.

a) Anerkennungsfähigkeit

aa) Urteile

Nach § 328 ZPO sind anerkennungsfähig nur streitbeendende[939] Entscheidungen staatlicher Gerichte in Zivil- und Handelssachen.[940] Mithin ist ein rechtskräftiges in den USA ergangenes Urteil zugunsten eines geschädigten Anlegers gegen ein deutsches Unternehmen bzw. seinen Vorstand in Deutschland grundsätzlich anerkennungsfähig.
Zweifel an der Einordnung als Zivilsache könnten dann bestehen, wenn amerikanische Urteile auf *punitive damages* erkennen, bei denen der pönale Charakter überwiegt.[941] Allerdings werden im Bereich des Wertpapierrechts und Kapitalmarktbetruges regelmäßig keine *punitive damages* zugesprochen, so dass die zivilrechtliche Einordnung derartiger Urteile unproblematisch ist.

bb) Vergleiche

Gemäß § 328 ZPO sind grundsätzlich nur Urteile, d.h. rechtskräftige Entscheidungen, nicht jedoch Prozessvergleiche ausländischer Gerichte anerkennungsfähig.[942] Fraglich ist demnach, ob ein *class action settlement* nach deutscher Rechtsvorstellung einen Prozessvergleich darstellt oder einem Urteil gleichzusetzen ist.
Gegen eine Qualifikation als Urteil im Sinne des § 328 ZPO wird eingewandt, dass der Inhalt des *class action settlement* wie auch beim deutschen Prozessvergleich grundsätzlich von den Parteien bestimmt wird und das Gericht lediglich in Form einer Genehmigung mitwirkt.[943] Diese Ansicht unterschätzt jedoch die Funktion des amerikanischen Richters beim Genehmigungsverfahren. Zwar muss sich die Genehmigung des Gerichts stets im Rahmen der Wünsche der Prozessparteien bewegen. Jedoch kann das Gericht die Genehmigung versagen, wenn es die Regelung für *unfair* hält. Diese nachhaltige Interventionsmöglichkeit des amerikanischen Richters bei der Zulassung und Genehmigung des *settlement* stellt einen erheblichen Unterschied zur lediglich beurkundenden

[939] Dies ergibt sich aus § 723 Abs. 2 S. 1 ZPO, wonach ein Vollstreckungsurteil erst erlassen werden darf, wenn das Urteil des ausländischen Gerichts nach dessen *lex fori* Rechtskraft erlangt hat, also formell rechtskräftig geworden ist. Die Vorschrift trägt dem Schutzinteresse des Schuldners gegenüber einer Vollstreckung Rechnung, die ungerechtfertigt wäre, wenn die für vollstreckbar erklärte Entscheidung im Erlassstaat noch aufgehoben wird. Dieses Erfordernis ist auf § 328 ZPO zu übertragen, da auch bei der Urteilsanerkennung ein Minimum an Rechtsbeständigkeit zu fordern ist. Vgl. Schack, IZVR, Rn. 821; a.A. Geimer, IZPR, Rn. 2855 f.

[940] Vgl. ausführl. Schack, IZVR, Rn. 810 ff.

[941] vgl. BGHZ 118, 312; Schütze, FS Nagel, 393, 397.

[942] Greiner, 220.

[943] Greiner, 220 ff.

Funktion des deutschen Richters beim Abschluss eines Prozessvergleichs gemäß §§ 794, 160 Abs. 3 Nr. 1, 162 ZPO dar.[944] Auch aus amerikanischer Sicht wird in der Genehmigung des *class action settlements* ein förmliches Urteil gesehen, welches ebenso wie ein streitiges *class action* Urteil volle Rechtskraftwirkungen entfaltet. Berücksichtigt man weiter, dass aus deutscher Sicht als Urteile im Sinne des § 328 ZPO jede Entscheidung gilt, die endgültig über eine aufgestellte Rechtsbehauptung ergeht, sind damit nicht nur Urteile im technischen Sinn erfasst, sondern alle gerichtlichen Entscheidungen, die einen Rechtsstreit in der Sache rechtskräftig beenden.[945] Folglich sprechen die besseren Argumente dafür auch das *class action settlement* aufgrund seiner Rechtskraftentfaltung und Urteilswirkung im Erlassstaat als Urteil im Sinne des § 328 ZPO zu qualifizieren.

b) Anerkennungshindernisse

§ 328 ZPO regelt die Voraussetzungen der Anerkennung ausländischer Urteile in negativer Fassung. Die dort aufgeführten Anerkennungshindernisse sind, abgesehen von § 328 Abs. 1 Nr. 2 ZPO, von Amts wegen zu prüfen. Kann das Gericht ihr Vorliegen nicht positiv feststellen, so trägt die Partei, die sich auf die ausländische Entscheidung beruft, die Beweislast.[946]
Nach § 328 Abs. 1 Nr. 1 ZPO ist die Anerkennung nur möglich, wenn die internationale Zuständigkeit des ausländischen Gerichts gegeben war. Weiter müssen nach § 328 Abs. 1 Nr. 2 ZPO alle betreffenden Schriftstücke rechtzeitig und ordnungsgemäß zugestellt worden sein. Auch darf nach § 328 Abs. 1 Nr. 3 ZPO die anzuerkennende Entscheidung nicht unvereinbar mit einer früheren deutschen oder einer anderen anzuerkennenden ausländischen Entscheidung sein. Ferner muss nach § 328 Abs. 1 Nr. 4 ZPO die ausländische Entscheidung mit dem deutschen *ordre public* übereinstimmen und schließlich muss nach § 328 Abs. 1 Nr. 5 ZPO die Gegenseitigkeit der Anerkennung gewahrt sein.
Hier sollen nur die besonderen Probleme im Zusammenhang mit der Anerkennung einer Entscheidung, die im Rahmen einer *class action* ergangen ist, behandelt werden. Diesbezüglich werfen insbesondere die *Ordre-public*-Klausel des § 328 Abs. 1 Nr. 4 ZPO und die internationale Zuständigkeit der amerikanischen Gerichte im Rahmen des § 328 Abs. 1 Nr. 1 ZPO Bedenken auf.

---

944 Heß, JZ 2000, 376.
945 Geimer, in: Zöller, ZPO, § 328, Rn. 67a.
946 Gottwald, in: MünchKomm., ZPO, § 328, Rn. 50.

aa) Anerkennungszuständigkeit nach § 328 Abs. 1 Nr. 1 ZPO

Gemäß § 328 Abs. 1 Nr. 1 ZPO ist die Anerkennung des Urteils eines ausländischen Gerichts ausgeschlossen, wenn die Gerichte des Staates, dem das ausländische Gericht angehört, nach den deutschen Gesetzen nicht zuständig sind. Die Überprüfung durch das deutsche Anerkennungsgericht erfolgt von Amts wegen in rechtlicher und tatsächlicher Hinsicht. Es ist nicht an die tatsächlichen Feststellungen gebunden, die das Gericht des Urteilsstaates der Annahme seiner internationalen Zuständigkeit zugrunde gelegt hat. Grundsätzlich ist daher beiderseits neues tatsächliches Vorbringen zulässig, so dass auch neue Tatsachen und Beweismittel vorgebracht werden können. Zudem können neue tatsächliche Behauptungen aufgestellt werden, um die Zuständigkeit des ausländischen Gerichts aus einem anderen Gesichtspunkt herzuleiten, als ihn der fremde Richter annahm.[947]

Die Anerkennung setzt regelmäßig voraus, dass ein amerikanisches Gericht nach deutschem Recht international zuständig wäre. Geprüft wird, ob das amerikanische Gericht, wenn dort die ZPO gegolten hätte, für die Entscheidung zuständig gewesen wäre. Die Vorschriften, welche die internationale Zuständigkeit der deutschen Gerichte begründen, werden also spiegelbildlich auf das ausländische Verfahren übertragen.[948]
Dieses sog. Spiegelbildprinzip bedeutet zunächst, dass ein Staat ausländische Urteile in den Fällen nicht anerkennen kann, in denen er für sich selbst die international ausschließliche Entscheidungszuständigkeit beansprucht.[949]
Eine solche kommt vorliegend nicht in Betracht, so dass darauf abzustellen ist, ob der deutsche Richter seine internationale Zuständigkeit bejahen würde, wenn er in der Situation des amerikanischen Richters entscheiden müsste.
An der Zuständigkeitsordnung des Anerkennungsstaates wird nur die internationale, nicht jedoch die örtliche oder sachliche Zuständigkeit des Urteilsstaates gemessen.[950] Sollten den amerikanischen Gerichten in Anwendung ihres Zuständigkeitsrechts Fehler hinsichtlich der örtlichen oder sachlichen Zuständigkeit unterlaufen sein, so ist dies für die Frage der Anerkennung irrelevant.
Bei Mehrrechtsstaaten mit jeweils eigenem Gerichtsaufbau, wie den USA, ist problematisch, was „unter Gerichte des Staates, dem das ausländische Gericht angehört" im Sinne von § 328 Abs. 1 Nr. 1 ZPO zu verstehen ist. Hier ließe sich sowohl auf die Zuständigkeit der Gerichte der USA als solche oder auf die interlokale Zuständigkeit desjenigen Bundesstaates abstellen, in dem das Gericht,

---

[947] Roth, in: Stein/Jonas, ZPO, § 328, Rn. 95.
[948] Fricke, 65; Hoffmann/Hau, RIW 1998, 344, 345.
[949] Schack, IZVR, Rn. 835.
[950] BGHZ 141, 286, 289; Hoffmann/Hau, RIW 1998, 344, 346.

dessen Urteil vollstreckbar erklärt werden soll, seinen Sitz hat.[951] Für den BGH ist allein entscheidend, ob irgendein Gericht innerhalb der gesamten USA zuständig ist.[952] Dies deshalb, weil § 328 Abs. 1 Nr. 1 ZPO gerade nur auf „die Gerichte“ des Erststaates in ihrer Gesamtheit abstellt. Die Aufteilung der Rechtsprechungs-aufgabe innerhalb des Gesamtstaates ist ein nach § 328 Abs. 1 Nr. 1 ZPO irrelevantes Internum des Urteilsstaates.[953]
Folgerichtig kommt es allein darauf an, ob in spiegelbildlicher Anwendung des deutschen Zuständigkeitsrechts irgendein amerikanisches Gericht international zuständig ist.
Dies wird in Fällen fehlerhafter Ad-hoc-Publizität dann nicht der Fall sein, wenn sich die internationale Zuständigkeit amerikanischer Gerichte auf einen exorbitanten Gerichtsstand stützt. Gemeint sind damit die Fälle, in denen die Zuständigkeit amerikanischer Gerichte nur auf die Wirkungen der Fehlinformation in den USA stützen lässt. Eine derartige Zuständigkeitsanknüpfung kennt das deutsche Recht nämlich nicht.

Stützt das amerikanische Gericht seine internationale Zuständigkeit auf eine nach deutscher Auffassung wirksame internationale Zuständigkeitsvereinbarung (Prorogation), so ist der Erststaat international zuständig und das Urteil anzuerkennen.
Ebenfalls kann die nach § 328 Abs. 1 Nr. 1 ZPO erforderliche Anerkennungszuständigkeit auf § 39 ZPO gestützt werden, wenn sich der Beklagte im ausländischen Prozess ohne Zuständigkeitsrüge zur Sache eingelassen hat und das ausländische Gericht nach seinem Recht sonst unzuständig gewesen wäre. Gleiches gilt, wenn die Zuständigkeit weder feststand noch eine nach § 40 ZPO unwirksame oder unzulässige Gerichtsstandsvereinbarung vorliegt.
Die Anerkennungszuständigkeit kann aber dann nicht durch § 39 ZPO allein begründet werden, wenn das ausländische Gericht unabhängig davon bereits nach seinem eigenen Recht international zuständig war. Da dann nämlich die im Ausland erhobene Zuständigkeitsrüge aussichtslos wäre, kann der Beklagte den Einwand der fehlenden Zuständigkeitsrüge vor dem inländischen deutschen Anerkennungsgericht noch geltend machen.

Schließlich kann der deutsche Anerkennungsrichter von der Zuständigkeit des Erstgerichts ausgehen, wenn der Beklagte des ausländischen Prozesses vor dem deutschen Anerkennungsgericht auf die Rüge fehlender internationaler Zuständigkeit des ausländischen Gerichts verzichtet hat. Dies gilt jedoch nur, soweit keine ausschließliche oder dritte internationale Zuständigkeit vorliegt, was in Fällen der fehlerhaften Ad-hoc-Publizität nicht der Fall ist.

---

[951] so OLG Hamm, RIW 1997, 1039 ff.; LG München, RIW 1988, 738; Hartmann, in: Baumbach/Lauterbach/u.a., ZPO, § 328, Rn. 16; Schack, IZVR, Rn. 906; Sieg, IPRax 1996, 77 ff.
[952] BGH, JZ 2000, 107; ebenso Hoffmann/Hau, RIW 1998, 344, 351.
[953] Geimer, in: Zöller, ZPO, § 328, Rn. 97a; ders., Anerkennung, 117.

Dasselbe wird man annehmen können, wenn der damalige Beklagte tatsächliche Behauptungen des Klägers nicht bestreitet oder zugesteht, aus denen sich eine ausländische Zuständigkeit ergibt.[954]

bb) Kollision unvereinbarer Entscheidungen nach § 328 Abs. 1 Nr. 3 ZPO

Einem ausländischen Urteil ist die Anerkennung auch dann zu versagen, wenn das Urteil mit einem in Deutschland erlassenen oder einem anzuerkennenden ausländischen Urteil oder das ihm zugrunde liegende Verfahren mit einem früher hier rechtshängig gewordenen Verfahren unvereinbar ist, § 328 Abs. 1 Nr. 3 ZPO. Wann dies der Fall ist, sagt § 328 Abs. 1 Nr. 3 ZPO jedoch nicht. Irrelevant ist jedenfalls die formale Identität der Anträge. Entscheidend ist allein die Frage, ob der Kernpunkt beider Rechtsstreitigkeiten übereinstimmt.[955]

Im Falle einer *class action* wird die Einleitung eines Parallelverfahrens in Deutschland regelmäßig als Entscheidung des entsprechenden Klägers zum *opt out* zu werten sein, mithin der Entscheidung nicht an der *class action* in den USA teilnehmen zu wollen. Folglich besteht keine Unvereinbarkeit in der gleichen Sache, so dass die Anerkennung nicht ausgeschlossen ist. Allerdings führt dies dazu, dass das beklagte Unternehmen bzw. dessen Vorstand mit parallelen Prozessen im In- und Ausland konfrontiert wird. Deshalb wird ihm die Möglichkeit einer negativen Feststellungsklage zur Abwehr des ausländischen Verfahrens eingeräumt, um feststellen zu lassen, dass eine Haftung des Beklagten gegenüber einer weltweiten *class* nicht besteht.

cc) Ordre public, § 328 Abs. 1 Nr. 4 ZPO

Die Anerkennung einer ausländischen Entscheidung in Deutschland ist ebenfalls zu versagen, wenn dies zu einem Ergebnis führen würde, das grundlegenden Wertvorstellungen der deutschen Rechtsordnung offensichtlich zuwiderläuft, insbesondere wenn die Anerkennung mit Grundrechten unvereinbar ist.[956] Derartige Verstöße gegen wesentliche Rechtsgrundsätze sind sowohl im Verfahrensrecht als auch im materiellen Recht denkbar.

(1) Materiellrechtlicher ordre public

Der Schwerpunkt der *Ordre-public*-Kontrolle liegt im materiellen Recht. Dabei findet jedoch keine vollständige Überprüfung des Urteils in tatsächlicher und rechtlicher Hinsicht statt, da Fehlurteile im Inland wie im Ausland vorkommen

---

[954] Roth, in: Stein/Jonas, ZPO, § 328 Rn. 102.
[955] OLG Hamm, FamRZ 2001, 1015.
[956] BGHZ 140, 395, 397.

können. Sie sind ebenso wenig ein Grund die Anerkennung zu verweigern, wie die fast immer vorhandenen Unterschiede zwischen dem Recht des Urteils- und des Anerkennungsstaates. Rechtsunterschiede führen nur dann zu einem Verstoß gegen den materiellrechtlichen *ordre public*, wenn das Ergebnis der Urteilsanerkennung im konkreten Fall schlechthin untragbar ist.[957] Dabei sind auch das Ausmaß und die Bedeutung der Inlandsbeziehung des Sachverhalts zu berücksichtigen. Je geringer dessen Inlandsbeziehung ist, desto größer müssen die Abweichungen von Grundsätzen des deutschen Rechts sein.[958]

Überprüft wird ausschließlich das konkrete Ergebnis der ausländischen Entscheidung. Daher darf die Anerkennung nicht schon deshalb versagt werden, weil die Erwägungen oder Begründung des ausländischen Gerichts dem deutschen Rechtsverständnis widerstreben oder weil der dem ausländischen Urteil zugrundeliegende Rechtssatz als solcher dem *ordre public* widerspricht.[959]

(a) Rechtsfolge

Ein Verstoß gegen den *ordre public* kann zum einen in der dem fremden Urteil ausgesprochenen Rechtsfolge liegen.
Dies kann z.B. bei der Verurteilung zu *punitive damages* angenommen werden, die über die reine Schadenskompensation hinausgehen, denn nach deutschen Verständnis sieht die Rechtsfolge bei Verurteilung zu Schadensersatz regelmäßig nur den Schadensausgleich vor, nicht aber die Bereicherung des Geschädigten.[960] Da *punitive damages* jedoch in Fällen von Ad-hoc-Publizitätspflichtverletzungen grundsätzlich nicht zuerkannt werden, stehen sie einer Anerkennung des amerikanischen Urteils in Deutschland nicht entgegen.

(b) Urteilsinhalt

Verstößt die Rechtsfolge als solche nicht gegen den *ordre public*, so ist zu prüfen, ob das Urteil inhaltlich auf Normen beruht, die den deutschen *ordre public* verletzen. Dabei ist nicht entscheidend, ob die ausländische Rechtsnorm an sich gegen den *ordre public* verstößt, sondern ob ihre Anwendung im konkreten Fall vom deutschen Standpunkt aus zu beanstanden ist.[961]
Derartige Verstöße sind für Schadensersatzklagen aufgrund der Verletzung von Ad-hoc-Publizitätspflichten regelmäßig nicht zu erwarten, da nach beiden Rechtsordnungen eine Pflicht zur ordnungsgemäßen Kapitalmarktinformation

---

957 BGHZ 138, 331, 334.
958 Schack, IZVR, Rn. 867.
959 Gottwald, in: MünchKomm., ZPO, § 328, Rn. 86.
960 vgl. BGHZ 118, 312, 343.
961 BGH NJW 1997, 524, 527.

besteht. Dementsprechend besteht ein Anerkennungshindernis aus diesem Grunde nicht.

(2) Verfahrensrechtlicher ordre public

Die *Ordre-public*-Prüfung erstreckt sich auch auf das ausländische Verfahren. Zwar sind Verfahrensunterschiede in den einzelnen Rechtsordnungen grundsätzlich hinzunehmen. Wenn jedoch das ausländische Verfahren von den Grundprinzipien des deutschen Rechts so stark abweicht, dass es nach dem hiesigen Verständnis nicht mehr rechtsstaatlichen Anforderungen entspricht, dann kann der *ordre public* einer Anerkennung in Deutschland entgegenstehen.[962]

(a) Pretrial discovery

Bedenken können sich hinsichtlich des Verfahrensstadiums der *pretrial discovery* ergeben, welches dem deutschen Recht völlig fremd ist.[963] Hier gehen die Mitwirkungspflichten der Parteien deutlich weiter als im deutschen Recht. Allerdings verstößt nicht alles, was auf den ersten Blick als unzulässiger Ausforschungsbeweis anmutet, gegen den deutschen *ordre public*.[964] Dieser ist nur dann verletzt, wenn eine konkrete Maßnahme in diesem Verfahren die Souveränität des Anerkennungsstaates verletzt hat.[965]
Dies hängt jeweils von den Umständen des Einzelfalles ab, so dass sich diesbezüglich keine verallgemeinerungsfähigen Aussagen treffen lassen. Grundsätzlich ist jedoch bei der Annahme eines Verstoßes gegen den verfahrensrechtlichen *ordre public* Vorsicht geboten. Als solche sind nur echte Völkerrechtsverstöße zu werten, nicht dagegen schon fragwürdige, nicht allgemein anerkannte Anordnungen ausländischer Gerichte.[966]

(b) Laienrichter

Ein Verstoß gegen den verfahrensrechtlichen *ordre public* liegt überdies nicht vor, wenn das amerikanische Urteil von einer Jury, mithin von juristischen Laien, mitbestimmt wurde.
Insofern ist nämlich zu berücksichtigen, dass die Jury nur für die Tatsachenfeststellung zuständig ist und nicht selbst die auf den Fall anwendbaren Rechtsnormen auslegt.[967] Zudem ist das Jury-Verfahren in Kontrollmaßnahmen des

---

[962] BGH RIW 1984, 557, 558; BGH IPRax 1992, 33, 35.
[963] vgl. Junker, 1 ff.; Schack, Einführung, 44 ff.
[964] Zekoll, 137 ff.; gegen Hök, 284 ff., 289; Schütze, WM 1986, 633, 636; ders., FS Stiefel, 697 ff.
[965] Stiefel/Stürner, VersR 1987, 830.
[966] vgl. Schack, IZVR, Rn. 865.
[967] Rosengarten, 140.

Gerichts (z.B. die *jury instructions*) und der Parteien eingebunden, wodurch ein rechtsstaatliches Verfahren gewährleistet ist.[968]

(c) Anwaltliches Standesrecht

In Rahmen von *class-actions* werden für amerikanische Anwälte regelmäßig Erfolgshonorare vereinbart. Eine solche Vereinbarung ist bei deutschen Anwälten sittenwidrig und damit gemäß § 138 Abs. 1 BGB nichtig, weil die damit verbundene wirtschaftliche Abhängigkeit die Stellung des deutschen Rechtsanwalts als unabhängiges Organ der Rechtspflege (§ 1 BRAO) und berufenen Berater und Vertreter in allgemeinen Rechtsangelegenheiten (§ 3 Abs. 1 BRAO) gefährdet wird.[969]
Fraglich ist, ob aufgrund dieser Wertung die Vereinbarung von Erfolgshonoraren gegen den deutschen *ordre public* verstößt und damit der Anerkennung von amerikanischen Urteilen entgegensteht.
Auszugehen ist davon, dass der Anwalt im amerikanischen Rechtssystem nicht die gleiche besondere Stellung hat wie im deutschen und daher an eine solche Stellung auch nicht angeknüpft werden kann. In den USA steht die Repräsentationsfunktion für den Mandanten im Vordergrund.[970] Aus Sicht des Mandanten wird durch die Vereinbarung von Erfolgshonoraren ein kostengünstiger Zugang zum Gericht ermöglicht, weil der Anwalt in diesen Fällen meist die anfallenden Kosten vorschießt und auch das Kostenrisiko eines Misserfolges trägt. Da es insoweit jeder Rechtsordnung freisteht, das anwaltliche Standesrecht nach den eigenen Vorstellungen zu regeln,[971] verstößt die Vereinbarung eines Erfolgshonorars allein nicht gegen den deutschen *ordre public*.[972]

Problematisch könnte allerdings sein, dass aufgrund von Erfolgshonorarvereinbarungen die anwaltliche Unabhängigkeit gefährdet ist.
Eine wichtige Säule der anwaltlichen Unabhängigkeit ist die wirtschaftliche und finanzielle Eigenständigkeit des Anwalts, insbesondere gegenüber seiner Mandantschaft. In *Class-action*-Verfahren besteht jedoch die Gefahr, dass Anwälte zu schnell einem Vergleichsschluss zustimmen, um ihr Honorar zu sichern, wobei dann nicht die Rechtspflege und Mandantenvertretung, sondern eher persönliche ökonomische Interessen im Vordergrund stehen.
Da die amerikanischen Gerichte jedoch verpflichtet sind, jeden Vergleichsschluss zu prüfen, um die Übervorteilung der *class members* zu verhindern, besteht auch unter diesem Gesichtspunkt kein Verstoß gegen den deutschen *ordre public*.

---

[968] Mörsdorf-Schulte, 37.
[969] BGH, NJW 1992, 681, 682.
[970] Koch, NJW 1992, 3073, 3075
[971] BGH, NJW 1992, 3096, 3101.
[972] Auch nicht in Höhe von 40 % der Urteilssumme; BGHZ 118, 312, 327, 332.

(d) Keine Kostenerstattung

Ein *Ordre-public*-Verstoß durch ein *Class-action*-Urteil könnte aufgrund der Prozesskostenerstattungsgrundsätze in Betracht kommen. Gemäß § 91 ZPO hat die unterliegende Partei die Kosten des Rechtsstreits zu tragen. Dies ist nach hiesigem Verständnis Ausdruck des Gebots prozessualer Gerechtigkeit, wonach der zu Unrecht mit einem Prozess überzogene Beklagte seine Kosten erstattet bekommen muss bzw. der obsiegende Kläger vom Beklagten den Ersatz der Kosten verlangen kann, da dieser erst durch das Gericht zu der geschuldeten Leistung gezwungen wurde.[973]
Nach der *american rule* gibt es in den USA demgegenüber grundsätzlich keine Prozesskostenerstattung. Aufgrund dieser Regelung wird deshalb teilweise ein Verstoß gegen den deutschen *ordre public* bejaht.[974] Dieser Argumentation ist jedoch nicht zu folgen, da die amerikanische Kostenregelung mit der Notwendigkeit einer Zulassungserleichterung zu den amerikanischen Gerichten durch ein verringertes Kostenrisiko sachlich gerechtfertigt ist.[975]

(e) Sammelklageverfahren

Bedenken hinsichtlich des verfahrensrechtlichen *ordre public* können sich allerdings aufgrund der Durchführung von Sammelklageverfahren in den USA ergeben.

Als verfassungsrechtlich verankerte Basisgarantie gehört die Gewährung von rechtlichem Gehör. Dieser Anspruch ist ein tragender Rechtsgrundsatz des deutschen Verfahrensrechts und damit Bestandteil des deutschen *ordre public*, so dass deren Nichtbeachtung durch ein ausländisches Gericht die Nichtanerkennung des Urteils in Deutschland nach sich zieht.[976]
Bei der *class action*, bei der ein oder mehrere Repräsentanten für die übrigen *class members* einen Prozess führen, ist das Recht auf Gehör für die Repräsentanten als Partei des Prozesses aufgrund der *Due-process*-Klausel unproblematisch gegeben. Schwierigkeiten ergeben sich jedoch bei den *class members*, die selbst nicht am Verfahren beteiligt sind.

Zunächst stellt sich die Frage, ob nach deutschem Verständnis den *class members* im Rahmen des Art. 103 Abs. 1 GG überhaupt ein Anspruch auf rechtliche Gehör zur Seite steht.

---

[973] BGH IPRax 1993, 310, 314; Schütze, WM 1979, 1174, 1176.
[974] so Schütze, WM 1979, 1174, 1176.
[975] BGHZ 118, 312, 325.
[976] BGHZ 48, 327, 329 f.

Grundsätzlich ist derjenige gehörberechtigt, der durch das Verfahren in eigenen Rechten und Interessen unmittelbar betroffen ist, d.h. der Kläger oder Beklagte. Kennzeichnend für die *class action* ist, dass nach amerikanischer Vorstellung nur die Repräsentanten und gerade nicht die Gruppenmitglieder förmliche Parteien des Prozesses sind. Allenfalls dann, wenn man die *class action* aus deutscher Sicht als gesetzliche oder gewillkürte Stellvertretung der *class members* durch den Repräsentanten sähe, wäre eine formelle Parteistellung gegeben.[977] Eine derartige Annahme ist allerdings abzulehnen, da der Repräsentant die Gruppenklage von sich aus erhebt und dies in der Regel bevor die einzelnen Gruppenmitglieder informiert sind, so dass eine Stellvertreterstellung nach deutschen Vorstellungen schon konstruktiv nicht möglich ist.

Die *class action* könnte allerdings als eine gesetzliche Prozessstandschaft zu qualifizieren sein. Dann wären die *class members* als nicht formell am Verfahren beteiligt anzusehen, da der Repräsentant fremde Rechte im eigenen Namen als alleinige Prozesspartei geltend machen würde.[978] Nach dieser Auffassung hätte nur der Repräsentant, nicht jedoch der Rechtsinhaber persönlich, Anspruch auf rechtliches Gehör.[979] Doch auch diese Konstruktion passt nicht, da der Repräsentant nicht nur fremde, sondern gerade auch eigene Rechte geltend macht.

Da sich die *class action* mit deutschen Systembegriffen nur schwer erfassen lässt, muss sich der Anspruch der Gehörberechtigung daraus ergeben, dass auch die *class members* von der Entscheidung betroffen sind. Zwar unterscheiden sich die Kriterien, anhand derer eine Eingrenzung der Anspruchsberechtigten erfolgen soll, dennoch steht fest, dass demjenigen, dessen Recht Gegenstand des Verfahrens ist, Gehör zu gewährleisten ist, soweit ihn eine Entscheidung bindet.[980] Folglich besteht auch für *class members* ein Anspruch auf rechtliches Gehör, da gerade ihre subjektiven Rechte Gegenstand des Verfahrens sind.

Fraglich ist, ob dieses in der Praxis hinreichend gewährleistet ist. Nach *rule 23* steht den Gruppenmitgliedern jederzeit ein Interventions-, Beteiligungs- oder Äußerungsrecht zu. Dem Erfordernis des rechtlichen Gehörs genügt bereits diese Möglichkeit einer Äußerung.[981] Insofern erscheinen die Anforderungen an das rechtliche Gehör im Rahmen der *class action* auch dann gewahrt, wenn die *class members* zwar informiert sind, aber dennoch untätig bleiben.[982]

Voraussetzung ist aber, dass die Benachrichtigung selbst den Erfordernissen des Art. 103 Abs. 1 GG entspricht, denn der Anspruch auf rechtliches Gehör beinhaltet auch das Recht, über den Verfahrensstoff informiert zu werden. Nur so kann sich der Betroffene realistischerweise äußern.

---

977 Leipold, in: Stein/Jonas, ZPO, § 325, Rn. 52.
978 Grunsky, 227.
979 Grunsky, 196.
980 Schlosser, JZ 1967, 431 ff.; Grunsky, 195.
981 BGH IPRax 1993, 310 ff.; Grunsky, 202.
982 Greiner, 177.

Die Benachrichtigung wird in Deutschland durch die strengen Ladungs- und Zustellungsvorschriften der ZPO gewährleistet. Für die *class action* sieht die *rule 23 FRCP 1938* eine nach den Umständen geeignete, nicht zwingend formalisierte Form der Benachrichtigung vor, sofern eine solche überhaupt geboten ist. Angesichts der Massenverfahren ist eine individuelle Klagezustellung nach den strengen deutschen Zustellungsvorschriften schon gar nicht praktikabel. Häufig erfolgen stattdessen Publikationen oder öffentliche Bekanntmachungen. Eine derartige Zustellungsfiktion ist verfassungsrechtlich dann gerechtfertigt, wenn eine andere Art der Zustellung wegen der Vielzahl der Betroffenen nicht oder nur schwer durchführbar ist.[983]
Dies ist bei der *class action* regelmäßig der Fall, da diese nur zulässig ist, wenn aufgrund der Vielzahl der Beteiligten Einzelklagen unpraktikabel wären. Folgerichtig ist die Benachrichtigung der *class members*, die im amerikanischen Verfahren zwar flexibel gehandhabt, aber ernst genommen wird, nicht von vornherein mit deutschen Vorstellungen über die Benachrichtigung Betroffener unvereinbar.

Im Hinblick auf Art. 103 Abs. 1 GG ergeben sich des weiteren Zweifel hinsichtlich der Rechtskrafterstreckung des durch den Repräsentanten erstrittenen Urteils auf die unbeteiligten *class members*.
Rule 23 FRCP 1938 bestimmt, dass ein *Class-action*-Urteil diejenigen bindet, die das Gericht als Mitglieder ansieht oder die benachrichtigt worden sind und nicht von ihrem Recht zum *opt out* Gebrauch gemacht haben. Eine derartige pauschale Rechtskrafterstreckung ist dem deutschen Recht grundsätzlich fremd. Da die *class action* eine in Deutschland unbekannte Konzeption *sui generis* darstellt, könnte sich eine Rechtfertigung allenfalls dann ergeben, wenn das deutsche Prozessrecht unter vergleichbaren Umständen eine Rechtskrafterstreckung hinnehmen würde.[984] Betrachtet man die entsprechenden gesetzlichen Vorschriften, so lässt sich feststellen, dass bei der Beteiligung mehrerer Personen oder einer Verknüpfung der rechtlichen Beziehungen mehrerer Personen in einem Rechtsstreit das Gesetz teilweise eine über die Prozessparteien hinausgehende Bindungswirkung des Urteils anordnet (z.B. bei den sog. Statussachen, §§ 636a, 638 S. 2, 640 S. 1, 2 ZPO). Angesichts einiger diesbezüglich vorgenommener Differenzierungen lässt sich dem Gesetz entnehmen, dass eine pauschale Rechtskrafterstreckung aber dann nicht möglich ist, wenn jeder Betroffene bei gleichrangiger Rechtsstellung sein Recht geltend machen kann. Daraus lässt sich ableiten, dass eine Rechtskrafterstreckung gerechtfertigt ist, wenn eine (sich aus dem materiellen Recht ergebende) Abhängigkeit des Dritten vorliegt.[985]

---

[983] BVerfG NJW 1988, 2361.
[984] Greiner, 181.
[985] Greiner, 182.

Bei der *class action* sind die *class members* gerade nicht vom Repräsentanten materiellrechtlich abhängig, sondern ihre Rechtsstellungen sind voneinander unabhängig. Somit ist zunächst festzuhalten, dass eine allgemeine Rechtskrafterstreckung wie bei der Entscheidung aufgrund einer *class action* mit den deutschen Verfahrensgrundsätzen grundsätzlich nicht vereinbar ist.
Fraglich ist jedoch, ob bei einem für die *class* günstigen Urteil nicht eine Bindung der Nichtbeteiligten bejaht werden kann, weil dort die Interessenlage völlig anders ist, da die Gruppenmitglieder nicht die Rechtskraft des Urteils abwehren wollen, sondern dieses ihnen zugute kommen soll.[986]
Insoweit besteht bei Schadensersatzklagen theoretisch die Gefahr, dass einem nichtbeteiligten *class member* ein höherer Anspruch zusteht als ihm im Verfahren zugesprochen wird. Hier ist jedoch zu berücksichtigen, dass jedem *class member* die Möglichkeit eingeräumt ist, sich von der *class* ausschließen zu lassen. Nur im Einzelfall wird man daher ein Gruppenmitglied aus Unbilligkeitserwägungen nicht an dem Urteil festhalten. Davon abgesehen besteht an sich jedoch kein Grund, soweit es sich um ein für die *class* günstiges Urteil handelt oder sich die *class members* ausdrücklich auf das Urteil berufen, eine Bindung zu verneinen.

Die Durchführung der *class action* durch die Repräsentanten könnte allerdings als Verstoß gegen die in Deutschland herrschende Dispositionsmaxime angesehen werden.[987]
Danach entscheiden die Parteien selbständig über das „Ob" und „Worüber" eines Verfahrens.[988] So findet der Zivilprozess nur auf Antrag statt und Streitgegenstand, Gegner, Zeit sowie Ausschöpfung der Rechtsmittel stehen zur Disposition der Parteien. Bei der *class action* sind es hingegen allein die Repräsentanten, die den Prozess einleiten und führen. Die übrigen *class members* werden zu passiven Verfahrensobjekten, sofern sie nicht von ihrem *Opt-out*-Recht Gebrauch machen oder sich aktiv mitbeteiligen.
Die Dispositionsmaxime ist ihrem Grundsatz nach ebenfalls Inhalt des *ordre public*, da Art. 14 GG und Art. 2 Abs. 1 GG die Verfügungsbefugnis über vermögens- und personenrechtliche Ansprüche und damit auch die verfahrensrechtliche Dispositionsbefugnis gewährleistet.[989]
Mithin stellt sich die Frage, ob die Repräsentanten für alle Gruppenmitglieder ohne deren ausdrückliche Einwilligung einen Rechtsstreit anhängig machen dürfen.
Zum Teil wird dies dann für zulässig erachtet, wenn besondere Interessen der Allgemeinheit dies rechtfertigen, wenn bspw. sonst die Aushöhlung der Rechtsordnung droht. Die Grenze der Einschränkung ist jedoch dort zu ziehen, wo die

[986] Grunsky, 471.
[987] so Mann, NJW 1994, 1187, 1188.
[988] Leipold, in: Stein/Jonas, ZPO, Vor § 128, Rn. 68.
[989] Stürner, FS Baur, 647, 652.

Tätigkeit des Repräsentanten in eine quasistaatsanwaltliche Funktion umschlägt.[990] Nach anderer Ansicht bestehen solange keine Hinderungsgründe für den Gesetzgeber, bei einer der *class action* entsprechenden Lage, im Einzelfall eine Repräsentationsbefugnis anzuordnen, solange nicht der Kernbereich klassischer subjektiver Rechte betroffen ist.[991] Dies geschieht beispielsweise im Aktien- oder Umweltrecht, wo nach gesetzlicher Ermächtigung Rechte Dritter, mit denen keine materiellrechtliche Interessengemeinschaft besteht, kraft Interessengleichheit oder im öffentlichen Interesse mit Wirkung für alle Beteiligten geltend gemacht werden können.
Bei Schadensersatzklagen geht es allerdings ausschließlich um subjektive Rechte, deren Geltendmachung dem Rechtsinhaber selbst überlassen werden muss.
Dies ist bei der *class action* insoweit gewährleistet, als der Einzelne jederzeit von seinem *opt out* Recht Gebrauch machen kann. Durch die Ausübung von diesem entfaltet die Sammelklage keinerlei Rechtswirkungen für ihn. Es steht vielmehr im Ermessen des Geschädigten selbst eine Einzelklage zu erheben oder dies zu unterlassen. Somit werden hier dem Betroffenen sogar drei Handlungsalternativen offeriert. Er kann sich an der *class action* beteiligen, er kann seine Rechte allein durchsetzen oder dies unterlassen.
Folglich wird der Einzelne nicht der Disposition über seine subjektiven Rechte beraubt, sondern erhält vielmehr eine weitere Handlungsmöglichkeit. Ein Verstoß gegen die Dispositionsmaxime liegt daher nicht vor.

Im Hinblick auf den Dispositionsgrundsatz, soweit er dem Schutz des Beklagten dient, werden *class actions* allerdings besonders fragwürdig, wenn sie in organisierter Art und Weise allein zum Zweck der Bestrafung des Gegners erhoben werden und es nicht primär um Schadenskompensation geht.[992] Zwar mag die *class action* unter diesem Aspekt Anlass zu Kritik geben, da im Einzelfall sicherlich die Grenze zwischen der Notwendigkeit gemeinschaftlichen Vorgehens zur effektiven Rechtsdurchsetzung und der Gefahr einer quasistaatsanwaltlichen Überwachung der Schulderfüllung verwischt werden kann. Dass die *class action* per se bereits die Schwelle überschreitet ist jedoch nicht anzunehmen.[993]

(f) Weitere Probleme

Desweiteren besteht bei amerikanischen Richtern teilweise die Tendenz, individuelle Gerechtigkeitsvorstellungen durchzusetzen und so weit als möglich die vermeintlich schwächere Partei zu unterstützen.[994] Dies kann eine Versagung

990 Stürner, FS Baur, 647, 652 ff.
991 Gottwald, ZZP 1978, 1, 12 ff., 19 ff.
992 Homburger/Kötz, 37.
993 Stiefel/Stürner, VersR 1987, 829, 830.
994 vgl. Princz v. Federal Republic of Germany, 813 F. Supp. 22 (D.D.C. 1992).

der Anerkennung wegen Befangenheit des Gerichts zur Folge haben,[995] wobei allerdings der Beklagte zunächst im angegangenen Forum eine Aufhebung erwirken muss. Nur wenn eine Rüge im Urteilsstaat aussichtslos ist, kann die Befangenheit des Erstgerichts im Anerkennungsverfahren gerügt werden.

Schließlich kann sich ein weiterer Verstoß gegen den *ordre public* aus der Erzwingung eines Vergleichs durch Boykottaufrufe oder groß angelegten Medieneinsatz gegen den Beklagten ergeben.[996] Eine unter derartigen Umständen erzwungene Zustimmung zu einem Vergleich ist aus Sicht des deutschen Prozessrechts gemäß Art. 6 EGBGB, § 138 BGB unwirksam und verstößt daher gegen den *ordre public* des § 328 Abs. 1 Nr. 4 ZPO. Es ist mithin nicht anerkennungsfähig.

2. Vollstreckbarkeit

Im Gegensatz zur Anerkennung nach § 328 ZPO muss dem amerikanischen Urteil die Vollstreckbarkeit durch einen deutschen Hoheitsakt gesondert verliehen werden. Nach den §§ 722 f. ZPO ist eine ausdrückliche Vollstreckbarerklärung durch ein deutsches Vollstreckungsurteil erforderlich, um die Zwangsvollstreckung aus dem ausländischen Urteil betreiben zu können.

Hinsichtlich der Vollstreckbarkeit stellt das deutsche Recht strenge Anforderungen an die Bestimmtheit des Vollstreckungstitels.
Das Urteil bzw. das *settlement* im Falle einer *class action* ist jedoch hinsichtlich der erfassten Personen oft recht unbestimmt.
Wenn allerdings das ausländische Urteil auch im Ursprungsstaat vollstreckbar wäre und im Inland bereits anerkannt ist, lässt sich ein Bedürfnis nicht verleugnen, dem Titel auch im Inland Geltung zu verschaffen.[997] Deshalb soll mit der im Urteil aufgeführten Gruppe flexibel verfahren werden, sofern die notwendigen Konkretisierungen vorgenommen werden können. Dadurch, dass die Vorschrift der *rule 23 FRCP 1938* das Gericht verpflichtet, Größe und Umfang der *class* zu bestimmen, lässt das Urteil häufig schon eine hinreichende Bestimmung der Gruppe zu. Ist dies ausnahmsweise nicht der Fall, so hat der deutsche Richter gegebenenfalls die Konkretisierung vorzunehmen.
Somit hindert auch eine abstrakte Beschreibung der Gruppenmitglieder die Vollstreckung grundsätzlich nicht.

---

[995] Geimer, Anerkennung, 134.
[996] Heß, NJW 1999, 2485 f.
[997] BGH, NJW 1986, 1440.

V. Zusammenfassung

Die internationale Zuständigkeit amerikanischer Gerichte ist weit gefasst und wird regelmäßig schon bei geringen Forumkontakten bejaht. Problematisch ist, dass den amerikanischen Richtern durch die Lehre des *forum non conviniens* ein relativ weiter Ermessensspielraum verbleibt, so dass die Entscheidung über die internationale Zuständigkeit in den USA schwer vorhersehbar ist.

Hinsichtlich der Frage des anwendbaren Rechts ist trotz Einschränkungen die Tendenz amerikanischer Gerichte festzustellen, Rechtsfragen nach ihrem eigenen Recht zu beurteilen.
Von besonderem Vorteil ist die Möglichkeit der Interessenbündelung der geschädigten Anleger durch die *securities class action*. Diese ermöglicht auch für vergleichsweise geringe Einzelschäden eine effektive Rechtsdurchsetzung.

Die Anerkennung einer *Class-action*-Entscheidung in Deutschland ist mit einigen Schwierigkeiten verbunden. Insbesondere, wenn kein über ein Doppellisting in den USA hinausgehender Anknüpfungspunkt dorthin besteht, wird eine Anerkennung und damit auch Vollstreckung in Deutschland regelmäßig nicht möglich sein.
Allerdings besitzen die meisten Unternehmen auch in den USA Niederlassungen oder Tochtergesellschaften, so dass die Vollstreckung des Titels dann jedenfalls über diese möglich ist.

C. Klage vor deutschen Gerichten

In den Fällen, in denen ein Vorgehen vor amerikanischen Gerichten keinen Erfolg verspricht, ist eine Klage vor deutschen Gerichten geboten.
In diesem Zusammenhang ist zu untersuchen, wann sich deutsche Gerichte für international zuständig erklären und nach welchem Recht sie den vorgetragenen Sachverhalt beurteilen.

I. Internationale Zuständigkeit

Zunächst stellt sich die Frage, ob ein deutsches Gericht überhaupt zur Entscheidung über eine Schadensersatzklage aufgrund einer Ad-hoc-Publizitätspflichtverletzung gegen ein doppelt gelistetes Unternehmen oder seinen Vorstand berufen ist.

Grundsätzlich entscheidet jeder Staat selbst, wann seine Gerichte zuständig sind. Dabei haben Europarecht und internationale Abkommen vor allgemeinen gesetzlichen oder ungeschriebenen Regelungen den Vorrang.
Vorliegend sind vor allem die EuGVVO und das LugÜ von Bedeutung.
Daneben wird von der Haager Konferenz für Internationales Privatrecht seit längerer Zeit hinsichtlich eines Übereinkommen über die Zuständigkeit und die Anerkennung ausländischer Entscheidungen in Zivil- und Handelssachen beraten, das insbesondere eine wesentliche Erleichterung des amerikanisch-europäischen Zivilrechtsverkehrs bewirken soll. Dieses droht allerdings an den divergierenden Interessen der beteiligten Staaten zu scheitern.[998] Eine Verabschiedung ist derzeit jedenfalls nicht in Sicht.

1. EuGVVO

Die EuGVVO hat seit März 2002 das EuGVÜ weitgehend ersetzt. Als Verordnung gilt sie grundsätzlich in sämtlichen Mitgliedstaaten gleichermaßen. Für Titel IV des EG, der unter anderem auch die justitielle Zusammenarbeit in Zivilsachen erfasst, bestehen nach Art. 69 EG indes Sonderregelungen für das Vereinigte Königreich, Irland sowie Dänemark. Während erstere der EuGVVO durch entsprechende Erklärungen beigetreten sind, hat Dänemark von dieser Möglichkeit keinen Gebrauch gemacht.

a) Anwendungsbereich der EuGVVO

aa) Beklagtenwohnsitz

Bei Schadensersatzklagen im Zusammenhang mit Ad-hoc-Publizitätspflichtverletzungen handelt es sich um zivilrechtliche Streitigkeiten, die nach Art. 1 EuGVVO in den sachlichen Anwendungsbereich der Verordnung fallen.
Der räumlich-persönliche Anwendungsbereich der Verordnung ist nicht ausdrücklich geregelt, so dass über die Anwendungsgrenzen unterschiedliche Auffassungen existieren.
Im Grundsatz setzt die Anwendung der EuGVVO voraus, dass der Beklagte seinen Wohnsitz in einem Vertragsstaat hat, Art. 2 EuGVVO.[999]
Hinsichtlich der Schadensersatzklage gegen den Vorstand eines Unternehmens ist der persönliche Anwendungsbereich der EuGVVO folglich eröffnet, wenn dieser in Deutschland oder einem anderen Mitgliedstaat wohnt. Hierbei ist Art.

[998] Heß, IPRax 2000, 342 f.; Hoffmann, IPR, 75.
[999] Die in Art. 4 Abs. 1, 9 Abs. 2 und 15 Abs. 2 EuGVVO geregelten Ausnahmen greifen vorliegend nicht ein.

59 EuGVVO zu beachten, wonach die *lex fori* des angerufenen Gerichts zur Bestimmung des Wohnsitzes heranzuziehen ist.
Anders jedoch als der Wohnsitz natürlicher Personen ist der *Wohnsitz* von juristischen Personen und rechtsfähigen Vermögensmassen (*trusts*) nicht mehr den Vorschriften der nationalen Rechtsordnungen zu entnehmen, sondern wird in Art. 60 EuGVVO autonom festgelegt. Maßgeblich ist der Ort des satzungsmäßigen Sitzes, der Hauptverwaltung oder der Hauptniederlassung, Art. 60 Abs. 1, Art. 2 EuGVVO.[1000]

Dementsprechend gilt die EuGVVO nur für Klagen gegen Vorstände und Unternehmen deren (Wohn-)sitz sich innerhalb eines Mitgliedstaates befindet.

bb) Auslandsbezug

Weiterhin muss der zu beurteilende Sachverhalt einen Auslandsbezug aufweisen.[1001] In der hier zu beurteilenden Konstellation liegt zumindest durch die Doppelnotierung des Unternehmens am deutschen und amerikanischen Kapitalmarkt ein grenzüberschreitender Sachverhalt vor.
Beschränkt sich die Auslandsberührung auf die Notierung in den USA ist problematisch, dass die Auslandsbezug nur zu einem Nichtmitgliedstaat besteht. Es ist daher zu klären, ob ein solcher Drittstaatenbezug genügt, um die Zuständigkeitsordnung der EuGVVO zu eröffnen.
Diese Diskussion wurde primär hinsichtlich des Anwendungsbereichs des EuGVÜ geführt, betrifft aber aufgrund der weitgehenden Parallelität der Regelungen dasselbe Problem bei der Anwendung der EuGVVO.
Dafür, dass der konkrete Sachverhalt Bezüge zu mehreren Vertragsstaaten aufweisen müsse, wurde angeführt, dass die EuGVVO nur innerstaatliche Konflikte lösen wolle. Ihre Zuständigkeitsordnung beanspruche nur dann Geltung, wenn der Rechtsstreit Berührungspunkte zu verschiedenen Vertragsstaaten aufweise.[1002] Auch spreche Abs. 3 der Präambel des weitgehend wortgleichen EuGVÜ als Vorläuferregelung eher für das Erfordernis eines Berührungspunktes zu einem Vertragsstaat. Danach ist das EuGVÜ bestrebt „innerhalb der Gemeinschaft den Rechtsschutz der dort ansässigen Personen zu verstärken".
Allerdings setzt der klare Wortlaut der Verordnung einen derartigen Bezug nicht voraus und auch die *ratio conventiones* verlangt keine teleologische Reduk-

---

1000 Dies entspricht den in Art. 48 EGV für die Niederlassungsfreiheit geltenden Anknüpfungspunkten.

1001 Rein nationale Sachverhalte werden angesichts des 2. Erwägungsgrundes der EuGVVO nicht erfasst. Darin heißt es nämlich, Zweck sei es die *internationale* Zuständigkeit in Zivil- und Handelssachen zu vereinheitlichen.

1002 Benicke, WM 1997, 945; Piltz, NJW 1979; Samtleben, NJW 1974, 1590 (jeweils zur Vorgängerregelung des EuGVÜ).

tion.[1003] Vielmehr will die EuGVVO ausweislich ihres ersten Erwägungsgrundes „*einen* Raum der Freiheit, der Sicherheit und des Rechts“ schaffen. Auch wurde die Formulierung von Abs. 3 der Präambel des EuGVÜ in den Erwägungsgründen der EuGVVO nicht übernommen. Zudem besteht eine erhebliche Unsicherheit, wie der Bezugspunkt zum anderen Vertragsstaat beschaffen sein solle.[1004]
Das letztlich entscheidende Argument gegen das Erfordernis eines weiteren Vertragsstaatenbezuges lieferte im Jahre 2000 der EuGH. Dieser hat in der Rechtssache *Group Josi Reinsurance Company*[1005] rechtsverbindlich festgestellt, dass irgendein Auslandsbezug für die Anwendung des EuGVÜ genüge. Eine gegenteilige Ansicht widerspreche dem klaren Wortlaut des Art. 2 Abs. 1 EuGVÜ, der ausschließlich den Wohnsitz des Beklagten – und gerade nicht den des Klägers – für maßgeblich hält. Sofern dem Klägerwohnsitz im Rahmen einzelner besonderer Gerichtsstände[1006] Bedeutung zukommt, sei dies durch die gesteigerte Schutzbedürftigkeit des Klägers in diesen Fällen begründet. Es handele sich folglich um Sondervorschriften, die als solche restriktiv zu handhaben und keinesfalls zu verallgemeinern sind. Diese Ansicht des EuGH ist auch für den Anwendungsbereich der EuGVVO maßgeblich. So bezieht sich der 8. Erwägungsgrund der EuGVVO nur auf den Bezug zu einem Mitgliedstaat. Zudem lässt sich die der EuGVVO zugrundeliegende Zielsetzung der Art. 61 lit. c, 65 EuGVVO – Schaffung eines einheitlichen Rechtsraums – allein durch einen möglichst weiten Anwendungsbereich der Verordnung gewährleisten.[1007]

Für Schadensersatzansprüche gegen doppelt gelistete Unternehmen und ihre Vorstände bedeutet dies, dass zum einen der/die Beklagte ihren (Wohn-)sitz in einem Mitgliedstaat haben muss. Ob der zudem erforderliche Auslandbezug zu einem Mitgliedsstaat existiert, ist hingegen irrelevant. Maßgeblich ist allein, ob ein solcher ganz allgemein besteht und dieser relevant für den Streitgegenstand ist.

In der hier zu untersuchenden Fallkonstellation besteht durch die Mehrfachnotierung an zwei national verschiedenen Kapitalmärkten ein Auslandsbezug. Zudem werden Ad-hoc-Publizitätspflichtverletzungen an beiden Märkten wahr-

[1003] Coester-Waltjen, FS Nakamura, 1996, 89, 103; Geimer, IPRax 1991, 31; Geimer/Schütze, EuZVR, Einl., Rn. 124; Andere wollen dies für jede Zuständigkeitsnorm einzeln beantworten. Vgl. Mankowski, EuZW 1996, 177; Rauscher, IPRax 1995, 292; Trunk, IPRax 1996, 249, 252.
[1004] Coester-Waltjen, FS Nakamura, 1996, 89, 103 f.
[1005] EuGH NJW 2000, 3121.
[1006] z.B. Art. 5 Nr. 2 EuGVÜ (= Art. 5 Nr. 2 EuGVVO), Art. 8 Abs. 1 S. 2 EuGVÜ (= Art. 9 Abs. 1 lit. b EuGVVO), Art. 14 Abs. 1 EuGVÜ (= Art. 16 Abs. 1 EuGVVO).
[1007] Hoffmann, IPR, 130.

genommen und fließen folglich auch an beiden Kapitalmärkten in die Bewertung der Wertpapiere ein.
Bedenken können insofern bestehen, als der geschädigte Anleger meist nur die Desinformation an einem Kapitalmarkt wahrnehmen und zur Grundlage seiner Investitionsentscheidung machen wird. Dementsprechend könnte man nur die vom Anleger konkret wahrgenommene Fehlinformation für berücksichtenswert halten.
Die Verlautbarung von Informationen bzw. deren Unterlassung erfolgt allerdings einheitlich. Technisch wie lebenstatsächlich ist von einem Vorgang auszugehen. Jedenfalls für die Frage der Klagezulässigkeit sollten zugunsten eines effektiven Rechtsschutzes keine überzogenen Anforderungen an die Gerichtszuständigkeit gestellt werden.
Dementsprechend bestimmt sich für diejenigen Vorstände, die ihren Wohnsitz sowie für diejenigen Unternehmen die ihren Sitz oder eine Hauptniederlassung in einem Mitgliedstaat haben, die internationale Zuständigkeit nach der Zuständig-keitsordnung der EuGVVO.

b) Ausschließliche Gerichtsstände

aa) Vereinbarung einer ausschließlichen Gerichtszuständigkeit

Gemäß Art. 23 Abs. 1 S. 1 EuGVVO kann durch Parteivereinbarung eine grundsätzlich[1008] ausschließliche internationale Zuständigkeit begründet werden. Nach seinem Wortlaut setzt Art. 23 Abs. 1 S. 1 EuGVVO lediglich voraus, dass eine der Parteien, Kläger oder Beklagter, ihren Wohnsitz in einem Mitgliedstaat hat und dass ein Gerichtsstand in einem Mitgliedstaat vereinbart wird. Ein darüber hinausgehender Bezug zu einem weiteren Mitgliedstaat ist nicht erforderlich.[1009]

[1008] vgl. Art. 23 Abs. 1 S. 2 EuGVVO, wonach die Vereinbarung nur dann ausschließlich ist, wenn die Parteien nichts Gegenteiliges vereinbart haben.

[1009] Hoffmann, IPR, 146; Allerdings ist wegen des weiten Wortlauts von Art. 23 Abs. 1 EuGVVO strittig, ob die Vorschrift teleologisch auf solche Fälle zu reduzieren ist, in denen nicht nur das *forum prorogatum* (gewähltes Forum), sondern zusätzlich das – oder zumindest ein – *forum derogatum* (abgewähltes Forum) Mitgliedstaaten sind. (vgl. dazu Samtleben, RabelsZ 1995, 670, 692 ff.). Die Rspr. sah die Zielsetzung des EuGVÜ ausschließlich darin, den Rechtsverkehr zwischen den Vertragsstaaten zu erleichtern und wandte daher Art. 17 EuGVÜ (nunmehr Art. 23 EuGVVO) nur an, wenn neben dem Wohnsitz einer Partei in einem Vertragsstaat und der Prorogation eines mitgliedstaatlichen Gerichts noch ein weiterer Bezug zu einem anderen Vertragsstaat bestand, sog. Reduktionstheorie (vgl. OLG München, IPRax 1991, 456, 47; OLG Düsseldorf, NJW 1991, 1492; BGH IPRax 1992, 377, 378). Da diese Auffassung jedoch weder durch den Wortlaut der Vorschrift noch den Jenard-Bericht zum EuGVÜ gestützt wird und der EuGH diese Frage nicht entschieden hat, erscheint eine

Sofern eine Gerichtszuständigkeit vereinbart wird, geschieht dies meist im Zusammenhang mit dem Abschluss des Wertpapierkaufvertrages.
Nun geht es vorliegend um Ansprüche gegen den Emittenten bzw. dessen Vorstand. Regelmäßig besteht hier aber keine einzelvertragliche Beziehung.
Allerdings hat der EuGH zum EuGVÜ entschieden, dass die Bindungen zwischen den Aktionären einer Gesellschaft mit denen vergleichbar sind, die zwischen Vertragsparteien bestehen. Das Gericht führt aus, dass die Errichtung einer Gesellschaft zum Ausdruck bringt, dass zwischen den Aktionären eine Gemeinsamkeit von Interessen im Hinblick auf der Verfolgung eines gemeinsamen Zwecks besteht. Um diesen Zweck zu erreichen, hat jeder Aktionär gegenüber den anderen Aktionären und den Organen der Gesellschaft Rechte und Pflichten, die in der Satzung der Gesellschaft niedergelegt sind. Für die Zwecke der Anwendung des Übereinkommens[1010] ist die Satzung der Gesellschaft daher als Vertrag anzusehen, der auch die Beziehungen zwischen den Aktionären regelt. Mithin ist in autonomer Auslegung des Begriffs „Gerichtsstandsvereinbarung" eine in der Satzung einer Aktiengesellschaft enthaltene Gerichtsstandsklausel als Gerichtsstandsvereinbarung im Sinne der EuGVÜ anzusehen.[1011]
Auch seien die Formerfordernisse des Art. 17 EuGVÜ (nunmehr Art. 23 EuGVVO) unabhängig von der Art und Weise des Erwerbs als erfüllt anzusehen, wenn die Satzung der Gesellschaft an einem ihm zugänglichen Ort hinterlegt wurde.[1012]
Mangels Veränderung der dieser Beurteilung zugrundeliegenden Vorgaben des EuGVÜ durch die EuGVVO, ist davon auszugehen, dass diese sehr weite Auslegung des EuGH auch nach Inkrafttreten der EuGVVO noch Geltung beansprucht.
Eine Gerichtsstandsvereinbarung erfasst allerdings nur solche Ansprüche, die einem Rechtsverhältnis entspringen. Um zu verhindern, dass sich der Kläger gegebenenfalls einer Gerichtsstandsvereinbarung dadurch entzieht, dass er einen Schadensersatzanspruch ausschließlich auf die Anspruchsgrundlage der unerlaubten Handlung stützt, fallen auch diese Ansprüche in den Anwendungsbereich einer Gerichtstandsvereinbarung, soweit sie sich mit einer Vertragsverletzung decken.[1013]
Hinsichtlich der Ansprüche gegen das Unternehmen selbst bzw. den Vorstand als solchen, geht es aber gerade nicht um vertragliche Verpflichtungen, so dass eine diesbezügliche Gerichtsstandsvereinbarung vorliegend nicht in Betracht kommt.

EuGVVO-freundliche Auslegung sachgerechter (OLG München, RIW 1989, 901; Geimer, IPRax 1991, 31).

[1010] nunmehr der EuGVVO.

[1011] EuGH NJW 1992, 1671, 1672.

[1012] EuGH NJW 1992, 1671, 1672.

[1013] OLG München, WM 1989, 602.

Allerdings beruht der Schadensersatzanspruch aufgrund der aktienrechtlichen Treuepflichtverletzung auf dem Gesellschaftsvertrag, so dass eine Zuständigkeit kraft Vereinbarung grundsätzlich möglich ist.
In satzungsmäßigen Gerichtsstandsvereinbarungen von Aktiengesellschaften finden sich regelmäßig Formulierungen, wonach für Ansprüche „gegen das Unternehmen oder seine Organe" ein bestimmtes Gericht zuständig sein soll.[1014]
Bei Schadensersatzansprüchen wegen der Verletzung aktienrechtlicher Treuepflichten wird allerdings der Vorstand in seiner Funktion als Mitaktionär verklagt. Folglich unterfallen derartige Ansprüche nicht einer aufgrund Satzung bestehender Gerichtsstandsvereinbarung.
Auch wenn nach Ansicht des EuGH die Satzung auch das Verhältnis der Mitaktionäre untereinander bestimmt, so kann von einer Drittwirkung von Gerichtsstandvereinbarungen nicht ausgegangen werden.[1015]

bb) Gerichtsstand in Verbrauchersachen

In den Art. 15 ff. EuGVVO wird die Zuständigkeit in Verbrauchersachen geregelt. Da aber auch hier Gegenstand des Verfahrens ein Vertrag oder Ansprüche aus einem Vertrag zwischen einem Verbraucher und einem Unternehmer sind, kommt diese Zuständigkeitsregelung vorliegend nicht in Betracht.

c) Besondere Gerichtsstände

Der geschädigte Anleger kann seinen Schadensersatzanspruch gegen das Unternehmen bzw. dessen Vorstand an den besonderen Gerichtsständen der unerlaubten Handlung nach Art. 5 Nr. 3 EuGVVO oder des Erfüllungsortes nach Art. 5 Nr. 1 EuGVVO geltend machen.

aa) Art. 5 Nr. 1 EuGVVO

(1) Erfasste Ansprüche

Die internationale Zuständigkeit für Schadensersatzansprüche nach den Grundsätzen der aktienrechtlichen Treuepflicht bestimmt sich nach Art. 5 Nr. 1 EuGVVO[1016], wenn diese als vertragliche Ansprüche zu werten sind.[1017]

[1014] vgl. bspw. die Sachverhaltsschilderung in EuGH, NJW 1992, 1671, 1671.
[1015] vgl. Cour de Cassation Paris, IPRax 2001, 471, für die konkrete Frage einer Drittwirkung innerhalb einer Vertragskette.
[1016] Allerdings gilt Art. 5 Nr. 1 EuGVVO bis zum 01.03.2008 nicht für Beklagte mit Wohnsitz in Luxemburg, die in einem anderen Mitgliedstaat verklagt werden, Art. 63 Absl und Abs. 3 EuGVVO.

Hinsichtlich der dogmatischen Einordnung der aktienrechtlichen Treuepflicht besteht zwar weitgehend Uneinigkeit. Die besseren Argumente sprechen allerdings für eine vertragliche Einordnung.[1018]
Angesichts dieser schon im nationalen Recht schwierigen Abgrenzung zwischen vertraglichen und außervertraglichen Ansprüchen, hat sich der EuGH bei der Frage nach dem Vorliegen eines vertraglichen Anspruchs im Rahmen der EuGVÜ,[1019] mithin auch für die EuGVVO, für eine vertragsautonome[1020] Abgrenzung entschieden.[1021] Danach ist für einen Vertrag kennzeichnend, dass eine Partei gegenüber einer anderen freiwillig eine Verpflichtung eingeht.[1022] Folglich sind nicht nur alle „gesetzlichen" Ansprüche aus einem Vertrag, sondern auch Sonderformen willentlich eingegangener Rechtsbeziehungen, wie die Binnenbeziehungen in einer Aktiengesellschaft, vertragsrechtlich einzuordnen.[1023] Dementsprechend hat der EuGH festgestellt, dass für die Zwecke der Anwendung des Übereinkommens[1024] die Satzung einer Gesellschaft als Vertrag anzusehen ist, der auch die Beziehungen zwischen den Aktionären regelt.[1025]
Die aktienrechtlichen Treuepflichten sind allerdings nicht in der Satzung niedergelegt.
Auszugehen ist aber davon, dass die aktienrechtliche Treuepflicht der Aktionäre untereinander als Sonderrechtsbeziehung zu verstehen ist, die sich aus der Mitgliedschaft als Rechtsverhältnis herleiten lässt.[1026] Folglich sind auch die aus der Treuepflicht resultierenden Loyalitäts- und Rücksichtnahmepflichten auf die Mitgliedschaft und damit letztlich auf die Satzung zurückführen. Die Treuepflichten sind als der Satzung immanenter Inhalt anzusehen.[1027]
Dementsprechend lassen sich die aktienrechtlichen Treuepflichten unter den weiten Anwendungsbereich der vertraglichen Zuständigkeitsregelung des Art. 5 Nr. 1 EuGVVO subsumieren.

1017 Insbesondere findet der ausschließliche Gerichtsstand des Sitzstaates von Gesellschaften und juristischen Personen nach Art. 22 Nr. 2 EuGVVO nicht anwendbar. Vgl. Schlosser, EU-Zivilprozessrecht, Art. 22, Rn. 19.

1018 Siehe S. 161 f.

1019 EuGHE 1983, 987, Rn. 12 .

1020 Gemeint ist eine einheitliche, autonome Auslegung des Gemeinschaftsrechts, die sich von nationalen Rechtsvorstellungen löst.

1021 EuGH, NJW 1989, 1424; Hoffmann, IPR, 132; Schlosser, Eu-Zivilprozessrecht, Art. 5, Rn. 3, 16.

1022 EuGH, IPRax 2000, 210.

1023 EuGH, NJW 1992, 1671, 1671 f.; Zwar ist nach deutschem Recht die Satzung als Vertrag einzuordnen (§ 2 AktG). In anderen Rechtsordnungen, z.B. in England, hat sie jedoch einen normativen oder einen institutionellen Charakter. Vgl. Koch, IPRax 1993, 19, 20.

1024 nunmehr der EuGVVO.

1025 EuGH, NJW 1992, 1671, 1672.

1026 Schmidt, 552; Wiedemann, Gesellschaftsrecht, 495.

1027 so auch Hüffer, AktG, § 53a, Rn. 15.

(2) Das zuständige Gericht

Die EuGVVO knüpft hinsichtlich der Frage nach der Gerichtszuständigkeit an den Erfüllungsort an. Maßgeblich ist dafür die konkrete vertragliche Primärverpflichtung, auf die der Kläger seinen Anspruch stützt.[1028] Geht es um den Erfüllungsort vertraglicher Nebenpflichten, sind diese akzessorisch zum Erfüllungsort der Hauptpflicht.[1029]
Vorliegend geht es um die durch den Vorstand (als Aktionär) einzuhaltende Rücksichtnahmepflicht auf die Interessen der Mitaktionäre bei der Ausübung seines Verfügungsrechtes. Bedenkt man die Parallele der Treuepflicht zur positiven Vertragsverletzung[1030] und den Inhalt der Treuepflicht, dass Mitgliedschaftsrechte *unter* der gebotenen Loyalität und Rücksichtnahme ausgeübt werden sollen, so spricht dies für die Einordnung als Nebenpflichten.
Allerdings sind die Treuepflichten nicht als bloß schuldrechtliche Pflichtbindung zu werten, sondern als wesentlicher Bestandteil des Mitgliedschaftsverhältnisses, denn sie sind als die vertragstypischen Pflichten und neben der Beitragspflicht als die wichtigste Mitgliedschaftspflicht zu verstehen. Folgerichtig sind die unter den Aktionären bestehenden Loyalitäts- und Rücksichtnahmepflichten als Hauptpflichten zu qualifizieren.[1031]
Der Erfüllungsort dieser Verpflichtung soll nach der vom EuGH zum EuGVÜ entwickelten und bis zuletzt bestätigten sog. *Tessili*-Formel bestimmt werden. Dies ergibt sich aus der unveränderten Übernahme von Art. 5 Nr. 1 HS 1 EuGVÜ sowie aus der Kommissionsbegründung. Danach entscheidet das jeweilige nach Art. 27 f. EGBGB ermittelte Vertragsstatut über den Erfüllungsort (*lex causae*).[1032]

(a) Rechtswahlklausel

Nach Art. 27 EGBGB ist das Recht anzuwenden, welches die Parteien gewählt haben. Die Rechtswahl kann ausdrücklich erfolgen oder muss sich mit hinreichender Wahrscheinlichkeit aus den Bestimmungen des Vertrages oder aus den Umständen des Falles ergeben.

Der Satzung als Gesellschaftsvertrag treten die Anleger durch den Kauf von Wertpapieren bei. Beinhaltet diese eine Bestimmung über das auf den Vertrag anzuwendende Recht, kann man im Wertpapierkauf die konkludente Zustimmung zu der in der Satzung enthaltenen Rechtswahlklausel annehmen.

[1028] EuGH NJW 1977, 490 .
[1029] Schlosser, EU-Zivilprozessrecht, Art. 5, Rn. 7.
[1030] Schmidt, Gesellschaftsrecht, 552 f.
[1031] so auch Schmidt, Gesellschaftsrecht, 566.
[1032] EuGH NJW 1977, 491 – Tessili.

Dementsprechend bestimmt sich der Erfüllungsort der Rücksichtnahmepflicht nach dem gewählten Recht.

(b) Kriterium der engsten Verbindung

Ohne eine solche Vereinbarung ist das Recht mit der engsten Verbindung zum Vertrag für die Bestimmung des Erfüllungsortes maßgeblich.
Nach Art. 28 Abs. 2 EGBGB gilt die Vermutung, dass der Vertrag die engsten Verbindungen mit dem Staat aufweist, in dem die Partei, welche die charakteristische Leistung zu erbringen hat, im Zeitpunkt des Vertragsschlusses ihren gewöhnlichen Aufenthalt bzw. ihren Sitz hat. Dies ermöglicht einerseits die Berücksichtigung der Eigenarten eines jeden Vertragstyps, gewährleistet aber auch die erforderliche Rechtssicherheit, da das anwendbare Recht vorhersehbar ist.[1033] Zudem kann das Anknüpfungsmoment dem Vertrag selbst entnommen werden. Ein Rückgriff auf außerhalb des Vertrags liegende Umstände ist nicht erforderlich.[1034]
Im Rahmen der gesellschaftsrechtlichen Treuepflicht ist jeder Aktionär bei der Ausübung seiner Mitgliedschaftsrechte seinen Mitaktionären gegenüber zur Loyalität und Rücksichtnahme verpflichtet.
Da die Satzung in der hier relevanten Konstellation, nämlich der Haftung des Vorstands, nicht wegen der Vorstandfunktion des Verpflichteten, sondern aufgrund seines Anlegerstatus Geltung beansprucht, ist nicht die Niederlassung entscheidender Anknüpfungspunkt, Art 28 Abs. 2 EGBGB, sondern grundsätzlich der gewöhnliche Aufenthalt des Vorstands.
Damit kommt man in der konkreten Fallkonstellation der Vorstandshaftung zu einheitlichen Zuständigkeiten, wenn nur ein Vorstandmitglied fehlerhaft publiziert bzw. die fehlerhaft publizierenden Vorstände einen einheitlichen Wohnsitz haben. Probleme treten jedoch auf, wenn im letzteren Falle unterschiedliche Wohnsitze existieren.
Zu berücksichtigen ist darüber hinaus, dass die Treuepflicht zwischen allen Aktionären untereinander besteht. Würde man grundsätzlich an den gewöhnlichen Aufenthalt des im konkreten Fall verpflichteten Aktionärs bzw. der verpflichteten Aktionäre anknüpfen, wären unter Umständen verschiedene Staaten für dieselben Fragen verantwortlich. Nun lässt sich argumentieren, dass es jeweils um einen konkreten Sachverhalt geht, der individuell nach seinen eigenen Anknüpfungs-punkten zu beurteilen ist. Allerdings sind die Aktionäre vielfach auf der ganzen Welt verstreut, so dass es zufällig anmutet darauf abzustellen, wo der schädigende Aktionär zur Zeit des Satzungsbeschlusses seinen gewöhnlichen Aufenthalt hatte bzw. zu dem Zeitpunkt des Wertpapierkaufes als die Satzung ihm gegenüber ihre Bindungswirkung entfaltete. Folglich ist das

---

[1033] Hoffmann, IPR, 403; Kropholler, IPR, 447.
[1034] Hoffmann, IPR, 403.

anwendbare Recht gerade nicht vorhersehbar, was den genannten Zielen dieser Regelung widersprechen würde.
Zudem geht es hier um einen einheitlichen Katalog von Rechten und Pflichten der Mitaktionäre untereinander, so dass es im Interesse einer gleichförmigen Beurteilung sachgerecht erscheint, wenn man einen einheitlichen Anknüpfungspunkt für den Fall einer aktienrechtlichen Treuepflichtverletzung eruiert.
Die Vermutungsregelung findet dann keine Anwendung, wenn sich aus der Gesamtheit der Umstände ergibt, dass der Vertrag engere Verbindungen mit einem anderen Staat aufweist, Art. 28 Abs. 5 EGBGB.
Dies kann zum einen das Land der Gründung des Unternehmens sein, wo regelmäßig auch die Satzung festgeschrieben wird. Zum anderen können enge Anknüpfungspunkte zu dem Land bestehen, wo das Unternehmen seinen Sitz hat, da dort die Satzung mit ihren Rechten und Pflichten ihre Wirkung entfaltet.
Es ist zu beachten, dass diese Ausnahmeregelung dazu dienen soll, von den allgemein gehaltenen Vermutungen abweichen zu können, ohne jedoch die durch diese geschaffene Rechtssicherheit zu beseitigen.[1035] Entscheidend ist der Sinn der typisierten Anknüpfung: Art. 28 Abs. 2 EGBGB stellt auf den Sitz des Erbringers der charakteristischen Leistung als dem regelmäßig wichtigsten auf den Leistungsaustausch bezogenen Kriterium ab. Somit kann diese Anknüpfung über Art. 28 Abs. 5 EGBGB nur dann verdrängt werden, wenn sich im konkreten Einzelfall eindeutig ein anderes Zentrum des Leistungsaustausches ermitteln lässt.[1036] Hierzu müssen eine Reihe objektiver, d.h. auf den Leistungsaustausch bezogene Umstände auf eine gemeinsame, von der Regelanknüpfung verschiedene, Rechtsordnung hinweisen. Sie müssen von besonderer Natur und gewichtiger als die Regelanknüpfungen sein, um ein Abweichen von diesen zu rechtfertigen. Ursprünglich nicht signifikante Umstände gewinnen also wegen ihrer Häufung und der für das konkrete Rechtsverhältnis besonderen Bedeutung ein derartiges Gewicht, dass sie am Ende die Vermutung widerlegen.[1037] Welche Umstände zählen, ist gesetzlich nicht geregelt. Ein Abweichen von der für die einzelne Vertragsart maßgeblichen Regelanknüpfung und eine akzessorische Anknüpfung kann in Betracht kommen, wenn Verträge so miteinander verbunden werden, dass sie untereinander in einem inhaltlichen Zusammenhang stehen und ein größeres Ganzes bilden.[1038]
Stellt man auf das Land ab, wo das Unternehmen seinen Verwaltungssitz zur Zeit des Aktienerwerbs hatte, mithin den Zeitpunkt der Begründung der Mitgliedschaft, so besteht gerade in den Fällen fehlerhafter Kapitalmarktinformation, die eine Vielzahl von Mitaktionären betrifft, die Gefahr des Auseinanderfallens des Gerichtsstands für Klagen verschiedener Aktionäre. Dadurch erhöht sich gleichzeitig das Risiko sich widersprechender Urteile. Dement-

---

[1035] Hoffmann, IPR, 409.
[1036] Hoffmann, IPR, 409 f.
[1037] Martiny, in: MünchKomm., Art. 28 EGBGB, Rn. 93.
[1038] Martiny, in: MünchKomm., Art. 28 EGBGB, Rn. 96.

sprechend erscheint es sachgerecht, den Gründungssitz des Unternehmens und damit den Ort des Satzungsbeschlusses als maßgebliches Kriterium anzunehmen, nach dessen Recht sich die Zuständigkeit für Ansprüche aufgrund aktienrechtlicher Treuepflichtverletzungen bemisst.
Folglich ist deutsches Recht zur Bestimmung des Erfüllungsortes für Unternehmen maßgeblich, die in Deutschland gegründet wurden. Für Unternehmen, die in einem anderen Mitgliedstaat gegründet wurden, ist dessen Kollisionsrecht entscheidend.[1039]

Hier kann nur beispielhaft der Erfüllungsort für ein Unternehmen eruiert werden, dessen Gründungsstaat Deutschland ist.
Nach § 269 BGB ist für Ansprüche aufgrund der Verletzung von aktienrechtlichen Treuepflichtverletzungen der Ort maßgeblich, an dem die Rücksichtnahmepflicht einzuhalten war. Neben der Pflichtverletzung durch aktives Tun, ist § 269 BGB auch für nicht ausdrücklich vereinbarte Unterlassungspflichten, die in einem Schuldverhältnis ihren Ursprung haben, heranzuziehen.[1040]
Da eine Parteibestimmung des Erfüllungsortes nach § 269 BGB nicht in Betracht kommt, ist auf die Umstände, insbesondere die Natur des Schuldverhältnisses abzustellen. Zu diesen gehören auch die Art der Leistung und vertragsspezifische Merkmale.[1041] Nur hilfsweise entscheidet der Wohnsitz des Schuldners, vorliegend der des Vorstands in seiner Funktion als Mitaktionär.

Die aktienrechtliche Treuepflicht erfasst in der hier relevanten Ausprägung Rücksichtnahme- und Loyalitätspflichten der Aktionäre untereinander. Das heißt, Mitgliedschaftsrechte müssen mit der gebotenen Rücksichtnahme auf die Interessen der Mitaktionäre ausgeübt werden.
Lediglich für Auskunftspflichten ist entschieden worden, dass im Zweifel der Erfüllungsort der Hauptleistungspflicht heranzuziehen ist.[1042]
Es wurde aber bereits dargetan, dass es sich bei der Treuepflicht selbst um eine Hauptleistungspflicht handelt.
Entscheidend kann daher allein der Erfüllungsort der Treuepflicht selbst sein.
Diesbezüglich ist zu berücksichtigen, dass die Treuepflicht von jedem Aktionär gegenüber allen Mitaktionären einzuhalten ist.
Von der Rechtsprechung ist entschieden worden, dass der Erfüllungsort grundsätzlich für jede einzelne Verpflichtung gesondert zu bestimmen ist.[1043] Dieser Grundsatz könnte dann, wenn mehrere Aktionäre eine Treuepflicht verletzen, dazu führen, dass aufgrund der unter Umständen weltweit verstreuten Aktionäre

---

[1039] andere Unternehmen kommen schon aufgrund des persönlichen Anwendungsbereiches der EUGVVO nicht in Betracht.
[1040] BGH NJW 1985, 561.
[1041] Krüger, in: MünchKomm., § 269 BGB, Rn. 18.
[1042] OLG Karlsruhe, NJW 1969, 1968, 1969.
[1043] BayOLG NJW-RR 1997, 699.

verschiedene Anknüpfungspunkte bestehen und dadurch eine unterschiedliche Beurteilung der einheitlichen Pflichten zu befürchten steht. Dementsprechend ist es sachgerecht, bei Vorliegen entsprechend relevanter Umstände, einen einheitlichen Leistungsort anzunehmen.[1044]
Da die Treuepflicht auf die Satzung zurückzuführen ist, kann diese als gemeinsamer Bezugspunkt gewertet werden. Sie wird regelmäßig dort beschlossen, wo das Unternehmen gegründet wird. Zu diesem Zeitpunkt entfaltet sie aber noch keine Wirkung für die Aktionäre, die erst später Mitglieder des Unternehmens werden. Mithin kann nur der Sitz des Unternehmens und damit der Ort, von wo aus die Satzung ihre Wirkung entfaltet, zu dem Zeitpunkt maßgeblich sein, in dem der Aktionär der Gesellschaft beitritt.
Auf den Verwaltungssitz zum Zeitpunkt des schädigenden Ereignisses kann es aber insofern nicht ankommen, als dieser als Tatort allein für die Zuständigkeitsbestimmung im Rahmen von Ansprüchen aus unerlaubter Handlung relevant ist. Dass es hier durch eine Unternehmenssitzverlegung im Einzelfall zu einer unterschiedlichen Anknüpfung kommen kann, muss dagegen hingenommen werden. Die Satzung entfaltet ihre Bindungswirkung erst ab dem Zeitpunkt der Mitgliedschaft, so dass dieser allein maßgeblich sein kann.
Dem Abstellen auf den Sitz des Unternehmens zum Zeitpunkt des Wertpapierkaufs steht nicht entgegen, dass sich der Mitaktionär hierauf nicht einstellen kann und weil für ihn ein – möglicherweise häufiger – Wechsel des Erfüllungsortes bei Wohnsitzveränderungen nicht zumutbar erscheinen. Zum einen ist von einem häufigen Wechsel des Unternehmenssitzes im Normalfall nicht auszugehen, zum anderen ist der Unternehmenssitz für die Aktionäre erkennbar und damit auch ein hinreichender Bezugspunkt um den Schwerpunkt der Treuepflicht und damit ihren Erfüllungsort festzulegen.

Zusammenfassend lässt sich daher der Unternehmenssitz zum Zeitpunkt des Wertpapierkaufs als Erfüllungsort eruieren, der gewöhnlich mit dem Wohnsitz des Vorstandes zusammenfallen wird.

bb) Art. 5 Nr. 3 EuGVVO

Nach Art. 5 Nr. 3 (gegebenenfalls i.V.m. Art. 60 Abs. 1 EuGVVO) richtet sich die internationale Zuständigkeit bei Ansprüchen aus unerlaubter Handlung nach dem Ort, an dem das schädigende Ereignis eingetreten ist.

[1044] Krüger, in: MünchKomm., § 269 BGB, Rn. 19.

(1) Erfasste Ansprüche

Der Anwendungsbereich des Art. 5 Nr. 3 EuGVVO ist nach Auffassung des EuGH einheitlich und weit auszulegen.[1045] Nach Ansicht des Gerichts bezieht sich der autonome Begriff der unerlaubten Handlung auf alle Klagen, mit denen eine Schadenshaftung des Beklagten geltend gemacht wird und die nicht an einen „Vertrag" im Sinne des Art. 5 Nr. 1 EuGVVO anknüpfen.[1046] Man kann also sagen, Art. 5 Abs. 3 EuGVVO gilt für alle nicht vertraglichen Haftungsansprüche.

Neben den Verstößen gegen ein Schutzgesetz[1047] fällt folglich auch die Verursachung eines bloßen Vermögensschadens nach § 826 BGB[1048] unter diese Zuständigkeitsregelung.

Ferner kommen hier Ansprüche aus §§ 37b, 37c WpHG in Betracht. Da die Pflichten nach §§ 37b, 37c WpHG weder auf vertraglicher noch auf vertragsähnlicher Grundlage beruhen, bemisst sich für diesbezügliche Ansprüche die internationale Zuständigkeit ebenfalls nach dem weit auszulegenden Art. 5 Nr. 3 EuGVVO.

Schließlich stellen auch die in Betracht kommenden Ansprüche nach der amerikanischen *rule 10b-5* und *sec. 18(a) SEA 1934* lediglich auf die Marktmanipulation ab, ohne dass es auf einen Vertrag ankäme. Folglich fallen auch derartige Ansprüche unter die Regelung des Art. 5 Nr. 3 EuGVVO.

(2) Das zuständige Gericht

Art. 5 Nr. 3 EuGVVO erklärt das Gericht des Ortes für zuständig, „an dem das schädigende Ereignis eingetreten ist". In Betracht kommen sowohl der Ort der schädigenden Handlung (bzw. Unterlassung) als auch der Erfolgsort.[1049]

Im Falle doppelt gelisteter Unternehmen, deren Ad-hoc-Meldungen an beiden Kapitalmärkten aufgenommen werden und auch in die Wertpapierbewertung einfließen, könnten diese Orte auseinanderfallen.

Bei Sachverhalten, in denen der Ort der rechtswidrigen Handlung und der Ort des Erfolgseintrittes unterschiedlich zu lokalisieren sind, handelt es sich um sog. Distanzdelikte. Hier braucht nur einer der beiden Orte in einem Vertragsstaat zu

---

[1045] Schlosser, EU-Zivilprozessrecht, Art. 5 EuGVVO, Rn. 16; vgl. auch Geimer/Schütze, EuZVR, Art. 5, Rn. 147 f. (zur entsprechenden Norm des EuGVÜ).

[1046] EuGH NJW 1988, 3088; EuGHE 1992 I, 2175; 1998 I, 6511.

[1047] BGHZ 98, 263.

[1048] Kiethe, NJW 1994, 222, 223.

[1049] EuGH NJW 1977, 493; EuGHE 1995, 2719; zu beachten ist, dass für den Erfolgsort im Verfahrensrecht – anders als im materiellen Recht – nicht auf den Ort der Rechtsgutverletzung, sondern auf den des Schadenseintritts abgestellt wird. Vgl. Hoffmann, IPR, 137, Fn. 420.

liegen, denn sowohl Handlungs- als auch Erfolgsort begründen eigenständig eine für die gerichtliche Zuständigkeit beachtliche Anknüpfung. So können sich die zur Begründung der Klage erheblichen Beweismittel je nach Lage des Falls am Ort des ursächlichen Geschehens oder am Ort der Schadensentstehung befinden. Der Geschädigte kann daher nach seiner Wahl vor den Gerichten am Handlungs- oder am Erfolgsort klagen.[1050]

Eine Einschränkung erfährt dieser Grundsatz allerdings bei Konstellationen mit mehreren Erfolgsorten (sog. Streudelikten): So ist im Falle von Persönlichkeitsrechtsverletzungen durch Presseerzeugnisse Handlungsort die Niederlassung des Herausgebers, Erfolgsort jeder Mitgliedsstaat, in dem die Veröffentlichung verbreitet wird. Diesbezüglich hat der EuGH entschieden, dass am Niederlassungsort der gesamte Schaden geltend gemacht werden kann, während die Gerichte am Erfolgsort nur insoweit zuständig sind, als Ersatz für den gerade dort entstandenen Schaden begehrt wird (sog. Mosaiktheorie).[1051]

(a) Handlungsort

Handlungsort ist jeder Ort, an dem eine unter Art. 5 Nr. 3 EuGVVO fallende Handlung ganz oder teilweise ausgeführt wurde. Hier ist das schadensbegründende Ereignis veranlasst worden. Vorausgesetzt wird eine willensabhängige Tätigkeit, welche als Gefährdung eines rechtlich geschützten Interesses an die Außenwelt tritt,[1052] also eine tatbestandsmäßige Ausführungshandlung mit Außenwirkung. Bloße Vorbereitungshandlungen genügen nicht.
Bei Unterlassungen ist der Ort maßgeblich, wo zu handeln war.[1053]

Bei Schadensersatzansprüchen geschädigter Anleger aufgrund von Ad-hoc-Publizitätspflichtverletzungen ist die maßgebliche Handlung bzw. Unterlassung die fehlerhafte Veröffentlichung bzw. unterlassene Veröffentlichung der kursrelevanten Tatsachen.
Anknüpfungspunkt könnte hier zum einen der Ort sein, wo die falsche Tatsache geäußert wurde und zum anderen der Ort, an dem die Nachricht der Öffentlichkeit zugänglich gemacht wurde.
Bedenkt man, dass die Ad-hoc-Publizitätspflicht die Veröffentlichung mitumfasst, so spricht dies dafür, darauf abzustellen, wo für die Öffentlichkeit die Möglichkeit der Kenntnisnahme besteht (bzw. hätte bestehen müssen). Denn nicht die Falschinformation selbst ist als Pflichtverletzung zu qualifizieren, sondern erst die fehlerhafte bzw. unterlassene Verbreitung, mithin deren Publi-

---

[1050] sog. Ubiquitätsprinzip; vgl. die Grundsatzentscheidung des EuGH, NJW 1977, 493; ausführlich Kiethe, NJW 1994, 222, 223 f.
[1051] EuGH, IPRax 1997, 111.
[1052] Hoffmann, IPR, 450.
[1053] Geimer/Schütze, EuZVR, Art. 5, Rn. 189 (zur entsprechenden Norm des EuGVÜ).

kation. Für eine unterlassene Information ist unproblematisch auf die Kapitalmärkte abzustellen, wo die kursrelevante Tatsache hätte publiziert werden müssen. Da für doppelt gelistete Unternehmen die Veröffentlichungspflicht an beiden Kapitalmärkten besteht, ließen sich sowohl die USA als auch Deutschland als Handlungsorte werten.
Dieser Annahme steht entgegen, dass der Begriff des Handlungsortes jegliches tatbestandliches Handeln erfasst. Folglich muss als maßgebliche Handlung schon das Entäußern der fehlerhaften Mitteilung aus dem Kontrollbereich des Emittenten zum Zwecke der Anlegerinformation genügen.
Dafür spricht auch ein Vergleich mit Ehrverletzungs- und Pressedelikten. Auch in derartigen Fallkonstellationen wird an die rechtswidrige *Veröffentlichung* ehrverletzender Äußerungen, nicht autorisierter Fotos[1054] etc. angeknüpft.
Im Falle von Persönlichkeitsrechtsverletzungen durch Presseerzeugnisse hat der EuGH entschieden, dass Handlungsort die Niederlassung des Herausgebers ist.[1055] Entscheidend ist, wo der Schädiger agiert.
Letztlich spricht auch die für den Handlungsort entscheidende Funktion der Verhaltenssteuerung für eine Anknüpfung an die Verhaltenszentrale.
Der Ort, an dem die Veröffentlichung verbreitet wurde bzw. die Rundfunk- oder Fernsehsendung empfangen werden konnte, ist hingegen erst für die Frage des Erfolgsortes relevant.[1056]
Folglich ist entscheidend, wo die Äußerung in die Öffentlichkeit abgegeben wurde.
Erfolgte dies auf einer Pressekonferenz, so ist maßgeblich, wo diese stattfand. Wurde die Ad-hoc-Meldung per elektronischem Meldesystem oder Internet verbreitet, so ist der Ort entscheidend, an dem die Information in das Netz eingespeist wurde.[1057] Wurde die Information an die entsprechenden Börsenpflichtblätter weitergegeben und von diesen publiziert, so ist wiederum entscheidend, von wo aus die Mitteilung abgegeben wurde.
Im Falle des Unterlassens ist im Zweifel davon auszugehen, dass die korrekte Information des Anlegerpublikums vom Sitz des Unternehmens aus hätte erfolgen müssen.

Sehr häufig wird also der Sitz des Unternehmens zuständigkeitsbegründend sein, folglich in der vorliegenden Fallkonstellation Deutschland oder ein Mitgliedstaat der EU (mit Ausnahme Dänemarks).

1054 soweit eine Zustimmung erforderlich war, vgl. BVerfG, NJW 2000, 2466, 2467.
1055 EuGH, IPRax 1997, 111.
1056 Geimer/Schütze, EuZVR, Art. 5, Rn. 188; Rohe, IPRax 1997, 14, 16.
1057 für das deutsche IPR, Hoffmann, IPR, 451.

(b) Erfolgsort

Der Erfolgsort ist regelmäßig dort zu lokalisieren, wo das geschützte Rechtsgut verletzt wird.[1058]

Bei der in Betracht kommenden Anspruchsgrundlage des § 826 BGB geht der Anspruch auf Ersatz des reinen Vermögensschadens. Geschütztes Rechtsgut ist hier das Vermögen des Anlegers selbst.

Hinsichtlich der darüber hinaus in Betracht kommenden Ansprüche aus §§ 37b, 37c WpHG und der allgemeinen Betrugsvorschrift *rule 10b-5* sowie *sec. 18(a) SEA 1934* des amerikanischen Rechts, lässt sich diese Frage nicht so ohne weiteres beantworten.

Geschützt werden soll das Vertrauen der Anleger in den Kapitalmarkt durch dessen umfassende und wahrheitsgemäße Information. Welche wiederum als Grundlage seiner Investitionsentscheidung von erheblicher Bedeutung ist. Allerdings dürfen Sinn und Zweck einer Vorschrift nicht mit dessen Schutzgut verwechselt werden. Über das Vertrauen und die Anlegerinformation soll letztlich das Individualvermögen des Einzelnen geschützt werden. Erleidet der Anleger aufgrund eines Informationsdefizits unter bestimmten Voraussetzungen einen Vermögensschaden, so wird ihm dieser ersetzt. Folglich ist auch hinsichtlich dieser Anspruchsgrundlagen das Vermögen des einzelnen Anlegers als geschütztes Rechtsgut zu werten.

Problematisch ist bei diesen Ansprüchen, bei denen auf Ersatz des reinen Vermögensschadens geklagt wird, dass der Ort der primären Rechtsgutverletzung gleichzeitig der Ort ist, an dem der Vermögensschaden eingetreten ist (Schadensort).[1059]

In diesen Fällen ist der Schadensort dort, wo sich die Vermögensinteressen des Geschädigten konzentrieren, regelmäßig an seinem Wohnort. Damit würde sich der besondere Gerichtsstand der unerlaubten Handlung aber zu einem Klägergerichtsstand verkehren.[1060] Ein solches Ergebnis widerspricht aber sowohl dem Sinn und Zweck als auch der Systematik des EuGVÜ wie der EuGVVO, weshalb der Schadensort in der Regel nicht zuständigkeitsbegründend ist.

Allerdings kann bei Klagen, die auf Ersatz des reinen Vermögensschadens gerichtet sind, die Differenzierung zwischen dem zuständigkeitsbegründenden Handlungs- und Erfolgsort und dem normalerweise nicht für den Gerichtsstand zu berücksichtigenden Schadensort nicht problemlos vorgenommen werden. Während normalerweise der Erfolg der unerlaubten Handlung in der Verletzung des Rechtsguts gesehen wird, schützen die Tatbestände, die dem Kläger einen Anspruch auf Ersatz des reinen Vermögensschadens zugestehen, nur das bloße

---

1058 Geimer/Schütze, EuZVR, Art. 5, Rn. 190 (zur entsprechenden Norm des EuGVÜ).

1059 Dieser Schadensort muss regelmäßig vom Erfolgsort unterschieden werden, da mit Erfolgsort nur der Ort der primären Rechtsgutverletzung gemeint ist und beide Orte nicht identisch sein müssen. Kiethe, NJW 1994, 222, 225.

1060 Schack, 136 f.

Vermögen gegen Beschädigung und nicht ein davon getrenntes Lebens- und Rechtsgut. Das geschützte Rechtsgut ist also ausnahmsweise in dem Vermögen selbst zu sehen. Dadurch ergibt sich die Besonderheit, dass der Erfolgsort als Ort der Verletzung des Rechtsguts und der tatbestandlichen Deliktsvollendung mit dem Schadensort zusammenfällt, denn Erfolg und Schaden liegen in der Beeinträchtigung des Vermögens. So gehört die Vermögensbeeinträchtigung im Falle von § 826 BGB ausnahmsweise noch zum Tatbestand der Rechtsverletzung und ist damit zur Bestimmung des Erfolgsortes heranzuziehen.

Um in derartigen Fällen ein grenzenloses *forum shopping* zu vermeiden, wird bei Delikten, die auf Ersatz des reinen Vermögensschadens gerichtet sind, vorgeschlagen, die Zuständigkeit auf den Handlungsort zu beschränken.[1061]

Unter Hinweis auf den Sinn und Zweck des besonderen Gerichtstandes des Erfolgsortes, welcher in der Sach-, Rechts- und Beweisnähe des Tatortgerichts sowie der Privilegierung des Klägers zu sehen ist, plädieren andere für eine Begründung der Zuständigkeit auch am Ort des Schadenseintritts.[1062] Schließlich sind in Sachverhalten, die Ansprüche auf Ersatz des reinen Vermögensschadens beinhalten, das Ausmaß und die Höhe des Schadens oft streitig. Daher erscheint es wegen der von Art. 5 Nr. 3 EuGVVO beabsichtigten Erleichterung der Rechtsverfolgung und der Privilegierung des Klägers sachgerecht, im Hinblick auf die Gestaltung des Prozesses den Ort, an dem der Erfolg eingetreten ist, nämlich den Schadensort, zu berücksichtigen.[1063]

Der EuGH hat diesen Fall noch nicht ausdrücklich entschieden, jedoch sprechen von ihm vorgenommene Erwägungen zur Privilegierung des Klägers sowie zum Sinn und Zweck der EuGVVO[1064] für die letztere Auffassung.[1065]

Für die vorliegende Sachverhaltskonstellation ist somit entscheidend, wo der Kläger sein Vermögen deponiert hat.

Für den deutschen Anleger wird dies regelmäßig Deutschland sein.

Wenn jedoch ein Anleger ein Anlagekonto bei einer Vermögensverwaltungsgesellschaft unterhält und sich das dort deponierte Vermögen vermindert, so ist der Erfolgsort dort zu sehen, wo sich das Anlagekonto befindet. Dass der Anleger sein Vermögen allgemein gemindert sieht, begründet keinen weiteren Erfolgsort an seinem Lebensmittelpunkt, wo sich sein übriges Vermögen befindet.[1066]

1061 Schack, 137.

1062 Ahrens, IPRax 1990, 128; Geimer/Schütze, EuZVR, Art. 5, Rn. 195; Kiethe, NJW 1994, 222, 225 f. m.w.N. (zur entsprechenden Norm des EuGVÜ).

1063 Kiethe, NJW 1994, 222, 226.

1064 bzw. zur entsprechenden Vorgängernorm des EuGVÜ.

1065 ausführlich Kiethe, NJW 1994, 222, 225 f. unter Zugrundelegung der Entscheidungen EuGH, NJW 1991, 631; EuGH NJW 1977, 493.

1066 OLG Stuttgart, NJW 1999, 959 allerdings zur Parallelnorm des LugÜ.

Letztlich sei darauf hingewiesen, dass deutsche Gerichte in dieser Konstellation darauf abgestellt haben, an welchem Ort die Verfügung über das Vermögen erfolgte[1067] bzw. im Falle einer sittenwidrigen Schädigung der Ort, wo das geschädigte Vermögen liegt.[1068] Wie bereits dargetan, können, aber müssen jedoch derartige nationale Auffassungen nicht durch den EuGH berücksichtigt werden. Danach wäre hier wohl ebenfalls vielfach Deutschland als Erfolgsort zu benennen. Bezüglich dieser Annahme ist jedoch Vorsicht geboten, da die EuGVVO einheitlich auszulegen ist und folglich die Berücksichtigung nationaler Auslegungen im Ermessen des EuGH liegt.

(c) Zusammenfassung

Fallen nach diesen Ausführungen der Handlungs- und Erfolgsort auseinander, ist jeder Staat gemäß Art. 5 Abs. 3 EuGVVO zuständig. Der Kläger darf wählen, wo er klagt (sog. Ubiquitätsprinzip).[1069]

cc) Besondere Zuständigkeiten kraft Sachzusammenhangs

Einen allgemeinen Gerichtsstand des Sachzusammenhangs ist in der EuGVVO nicht vorgesehen. Einige Fälle des Sachzusammenhangs sind aber in besonderen Zuständigkeitsvorschriften normiert.[1070]

(1) Art. 6 Nr. 1 EuGVVO

Vorliegend kommt nur der besondere Gerichtsstand der Streitgenossenschaft nach Art. 6 Nr. 1 EuGVVO in Betracht, den das deutsche Recht nicht kennt.
Sollen mehrere als Streitgenossen verklagt werden und fehlt es an einem gemeinsamen allgemeinen Gerichtsstand, bleibt es dem Kläger überlassen, sich einen unter mehreren in Betracht kommenden internationalen allgemeinen Gerichtszuständen auszusuchen oder nachträglich die Klage auf einen Streitgenossen ohne Wohnsitz im Gerichtsbezirk zu erstrecken. Auch in diesem Zusammenhang bestimmt sich der (Wohn-)Sitz nach den Artt. 59, 60 EuGVVO. Der von der Vorschrift vor allem ins Auge gefasste Fall ist jener eines Klägers, der Streitgenossen mit Wohnsitz in verschiedenen Mitgliedstaaten verklagen will. Dabei reicht es für die Annahme eines internationalen Bezuges aus, dass einer der Beklagten einen Wohnsitz in einem Mitgliedstaat hat, der vom Wohnsitzstaat des Klägers verschieden ist.[1071]

[1067] BGHZ 132, 105, 110 f.
[1068] BGH WM 1989, 1047, 1049.
[1069] Geimer/Schütze, EuZVR, Art. 5, Rn. 180 (zur entsprechenden Norm des EuGVÜ).
[1070] ausführlich dazu Schack, IZVR, Rn. 340 ff.
[1071] Schlosser, EU-Zivilprozessrecht, Art. 6, Rn. 2.

In der hier relevanten Sachverhaltskonstellation kommen als Streitgenossen das Unternehmen und der Vorstand (bzw. gegebenenfalls mehrere Vorstandsmitglieder) in Betracht.
Für die Annahme einer Streitgenossenschaft muss zwischen den Klageansprüchen ein gewisser Zusammenhang, eine Konnexität bestehen.[1072]
Die Art des Zusammenhangs ist vertragsautonom zu bestimmen, um sicherzugehen, dass sich aus der Vorschrift für die Vertragsstaaten und die betroffenen Personen soweit wie möglich einheitliche Rechte und Pflichten ergeben.[1073] Ein Zusammenhang ist gegeben, wenn eine gemeinsame Verhandlung und Entscheidung geboten erscheint, um zu verhindern, dass in getrennten Verfahren sich widersprechende Entscheidungen ergehen.[1074]
Vorliegend geht es um die Verletzung von Ad-hoc-Publizitätspflichten, die jeweils auf demselben Sachverhalt beruhen und denen der Vorstand wie das Unternehmen gleichermaßen unterworfen ist. Folgerichtig besteht hier ein enger Zusammenhang, so dass eine Streitgenossenschaft möglich ist. Hinsichtlich des Anspruchs auf Grundlage der aktienrechtlichen Treuepflichtverletzung, geht es ebenfalls um Fehlinformation des Marktes, nur enger, der Mitaktionäre, wodurch ein Vermögensschaden bei diesen verursacht wird. Dementsprechend liegt auch hier ein ausreichend manifestierter Zusammenhang vor.

Allerdings sei darauf hingewiesen, dass regelmäßig Vorstand und Unternehmen in einem Mitgliedstaat ihren (Wohn-)Sitz haben, mithin ein gemeinsamer allgemeiner Gerichtsstand zu eruieren ist.
Folglich bleibt für die Anwendung des Art. 6 Nr. 1 EuGVVO nur wenig Raum.
Fallen ausnahmsweise die (Wohn-)Sitze von Vorstand(s-mitgliedern) und Unternehmen auseinander, so liegt es in der Hand des Klägers, an welchem Beklagten-(Wohn-)sitz er seine Klage erhebt.

(2) Anspruchsgrundlagenkonkurrenz

Im Falle von Ad-hoc-Publizitätspflichtverletzungen kommen neben deliktischen Schadensersatzansprüchen gegenüber dem Vorstand unter Umständen auch ein Anspruch aufgrund aktienrechtlicher Treuepflichtverletzung in Betracht. Dieser ist dogmatisch als vertraglicher Anspruch einzuordnen.
Auch wenn der Schadensersatzanspruch hier auf vertragliche und deliktische Grundlagen gestützt wird, liegt prozessual nur ein Streitgegenstand vor.

[1072] Kropholler, EU-Zivilprozessrecht, Art. 6, Rn. 9 mit Verweis auf Art. 28, Rn. 3 ff.
[1073] so auch EuGH, NJW 1988, 3088 (zur entsprechenden Norm des EuGVÜ).
[1074] Der EuGH greift dabei auf die Formulierung in Art. 28 Abs. 3 EuGVVO zurück.

Fraglich ist, ob entgegen den Vorschriften der EuGVVO in Fällen von Anspruchsgrundlagenkonkurrenz eine Zuständigkeit kraft Sachzusammenhang anzunehmen ist.[1075]
Auch wenn der Anspruch auf mehrere Grundlagen gestützt wird, liegt doch prozessual nur ein Streitgegenstand vor. Ein engerer Sachzusammenhang lässt sich kaum vorstellen. Trotzdem hat es der EuGH abgelehnt, die Zuständigkeiten in Art. 5 Nr. 1 und Nr. 3 EuGVVO jeweils auf alle anderen Anspruchsgrundlagen zu erstrecken, da eine solche Verdopplung der besonderen Gerichtsstände den allgemeinen Gerichtsstand zu sehr entwerten würde.[1076]
Folgerichtig kann für Schadensersatzklagen gegen den Vorstand die auf deliktischen wie auf vertraglichen Grundlagen beruhen kein allgemeiner Gerichtsstand kraft Sachzusammenhang angenommen werden. Vielmehr ist für jede Anspruchsgrundlage die Zuständigkeit gesondert festzustellen.
Trotzdem wird sich aufgrund der relevanten Anknüpfungspunkte für die Zuständigkeit regelmäßig ein gemeinsamer Gerichtsstand am Unternehmenssitz begründen lassen.

d) Allgemeiner Gerichtsstand, Art. 2 Abs. 1 EuGVVO

Für die internationale Zuständigkeit gilt, dass der Beklagte seinen allgemeinen Gerichtsstand an seinem Wohnsitz hat.
Dies gilt für natürliche Personen, mithin dem Vorstand, nach Art. 2 Abs. 1 EuGVVO. Wenn zu entscheiden ist, ob der Wohnsitz in dem Mitgliedstaat liegt, dessen Gericht angerufen wurde, so ist das *lex loci* des angerufenen Gerichts maßgeblich, Art. 59 Abs. 1 EuGVVO. Liegen Wohnsitz und angerufenes Gericht nicht im selben Staat, so ist das Recht des Mitgliedstaates maßgeblich, in dem die Partei ihren Wohnsitz hat, Art. 59 Abs. 2 EuGVVO:
Für juristische Personen, also dem Unternehmen selbst, ist gemäß Art. 2 Abs. 1, Art. 60 Abs. 1 S. 1 EuGVVO der satzungsmäßige Sitz des Unternehmens, seine Hauptverwaltung oder die Hauptniederlassung maßgeblich.

e) Besondere Probleme

aa) Zuständigkeit kraft rügeloser Einlassung

Nach Art. 24 EuGVVO kann die Zuständigkeit eines an sich unzuständigen Gerichts dadurch begründet werden, dass der Beklagte sich zur Sache einlässt,

---

[1075] so Banniza von Bazan, 141; Geimer, IPRax, 1986, 81, 81 f.; Mansel, IPRax 1989, 84, 85; Wolf, IPRax 1999, 82, 87.
[1076] EuGH NJW 1988, 3088.

ohne die Unzuständigkeit des angerufenen Gerichts zu rügen. Im Unterschied zu § 39 ZPO verlangt Art. 24 EuGVVO nicht, dass der Beklagte sich zur Hauptsache einlässt. Es genügt vielmehr das Vorbringen von Einreden und Einwendungen, die nur das Verfahren betreffen.
Hat der Beklagte allerdings den Mangel der internationalen Zuständigkeit gerügt, kann er hilfsweise zur Hauptsache verhandeln, ohne dass dadurch die inter-nationale Zuständigkeit des Gerichts begründet wird.[1077]

Zu beachten ist jedoch, dass der rügelosen Einlassung keine ausschließliche Zuständigkeit nach Art. 22 EuGVVO entgegenstehen darf, was bei der hier zu untersuchenden Problemstellung nicht zu befürchten steht.

bb) Beachtung ausländischer Rechtshängigkeit

Häufig ist die Konstellation zu finden, dass neben dem allgemeinen Beklagtengerichtsstand auch noch andere besondere Gerichtsstände gegeben sind. Klagt der Kläger in einem solchen Fall, vor einem deutschen Gericht, obwohl die Klage bereits vor einem ausländischen Gericht rechtshängig ist, stellt sich die Frage, ob dieser Umstand einer Klage in Deutschland entgegensteht.
Artt. 27 f. EuGVVO betreffen den Fall, dass Klagen wegen desselben Anspruchs zwischen denselben Parteien bei Gerichten verschiedener *Mitgliedstaaten* erhoben werden. Danach setzt das später angerufene Gericht das Verfahren von Amts wegen aus, bis die Zuständigkeit des zuerst angerufenen Gerichts feststeht.
Ist das früher angerufene Gericht kein solches eines Mitgliedstaates, sind Artt. 27 f. EuGVVO unanwendbar. Das später angerufene Gericht kann dann zur Sache entscheiden.[1078] Jedoch kann es nicht im Sinne der Verordnung gelegen haben, dass Gerichten der Mitgliedstaaten die Beachtung der Rechtshängigkeit in Drittstaaten zu verbieten.
Schon aus prozessökonomischen Gründen wird das deutsche Gericht folglich entscheiden, bei welchem Gericht das Verfahren zuerst rechtshängig gemacht wurde. Ob und wann die ausländische Rechtshängigkeit eingetreten ist, ist nach Maßgabe des ausländischen Prozessrechts zu bestimmen.[1079] Allerdings wird das deutsche Gericht ausländische Rechtshängigkeit nicht uneingeschränkt beachten. Dem Rechtsschutzbegehren des Klägers wird nur dann Rechnung getragen, wenn er das zu erwartende Urteil im ausländischen Verfahren gegebenenfalls auch in Deutschland vollstrecken kann. Daher wird das deutsche Gericht in einem zweiten Schritt prüfen, ob die spätere Anerkennung des ausländischen Urteils gemäß § 328 Abs. 1 ZPO nicht ausgeschlossen ist.

1077 Schack, IZVR, Rn. 487.
1078 Arkwright Mutual Insurance C. v. Bryanston Insurance Co. 2 All ER 321 (1990).
1079 EuGH RIW 1984, 737; vgl. auch BGH NJW-RR 1992, 642.

Da in diesem Falle der Justizgewährungsanspruch der in Deutschland klagenden Partei vereitelt würde, würde das Gericht trotz ausländischer Rechtshängigkeit entscheiden. Bevor das deutsche Gericht die Klage als unzulässig abweist, muss es also eine Anerkennungsprognose treffen.[1080] Da der genaue Inhalt des ausländischen Urteils in diesem Verfahrensstadium regelmäßig ungewiss ist, kann die Beurteilung sich nur auf die Zuständigkeit des ausländischen Gerichts (§ 328 Abs. 1 Nr. 1 ZPO), die ordnungsgemäße Zustellung des verfahrenseinleitenden Schriftstücks an den Beklagten (§ 328 Abs. 1 Nr. 2 ZPO) und die Verbürgung der Gegenseitigkeit (§ 328 Abs. 1 Nr. 5 ZPO) erstrecken. Eine *ordre-public*-Kontrolle (§ 328 Abs. 1 Nr. 4 ZPO) kann in diesem Stadium des Verfahrens regelmäßig noch nicht stattfinden.
Im Zweifel sollte man in diesem Verfahrensstadium von einer positiven Anerkennungsprognose ausgehen.[1081] Es sollte selbstverständlich sein, dass man die Vereinbarkeit mit dem inländischen *ordre public* vermutet und nicht das seltene Gegenteil.[1082]

cc) Forum non conveniens[1083]

Durch die EuGVVO wird die internationale Zuständigkeit für die Vertragsstaaten vereinheitlicht und so das Zuständigkeitsrecht harmonisiert. Zwar werden konkurrierende Gerichtsstände im Anwendungsbereich der EuGVVO regelmäßig nicht verhindert. Wohl aber trägt sie dazu bei, dass die Zahl der konkurrierenden Zuständigkeiten verringert und exorbitante Zuständigkeiten entbehrlich werden. Dies geschieht dadurch, dass regelmäßig die Zuständigkeit wenigstens eines Gerichts sichergestellt wird, das einen sachgerechten Bezug zum Rechtsstreit aufweist. Damit entfällt das Bedürfnis des nationalen Gesetzgebers, Zuständigkeiten mit schwachem oder gar minimalem Bezug zum Rechtsstreit in seinem Machtbereich zu eröffnen, um „Justizgewährung" sicherzustellen.
Daher sind innerhalb der festen Zuständigkeitsregelungen des europäischen Rechts Erwägungen des *forum non conveniens* abzulehnen.[1084]

[1080] Hoffmann, IPR, 85.
[1081] Habscheid, RabelsZ 1967, 254, 265 f.; Schumann, FS Kralik, 301, 309.
[1082] Schack, IZVR, Rn. 755.
[1083] ausführlich dazu Huber, 977 ff.; ferner Gerber/Bernasconi IPRax 1994, 3.
[1084] Jasper, 78; Schack, IZVR, Rn. 502; Schlosser, IPRax, 1983, 285.

2. Europäisches Gerichtsstands- und Vollstreckungsübereinkommen (EuGVÜ) / Lugano Übereinkommen (LugÜ)

Hinsichtlich des EuGVÜ und des LugÜ stellen sich dieselben Fragen, wie die zur EuGVVO erörterten. Da die EuGVVO in diesen Bereichen keine wesentlichen Veränderungen im Vergleich zum EuGVÜ und LugÜ gebracht hat, soll sich die Darstellung deshalb auf die räumliche Anwendung der Übereinkommen beschränken.

a) EuGVÜ

Da für Dänemark die Zuständigkeitsregelungen der EuGVVO nicht anzuwenden sind,[1085] gilt im Verhältnis zu Dänemark weiterhin das EuGVÜ.[1086]

b) LugÜ

Durch die Beschränkung des EuGVÜ auf EU-Staaten an einer Beteiligung gehindert, erarbeiteten die damaligen EFTA-Staaten 1988 ein Parallelübereinkommen, das LugÜ.[1087] Diesem traten zunächst die damaligen 12 EU-Mitgliedstaaten und die sechs EFTA-Staaten (Finnland, Island, Norwegen, Österreich, Schweden und die Schweiz) bei. Polen ist dem Übereinkommen am 01.02.2000 beigetreten. Die tschechische Republik hat einen Beitrittsantrag gestellt, der Beitritt Ungarns ist in Vorbereitung.
Auch nach dem Erlass der EuGVVO gilt das LugÜ für den Verkehr mit der Schweiz, Irland, Norwegen und Polen unverändert fort.

3. Autonome Regeln

a) Anwendungsbereich

Greift keine europäische Regelung oder Staatsvertrag zur Bestimmung der internationalen Zuständigkeit ein, so muss auf die autonomen Regeln des deutschen Internationalen Zivilprozessrechts zur Bestimmung der internationalen Zuständigkeit zurückgegriffen werden.

[1085] vgl. Art. 1, 2 des Protokolls (Nr. 5) über die Position Dänemarks (1997), BGBl. 1998 II, 466.
[1086] vgl. 21. und 22. Erwägungsgrund der EuGVVO sowie Art. 1 Abs. 3 EuGVVO.
[1087] Schlosser, EU-Zivilprozessrecht, Einl., Rn. 14.

Vorliegend betrifft das all diejenigen Unternehmen und Vorstände, die ihren (Wohn-)Sitz weder in einem EU-Mitgliedstaat noch in der Schweiz, Irland, Norwegen und Polen haben.

Die ZPO enthält selbst keine allgemeinen Regeln zur Bestimmung der internationalen Zuständigkeit bei Sachverhalten mit Auslandsbezug. Hier muss vielmehr auf eine von der Rechtsprechung und Literatur erarbeitete Grundregel zurückgegriffen werden, wonach die örtliche Zuständigkeit die internationale Zuständigkeit indiziert.[1088]
Ist also ein deutsches Gericht für den Rechtsstreit örtlich zuständig, so sind die deutschen Gerichte auch international zuständig. Darauf, ob ein ausländischer Staat, dessen Zuständigkeit ebenfalls in Betracht kommt, die deutsche Zuständigkeit anerkennt, kommt es grundsätzlich nicht an.

b) Ausschließliche Gerichtsstände

Als ausschließlicher Gerichtsstand kommt allenfalls die Vereinbarung eines solchen nach §§ 38 ff. ZPO in Betracht.
Danach ist, anders als in der EuGVVO, eine Gerichtstandsvereinbarung nur unter Kaufleuten, juristischen Personen des öffentlichen Rechts oder öffentlichrechtliche Sondervermögen zulässig.
Ist die Rechtsstreitigkeit bereits entstanden, ist auch im Rechtsverkehr mit Nichtkaufleuten eine Gerichtstandsvereinbarung möglich.
Derartige Konstellationen haben aber kaum praktische Relevanz in den hier zu betrachtenden Sachverhalten und sollen daher nicht weiter untersucht werden.

c) Besondere Gerichtsstände

aa) Gerichtsstand der Mitgliedschaft, § 22 ZPO

Nach § 22 ZPO ist für Klagen, die von Mitgliedern einer Gesellschaft in ihrer Mitgliedereigenschaft gegeneinander erhoben werden, das Gericht zuständig, an dem die Gesellschaft ihren allgemeinen Gerichtsstand hat.
Bei Schadensersatzklagen auf Grund von aktienrechtlichen Treuepflichtverletzungen, geht es um Ansprüche von Aktionären gegen den Vorstand in seiner Eigenschaft als Mitaktionär. Somit fallen diese Klagen unter die Zuständigkeitsregelung des § 22 ZPO.

[1088] BGHZ 44, 46; Koch/Magnus/Winkler von Mohrenfels, 37; Schack, IZVR, Rn. 236; Putzo, in: Thomas/Putzo, Vorb. § 1, Rn. 6.

Der danach entscheidende allgemeine Gerichtsstand des Unternehmens befindet sich an dessen Verwaltungssitz, § 17 ZPO.

bb) Vermögensgerichtsstand, § 23 ZPO

Von besonderer Bedeutung für die internationale Zuständigkeit ist der Gerichtsstand des Vermögens, § 23 ZPO.
Ist ein Unternehmen in den USA und in Deutschland gelistet und nimmt es an diesen Märkten Kapital auf, so hat es an diesen Börsenplätzen auch Vermögen. Allerdings betrifft § 23 S. 1 Alt. 1 ZPO nur die Konstellation, dass sich das Vermögen eines Unternehmens in Deutschland befindet. Ist dies der Fall, eröffnet § 23 ZPO für alle vermögensrechtlichen Streitigkeiten eine internationale Zuständigkeit in Deutschland. Dies bedeutet, dass der im Ausland wohnende Beklagte in Deutschland nicht nur gerichtspflichtig für Prozesse ist, die mit seinem inländischen Vermögen im Zusammenhang stehen, sondern schlechthin in allen vermögensrechtlichen Angelegenheiten.
Ein weitergehender Bezug der Parteien oder des Streitgegenstandes zu Deutschland ist nach dem Wortlaut der Vorschrift nicht erforderlich. Wer Vermögen im Inland besitzt zeigt eine Affinität zu Deutschland, welche ausreicht, um die Gerichtspflichtigkeit des Vermögensinhabers vor deutschen Gerichten zu begründen.[1089]
Danach wäre jedes Unternehmen, sobald es an einer deutschen Börse Kapital aufnimmt, gleichzeitig auch der deutschen Gerichtszuständigkeit unterstellt.
Da diese wortgetreue Anwendung zu einer ausufernden Anwendung des Vermögensgerichtsstandes auch bei noch so kleinen Vermögenswerten führen würde (sog. exorbitanter Gerichtsstand), fordert der BGH seit seiner Grundsatzentscheidung aus dem Jahre 1991 zusätzlich zum im Inland belegenen Vermögen einen weiteren hinreichenden Inlandsbezug des Rechtsstreits.[1090] Vom BGH bejaht wurde dieser für den Fall, dass der Kläger seinen Wohnsitz im Inland hat.
Die in der Literatur geforderte weitergehende Einschränkung von § 23 ZPO, z.B. dadurch, dass der Wert des geltend gemachten Anspruchs den Wert des im Inland befindlichen Vermögens nicht übersteigen darf,[1091] konnte sich bisher in der Rechtsprechung nicht durchsetzen.

Folglich ist eine Gerichtszuständigkeit in Deutschland aufgrund von § 23 ZPO für diejenigen Unternehmen bzw. deren Vorstände gegeben, die neben Teilen ihres Vermögens einen weiteren hinreichenden Anknüpfungspunkt an Deutsch-

---

[1089] Geimer, IZPR, Rn. 1356.
[1090] BGHZ 115, 90.
[1091] Kropholler, IPR, 568.

land haben. Wie dieser Bezug beschaffen sein muss ist derweil unklar,[1092] muss aber zumindest mit dem (Wohn-)Sitz vergleichbar sein.

cc) Gerichtsstand für Vertragsstreitigkeiten

Für Ansprüche auf vertraglicher Grundlage bestimmt § 29 ZPO, dass der Gerichtsstand des Erfüllungsortes zuständig ist.
Dieser ist nicht etwa durch den besonderen Gerichtsstand der Mitgliedschaft ausgeschlossen, sondern konkurriert mit diesem.[1093]

(1) Erfasste Ansprüche

Die internationale Zuständigkeit für Ansprüche geschädigter Anleger nach den Grundsätzen der aktienrechtlichen Treuepflicht bestimmt sich nach § 29 ZPO, da diese als vertraglicher Anspruch einzuordnen ist.[1094]

(2) Das zuständige Gericht

Auch hier ist wie im Europarecht auf den Erfüllungsort der jeweils streitigen vertraglichen Verpflichtung abzustellen.

(a) Wahl des Erfüllungsortes

Entgegen der europäischen Regelung und den Staatsverträgen, ist eine allgemeine Rechtswahl unzulässig.
Zwar ist nach § 29 Abs. 2 ZPO eine Vereinbarung über den Erfüllungsort unter Kaufleuten, juristischen Personen des öffentlichen Rechts oder öffentlich-rechtlichen Sondervermögen zulässig. Mangels praktischer Relevanz in den zu untersuchenden Konstellationen können diese hier vernachlässigt werden.

(b) Erfüllungsort

Für Ansprüche aufgrund der Verletzung von aktienrechtlichen Treuepflichtverletzungen ist für die Bestimmung des Erfüllungsortes der Ort maßgeblich, an dem die Rücksichtnahmepflicht einzuhalten war.
Dies bestimmt sich nach § 269 BGB und führt im Ergebnis zur Festlegung des Erfüllungsortes am Ort des Verwaltungssitzes des Unternehmens zum Zeitpunkt des Eintritts des Verpflichteten in die Gesellschaft.[1095]

1092 vgl. Geimer, IPRax 1993, 216, die mangelnde Konturenschärfe bemängelnd.
1093 vgl. Vollkommer, in: Zöller, ZPO, § 22, Rn. 3.
1094 Zur dogmatischen Einordnung der aktienrechtlichen Treuepflicht vgl. S. 258 f.
1095 Vgl. zu den Überlegungen auf europäischer Ebene S. 235 ff.

dd) Gerichtsstand der unerlaubten Handlung, § 32 ZPO

§ 32 ZPO regelt den Gerichtsstand bei der Geltendmachung von Ansprüchen auf Grund einer unerlaubten Handlung.

(1) Erfasste Ansprüche

Auch im innerdeutschen Recht ist der Begriff „unerlaubte Handlung" in § 32 ZPO weiter als in den §§ 823 ff. BGB und erfasst jeden Eingriff in eine fremde Rechtssphäre.[1096] Folglich erfasst § 32 ZPO die Haftungsansprüche aus unerlaubter Handlung gegen das Unternehmen wie dessen Vorstand ebenso wie die Ansprüche aus §§ 37b, 37c WpHG, da die Pflichten nach § 15 WpHG unabhängig von einem Vertrag bestehen.
Ebenso werden die Betrugsansprüche nach amerikanischem Recht erfasst.

Hinsichtlich der aktienrechtlichen Treuepflicht wurde bereits festgestellt, dass diese vertraglichen Charakter besitzt. Folglich fällt sie grundsätzlich nicht unter die Zuständigkeitsregelung nach § 32 ZPO.
Allerdings kann nach Ansicht des BGH in dem Fall, in dem neben deliktischen auch vertragliche Ansprüche geltend gemacht werden, im Gerichtsstandort der unerlaubten Handlung auch über diese entschieden werden kann.[1097] Damit hat der BGH seine bisherige Rechtsprechung aufgegeben. Maßgeblicher Gesichtspunkt dafür war, dass der Gesetzgeber durch die Neufassung des § 17 Abs. 2 GVG vom 17.12.1990 zum Ausdruck gebracht hat, dass das Interesse an einer möglichst schnellen und einfachen Beilegung des Rechtsstreits höher zu bewerten ist, als das Anliegen, das Bestehen von Rechten stets von demjenigen Gericht beantworten zu lassen, das zu der jeweiligen Rechtsmaterie die engsten Beziehungen hat.[1098]
Folglich kann auch der Anspruch nach den Grundsätzen der aktienrechtlichen Treuepflicht vor dem nach § 32 ZPO zuständigen Gericht durchgesetzt werden.

(2) Das zuständige Gericht

Bei der Auslegung des Tatortbegriffs stellen sich ähnliche Fragen wie bei der Anwendung der Tatortregel im EuGVVO. So überlässt auch § 32 ZPO die Definition des Begehungsortes der Lehre und Rechtsprechung.[1099]

[1096] Vollkommer, in: Zöller, ZPO, § 32, Rn. 4.
[1097] BGH, NJW 2003, 828, 829.
[1098] BGH, NJW 2003, 828, 829.
[1099] Hartmann, in: Baumbach/Lauterbach/u.a., ZPO, § 32, Rn. 17.

Zuständigkeitsbegründend wirkt regelmäßig jeder Ort, an dem ein wesentliches Tatbestandsmerkmal verwirklicht wurde.[1100]
Damit kommen sowohl der Handlungsort als auch der Erfolgsort für die Begründung der internationalen Zuständigkeit in Betracht.

(a) Handlungsort

Hinsichtlich der Festlegung des Handlungsortes ergeben sich dieselben Probleme, wie auf europäischer Ebene. Dementsprechend ist unter Zugrundelegung der diesbezüglichen Ausführungen[1101] auf den Ort abzustellen, von dem aus die Öffentlichkeit falsch informiert wurde.
Erfolgte die Fehlinformation auf einer Pressekonferenz, so ist maßgeblich, wo diese stattfand. Wurde die Ad-hoc-Meldung per elektronischem Meldesystem oder Internet verbreitet, so ist der Ort entscheidend, an dem die Information in das Netz eingespeist wurde.[1102] Wurde die Information an die entsprechenden Börsenpflichtblätter weitergegeben und von diesen publiziert, so ist wiederum entscheidend, von wo aus die Mitteilung abgegeben wurde.
Im Falle des Unterlassens ist im Zweifel davon auszugehen, dass die korrekte Information des Anlegerpublikums vom Sitz des Unternehmens aus hätte erfolgen müssen.
Sehr häufig wird also der Sitz des Unternehmens zuständigkeitsbegründend sein.

(b) Erfolgsort

Als Erfolgsort kommt sowohl der Ort der Rechtsgutverletzung in Betracht als auch der Ort, an dem der Schaden eingetreten ist. Ebenso wie bei der Auslegung von Art. 5 Nr. 3 EuGVVO bleibt der Schadensort als solcher regelmäßig außer Betracht.[1103] Wenn allerdings der Schadenseintritt selbst zum Tatbestand der Rechtsgutverletzung gehört, mithin beide Orte zusammentreffen, dann ist zumindest für die Ansprüche nach § 826 BGB anerkannt, dass auch der Schadensort zuständigkeitsbegründend sein kann.[1104]
Nichts anderes kann für die darüber hinaus in Betracht kommenden Ansprüche gemäß § 823 Abs. 2 BGB in Verbindung mit einem Schutzgesetz, §§ 37b, 37c WpHG und den amerikanischen Betrugsvorschriften gelten. Vor allem die Sachnähe des Gerichts am Ort wo der Erfolg eingetreten ist, spricht für die Berücksichtigung des Schadensortes. Maßgebend ist demnach der Ort, wo das Vermögen deponiert ist, wohl auch der Ort an dem über das Vermögen verfügt

---

[1100] BGHZ 124, 245
[1101] siehe ausführlich S. 221 ff.
[1102] für das deutsche IPR, Hoffmann, IPR, 451.
[1103] BGHZ 52, 111; Vollkommer, in: Zöller, ZPO, § 32, Rn. 16.
[1104] OLG Koblenz, WM 1989, 622.

wurde.[1105] Dies wird in aller Regel der Wohnsitz des Klägers sein, mithin bei deutschen Anlegern Deutschland.
Existiert allerdings ein Anlagekonto im Ausland, welches geschmälert wurde, so ist der Ort der Führung des Kontos maßgebend.[1106]

d) Allgemeiner Gerichtsstand, § 12 ZPO

Der allgemeine Gerichtsstand des Beklagten wird ebenso wie in der EuGVVO ohne Rücksicht auf seine Staatsangehörigkeit durch seinen Wohnsitz bestimmt, §§ 12, 13 ZPO. Dabei bestimmt sich der Begriff „Wohnort" nach dem *lex fori*, also gemäß §§ 7 ff BGB. Hat der beklagte Vorstand mehrere Wohnsitze, so führt dieser Umstand zu mehrfacher Zuständigkeit.[1107]

Dem Wohnsitz entspricht als allgemeiner Gerichtsstand juristischer Personen, deren Sitz, §§ 12, 17 ZPO. Dabei stellt § 17 Abs. 1 S. 1 ZPO auf den satzungsmäßigen Sitz ab. Nur wenn kein solcher existiert (bei juristischen Personen im engeren Sinne kaum vorstellbar) entscheidet gemäß § 17 Abs. 1 S. 2 ZPO der Verwaltungssitz. Satzungsmäßiger und Verwaltungssitz gelten folglich nicht alternativ, sondern der tatsächliche Sitz kommt nur subsidiär zum Zuge, wenn die Gesellschaft weder im Inland noch im Ausland einen satzungsmäßigen Sitz hat.[1108]

Da der Vorstand und das Unternehmen häufig denselben (Wohn-)Sitz haben werden, kommt eine Klage in demselben Land in Betracht.

e) Besondere Probleme

aa) Gerichtsstand kraft rügeloser Einlassung, § 39 ZPO

Nach § 39 ZPO wird die Zuständigkeit eines Gerichtes auch dadurch begründet, dass der ordnungsgemäß belehrte Beklagte, ohne die Unzuständigkeit geltend zu machen, zur Hauptsache mündlich verhandelt. Diese Norm gilt nach ständiger Rechtsprechung[1109] auch für die internationale Zuständigkeit.[1110]

[1105] zur Maßgeblichkeit des Verfügungsortes, BGHZ 132, 105, 110 f.
[1106] OLG Stuttgart, RIW 1998, 809 für EuGVÜ.
[1107] Schack, IZVR, 110, Rn. 246.
[1108] Schack, IZVR, 113, Rn. 251.
[1109] BGHZ 134, 132; OLG Düsseldorf, NJW 1991, 1493.
[1110] vgl. dazu Schütze, ZZP 1990, 67, 68.

Unter das mündliche Verhandeln zur Hauptsache fällt allerdings nicht das Verhandeln über Prozessvoraussetzungen, Prozesshandlungen, Anträge zum Verfahrensgang, reine Vergleichsverhandlungen sowie die Erörterung mit den Parteien vor einer Antragstellung.[1111]

Lassen sich demnach Unternehmen oder der Vorstand zur Sache ein, ohne die Unzuständigkeit des angerufenen Gerichts zu rügen, so wird dieses Gericht für die geltend gemachte Schadensersatzklage zuständig.

Da es sich bei der rügelosen Einlassung um reines Prozessverhalten handelt, ist für sie allein die *lex fori* des angerufenen Gerichts maßgeblich.

bb) Beachtung ausländischer Rechtshängigkeit, § 261 Abs. 3 Nr. 1 ZPO

Häufig sind neben dem allgemeinen Beklagtengerichtsstand noch andere besondere Gerichtsstände gegeben, die unter Umständen auch zur Zuständigkeit eines Gerichtes in einem anderen Staat führen kann. Klagt der geschädigte Anleger in diesen Fällen vor einem deutschen Gericht, obwohl die Klage bereits vor einem ausländischen Gericht erhoben wurde, stellt sich die Frage, ob dieser Umstand einer Klage in Deutschland entgegensteht.

Die Vorschrift des § 261 ZPO, welche die Frage des Einwandes der Rechtshängigkeit im deutschen Zivilverfahren regelt, spricht nicht von einer im Ausland erhobenen Klage. Sie bezieht sich nach der Systematik des Gesetzes auf Klagen, die gemäß § 253 ZPO erhoben wurden.[1112]

Es ist somit festzustellen, dass es im autonomen deutschen Recht keine Vorschrift gibt, welche die Beachtung einer ausländischen Rechtshängigkeit regelt. Dementsprechend wird zum Teil die Beachtung einer solchen abgelehnt, da nicht schon mit der ausländischen Rechtshängigkeit feststellbar sei, ob das nach dem konkurrierenden Verfahren zu erwartende Urteil im Inland anerkannt würde.[1113] Auch bestünde die Gefahr divergierender Entscheidungen nicht, da es im Inland nicht zu unvereinbaren Urteilen kommen könne, weil Urteile über das Hoheitsgebiet eines Staates hinaus keine Wirkung haben könnten.[1114] Eine zuerst ergangene Entscheidung aus zwei parallel laufenden Prozessen hemme durch seine Rechtskraft ohnehin das letztere Verfahren.[1115]

Mit dieser Argumentation wird aber das Ziel der internationalen Entscheidungsharmonie verleugnet.[1116] Nach dieser Ansicht bestünde zudem die Gefahr, dass die Rechtsordnung mit dem kürzeren Instanzenzug „gewinnt". Einen derartigen Wettlauf kann aber in niemandes Interesse sein.[1117] Außerdem sprechen prozessökonomische Gründe dafür, die eine ausländische Rechtshängigkeit grundsätz-

---

[1111] Vollkommer, in: Zöller, ZPO, § 39, Rn. 6.
[1112] Bäumer, 68.
[1113] Schütze, 177 ff.
[1114] Schütze, 78.
[1115] Schütze, NJW 1963, 1487.
[1116] Schack, IZVR, Rn. 748.
[1117] Schack, IZVR, Rn. 747.

lich zu beachten. So vermeiden nicht nur die Gerichte einen doppelten Aufwand, auch der Beklagte wird vor doppelter Belastung geschützt.
Folgerichtig hat auch der BGH die grundsätzliche Beachtung einer ausländischen Rechtshängigkeit anerkannt.[1118]
Sie ist analog § 261 Abs. 3 ZPO immer dann beachtlich, wenn die zu erwartende ausländische Entscheidung anerkennungsfähig ist.[1119] Denn wenn unter den Voraussetzungen des § 328 Abs. 1 ZPO bereits ausländische Urteile anerkannt werden können, scheint es nur sachgerecht, wenn man die Rechtshängigkeit als eine Art Vorstufe zur Rechtskraft betrachtet und dementsprechend auch eine ausländische Rechtshängigkeit beachtet, wenn eine positive Anerkennungsprognose besteht, die sich weitgehend an die Kriterien des § 328 ZPO anlehnt.[1120] Maßgeblich ist danach unter anderem die Gleichwertigkeit der Rechtsschutzziele, die Zuständigkeit des ausländischen Gerichts (§ 328 Abs. 1 Nr. 1 ZPO), die ordnungsgemäße Zustellung des verfahrenseinleitenden Schriftstücks an den Beklagten (§ 328 Abs. 1 Nr. 2 ZPO) und die Verbürgung der Gegenseitigkeit (§ 328 Abs. 1 Nr. 5 ZPO). Eine *ordre-public*-Kontrolle (§ 328 Abs. 1 Nr. 4 ZPO) kann in diesem Stadium des Verfahrens regelmäßig noch nicht stattfinden.
Für *class action* Urteile ist die Anerkennungsfähigkeit in Deutschland äußerst umstritten,[1121] eine höchstrichterliche Klärung dieser Frage liegt noch nicht vor.

Unabhängig von der Anerkennungsprognose ist die Frage ob und wann die ausländische Rechtshängigkeit eingetreten ist nach dem ausländischen Prozessrecht zu bestimmen.[1122]

cc) Forum non conveniens

Nach amerikanischem Verständnis kann ein an sich zuständiges Gericht seine Zuständigkeit ablehnen, weil es ein anderes Gericht zur Durchführung des Verfahrens für wesentlich besser geeignet hält. Dabei wird die Eignung konkurrierender Gerichtsstände mit der Eignung des angerufenen Gerichts verglichen. Ein derartiges komparatives Element findet sich im deutschen Recht der internationalen Zuständigkeiten nicht ausdrücklich.[1123]
Da im deutschen Recht aufgrund der Doppelfunktionalität der örtlichen Zuständigkeit diese auch zur Bestimmung der internationalen Zuständigkeit herangezogen wird, werden verschiedene Aspekte der internationalen Zuständigkeit

---

[1118] BGH, NJW 1958, 104.
[1119] Hartmann, in: Baumbach/Lauterbach/u.a., ZPO, § 261, Rn. 7; Rosenberg/Schwab, § 101, S. 605.
[1120] Bäumer, 68; Schumann, FS Kralik, 301, 306 m.w.N.
[1121] dafür Herrmann, 176 ff.; ablehnend Mann, NJW 1994, 1187, 1189.
[1122] Hoffmann, IPR, 85.
[1123] Dorsel, 132.

vernachlässigt. Diese sind darin zu sehen, dass die internationale Zuständigkeit oft einen entscheidungserheblichen Einfluss auf das Ergebnis eines Rechtsstreit hat, da durch die Wahl des Gerichtsstandes die Weichen sowohl hinsichtlich des anwendbaren Prozess- als auch Sachrechts gestellt werden. Auch Sprachprobleme, Entfernungen, Unterschiede im „sozialen und juristischen Klima"[1124], Kosten des Rechtsstreits und Schwierigkeiten des Gerichts, auslän-disches Recht anzuwenden, spielen bei grenzüberschreitenden Streitigkeiten eine größere Rolle als bei reinen Inlandssachverhalten oder treten gar nur bei diesen auf.[1125] Daher findet im deutschen Recht die *Forum-non-conveniens*-Lehre immer mal wieder Befürworter, um im Einzelfall durch Abwägung zu sachgerechteren Gerichtsständen zu gelangen.[1126] Allerdings zeichnet sich das deutsche Zuständigkeitssystem durch seine Vorhersehbarkeit und damit Rechtssicherheit und –klarheit aus. Daher erscheint es unangebracht, die Lehre des *forum non conveniens* auch für das deutsche Recht anzuerkennen.[1127] Die seltenen Einzelfälle, in denen die Anwendung dieser Lehre angebracht erscheint, rechtfertigen nicht den Verlust an Rechtssicherheit, der mit der Lehre des *forum non conveniens* verbunden wäre.

dd) Forum shopping[1128]

Hierunter versteht man das systematische Ausnutzen von in verschiedenen Staaten gegebenen Zuständigkeiten, um tatsächliche oder rechtliche Vorteile zu erlangen.[1129] Beim *forum shopping* macht der Kläger von seinem Recht Gebrauch, unter mehreren zuständigen Gerichten eines auszuwählen.[1130] Es ist nicht nur zwangsläufige Folge konkurrierender internationaler Zuständigkeiten, sondern wird teilweise vom Gesetzgeber bewusst zur Begünstigung des Klägers eingesetzt. So kann bspw. der Täter einer unerlaubten Handlung sowohl am Tatort als auch am Wohnort verklagt werden.

Da ein Rechtsanwalt seinen Mandanten dahingehend beraten muss, wo seine Klage die größte Aussicht auf Erfolg haben wird, besteht für den Anwalt eine Pflicht zum *forum shopping*, deren Verletzung ihn schadensersatzpflichtig machen kann.[1131]

1124 Wahl, 28.
1125 Dorsel, 134.
1126 Hoffmann, IPRax 1982, 217, 222; Wahl, 123.
1127 Schack, Rn. 493 ff. m.w.N.
1128 Jasper, 92 ff.; Juenger, 63 Tul. L. Rev. 553 (1989) 553 ff.
1129 Schack, IZVR, Rn. 221.
1130 BGH NJW 1985, 552, 553 zu § 35 ZPO.
1131 Geimer, IZPR, Rn. 1096.

Ein wichtiges Motiv für das *forum shopping* ist die Anwendbarkeit eines dem Kläger günstigen Sachrechts. Ganz entscheidend kann beispielsweise die Länge der Verjährungsfristen sein. Ein großer Anreiz kann auch die Höhe der zu erwartenden Schadensersatzleistungen sein.
Häufig sind es aber auch prozessuale Unterschiede, die für den Kläger den Ausschlag geben können. Diese können zum Beispiel in den Ausforschungsmöglichkeiten sein, die etwa eine amerikanische *pretrial discovery* dem Kläger eröffnet.
Ein starkes Motiv sind auch Verfahrenskosten. Es ist ein erheblicher Unterschied, ob der Kläger im Unterliegensfalle ein großes Kostenrisiko läuft (wie in § 91 ZPO) oder ob er mit seinem Anwalt ein Erfolgshonorar vereinbaren kann und dem siegreichen Beklagten regelmäßig dessen Kosten nicht ersetzen muss, wie dies grundsätzlich in den USA der Fall ist.[1132]

Allenfalls dann, wenn die Ausübung der internationalen Zuständigkeit rechtsmissbräuchlich erschlichen wurde, hat die Ausübung der internationalen Zuständigkeit zu unterbleiben.[1133] So wird vermieden, dass die Zuständigkeit eines ungeeigneten Gerichts willkürlich herbeigeführt werden kann.
Rechtsmissbrauch ist anzunehmen, wenn der Kläger die tatsächlichen Voraussetzungen der Zuständigkeit arglistig geschaffen hat, beispielsweise Vermögen des Beklagten in den Gerichtstand verbracht hat.[1134]
Die Rechtsprechung ist bei der Annahme eines Rechtsmissbrauches sehr zurückhaltend.[1135] Die praktische Bedeutung der Zuständigkeitsbeschränkung wegen Rechtsmissbrauchs ist dementsprechend gering.

4. Zusammenfassung

Insgesamt kann man feststellen, dass im Anwendungsbereich der EuGVVO, des EuGVÜ und des LugÜ, die Zuständigkeit Deutschlands immer dann begründet wird, wenn der (Wohn-)Sitz des beklagten Unternehmens bzw. des beklagten Vorstands in Deutschland ist. Dieser ist bei Klagen aufgrund von Ad-hoc-Publizitätspflichtverletzungen der maßgebliche Anknüpfungspunkt für den allgemeinen Gerichtsstand, den Gerichtstand in Vertragstreitigkeiten und regelmäßig für den Handlungsort im Rahmen der Zuständigkeitsbegründung für unerlaubte Handlungen. Die internationale Zuständigkeit Deutschlands ergibt sich schließlich auch hinsichtlich des Erfolgsortes bei Klagen aus unerlaubter Hand-

---

[1132] vgl. Schack, Einführung, 8 ff.
[1133] Schlosser, IPRax 1983, 285, 287; Dorsel, 164.
[1134] Schumann, in: Stein/Jonas, ZPO; § 1, Rn. 12; § 23, Rn. 33f.
[1135] BGH, FamRZ 1971, 519, 520; der BGH verneinte im konkreten Fall einen Rechtsmissbrauch, obwohl der Kläger seine Staatsangehörigkeit gewechselt hatte, um wenig später vor einem deutschen Gericht einen Scheidungsantrag stellen zu können.

lung, da dieser bei geschädigten deutschen Anlegern regelmäßig in Deutschland sein wird. Eine Ausnahme besteht nur, wenn ein Anlagekonto im Ausland existiert, auf dem sich die Anlageverluste realisiert haben.

Hinsichtlich der autonomen Kollisionsregelungen des deutschen Rechts ist die internationale Zuständigkeit Deutschlands regelmäßig dann gegeben, wenn der Sitz des Unternehmens in Deutschland liegt. Daran knüpfen nämlich sowohl der Gerichtsstand der Mitgliedschaft, der Gerichtsstand für Vertragsstreitigkeiten als auch der allgemeine Gerichtsstand an. Im Falle der Zuständigkeit für Klagen aufgrund unerlaubter Handlung ist der Unternehmenssitz meist bezogen auf den Handlungsort relevant. Hinsichtlich des Erfolgsortes bei Schadensersatzklagen aus unerlaubter Handlung besteht die internationale Zuständigkeit Deutschlands, wenn sich das geschädigte Vermögen auch in Deutschland befindet.
Für ausländische Unternehmen ist die internationale Zuständigkeit Deutschlands gegeben, wenn sie Vermögen in Deutschland haben und ein weiterer nicht unerheblicher Inlandsbezug vorliegt, wie beispielsweise der Wohnsitz des Klägers.

Schließlich sei darauf hingewiesen, dass das Doppellisting als solches und die dadurch denkbaren Auswirkungen einer Fehlinformation auf beiden Märkten, weder nach der EuGVVO, dem EuGVÜ, dem LugÜ noch den autonomen Regelungen des deutschen Rechts für die Begründung der internationalen Zuständigkeit maßgeblich sind.

II. Prozessuale Aspekte

Deutsche Gerichte wenden nach der *Lex-fori*-Doktrin grundsätzlich das Verfahrensrecht am Gerichtsort an, so dass hier deutsches Verfahrensrecht zur Anwendung kommt.[1136]

Allerdings sind bei Sachverhaltskonstellationen mit Auslandsbezug einige prozessuale Besonderheiten zu beachten, von denen die Wichtigsten im Folgenden dargestellt werden.

1. Verjährung

Verjährungsregeln werden, da sie Auswirkungen auf das Entscheidungsergebnis haben, mithin streitentscheidend sind, nach deutschem Recht immer materiellrechtlich qualifiziert und unterliegen daher grundsätzlich der *lex causae*. Die

[1136] vgl. BGH NJW 1985, 552, 553.

amerikanische Rechtsordnung ordnet dagegen die Verjährung regelmäßig prozessrechtlich ein, wodurch sie der *lex fori* unterstellt wird.
Diese Zuordnung ändert jedoch nichts daran, dass auch bei Anwendung amerikanischen Rechts die Verjährungsproblematik vor deutschen Gerichten materiellrechtlich zu beurteilen ist.[1137]

2. Parteifähigkeit

Bei Schadensersatzansprüchen gegen ein im Ausland gegründetes Unternehmen können sich Probleme hinsichtlich der Partei- und Prozessfähigkeit dann ergeben, wenn dieses seinen tatsächlichen Verwaltungssitz nach Deutschland verlegt.
So war nach ständiger Rechtsprechung des BGH bei der Beurteilung der Rechts- und Parteifähigkeit einer juristischen Person grundsätzlich das Recht des Staates maßgebend, in dem die juristische Person ihren tatsächlichen Verwaltungssitz hat (sog. Sitztheorie).[1138] Dies hatte zur Folge, dass sich die im Gründungsstaat erworbene Rechts- und Parteifähigkeit nicht ohne weiteres in Deutschland fortsetzt, sondern nach deutschem Recht neu zu beurteilen war.
Lange Zeit bestand Uneinigkeit, ob diese Rechtsprechung mit Europarecht vereinbar sei.[1139] Das Meinungsspektrum reichte von der Auffassung, dass die Sitztheorie als kollisionsrechtliche Anknüpfungsregel des deutschen internationalen Gesellschaftsrechts im Regelungsbereich des EG-Rechts nicht verdrängt werden könne[1140], bis hin zu der Annahme, dass sie ein Verstoß gegen das in der Niederlassungsfreiheit enthaltene Diskriminierungsverbot darstellt[1141].
Zunächst ging die Mehrheit davon aus, die Anknüpfung an den effektiven Verwaltungssitz verstoße gegen Europarecht.[1142] Nach Erlass des Daily-Mail-Urteils des EuGH[1143] war ganz überwiegende Ansicht, Europarecht lasse das nationale Gesellschafts-(kollisions-)Recht unberührt.[1144] Dies änderte sich schlagartig mit dem Urteil in der Rechtssache Centros,[1145] welches in der Literatur zu der überwiegend vertretenen Auffassung führte, dass an der Sitztheorie zumindest als

---

[1137] BGH NJW 1960, 1720.
[1138] vgl. BGHZ 53, 181, 183; BGHZ 78, 318, 334.
[1139] vgl. ausführlich dazu, Halbhuber, 112 ff.; ferner Forsthoff, EuR 2000, 167 m.w.N.
[1140] Ebenroth/Eyles, DB 1989, 363, 372, 413 ff.; Ebenroth/Wilken, JZ 1991, 1014, 1018 ff.; Ebke ZGR 1987, 245 ff.; Großfeld, IPRax 1986, 145; Großfeld/König, RIW 1992, 433, 435; Großfeld/Luttermann, JZ 1989, 386, 387.
[1141] Behrens, ZGR 1994, 1, 18 f.; Knobbe-Keuk, DB 1990, 2573, 2580 f.; Sandrock, RIW 1989, 505, 508.
[1142] vgl. Halbhuber, 112 f. m.w.N.
[1143] EuGH, NJW 1989, 2186.
[1144] Kindler, in: MünchKomm., Internationales Gesellschaftsrecht, Rn. 363.
[1145] EuGH NJW 1999, 2027.

genereller Anknüpfungsregel nicht mehr festgehalten werden könne.[1146] Die Reaktion der Rechtsprechung fiel sehr uneinheitlich aus.[1147] Eine Klärung dieser Frage führte schließlich der EuGH in der Rechtssache Überseering herbei. Dieser entschied, dass es eine nicht zu rechtfertigende Negierung der europarechtlich verbürgten Niederlassungsfreiheit bedeutet, wenn einer Gesellschaft, die nach dem Recht eines Mitgliedstaates wirksam gegründet wurde, in einem anderen Mitgliedstaat, in dem die Gesellschaft aus dessen Sicht ihren tatsächlichen Verwaltungssitz verlegt hat, in diesem Mitgliedstaat die Rechts- und Parteifähigkeit abgesprochen wird. Vielmehr gebiete die Niederlassungsfreiheit die Rechts- und Parteifähigkeit einer nach dem Recht eines Mitgliedstaates gegründeten Gesellschaft zu respektieren, welche ihr nach dem Recht ihres Gründungsstaates zugebilligt wird.[1148]

Unter dem Einfluss der Überseering-Entscheidung des EuGH beurteilte der BGH auch die Parteifähigkeit von Gesellschaften, die von den USA nach Deutschland drängen.

Im deutsch-amerikanischen Verhältnis regelt Art. XXV des Freundschafts-, Handels- und Schifffahrtsvertrags zwischen den USA und Deutschland die wechselseitige Anerkennung der Gesellschaften.[1149] Der BGH betonte zwar zunächst, dass nach ständiger Rechtsprechung des BGH die Rechtsfähigkeit einer ausländischen Gesellschaft entsprechend der Sitztheorie nach dem Recht zu beurteilen sei, an dem eine juristische Person ihren tatsächlichen Verwaltungssitz habe. Es komme gegebenenfalls darauf an, ob eine Gesellschaft ihre Rechtsfähigkeit verliere, wenn sie ihren Sitz verlege. Doch würden die Regelungen des Freundschafts-, Handels- und Schifffahrtsvertrages zwischen den USA und Deutschland über die Inländerbehandlung, Meistbegünstigung und Niederlassungsfreiheit die Sitztheorie überlagern und eine amerikanische Gesellschaft sei daher unter Berücksichtigung der Überseering-Entscheidung des EuGH auch dann anzuerkennen, wenn diese ihren effektiven Verwaltungssitz nach Deutschland verlege.[1150]

In seiner jüngsten Entscheidung zu dieser Problematik geht der BGH noch weiter und stellt fest, dass immer dann, wenn ein Unternehmen in der Rechtsform des Gründungsstaates seine Rechte geltend macht, dies dazu zwingt, die

---

[1146] Behrens, IPRax 1999, 323, 326; Fock RIW 2000, 42, 45; Göttsche, DStR 1999, 1403.

[1147] So folgerte sie aus dem Centros-Urteil mal, dass „fremde Gesellschaften im Inland anzuerkennen seien“, LG München, ZIP 1999, 1680; mal wurde das Urteil gleich ganz übersehen, OLG Frankfurt/M., RIW 1999, 783 oder ihm wurde keine Bedeutung für die Bestimmung der Parteifähigkeit einer ausländischen Gesellschaft mit Verwaltungssitz in Deutschland beigemessen, LG Potsdam RIW 2000, 145. Nach dem OLG Hamm, NJW 2001, 2183, und dem OLG Düsseldorf, NJW 2001, 2184, sei aus dem Centros-Urteil nichts für die Verlegung des Sitzes in das Ausland zu schließen.

[1148] EuGH ZIP 2002, 2037.

[1149] Freundschafts-, Handels- und Schifffahrtsvertrag zwischen der Bundesrepublik Deutschland und den Vereinigten Staaten von Amerika vom 29.10.1954, BGBl. II 1956, 487 f.

[1150] BGH, DB 2003, 818.

Rechts- und Parteifähigkeit nach diesem zu beurteilen.[1151] Für die Sitztheorie bleibt danach nur noch Raum, wenn eine ausländische Gesellschaft ihre Rechte als Gesellschaft deutschen Rechts geltend macht, was nach dieser Entscheidung eher fernliegend ist. Auch kommt die Anwendung der Sitztheorie in Betracht, wenn sich eine ausländische Gesellschaft nach deutschem Recht anerkennen lässt. Dies bedeutet aber regelmäßig, dass das Unternehmen in eine andere Gesellschaftsform mit besonderen Risiken, wie z.B. Haftungsrisiken, gedrängt wird, so dass nach dem vorliegenden Urteil auch von dieser Möglichkeit wohl kaum noch Gebrauch gemacht werden wird.
Folglich hat die Sitztheorie praktisch ausgedient. Die Parteifähigkeit ist regelmäßig nach dem Gründungsstatut zu beurteilen.

a) Beweisfragen

aa) Beweisverfahren

Auch das Beweisverfahren, d.h. der Beweisantritt, die Beweiserhebung, die Beweismittel und die Beweisführung unterliegen der *lex fori*,[1152] folglich deutschem Recht.
Da die Beweisaufnahme ein Hoheitsakt ist, kann ein deutsches Gericht nicht selbst Beweis erheben, sondern auf Rechtshilfe durch den ausländischen Staat angewiesen ist, wenn es um die Beschaffung von Beweisen aus dem Ausland geht.[1153] Auch in diesem Bereich kommen in erster Linie Staatsverträge zur Anwendung. Dabei ist vor im Verhältnis zu den USA das bereits genannte HBÜ von 1970 von Bedeutung. In Bezug auf die europäischen Mitgliedstaaten ist seit dem 01.07.2001 die EuBVO anzuwenden.[1154] Diese bringt mit Art. 17 EuBVO eine revolutionäre Veränderung: er lässt die unmittelbare Beweisaufnahme im Mitgliedstaat zu, gibt dem ersuchenden Gericht allerdings keine Zwangsbefugnisse (z.B. Zwangsgeld).
Den ansonsten erforderlichen Rechtshilfeweg, der stets eine Erschwerung und Verzögerung des Verfahrens darstellt,[1155] versuchen die Parteien wie Gerichte häufig zu umgehen.

[1151] BGH NJW 2003, 1461, 1461.
[1152] Kegel, 690.
[1153] Hoffmann, IPR, 99.
[1154] Verordnung über die Zusammenarbeit zwischen den Gerichten der Mitgliedstaaten auf dem Gebiet der Beweisaufnahme in Zivil- und Handelssachen vom 28.05.2001, ABl. EG Nr. L 174, S. 1; Zwar ist sie grundsätzlich seit dem 01.07.2001 in Kraft, gilt aber gemäß Art 24 Abs. 2 EuBVO in großen Teilen erst ab dem 01.01.2004.
[1155] Grund dafür sind neben dem Zeitaufwand auch die dabei anfallenden Verfahrenskosten, bspw. für Übersetzungen. Zwar sehen in der Regel die entsprechenden Übereinkommen Kostenfreiheit für Rechtshilfeersuchen vor (vgl. Art. 18 EuBVO, Art. 11 EuZVO, Art. 16

Eine Möglichkeit der Umgehung besteht darin, den Zeugen ohne Zustimmung des ersuchten Staates durch einen Konsul nach § 363 Abs. 2 ZPO zu vernehmen. Das so erlangte Vernehmungsprotokoll ist zwar völkerrechtswidrig und damit prozessual nicht verwertbar, doch kann der vernehmende Konsul als Zeuge vom Hörensagen vernommen werden.[1156]
Eine verbreitete Praxis der Gerichte ist auch, die Partei mit der Beibringung einer schriftlichen Erklärung des im Ausland lebenden Zeugen zu beauftragen. Während das unmittelbare Einholen einer schriftlichen Auskunft eines solchen Zeugen durch das Gericht (vgl. § 377 Abs. 3 ZPO) einen unzulässigen Eingriff in die Hoheitsrechte des fremden Staates darstellt, kann die von den Parteien beschaffte schriftliche Auskunft als Urkundsbeweis auch außerhalb von § 364 Abs. 2 ZPO gemäß § 416 ZPO verwertet werden.[1157] Dieser Weg funktioniert allerdings nur im Einverständnis mit beiden Parteien, die den hier vorliegenden Verstoß gegen den Grundsatz der unmittelbaren Beweisaufnahme gemäß § 295 ZPO heilen (oder von vornherein nur den Urkundsbeweis anbieten) können.[1158]

bb) Beweislast und Vermutungsregeln

Fragen der Beweislast und gesetzliche Vermutungen sind hingegen so eng mit dem materiellen Recht verbunden, dass über sie die *lex causae* bestimmt, d.h. die Rechtsordnung, der das betroffene Rechtsverhältnis unterliegt.[1159]

b) Kosten und Kostenerstattung

Die Gebühren eines deutschen Rechtsanwalts werden nach § 11 BRAGO streitwertabhängig berechnet und sind damit recht genau vorhersehbar.
Regelmäßig werden bei der gemeinsamen Geltendmachung mehrerer Ansprüche in Form einer subjektiven Klagehäufung nach § 7 Abs. 2 BRAGO alle Streitwerte addiert. Die sich aus der Streitsumme ergebenden Gebühren werden dann anteilig von den Klägern bzw. bei deren Obsiegen von dem unterlegenen Unternehmen und ggf. deren Vorstand übernommen.
Sogenannte Erfolgshonorare, wie sie das amerikanische Rechtssystem kennt, sind mit dem deutschen Recht nicht vereinbar, sie gelten vielmehr als standeswidrig.[1160]

HZPÜ, Art. 12 HZÜ, Art. 14 HBÜ), jedoch können bestimmte Arten von Aufwendungen auf den ersuchenden Staat abgewälzt werden. Hoffmann, IPR, 102.
[1156] vgl. BGH NJW 1984, 2039.
[1157] vgl. BGH NJW 1984, 2039.
[1158] Daoudi, 135 f.; Schack, IZVR, Rn. 723.
[1159] Schack, IZVR, Rn. 664 ff. - gesetzliche Vermutungen; Rn. 674 – Beweislast.
[1160] Schack, IZVR, 252, Rn. 580b.

Entgegen dem amerikanischen Recht trägt die unterlegene Partei gemäß §§ 91 ff. ZPO die Kosten des Rechtsstreits. Nach § 91 Abs. 1 S. 1 ZPO sind allerdings nur die *notwendigen* Kosten erstattungsfähig, wozu auch die Kosten für Privatgutachten über ausländisches Recht gehören können.[1161] Unterschiedlich wird hingegen von den Instanzgerichten beurteilt, ob die Kosten der ausländischen Partei für einen Korrespondenzanwalt an ihrem Wohnsitz übernommen werden.[1162] Berücksichtigt man die sprachlichen Barrieren zwischen dem Prozessbevollmächtigten am Gerichtsort und der ausländischen Partei sowie den Umstand, dass häufig nur der ortsnahe Korrespondenzanwalt im Gespräch mit der Partei den Sachverhalt hinreichend aufklären kann, so erscheint es unbillig, die Kosten für den Korrespondenzanwalt nur soweit für erstattungsfähig zu erklären, als sie die Kosten einer oder mehrerer notwendiger Informationsreisen der Partei zu ihrem Prozessbevollmächtigten nicht übersteigen[1163] und zusätzlich allenfalls noch eingesparte Übersetzungskosten zu berücksichtigen.[1164]
Für eine generelle Erstattungsfähigkeit der Kosten eines ausländischen Korrespondenzanwaltes spricht, dass man einer ausländischen Partei nicht verwehren sollte, unmittelbar mit einem heimatlichen Rechtsanwalt ihres Vertrauens zu verkehren. So hat auch das OLG Frankfurt/M. zu Recht festgestellt, dass die Kosten des Korrespondenzanwalts nach den üblichen Kosten an dessen Sitz zu erstatten sind.[1165]
Schließlich sei darauf hingewiesen, dass auch wenn der geschädigte Anleger obsiegt, er damit rechnen muss, wegen der Gerichtskosten gemäß §§ 49 S. 1, 58 Abs. 2 S. 2 GKG als Zweitschuldner in Anspruch genommen zu werden. Die Rechtsprechung hält nämlich eine Auslandsvollstreckung häufig schon dann für aussichtslos, wenn der ausländische Erstschuldner auf eine Zahlungsaufforderung nicht reagiert hat.[1166] Allerdings wird man der Staatskasse wohl einen fehlgeschlagenen Vollstreckungsversuch zumuten müssen.[1167]

c) Zustellung

Der förmlichen Zustellung bedürfen die zentralen Prozesshandlungen, insbesondere die Klage (§ 271 ZPO), die Streitverkündung (§ 73 ZPO), gerichtliche Terminsbestimmungen und Fristsetzungen (§ 329 Abs. 2 S. 2 ZPO), Urteile (§ 317 ZPO) sowie andere Entscheidungen im Sinne von § 329 Abs. 3 ZPO, Mahn-

[1161] Mankowski, MDR 2001, 194, 194 ff.
[1162] vgl. ausdführl. Engels, MDR 1999, 1045.
[1163] so aber, OLG Hamm, IPRspr. 1985, Nr. 189; OLG Düsseldorf, NJW-RR 1997, 574.
[1164] OLG Düsseldorf, IPRspr. 1983, Nr. 191; einschränkend OLG München, RIW 1997, 963, 964.
[1165] OLG Frankfurt/M. IPRspr. 1986, Nr. 197.
[1166] OLG Hamburg, RIW 1988, 908; vgl., auch OLG Schleswig, RIW 1997, 513.
[1167] so auch LG Hamburg, IPRspr. 1985, Nr. 196.

und Vollstreckungsbescheide (§§ 693, 699 Abs. 4 ZPO), Rechtsmittelschriften (§§ 521, 550 ZPO), ferner bestimmte Vollstreckungsakte wie Pfändungs- und Überweisungsbeschlüsse (§§ 829, 835 ZPO). Zugestellt werden in der Praxis auch die Ladungen der Zeugen (vgl. § 377 ZPO).
In Deutschland wird die Zustellung als staatlicher Hoheitsakt verstanden.[1168] Folglich darf sie außerhalb des eigenen Staatsgebietes nur im Wege der internationalen Rechtshilfe durch Organe des ausländischen Staates erfolgen.[1169] Dies ist sowohl kostspielig als auch zeitraubend. In §§ 174 Abs. 2, 175 ZPO ist deshalb vorgesehen, dass eine nicht im Inland wohnhafte Person einen inländischen Zustellungsbevollmächtigten bestimmen soll, um so Auslandszustellungen zu vermeiden. Als *ultima ratio* kommt eine öffentliche Zustellung im Inland in Betracht, wenn die Auslandszustellung im Wege der Rechtshilfe scheitert (§ 203 Abs. 2 ZPO).

III. Anwendbares materielles Recht

Hält sich das deutsche Gericht für zuständig, so entscheidet der Richter aufgrund des deutschen internationalen Privatrechts, welches materielle Recht angewandt werden muss.
Es geht nunmehr um Kollisionsregeln, die aussagen, welches von mehreren in Frage kommenden Rechten im konkreten Fall zur Anwendung gelangt.

1. Gesellschaftsstatut

Für gesellschaftsrechtliche Fragestellungen gelten nicht die Kollisionsnormen, die in Artt. 27 ff. EGBGB für vertragliche Schuldverhältnisse vorgesehen sind, Art. 37 Nr. 2 EGBGB. Dazu gehören auch Fragen der einzelnen Rechte und Pflichten der Gesellschafter.[1170]
Dementsprechend beurteilt sich das anwendbare materielle Recht für Ansprüche gegen den Vorstand aufgrund gesellschaftsrechtlicher Treuepflichtverletzungen nach dem Gesellschaftsstatut, das mangels geschriebener Kollisionsnormen von der Rechtsprechung und der Rechtswissenschaft formuliert wurde.
In Deutschland wurde bisher hinsichtlich des anwendbaren materiellen Rechts nach der sog. Sitztheorie an das Gesellschaftsrecht angeknüpft, in dessen Hoheitsgebiet der tatsächliche Verwaltungssitz der Gesellschaft lag.[1171]

[1168] Hoffman, IPR, S. 99, Rn. 113; kritisch Schack, IZVR, Rn. 589.
[1169] ausführlich Linke, IZPR, Rn. 217 ff.; Schack, IZVR Rn. 584 ff.
[1170] Martiny, in: MünchKomm., Art. 37 EGBGB, Rn. 43; Bericht Giuliano-Lagarde, BT-Drs. 10/503, 44.
[1171] BGHZ 97, 269; Kropholler, IPR, 535; Schindler, RdW 2003, 122, 122.

Soweit sich der EuGH in der Überseering-Entscheidung gegen die sog. Sitztheorie ausgesprochen hat, betraf dies unmittelbar nur Fragen der Parteifähigkeit einer Gesellschaft.[1172]

Nach dieser Entscheidung verstößt es gegen die Niederlassungsfreiheit nach Artt. 43, 48 EG, wenn einer Gesellschaft, die nach dem Recht eines Mitgliedstaates, in dessen Hoheitsgebiet sie ihren satzungsmäßigen Sitz hat, gegründet worden ist, bei der Verlegung des tatsächlichen Verwaltungssitzes von dem Staat, in den sie ihren Sitz verlegt hat, die Rechts- und Parteifähigkeit abgesprochen wird.[1173]

Es fragt sich, ob durch diese Entscheidung die im deutschen Recht vertretene Anknüpfung des Gesellschaftsstatuts an den tatsächlichen Verwaltungssitz aufgegeben werden muss.

Der EuGH stellt insoweit eindeutig fest, dass die Rechts- und Parteifähigkeit einer Gesellschaft nach dem Recht des Gründungsstaates zu bestimmen ist.[1174] Eine andere Form der Rechtsfähigkeit, die der Zuzugsstaat einer Gesellschaft vielleicht gewährt, ist folglich nicht ausreichend.[1175]

Allerdings bedeutet die Entscheidung des EuGH nicht, dass die Gesellschaft über die Frage der Partei- und Rechtsfähigkeit hinaus derselben Rechtsordnung unterliegen muss. Vielmehr wird die Niederlassungsfreiheit bereits durch die Möglichkeit der Sitzverlegung gewahrt und erfordert gerade nicht die Beibehaltung der ursprünglichen Rechtsordnung. Dies verdeutlicht auch ein Vergleich mit der Situation natürlicher Personen. Zwar kann man von einem Staatsangehörigen eines anderen Staates im Falle eines Zuzugs nicht den Wechsel seiner Staatsangehörigkeit verlangen.[1176] Jedoch wäre es verfehlt anzunehmen, dieser hätte deshalb ausschließlich die Gesetze seines ehemaligen Wohnsitzes zu beachten und sei gegen die Rechtsordnung des Zuzugsstaates „immun".

Diese Erwägungen erscheinen auch in Bezug auf den Zuzug von Gesellschaften sachgerecht, so dass sich das anwendbare materielle Recht (eingeschränkt) auch weiterhin nach dem Staat des tatsächlichen Verwaltungssitzes des Unternehmens richtet.

Dementsprechend ist nur für ein Unternehmen mit Sitz in Deutschland deutsches Recht für den Schadensersatzanspruch aufgrund der Verletzung einer aktienrechtlichen Treuepflicht maßgeblich.

[1172] Zimmer, BB 2003, 1, 3 f.

[1173] EuGH, ZIP 2002, 2037 ff.

[1174] EuGH, ZIP 2002, 2037 ff.

[1175] Lutter, BB 2003, 9; Schindler, RdW 2003, 122, 123.

[1176] Vergleich nach Forsthoff, DB 2002, 2471, 2475.

2. Deliktsstatut

Der Anwendungsbereich des Deliktsstatuts ist weiter als das materielle Recht der unerlaubten Handlung. Er umfasst die gesamte außervertragliche Schadenshaftung, so dass die darüber hinaus in Betracht kommenden Schadensersatzansprüche nach dem Recht des Deliktsstatuts zu beurteilen sind.

a) Tatortregel

Bis 1999, als das Internationale Deliktsrecht in das EGBGB eingefügt wurde, entschieden sich die deutschen Gerichte gewohnheitsrechtlich für das Recht des Tatortes. Nach der BGH-Rechtsprechung konnte der Geschädigte als Tatort den Handlungs- oder den Erfolgsort wählen.[1177]
Nach der Neuregelung des EGBGB unterliegen Ansprüche aus unerlaubter Handlung grundsätzlich dem Recht des Staates in dem der Ersatzpflichtige gehandelt hat, Art. 40 Abs. 1 S. 1 EGBGB, es sei denn, der Geschädigte verlangt nach Art. 40 Abs. 1 S. 2 EGBGB, dass anstelle dieses Rechts das Recht des Staates angewendet wird, in dem der Erfolg eingetreten ist. Dieses Optionsrecht besteht allerdings nur im ersten Rechtszug bis zum Ende des frühen ersten Termins oder des schriftlichen Vorverfahrens, um zu gewährleisten, dass sich die Gerichte rechtzeitig auf das anzuwendende Sachrecht einstellen können.

aa) Handlungsort

Ausgangspunkt ist damit der Handlungsort. Entscheidend ist, wo der Schädiger die fehlerhafte Ad-hoc-Meldung publiziert hat bzw. bei einer Unterlassung, wo die Veröffentlichung hätte erfolgen müssen.
Insoweit ist unter Bezugnahme auf die parallelen Überlegungen zur internationalen Zuständigkeit für Ansprüche aus unerlaubter Handlung auf europäischer Ebene darauf abzustellen, wo gegebenenfalls die für die Fehlinformation ursächliche Pressekonferenz stattfand bzw. bei Meldungen über das Internet, wo diese in das Netz eingespeist wurden. Im Falle einer pflichtwidrigen Unterlassung ist im Zweifel von einer Publizitätspflicht am Sitz des Unternehmens auszugehen.

bb) Erfolgsort

Soweit sich der geschädigte Anleger für das Recht am Ort des Verletzungserfolges entscheidet, kommt hier der Ort in Betracht, an dem sich der Schaden

---

[1177] BGH NJW 1981, 1806; BGHZ 98, 263, 274.

realisiert hat. Zwar ist auch nach dem Deliktsstatut nach Art. 40 EGBGB der Schadensort grundsätzlich nicht entscheidend.
Wie jedoch bereits zu diesem Problem auf europäischer Ebene ausgeführt,[1178] trifft dies in der hiesigen Konstellation nicht zu, so dass das materielle Recht des Ortes zur Anwendung gelangt, wo der Anleger einen Vermögensverlust erlitten hat. Dies wird bei deutschen Anlegern regelmäßig Deutschland sein.

b) Gemeinsamer gewöhnlicher Aufenthalt

Das Tatortrecht kommt von dann nicht zur Anwendung, wenn Schädiger und Geschädigter zur Zeit des haftungsbegründenden Geschehens ihren gewöhnlichen Aufenthalt in demselben Staat haben, Art. 40 Abs. 2 EGBGB. Maßgeblich ist in diesem Fall das Recht ihres gemeinsamen gewöhnlichen Aufenthalts. Im Falle der Ansprüche direkt gegen das Unternehmen tritt an die Stelle des gewöhnlichen Aufenthalts der Sitz der Hauptverwaltung bzw. Niederlassung, Art. 40 Abs. 2 S. 2 EGBGB.

Zur Abwehr von exorbitanten Ersatzansprüchen wurde in Art. 40 Abs. 3 EGBGB eine Vorbehaltsklausel eingefügt. Ansprüche aus unerlaubter Handlung, die dem Recht eines anderen Staates unterliegen, können dann nicht geltend gemacht werden, soweit sie:

- wesentlich weiter gehen als zur angemessenen Entschädigung des Verletzten erforderlich
- offensichtlich anderen Zwecken als einer angemessenen Entschädigung dienen oder
- haftungsrechtlichen Regelungen eines für die Bundesrepublik Deutschland verbindlichen Übereinkommens widersprechen.

Diese Vorbehaltsklausel führt den Grundsatz eines materiellrechtlichen *ordre public* im Erkenntnisverfahren ein und ersetzt den alten Art. 38 EGBGB der vor der Novelle von 1999 einen *ordre public* nur zugunsten von deutschen Staatsbürgern vorsah und nach dem Abschluss der Römischen Verträge zur Gründung der Europäischen Gemeinschaft von 1957 in dieser nationalen Beschränkung nicht mehr haltbar war.
In der Begründung verweist der Gesetzgeber ausdrücklich auf die exorbitanten, mehrfachen Schadensersatzsummen amerikanischer Gerichte und auf die Einbeziehung der Anwaltshonorare.[1179]

[1178] Siehe S. 221 f.
[1179] vgl. BT-Drs. 14/343, 12.

Da, wie bereits mehrfach erwähnt, im Falle von *securities class actions* keine *punitve damages* zugesprochen werden, steht ein Verstoß gegen den materiellrechtlichen *ordre public* nicht zu befürchten.
Haben demnach geschädigter Anleger wie Unternehmen bzw. dessen Vorstand ihren gewöhnlichen Aufenthalt in Deutschland, so kommt unabhängig vom Tatortprinzip regelmäßig deutsches materielles Recht zur Anwendung.

c) Prinzip der engsten Verbindung

Aber auch diese Anknüpfungsregelung findet dann keine Anwendung, wenn ausnahmsweise wesentlich engere Beziehungen zu einem anderen anderem Staat als zum Staat des Tatortes oder des gewöhnlichen Aufenthaltes bestehen, Art. 41 Abs. 1 EGBGB.
Eine solche kommt insbesondere bei besonderen rechtlichen oder tatsächlichen Beziehungen zwischen den Beteiligten im Zusammenhang mit dem Schuldverhältnis in Betracht, Art. 41 Abs. 2 Nr. 1 EGBGB.
Dies ist denkbar in Fällen, in denen deutsche Anleger Wertpapiere eines deutschen Unternehmens an einer amerikanischen Börse gekauft haben.
Hier agieren beide Parteien am amerikanischen Kapitalmarkt, nach dessen Rechtsordnung sich die Publizitätspflicht hinsichtlich der erworbenen Wertpapiere bemisst. Auch der Preis der Wertpapiere richtet sich nach der Kursentwicklung an der dortigen Börse. Folglich sind auch diesbezügliche Fehlentwicklungen aufgrund fehlerhafter Kapitalmarktinformation nach dem amerikanischen Recht zu beurteilen, so dass in diesen Fällen von einer besonders engen Beziehung der Beteiligten zu den USA gesprochen werden kann. Diese macht es notwendig, das Tatgeschehen nach dem materiellen Recht der USA zu beurteilen.

d) Rechtswahl

Schließlich besteht nach Art. 42 EGBGB für die Parteien eines Rechtsstreits im Zusammenhang mit Ansprüchen aus unerlaubter Handlung die Möglichkeit, nach Eintritt des schädigenden Ereignisses das für ihren geltende materielle Recht zu wählen.
Eine solche Rechtswahl wird in den meisten Fällen jedoch nicht gelingen, weil jede Partei die für sie günstigste Rechtsordnung wählen wird. Da sich die Interessen von Schädiger und Geschädigtem aber diametral gegenüber stehen, wird folglich eine Einigung regelmäßig nicht erfolgen.

Hat nun ein deutscher Anleger ein Urteil gegen eine amerikanische Gesellschaft bzw. deren Vorstand in Deutschland erstritten, fragt sich, ob dieses in den USA anerkannt wird und vollstreckbar ist.
Die Vollstreckung in den USA setzt ein entsprechendes amerikanisches Urteil voraus. Eine Anerkennung und Vollstreckbarerklärung eines ausländischen Urteils ist nicht möglich. Vielmehr wird dieses zur Anspruchgrundlage für die Erlangung eines inländischen Titels im Forumstaat.[1180]

1. Anerkennung

Die Anerkennung ausländischer Urteile bestimmt sich nach einzelstaatlichem Recht.[1181]
Das Verfahren auf Erlass eines Urteils im Anerkennungsstaat zum Zwecke der Vollstreckung ist ein streitiges Verfahren. Daher muss das Gericht auch über *personal jurisdiction* verfügen. Im Gegensatz zu Urteilen aus anderen Bundesstaaten unterfallen ausländische Urteile jedoch nicht dem *Full-faith-and-credit*-Gebot, wonach einem Urteil in jedem Bundesstaat die Wirkungen zu verleihen sind, die es in dem Staat hat, wo es erlassen wurde.[1182] Deshalb wird die internationale Zuständigkeit des ausländischen Gerichts als Anerkennungsvoraussetzung immer gesondert überprüft.
Die Prüfung der internationalen Entscheidungszuständigkeit des Erstgerichts folgt spiegelbildlich den weiten amerikanischen Zuständigkeitsregeln.[1183]
Aufgrund des relativ restriktiven deutschen Zuständigkeitskatalogs wird die internationale Zuständigkeit auch für amerikanische Gerichte regelmäßig zu bejahen sein. Allerdings verbietet sich eine pauschale Bejahung dieser Frage. Sie ist für jeden Bundesstaat gesondert zu überprüfen.[1184]
Neben der internationalen Zuständigkeit wird auch die Einhaltung des Grundsatzes eines fairen Verfahrens im Erlassstaat geprüft, insbesondere, ob der Beklagte ausreichend Gelegenheit zur Verteidigung besaß.
Ein Erfordernis gegenseitiger Anerkennung besteht mit Ausnahme von wenigen Bundesstaaten, in denen es dann allerdings großzügig gehandhabt wird, nicht,[1185] wobei jedoch auch hier keine allgemeingültige Aussage möglich ist.[1186]

[1180] Hay, Rn. 213.
[1181] vgl. Ackermann v. Levine, 788 F.2d 830 (2nd Cir. 1986).
[1182] Hay, Rn. 215 f.
[1183] Hay, Rn. 217.
[1184] Schack, Einführung, 78.
[1185] Hay/Weintraub/Borchers, Kap. 5 (1) m.w.N.
[1186] hiervor warnend, Schack, Einführung, 78.

Neben der Urteilsanerkennung durch ein streitiges Verfahren, besteht vielfach die Möglichkeit der Durchführung eines Schnellverfahrens. Ein solches sieht der *Uniform Foreign Money-Judgments Recognition Act of 1962* (*UFMJRA 1962*) vor, den eine Reihe von Bundesstaaten übernommen hat.[1187]
Sachlich ist dieses Verfahren auf Geldurteile ausländischer Gerichte beschränkt, *sec. 3 UFMJRA 1962*. Voraussetzung ist, dass das ausländische Urteil den amerikanischen *Due-process*-Erfordernissen entspricht und nicht im Widerspruch zum *ordre public* des Anerkennungsstaates steht,[1188] was in den vorliegenden Konstellationen regelmäßig nicht zu befürchten steht

2. Vollstreckung

Grundlage der Vollstreckung ist das auf das Anerkenntnisverfahren hin ergehende (Zweit-)Urteil. Da dieses ein eigenständiges Urteil ist, ist für die Frage der Vollstreckung irrelevant, ob das ursprüngliche Urteil ein in- oder ausländisches gewesen ist.[1189]
Die hier interessierenden Zahlungsurteile sind nach Ablauf von 10 Tagen nach Erlass des Urteils vollstreckbar, *rule 62(a) FRCP 1938*. Mit dieser Frist soll abgewartet werden, ob der Richter das Urteil aufhebt oder ergänzt, *rule 59(b) FRCP 1938*. Wird ein solcher Antrag gestellt, dann kann das Gericht die Vollstreckung aussetzen, *rule 62(b) FRCP 1938*.

Die Vollstreckung (*execution*) selbst erfolgt durch Beschlagnahme und öffentliche Versteigerung (*forced sale, public sale*). Der Urteilsgläubiger (*judgment creditor*) benötigt zur Vollstreckung einen *writ of execution*, der durch den örtlichen Sheriff ausgestellt wird.[1190] Vollstreckungstaugliches Vermögen wird vielfach unter Zuhilfenahme von *discovery* Instrumente ermittelt.[1191] Dazu gehören sog. *depositions*, d.h. fixierte und beeidete Erklärungen einer Partei oder von Zeugen auf von der Gegenpartei mündlich gestellte Fragen, *written interrogatories*, der schriftlichen Befragung der Gegenpartei, die Vorlage von Urkunden (*documents*) sowie die Ortsbesichtigung.

Im Übrigen unterliegt das gesamte Zwangsvollstreckungsverfahren dem einzelstaatlichen Recht, *rule 69(a) FRCP 1938*. Dies gilt auch für die Urteilsverjährung.[1192]

[1187] vgl. Rassmann, RIW 1996, 817 ff.; Schack, Einfühung, 77.
[1188] vgl. z.B. Bank Melli Iran v. Pahlavi, 58 F.3d 1406 (9th Cir. 1995 – Cal.) .
[1189] Hay, Rn. 221.
[1190] Schack, Einführung, 76.
[1191] dazu ausführlich, Schack, Einführung, 47 f.
[1192] Schack, Einführung, 76.

Zu berücksichtigen ist, dass auch hinsichtlich der Vollstreckung die *american rule* gilt. Dementsprechend hat der Gläubiger, mithin der geschädigte Anleger, die Kosten der Vollstreckbarerklärung eines deutschen Urteils in den USA selbst zu tragen, so dass sich diese bei kleineren und mittleren Streitwerten praktisch nicht lohnt. Zum Teil wird davon ausgegangen, dass ein Vollstreckungsverfahren erst ab einem Betrag von ca. 100.000 US$ ökonomisch sinnvoll erscheint.[1193]

V. Zusammenfassung

Aufgrund einer Vielzahl zu berücksichtigender Regelungen, wie die EuGVVO, das EuGVÜ und das LugÜ, hängt die Beantwortung der Frage nach der internationalen Zuständigkeit deutscher Gerichte regelmäßig davon ab, in welchem Staat das beklagte Unternehmen bzw. dessen Vorstand ansässig ist.
Auf die Doppelnotierung kommt es dagegen nicht an. Vielmehr ist neben dem Beklagtenwohnsitz entscheidend, von wo aus die Veröffentlichung erfolgte bzw. hätte erfolgen müssen oder wo der Verletzungserfolg eingetreten.

Ebenso ist auch für die Frage des anwendbaren Rechts die allgemeine Wirkung der Fehlinformation irrelevant. Maßgeblich ist primär der tatsächliche Verwaltungssitz des Unternehmens bzw. der Wohnsitz des Vorstands.
Problematisch ist in verfahrensrechtlicher Hinsicht, dass keine Möglichkeit der effektiven Klagebündelung besteht und dadurch die Durchsetzung geringerer Schäden häufig nicht effektiv möglich ist.
Ein erheblicher Nachteil besteht auch insoweit, als der Kläger bei der Anerkennung und Vollstreckung eines in Deutschland erstrittenen Urteils in den USA die dafür aufzuwendenden Kosten selbst tragen muss, so dass auch das Verfahren zur Vollstreckbarerklärung eines ausländischen Urteils in den USA unter ökonomischen Gesichtspunkten erst ab höheren Streitwerten sinnvoll erscheint.

[1193] vgl. Schütze, ZvglRWiss 1999, 131 ff.; ebenso, jedoch weniger starr, Neufang, 148 ff., 186.

§ 5. ERGEBNISSE

Die Untersuchung der Anlegerschutzkonzepte in den USA und Deutschland am Beispiel der Ad-hoc-Publizitätspflicht haben gezeigt, dass es erhebliche Differenzen in beiden Rechtsordnungen gibt.

Grundsätzlich lässt sich feststellen, dass der Individualanlegerschutz in den USA eine wesentlich längere Tradition als in Deutschland hat. Dadurch existieren in den USA eine gefestigtere Rechtsprechung und umfangreichere Spezialregelungen im Hinblick auf den Schutz des einzelnen Anlegers.
Demgegenüber wird der individuelle Anlegerschutz in Deutschland in vielen Bereichen primär durch das allgemeine Deliktsrecht gewährleistet. Spezialregelungen zum Individualanlegerschutz wurden erst in den letzten Jahren verstärkt geschaffen.

Hinsichtlich der Ad-hoc-Publizitätspflichtverletzungen finden sich in den USA weitreichende Pflichten, die sich nicht nur dem Gesetzesrecht entnehmen lassen – insbesondere dem *SEA 1934*, sondern auch in den einzelnen Börsenordnungen verankert sind und durch Richterrecht entwickelt wurden. Zu den letzteren zählen die ausdifferenzierten Pflichten, die aus *rule 10b-5* abgeleitet und beständig weiterentwickelt werden.
In Deutschland findet sich dagegen erst seit 1995 eine zentrale Norm, welche die Ad-hoc-Publizitätspflicht an den deutschen Kapitalmärkten regelt. Allerdings besteht hinsichtlich der Auslegung des § 15 WpHG in vielen Bereichen Uneinigkeit, da es an einer höchstrichterlichen Rechtsprechung fehlt. Insbesondere hinsichtlich der Beurteilung der sog. Kurserheblichkeit besteht Klärungsbedarf.

Im Bezug auf die Haftung lässt sich feststellen, dass in den USA mit der *rule 10b-5* eine zentrale Haftungsnorm existiert, die es erlaubt sowohl gegen einen fehlerhaft publizierenden Vorstand als auch das Unternehmen vorzugehen. Durch die generalklauselartige Fassung dieser Vorschrift und die Anwendung der *fraud on the market theory* zur Beweiserleichterung wird ein umfassender Anlegerindividualschutz gewährleistet. Zwar wird in diesem Zusammenhang ein hoher Verschuldensmaßstab gefordert. Kann dieser nicht nachgewiesen werden, steht dem geschädigten Anleger jedoch immer noch *sec. 18(a) SEA 1934* zur Verfügung, nach dem ein Verschulden des Schädigers vermutet wird. Allerdings kommt in diesem Zusammenhang die *fraud on the market theory* nicht zur Anwendung, so dass der Anleger positiv nachweisen muss, dass er auf die fehlerhafte Information vertraut hat. Je nach Beweislage kann sich der geschädigte Anleger auf die ihm günstigere Anspruchnorm stützen.

Das deutsche Recht enthält mit den §§ 37b, 37c WpHG erst seit 2002 ausdrückliche Anspruchgrundlagen für Schadensersatz aufgrund fehlerhafter Ad-hoc-Publizitätspflichtverletzungen. Problematisch ist in diesem Zusammenhang, dass sich der Anspruch nur gegen das Unternehmen selbst richtet.
Mehrfach haben Fälle in der Vergangenheit gezeigt, dass aufgrund der Insolvenz fehlerhaft publizierender Firmen Schadensersatzansprüche nicht durchsetzbar sind. Außerdem mangelt es auch hier an einer höchstrichterlichen Rechtsprechung, so dass bspw. Fragen des ersatzfähigen Schadens und der Beweiserleichterung hinsichtlich der haftungsbegründenden Kausalität bisweilen ungeklärt sind. Darüber hinaus steht dem geschädigten Anleger nur das allgemeine Deliktsrecht zur Durchsetzung seiner Schadensersatzansprüche zur Verfügung. Diese scheiterten in der Vergangenheit allerdings regelmäßig auch an dem kaum zu erbringenden Nachweis der haftungsbegründenden Kausalität, Beweiserleichterungen wurden weitestgehend abgelehnt. Zwar ist gegen den Vorstand eines Unternehmens neben den Ansprüchen aus allgemeinem Deliktsrecht auch ein Anspruch aufgrund aktienrechtlicher Treuepflichtverletzung möglich, allerdings steht dieser Anspruch nur Anlegern zur Seite, die – ebenso wie der Vorstand – bereits zum Zeitpunkt der Fehlinformation Inhaber von Wertpapieren der betreffenden Gesellschaft waren.

Aus verfahrensrechtlicher Sicht lässt sich feststellen, dass gerade im Bereich von Kapitalanlegerschäden, die amerikanische *securities class action* ein unverzichtbares Instrument zur effektiven Durchsetzung auch kleinerer Anlegerschäden ist. Ein Funktionsäquivalent findet sich in Deutschland nicht. Daran ändert auch die Einführung des Kapitalanlegermusterferfahrens nichts.
Zwar bestehen Bedenken, in Bezug auf die Anerkennung und Vollstreckung einer amerikanischen *Class-action*-Entscheidung in Deutschland. Jedoch haben viele Unternehmen Zweigniederlassungen oder Tochterunternehmen in den USA, so dass jedenfalls über diese ein Zugriff auf das betreffende Unternehmen möglich ist.
Will demgegenüber ein geschädigter Anleger sein deutsches Urteil in den USA vollstrecken, so muss er die Kosten für die Vollstreckbarerklärung seines Urteils unabhängig davon tragen, ob er in diesem Verfahren obsiegt oder unterliegt. Dementsprechend ist die Vollstreckung in den USA nur bei höheren Schadenssummen ökonomisch vertretbar, wodurch der Kleinanleger regelmäßig unbillig benachteiligt wird.

Nach alldem lässt sich feststellen, dass es für den geschädigten Anleger in der Regel günstiger ist sofort in den USA zu klagen. Dies wird ihm im Falle doppelt gelisteter Unternehmen wohl auch gelingen, da durch das Doppellisting ein hinreichender wirtschaftlicher Bezug zu den USA besteht, so dass amerikanische Gerichte ihre internationale Zuständigkeit bejahen werden. Allerdings steht den Gerichten bei der Entscheidung über ihre Zuständigkeit ein relativ

weiter Ermessensspielraum zu, so dass diese nicht mit letzter Sicherheit voraussehbar ist.
Dadurch, dass die Fehlinformation ein Verstoß gegen deutsches wie amerikanisches Recht darstellt, und damit auch in den USA hinreichende Auswirkungen hat, werden sich die Schadensersatzansprüche auch nach dem materiellen Recht der USA beurteilen lassen müssen.
Klagt dagegen ein geschädigter Anleger in Deutschland, genügt die Auslandsnotierung regelmäßig nicht, um einen hinreichenden Forumsbezug herzustellen. Nach dem vergleichsweise restriktiven Zuständigkeitskatalog der EuGVVO, des EuGVÜ, des LugÜ und dem autonomen deutschen Recht beurteilen sich die internationale Zuständigkeit und das anwendbare Recht primär nach dem Beklagtensitz, dem Handlungs- oder Erfolgsort.

Zusammenfassend ist also von einer unterschiedlichen Schutzintensität von deutschem und amerikanischem Anlegerschutzkonzept im Bereich der Ad-hoc-Publizitätspflichtverletzungen auszugehen. Dies kann im Einzelfall dazu führen, dass geschädigte amerikanische Anleger ihren Schaden gerichtlich ersetzt verlangen können, während dies dem deutschen Anleger nicht möglich ist. Diese Konstellation ist insbesondere dann vorstellbar, wenn amerikanische Gerichte ihre internationale Zuständigkeit für deutsche Anleger aufgrund der Doktrin des *forum non conviniens* ablehnen.
Damit stellt sich unter Umständen das allgemeine Anlagerisiko für den deutschen Kapitalanleger höher dar, als das eines amerikanischen Anlegers, der in dasselbe Unternehmen investiert hat.

Dies hat notwendigerweise zur Folge, dass im Rahmen der Anlageberatung nach §§ 31, 32 WpHG unter Berücksichtigung der Grundsätze einer anleger- und objektgerechten Beratung[1194] über diese Umstände aufzuklären ist. In diesem Zusammenhang muss nämlich zeitnah über alle Umstände informiert werden, die für das Anlagegeschäft von Bedeutung sind wozu auch Informationen über den Nutzen, die Kosten des Erwerbs, die Kosten des Haltens und der Liquidation der Anlage sowie der Rechtsverfolgung gehören.[1195]
Wenn die Durchsetzung von Schadensersatzansprüchen in Deutschland aber nur ab einer bestimmten Schadenssumme effektiv möglich ist und darüber hinaus eine Vollstreckung in den USA zu einem erheblichen Kostenfaktor werden kann, so muss sich der Kunde auch über diese Aspekte seines Anlagegeschäfts im Klaren sein.
Dies gilt umso mehr, als gerade in den letzten Jahren das Vertrauen der Anleger in die Kapitalmärkte durch teilweise kriminelle Aktivitäten einiger Unternehmen bzw. deren Vorstände verloren ging, so dass auch der Anlegerschutz im

[1194] BGH ZIP 1993, 1148 – „Bond-Entscheidung“.
[1195] Schwintowski, VuR 1997, 83, 86.

Zusammenhang mit Ad-hoc-Publizitätspflichtverletzungen ein wichtiger Faktor für eine Anlageentscheidung ist.

Literaturverzeichnis

- *Achleitner, Ann-Kristin/Behr, Giorgio:* International Accounting Standards, 3. Auflage, München 2003
- *Achleitner, Ann-Kristin:* Handbuch Investment Banking, Wiesbaden 1999
- *Aha, Christof:* Die Cross-Border Rules der SEC und ihre Bedeutung für das deutsche Kapitalmarktrecht, AG 2002, 313
- *Ahrens, Hans-Jürgen*: Die internationale Deliktszuständigkeit im englischen Recht - ein englischer Denkanstoß zu offenen Fragen des deutschen Rechts, Zu Metall- und Rohstoff-AG v. Donaldson Lifkin and Jenrette Inc. et al (1988) 3 All E R 116 = (1988) 3 W L R 548, Queen's Bench Division, IPRax 1990, 128
- *Akerlof, George A.*: The Market for „Lemons": Quality Uncertainty and the Market Mechanism, 84 Q. J. Econ. 485 (1970)
- *Altenhain, Karsten:* Die Neuregelung der Marktmanipulation durch das Vierte Finanzmarktförderungsgesetz, BB 2002, 1874
- *Andexer, Heiner:* Zahlreiche „Neue Märkte" stehen zur Auswahl, in: Börsen-Zeitung, Sonderbeilage „Neuer Markt", 20.06.1998
- *Angiolillo, Bruce D.:* The power of the federal courts to hear securities fraud claims arising from international transactions, 1136 PLI/Corp 469 (1999)
- *Assmann, Heinz-Dieter:* Das künftige deutsche Insiderrecht, AG 1994, 196 (I); 237 (II)
- *Assmann, Heinz-Dieter:* Das neue deutsche Insiderrecht, ZGR 1994, 494
- *Assmann, Heinz-Dieter:* Der Inhalt des Schadensersatzanspruchs fehlerhaft informierter Kapitalanleger, in: *Medicus, Dieter (Hrsg.):* Festschrift für Herrmann Lange, Stuttgart u.a. 1992, 345
- *Assmann, Heinz-Dieter:* Die Befreiung von der Pflicht zur Veröffentlichung eines Börsenzulassungsprospekts nach § 45 Nr. 1 BörsZulV und die Prospekthaftung - Eine Lücke im Anlegerschutz, AG 1996, 508
- *Assmann, Heinz-Dieter:* Konzeptionelle Grundlagen des Anlegerschutzes, ZBB 1989, 49
- *Assmann, Heinz-Dieter/Lenz, Jürgen/Ritz, Corinna:* Verkaufsprospektgesetz, Kommentar zum Verkaufsprospektgesetz, zur Verkaufsprospektverordnung und zur Verkaufsprospektgebührenverordnung, Köln 2001
- *Assmann, Heinz-Dieter:* Prospekthaftung, Köln, Berlin, Bonn, München 1985 (zit. Assmann, Prospekthaftung)
- *Assmann, Heinz-Dieter/Schneider, Uwe H. (Hrsg.)*: Wertpapierhandelsgesetz: Kommentar, 3. Auflage, Köln 2003, (zit. Bearbeiter, in: Assmann/ Schneider, WpHG)
- *Assmann, Heinz-Dieter/Schütze, Rolf A. (Hrsg.):* Handbuch des Kapitalanlagerechts, 2. Auflage, München 2001

- *Austin, Alan K.:* Regulatory Principles and the Internationalization of Securities Markets, 5 B. U. Int'l L.J. 228 (1986)
- *Avery, John W.:* Securities Litigation Reform: The Long and Winding Road to the Private Securities Litigation Reform Act of 1995, 51 Bus. Law. (1996) 335
- *Banniza von Bazan, Ulrike:* Der Gerichtsstand des Sachzusammenhangs im EuGVÜ, dem Lugano-Abkommen und im deutschen Recht, Frankfurt/M. 1995
- *Barnert, Thomas:* Deliktischer Schadensersatz bei Kursmanipulation de lege lata und de lege ferenda - Zugleich eine Besprechung zu den Urteilen LG Augsburg vom 24.9.2001 = WM 2001, 1944 und LG Augsburg vom 09.01. 2002 = WM 2002, 592 –, WM 2002, 1473
- *Barron, William/Dielmann, Heinz:* Prozessführung und Schiedsgerichtsbarkeit in den USA, Litigation and Arbitration in the USA, Los Angeles, New York 1986
- *Bartz, Tim:* Aktien werden immer unbeliebter, FTD vom 19.07.2002
- *Baum, Gerhart R./Reiter, Julius F.:* Gesetzgeberischer Nachholbedarf für einen verbesserten Anlegerschutz, BKR 2002, 851
- *Baum, Harald/Breidenbach, Stephan:* Die wachsende internationale Verflechtung der Wertpapiermärkte und die Regelungspolitik der U.S. Securities and Exchange Commission: Neue Entwicklungen in der internationalen Anwendung des amerikanischen Kapitalmarktrechts, WM 1990, Sonderbeilage Nr. 6, 3
- *Baumbach, Adolf/Hefermehl, Wolfgang:* Wettbewerbsrecht, 20. Auflage, München 1998
- *Baumbach, Adolf/Lauterbach, Wolfgang/Albers, Jan/Hartmann, Peter:* Zivilprozessordnung, 60. Auflage, 2002 München (zit. Bearbeiter, in: Baumbach/ Lauterbach/Albers/Hartmann, ZPO)
- *Bäumer, Annette:* Die ausländische Rechtshängigkeit und ihre Auswirkungen auf das internationaler Zivilverfahrensrecht, Köln, Berlin, Bonn, New York 1999
- *Baums, Theodor:* Anlegerschutz und Neuer Markt, ZHR 2002, 375
- *Baums, Theodor:* Anwendungsbereich, Kollision und Abstimmung von Kapitalmarktrechten, in: *Schmidt, Karsten/Schwark, Eberhard (Hrsg.):* Festschrift für Peter Raisch, Köln 1995, 211
- *Baums, Theodor (Hrsg.):* Bericht der Regierungskommission Corporate Governance, Köln 2001 (zit. Baums, Corporate Governance)
- *Baums, Theodor (Hrsg.):* Haftung wegen Falschinformation des Sekundärmarktes, ZHR 2003, 139
- *Baums, Theodor:* Verbesserung der Risikokapitalversorgung/Stärkung des Finanzplatzes Deutschland, Stellungnahme für den Wirtschaftsausschuss des Deutschen Bundestages, Arbeitspapier 6/97

- *Bayer, Walter:* in: *Hommelhoff, Peter/Lutter, Marcus/Schmidt, Karsten/ Schön, Wolfgang/Ulmer, Peter (Hrsg.):* Corporate Governance, Corporate Governance Gemeinschaftssymposion der Zeitschriften ZHR/ZGR, 1. Auflage, Heidelberg 2002, 137
- *Becker, Michael:* Börsen- und Kapitalmarktrecht der Vereinigten Staaten, in: *Hopt, Klaus J./Rudolph, Bernd/Baum, Harald (Hrsg.):* Börsenreform, 755 (zit. Becker, Hopt/Rudolph/Baum)
- *Behr, Matina/Laschke, Andreas:* Going Public: ein Erfahrungsbericht, ZfgK 1998, 561
- *Behrens, Peter:* Das Internationale Gesellschaftsrecht nach dem Centros-Urteil des EuGH, zu EuGH, 9.3.1999 - Rs. C-212/97 - Centros Ltd. ./. Erhvervs- og Selskabsstyrelsen, unten S. 360, Nr. 39, sowie BayObLG, Beschl. c. 26.8.1998 - 3Z BR 78/98-, unten S. 364, Nr. 40, IPRax 1999, 323
- *Behrens, Peter:* Die Umstrukturierung von Unternehmen durch Sitzverlegung oder Fusion über die Grenze im Licht der Niederlassungsfreiheit im Europäischen Binnenmarkt (Art 52 und 58 EWGV), ZGR 1994, 1
- *Benda, Ernst:* Die Sozialstaatsklausel in der Rechtsprechung des Bundesarbeitsgerichts und des Bundesverfassungsgerichts, RdA 1979, 1
- *Benicke, Christoph:* Internationale Zuständigkeit deutscher Gerichte nach Art. 13, 14 EuGVÜ für Schadensersatzklagen geschädigter Anleger, WM 1997, 945
- *Benoit, Bertrand:* „Rise and Fall of a high-tech brand", Financial Times vom 14.08.2001, 10
- *Bernasconi, Christophe/Gerber, Alexandra*: La théorie du forum non conviniens - un régard suisse, IPRax 1994, 3
- *Bernstein, Herbert:* Verfassungsschranken der Personal Jurisdiction in den USA, in: *Selmer, Peter/Münch, Ingo von (Hrsg.),* Gedächtnisschrift für Wolfgang Martens, Berlin, New York 1987, 751
- *Bertelsmann:* Lexikon Wirtschaft, Gütersloh 1992
- *Biddle, Gary C./Saudagaran, Sharokh M.:* Foreign Stock Listings: Benefits, Costs and the Accounting Polcy Dilemma, Accounting Horizons 1991, 69
- *Black's Law Dictionary:* Abridged Version, 5. Aufl., St. Paul Minnesota 1983
- *Blair, Michael/Minghella, Loretta/Taylor, Michael/Threipland, Mark/ Walker, George:* Blackstone's Guide to the Financial Services & Markets Act 2000, London 2001
- *Blättchen, Wolfgang:* Antriebsfedern für einen Börsengang aus praktischer Sicht, ZfgK 1998, 34
- *Blättchen, Wolfgang:* Börsenzulassung, in: *Gerke/Steiner (Hrsg.):* Handwörterbuch des Bank- und Finanzwesens, 2. Auflage, Stuttgart 1995, 345
- *Blomeyer, Wolfgang:* Die "Riester-Rente" nach dem Altersvermögensgesetz (AVmG), NZA 2001, 913
- *Bloomenthal, Harold S.:* Second Securities Law Handbook, New York 2001

- *Blumenwitz, Dieter:* Einführung in das anglo-amerikanische Recht, 6. Auflage, München 1998
- *Blum, Ulrich:* Volkswirtschaftslehre: Studienhandbuch, 3. Auflage, München, Wien 2001
- *Börsen-Enquete-Kommission:* Bericht der Börsen-Enquete-Kommission, Berlin 1893
- *Brandt, Markus*: Aufklärungs- und Beratungspflichten der Kreditinstitute bei der Kapitalanlage, Wertpapiergeschäftliche Informationspflichten im Spiegel kapitalmarktlicher Effizienz, Baden-Baden 2002
- *Braun, Franz/Rotter, Klaus:* Können Ad-hoc-Mitteilungen Schadensersatzansprüche im Sinne der allgemeinen zivilrechtlichen Prospekthaftung auslösen?, BKR 2003, 918
- *Bridts, Christian:* Zwischenberichtspublizität, Augsburg 1990
- *Brondics, Klaus/Mark, Jürgen:* Die Verletzung von Informationspflichten im amtlichen Markt nach der Reform des Börsengesetzes, AG 1989, 339
- *Brown, J. Robert Jr.:* Corporate Communication and the Federal Securities Laws, 53 Geo. Wash. L. Rev. (1985), 741
- *Brüggemeier, Gert:* Entwicklung des Rechts im organisierten Kapitalismus, Band 1, Frankfurt 1977
- *Bruns, Hans-Georg:* Aktienplatzierung an ausländischen Kapitalmärkten – Überlegungen, Erfahrungen, Folgerungen, DBW 1998, 382
- *Bruske, Frank:* Beweiswürdigung und Beweislast bei Aufklärungspflichtverletzungen im Bankrecht, 1994
- *Bucklo, Elaine E.:* Scienter and Rule 10b-5, 67 Nw.U.L.Rev. 562 (1972)
- *Buddenbrock, Andreas von:* US-Anleger als Zielgruppe deutscher Unternehmen, in: *Rosen, Rüdiger/Seifert, Werner G. (Hrsg.),* Zugang zum US-Kapitalmarkt für deutsche Aktiengesellschaften, Frankfurt/M. 1998, 267
- *Bundesaufsichtsamt für den Wertpapierhandel/Deutsche Börse AG:* Insiderhandelsverbote und Ad-hoc-Publizität nach dem Wertpapierhandelsgesetz, 2. Auflage, Frankfurt/M. 1998
- *Bundesaufsichtsamt für den Wertpapierhandel:* Jahresbericht 1995, Frankfurt/M. 1996
- *Bundesaufsichtsamt für den Wertpapierhandel:* Jahresbericht 1997, Frankfurt/M. 1998
- *Bundesaufsichtsamt für den Wertpapierhandel:* Jahresbericht 2000, Frankfurt/M. 2001
- *Bundesaufsichtsamt für den Wertpapierhandel:* Statistik I/2002, Frankfurt/M. 31.03.2002
- *Burgard, Ulrich:* Ad-hoc-Publizität bei gestreckten Sachverhalten und mehrstufigen Entscheidungsprozessen, ZHR 1998, 51
- *Burgard, Ulrich:* Die Offenlegung von Beteiligungen bei der Aktiengesellschaft, AG 1992, 41
- *Büschgen, Hans E.:* Das kleine Börsenlexikon, 22. Auflage, Düsseldorf 2001

- *Busse von Colbe, Walther:* Vorschlag der EG-Kommission zur Anpassung der Bilanzrichtlinien an die IAS – Abschied von der Harmonisierung?, BB 2002, 1530
- *Buss, F. J./Fütterer, M. H:* Zweitnotierung stärkt das internationale Profil, in: Börsen-Zeitung, Sonderbeilage „Neuer Markt", 20.06.1998
- *Cahn, Andreas:* Grenzen des Markt- und Anlegerschutzes durch das WpHG, ZHR 1998, 1
- *Canaris, Claus-Wilhelm:* Schutzgesetze – Verkehrspflichten – Schutzpflichten, in: *Canaris, Claus-Wilhelm/Diederichsen, Uwe (Hrsg.):* 2. Festschrift für Karl Larenz, München 1983, 27
- *Caspari, Karl-Burkhard:* Das geplante Insiderrecht in der Praxis, ZGR 1994, 530
- *Chaffee, Zechariah:* Bills of Peace with Multible Parties, 45 Harv.L.Rev. 1297 (1932)
- *Claussen, Carsten Peter*: Bank- und Börsenrecht, 3. Auflage, München 2003
- *Claussen, Carsten Peter*: Dem Neuen Markt eine zweite Chance, BB 2002, 105
- *Claussen, Carsten Peter*: Die vier aktienrechtlichen Änderungsgesetze des 12. Deutschen Bundestages Reform oder Aktionismus?, AG 1995, 163
- *Claussen, Carsten Peter*: Insiderhandelsverbot und Ad-hoc-Publizität, 1995, (zit: Claussen, Insiderhandelsverbot)
- *Coester-Waltjen, Dagmar:* Die Bedeutung des EuGVÜ und des Luganer Abkommens für Drittstaaten, in: *Heldrich, Andreas/Uchida, Takeyoshi (Hrsg.),* Festschrift für Hideo Nakamuro, Tokyo 1996, 89
- *Coester-Waltjen, Dagmar:* Internationales Beweisrecht, Ebelsbach 1983
- *Coffee, John C. Jr.:* The Future as history: The prospects for Global Convergence in corporate Governance and its implications, 93 Nw. U. L. Rev. 641 (1999)
- *Cohen, Milton H.*: "Truth in Securities" Revisited, 79 Harv. L. Rev., 1340 (1966)
- *Coing, Hellmuth:* Haftung aus Prospektwerbung für Kapitalanlagen in der neueren Rechtsprechung des Bundesgerichtshofes, WM 1980, 206
- *Comment:* Sanctions Imposed by Courts an Attorneys who Abuse the Judicial Process, 44 U.Chi. L.Rev. 619 (1977)
- *Cound, John/Friedenthal, Jack/Miller, Arthur R.:* Civil Procedure, Cases and Materials, St. Paul, Minnesota 1980
- *Covey, William R.:* Consolidatd Gold Fields PLC v. Minorco, S.A.: The extraterritorial application of U.S. securities laws in international equities markets, 14 Fordham Int. L. J. 240 (1991)
- *Cox, James D./Hillman, Robert W./Langevoort, Donald C.:* Securities Regulation, 3rd edition, Boston, Toronto, London 2001
- *Dailey, Michael G.:* Preemption of State Court Class Claims for Securities Fraud: Should Federal Law Trump?, 67 U. Cin. L. Rev. 587 (1999)

- *Daoudi, Jamal:* Extraterritoriale Beweisbeschaffung im deutschen Zivilprozess, Möglichkeiten und Grenzen der Beweisbeschaffung außerhalb des internationalen Rechtshilfeweges, Berlin 2000
- *Debs, Richard A.:* The Development of International Equity Markets, 4 B.U. Int'l L.J. 5 (1986)
- *Deutsche Börse AG (Hrsg.):* Neuer-Markt-Report, Zugang zum Europäischen Kapitalmarkt – Schlüssel für Wachstum, 2001 (zit. NM-Report)
- *Deutsche Bundesbank:* Rolle und Verhalten deutscher Fondsmanager auf dem Aktienmarkt, Deutsche Bundesbank Monatsbericht, April 2001, 45
- *Deutscher Juristentag:* Verhandlungen des 51. Deutschen Juristentages 1976 in Stuttgart, München 1976
- *Deutsches Aktieninstitut:* DAI-Factbook 1999, Statistiken, Analysen und Graphiken zu Aktionären, Aktiengesellschaften und Börsen, Frankfurt am Main 1999
- *Deutsches Aktieninstitut:* Aktienakzeptanz in Deutschland weiter auf hohem Niveau, Pressemitteilung vom 22. Januar 2002, abrufbar: www.dai.de
- *Dickey, Jonathan C./Kramer Mayer, Marcia:* Effect on Rule 10b-5 Damages of the 1995 Private Securities Litigation Reform Act: A Forward-Looking Assessment, 51 Bus. Law. (1996), 1204
- *Döring, Claus:* Die Vertrauenskrise, Börsen-Zeitung vom 27.06.2002
- *Dörner, Heinrich/Ebert, Ina/Eckert, Jörn/Hoeren, Thomas/Kemper, Rainer/ Saenger, Ingo/Schulte-Nölke, Hans/Schulze, Reiner/Staudinger, Ansgar:* Bürgerliches Gesetzbuch, Handkommentar, 2. Auflage, Baden-Baden 2002
- *Dorsel, Christoph:* Forum non conviniens, Richterliche Beschränkung der Wahl des Gerichtsstandes im deutschen und amerikanischen Recht, Berlin 1996
- *Dreher, Meinrad:* Treuepflichten zwischen Aktionären bei der Stimmrechtsbündelung, Gesellschaftsrechtliche und zivilrechtliche Grundlagen, ZHR 1993, 150
- *Dresdner Kleinwort Wasserstein:* Performance des Neuen Marktes im internationalen Kontext, in: *Deutsche Börse AG (Hrsg.):* Neuer-Markt-Report, 12
- *Dreyling, Georg:* Ge- und Missbrauch der Ad-hoc-Publizität, in: *Achleitner, Ann-Kristin/Bassen, Alexander (Hrsg.),* Investor Relations am Neuen Markt, Stuttgart 2001, 365 ff.
- *Dreyling, Georg/Schäfer, Frank:* Insiderrecht und Ad-hoc-Publizität, 2001
- *Dühn, Matthias:* Schadensersatzhaftung börsennotierter Aktiengesellschaften für fehlerhafte Kapitalmarktinformationen, de lege lata und de lege ferenda, Frankfurt/M. 2003
- *Dürr, Ulrike/Zwirner, Christian:* IAS und US-GAAP im SMAX ab 2002, Fortschreitende Internationalisierung der Rechnungslegung in Deutschland, Betrieb und Wirtschaft 2002, 316
- *Easterbrook, Frank H./Fischel, Daniel R.:* Mandatory Disclosure and the Protection of Investors, 70 Va. L. Rev. (1984) 669

- *Ebenroth, Carsten Thomas/Boujong, Karlheinz/Joost, Detlev (Hrsg.):* Handelsgesetzbuch, Band 2, §§ 343 – 475h, Transportrecht, Bank- und Börsenrecht, München 2001 (zit. Bearbeiter, in: Ebenroth/Boujong/Joost, HGB)
- *Ebenroth, Carsten Thomas/Eyles, Uwe:* Die innereuropäische Verlegung des Gesellschaftssitzes als Ausfluss der Niederlassungsfreiheit? (Teil 1), Die Mobilität von Unternehmen im Spannungsfeld von Harmonisierungsbestrebungen und der Anerkennung divergierender Rechtsstandards, DB 1989, 363
- *Ebenroth, Carsten Thomas/Palm, Ulrich:* Auswirkungen des Waiver by Conduct - Konzepts im internationalen Wertpapiergeschäft, 1985
- *Ebenroth, Carsten Thomas/Wilken, Oliver:* Entwicklungstendenzen im deutschen Internationalen Gesellschaftsrecht - Teil 1, JZ 1991, 1014
- *Ebke, Werner:* Die - ausländische Kapitalgesellschaft & Co. KG - und das europäische Gemeinschaftsrecht, Besprechung der Entscheidung BayObLGZ 1986, 61, ZGR 1987, 245
- *Eichelberger, Jan:* Zur Verfassungsmäßigkeit von § 20a WpHG, ZBB 2004, 296
- *Eichholtz, Stephanie:* Die US-amerikanische Class Action und ihre deutschen Funktionsäquivalente, Tübingen 2002
- *Eisner, Frederick W.:* Beweislastfragen und Beweiswürdigung im deutschen und amerikanischen Zivilprozess, ZZP 1967, 79
- *Eisolt, Dirk:* US Regulierung der Ad-hoc-Publizität – Ein Beitrag zur ökonomischen Analyse des Rechts -amerikanische und deutsche Konzernrechnungslegung: Untersuchung amerikanischer Vorschriften über den Konzernabschluss und systematischer Vergleich mit ausgewählten Vorschriften des HGB, Hamburg 1992
- *Ekkenga, Jens:* Anlegerschutz, Rechnungslegung und Kapitalmarkt, eine vergleichende Studie zum europäischen, deutschen und britischen Bilanz-, Gesellschafts- und Kapitalmarktrecht, Tübingen 1998
- *Ekkenga, Jens:* Die Ad hoc-Publizität im System der Marktordnungen, Plädoyer für eine kapitalmarktrechtliche statt gesellschaftsrechtliche Interpretation des § 15 WpHG, ZGR 1999, 165
- *Ekkenga, Jens:* Kapitalmarktrechtliche Aspekte der "Investor Relations", NZG 2001, 1
- *Engels, Wolfram:* Das Trilemma der Finanzmärkte, in: *Engels, Wolfram (Hrsg.)* Anlegerschutz und Vertrauensbildung an Finanzmärkten, Frankfurt/M.1998, 11
- *Fedders, John M./Wade, Frederick B./Mann/Beizer:* Waiver by Conduct – A Possible Response to the Internationalization of the Securities Markets, 6 J. Bus. & Cap. Mkt. L. 1 (1984)
- *Feinendegen, Stefan/Nowak, Eric:* Publizitätspflichten börsennotierter Aktiengesellschaften im Spannungsfeld zwischen Regelberichterstattung und Ad-hoc-Publizität, DBW 2001, 371

- *Fischer, Reinfried/Klanten, Thomas:* Bankrecht, Grundlagen der Rechtspraxis, 3. Auflage, Köln 2000
- *Fleischer, Holger:* Das Vierte Finanzmarktförderungsgesetz, NJW 2002, 2977
- *Fleischer, Holger:* Der Inhalt des Schadensersatzanspruchs wegen unwahrer oder unterlassener unverzüglicher Ad-hoc-Mitteilungen, BB 2002, 1869
- *Fleischer, Holger:* Die persönliche Haftung der Organmitglieder für kapitalmarktbezogene Falschinformationen, BKR 2003, 608
- *Fleischer, Holger:* Informationsasymmetrie im Vertragsrecht, Eine rechtsvergleichende und interdisziplinäre Abhandlung zu Reichweite und Grenzen vertragsschlussbezogener Aufklärungspflichten, München 2001
- *Fleischer, Holger/Kalss, Susanne:* Kapitalmarktrechtliche Schadensersatzhaftung und Kurseinbrüche an der Börse, AG 2002, 329
- *Fleischer, Holger:* Konkurrenzprobleme um die culpa in contrahendo - Fahrlässige Irreführung versus arglistige Täuschung, AcP 2000, 91
- *Fleischer, Holger/Merkt, Hanno:* Empfiehlt es sich im Interesse des Anlegerschutzes und zur Förderung des Finanzplatzes Deutschland das Kapitalmarkt- und Börsenrecht neu zu regeln?, Gutachten F + G zum 64. Deutschen Juristentag, Berlin 2002 (zit. Bearbeiter, in: Fleischer/Merkt)
- *Fleischer, Holger:* Zum Begriff des öffentlichen Angebots im Wertpapiererwerbs- und Übernahmegesetz, ZIP 2001, 1653
- *Fock, Till Henning:* Sitztheorie im deutschen internationalen Steuerrecht nach der Centros-Entscheidung, RIW 2000, 42
- *Forsthoff, Ulrich:* Niederlassungsrecht für Gesellschaften nach dem Centros-Urteil des EuGH: Eine Bilanz, EuR 2000, 167
- *Forsthoff, Ulrich:* EuGH fördert Vielfalt im Gesellschaftsrecht, Traditionelle deutsche Sitztheorie verstößt gegen Niederlassungsfreiheit, DB 2002, 2471
- *Franconi, Reto/Böhnlein, Barbara:* Doppelnotierung Neuer Markt/Nasdaq, in: *Rosen, Rüdiger von/Seifert, Werner G. (Hrsg.),* Zugang zum US-Kapitalmarkt für deutsche Aktiengesellschaften, Frankfurt/Main 1998, 255
- *Franken, Paul/Heinsius, Theodor:* Das Spannungsverhältnis der allgemeinen Publizität zum Auskunftsrecht des Aktionärs, in: *Förschle, Gerhart/Kaiser, Klaus/Moxter, Adolf (Hrsg.),* Rechenschaftslegung im Wandel, Festschrift für Budde, München 1995, 213
- *Fredebeil, Uta:* Aktienemissionen - Das underwriting agreement (der Übernahmevertrag) und seine spezifischen Klauseln -, Frankfurt/Main 2002
- *Fricke, Martin:* Anerkennungszuständigkeit zwischen Spiegelbildgrundsatz und Generalklausel, Bielefeld 1990
- *Friedman, Howard M.:* Securities and Commodities Enforcement, Criminal Prosecutions and Civil Injunctions, Lexington 1981
- *Frumann, Ann A.:* Disclosure of Future – Oriented Information Under the Securities Law, 88 Yale L. J. 338 (1979)

- *Fuchs, Andreas/Dühn, Matthias:* Deliktische Schadensersatzhaftung für falsche Ad-hoc-Mitteilungen, BKR 2002, 1063
- *Fülbier, Rolf U.:* Regulierung der Ad-hoc-Publizität – Ein Beitrag zur ökonomischen Analyse des Rechts, 1998
- *Fürhoff, Jens/Wölk, Armin:* Aktuelle Fragen zur Ad-hoc-Publizität, WM 1997, 449
- *Fürhoff, Jens:* Kapitalmarktrechtliche Ad-hoc-Publizität zur Vermeidung von Insiderkriminalität, Frankfurt/Main 2000
- *Gehrt, John Alexander:* Die neue Ad-hoc-Publizität nach § 15 WpHG - eine kritische Betrachtung im Vergleich zur französischen und anglo-amerikanischen Regelung, Baden-Baden 1997
- *Geibel, Stephan J.:* Der Kapitalanlegerschaden, Tübingen 2002
- *Geimer, Reinhold:* Anerkennung ausländischer Entscheidungen in Deutschland, München 1995 (zit. Geimer, Anerkennung)
- *Geimer, Reinhold*: „Die Gerichtspflichtigkeit des Beklagten nach Art 5 Nr. 1 und Nr. 3 EuGVÜ bei Anspruchsgrundlagenkonkurrenz“, IPRax 1986, 80
- *Geimer, Reinhold:* Internationales Zivilprozessrecht, 4. Auflage, Köln 2001 zit. Geimer, IZPR)
- *Geimer, Reinhold/Schütze, Rolf A.:* Europäisches Zivilverfahrensrecht, München 1997 (zit. Geimer/Schütze, EuZVR)
- *Geimer, Reinhold:* Ungeschriebene Anwendungsgrenzen des EuGVÜ: Müssen Berührungspunkte zu mehreren Vertragsstaaten bestehen?, IPRax 1991, 31
- *Geimer, Reinhold:* Zur internationalen Gerichtspflichtigkeit im Vermögensgerichtsstand, zu OLG München, 07-10-1992 - 7 U 2583/92, IPRax 1993, 216
- *Gerhards, Tilmann:* Zertifikate als interessante Alternative zu Indexfonds, Handelsblatt vom 12.04.2002
- *Gerke, Wolfgang/Bank, Matthias/Neukirchen, Dirk/Rasch, Sebastian/Rasch, Steffen/Schröder, Michael/Spengel, Christoph/Steiger, Max/Westerheide, Peter:* Probleme deutscher mittelständischer Unternehmen beim Zugang zum Kapitalmarkt, Baden-Baden 1995
- *Gerke, Wolfgang/Steiner, Manfred (Hrsg.):* Handwörterbuch des Bank- und Finanzwesens, 2. Auflage, Stuttgart 1995
- *Geßler, Ernst/Hefermehl, Wolfgang/Eckhardt, Ulrich/Kropff, Bruno (Hrsg.):* Kommentar zum Aktiengesetz, Band I, §§ 1 – 75, 1. Auflage, München 1984 Band 2 (zit. Bearbeiter, in: Geßler/Hefermehl/Eckardt/Kropff)
- *Geßler, Ernst/Hefermehl, Wolfgang/Eckhardt, Ulrich/Kropff, Bruno (Hrsg.):* Kommentar zum Aktiengesetz, Band 2, §§ 53a – 75, 2. Auflage, München 2003 (zit. Bearbeiter, in: Geßler/Hefermehl/Eckardt/Kropff)
- *Geßler, Ernst/Hefermehl, Wolfgang/Eckhardt, Ulrich/Kropff, Bruno (Hrsg.):* Kommentar zum Aktiengesetz, Band VI, §§ 291 – 410, 1. Auflage, München 994 (zit. Bearbeiter, in: Geßler/Hefermehl/Eckardt/Kropff)

- *Ginsburg, Ruth Bader:* Judgments in Search of Full Faith and Credit: The Last-in-Time Rule for Conflicting Judgments, 82 Harv. L. Rev. 798 (1969)
- *Göttsche, Max:* Das Centros-Urteil des EuGH und seine Auswirkungen, Eine Bestandsaufnahme aus gesellschafts-, handels- und steuerrechtlicher Sicht, DStR 1999, 1403
- *Gottwald, Peter:* Class Actions auf Leistung von Schadensersatz nach amerikanischem Vorbild im deutschen Zivilprozess, ZZP 1978, 1
- *Gottwald, Peter:* Grundfragen der Anerkennung und Vollstreckung ausländischer Entscheidungen in Zivilsachen, ZZP 1990, 257
- *Goudiss, Alan S./Simpson, Steven M.*: Federal and State Securities Law Litigation: Fundamentals and recent developments, 1 PLI/Lit 187 (1997)
- *Greiner, Christoph*: Die Class Action im amerikanischen Recht und deutscher Ordre Public, Frankfurt/M., Berlin, Bern, New York, Paris, Wien 1998
- *Grigoleit, Hans Christoph:* Neuere Tendenzen zur schadensrechtlichen Vertragsaufhebung, NJW 1999, 900
- *Grinblatt, Mark/Titman, Sheridan/Wermers, Russ:* Momentum Investment Strategies, Portfolio Performance and Herding: A Study of Mutual Fund Behavior, 85 Am. Econ. Rev. 1088 (1995)
- *Groß, Wolfgang:* Haftung für fehlerhafte oder fehlende Regel- oder Ad-hoc-Publizität, WM 2002, 477
- *Groß, Wolfgang:* Kapitalmarktrecht, Kommentar zum Börsengesetz, zur Börsenzulassungs-Verordnung, zum Verkaufsprospektgesetz und zur Verkaufsprospekt-Verordnung, 2. Auflage, München 2002 (zit. Groß, Kapitalmarktrecht)
- *Großfeld, Bernhard:* Die Sitztheorie des Internationalen Gesellschaftsrechts in der Europäischen Gemeinschaft, zu BayObLG, 18-7-1985, 3 Z 62/85, IPRax 1986, 145
- *Großfeld, Bernhard/König, Thomas:* Das Internationale Gesellschaftsrecht in der Europäischen Gemeinschaft, RIW 1992, 433
- *Großfeld, Bernhard/Luttermann, Claus:* Zur Auslegung der EWGVtr Art 52, 58 (f), JZ 1989, 386
- *Großmann, Klaus/Nikoleyczik, Tobias:* Praxisrelevante Änderungen des Wertpapierhandelsgesetzes – Die Auswirkungen des Vierten Finanzmarktförderungsgesetzes, DB 2002, 2031
- *Grothaus, Achim:* Reform des Insiderrechts: Großer Aufwand – viel Rechtsunsicherheit – wenig Nutzen, ZBB 2005, 62
- *Grothe, Helmut:* „Exorbitante" Gerichtszuständigkeiten im Rechtsverkehr zwischen Deutschland und den USA, RabelsZ 1994, 686
- *Grünbichler, Andreas/Henke, Christian:* Erfolgsaussichten neuer Marktsegmente, in: *Stadler, Wilfried (Hrsg.),* Beteiligungsfinanzierung, Wien 1997, 37
- *Grundmann, Stefan:* Deutsches Anlegerschutzrecht in internationalen Sachverhalten, Vom internationalen Schuld- und Gesellschaftsrecht zum internationalen Marktrecht, RabelsZ 1990, 283

- *Grunewald, Barbara:* Die Beweislastverteilung bei der Verletzung von Aufklärungspflichten, ZIP 1994, 1162
- *Grunewald, Barbara:* Gesellschaftsrecht, 5. Auflage, Tübingen 2002
- *Grunsky, Wolfgang:* Grundlagen des Verfahrensrechts, Bielefeld 1970
- *Gruson, Michael:* Global shares of German corporations and their dual listing on the Frankfurt and New York Stock Exchanges, 22 U. Pa. J. Int'l Econ. L. 185 (2001)
- *Gruson, Michael/Wiegmann, Wiliam J.:* Die Ad-hoc-Publizität nach amerikanischem Recht und die Auslegung von § 15 WpHG, AG 1995, 173
- *Gumpel, Peter E./Ramin, Kurt P./Schiessl, Maximilian:* Kapitalmarktregeln für Emissionen und Aquisitionen in den USA, DB 1988, 1432
- *Gurtner, Max W.:* Trends und Anti-Trends in den Investor Relations, INVEST, Magazin der „Finanz und Wirtschaft" August 1994 zum Thema „Investor Relations", 18
- *Habscheid, Walther Jakob (Hrsg.):* Der Justizkonflikt mit den Vereinigten Staaten von Amerika, Referate und Diskussion auf der Tagung der Wissenschaftlichen Vereinigung für Internationales Verfahrensrecht, Verfahrensrechtsvergleichung und Schiedsgerichtswesen e.V., München Oktober 1985; München 1986
- *Habscheid, Walther Jakob:* Zur Berücksichtigung der Rechtshängigkeit eines ausländischen Verfahrens, RabelsZ 1967, 254
- *Hadding, Walther:* Ergibt die Vereinsmitgliedschaft „quasi-vertragliche" Ansprüche, „erhöhte Treue- und Förderpflichten" sowie ein „sonstiges Recht" im Sinne des § 823 Abs. 1 BGB?, in: Goerdeler, *Rheinhard/Hommelhoff, Peter/Lutter, Marcus/Odersky, Walter/Wiedemann, Herbert (Hrsg.)*, Festschrift für Alfred Kellermann, Berlin, New York 1991, 91
- *Halbhuber, Harald:* Limited Company statt GmbH, Europarechtlicher Rahmen und deutscher Widerstand, Baden-Baden 2001
- *Haller, Gert:* Verlorene Geschäfte verringern Liqudität und Attraktivität, ZfgK 1995, 11
- *Hallmann, Erik:* Institutionelle Investoren als Zielgruppe für mittlere Wachstums-Unternehmen an der Easdaq, ZfgK 1998, 24
- *Handler, Milton:* The Shift from Substantive to Procedual Innovation in Antitrust Suits – The Twenty Third Annual Antitrust Review, 71 Col. L.Rev. 1 (1971)
- *Happ, Wilhelm/Semler, Johannes:* Ad-hoc-Publizität im Spannungsfeld von Gesellschaftsrecht und Anlegerschutz, Zum Begriff "Tatsache" in § 15 WpHG bei mehrstufigen Entscheidungsprozessen, ZGR 1998, 116
- *Happ, Wilhelm:* Zum Regierungsentwurf eines Wertpapierhandelsgesetzes, JZ 1994, 240
- *Harbarth, Stephan:* Anlegerschutz in öffentlichen Unternehmen, Berlin 1998
- *Haß, Detlef:* Die Gruppenklage: Wege zur Bewältigung von Massenschäden, München 1996

- *Haßlinger, Nikolaus:* Zivilrechtliche Ansprüche gegen Insider, Frankfurt/M. 1978
- *Hausmanniger, Christian:* Insider Trading: eine systemvergleichende Untersuchung amerikanischer, europäischer und österreichischer Regelungen, Wien 1997
- *Hay, Peter:* Die Qualifikation der Verjährung im US-amerikanischen Kollisionsrecht, IPRax 1989, 197
- *Hay, Peter/Hampe, Georg:* Nichtermittelbarkeit ausländischen Rechts und Forum Non Conviniens, RIW 1998, 760
- *Hay, Peter:* US-amerikanisches Recht, 3. Auflage, München 2005
- *Hay, Peter/Weintraub, Russell J. /Borchers, Patrick J.:* Conflict of Laws, 11th edition, 2000
- *Hazen, Thomas Lee:* The Law of Securities Regulation, 2nd Edition, St. Paul 1994
- *Heidemann-Peuser, Helke:* Neues Klagerecht der Verbraucherverbände nach dem Rechtsberatungsgesetz, VuR 2002, 455
- *Heidmeier, Heiner:* Die Ad-hoc-Publizität gemäß § 44a BörsG im System der Berichtspflichten für börsennotierte Aktiengesellschaften, AG 1992, 110
- *Heinsius, Detlev/Kübler, Friedrich:* Anlageberatung durch Kreditinstitute, ZHR 1981, 177
- *Herrmann, David:* Die Anerkennung US-amerikanischer Urteile in Deutschland unter Berücksichtigung des ordre public, Frankfurt/M. 2000
- *Henze, Hartwig:* Die Treupflicht im Aktienrecht, BB 1996, 489
- *Heß, Burkhard:* Die Anerkennung eines *Class Action Settlement* in Deutschland, JZ 2000, 373
- *Heß, Burkhard:* Inländische Rechtsbesorgung gegen Erfolgshonorar?, NJW 1999, 2485
- *Heß, Burkhard:* Sammelklagen im Kapitalmarktrecht, AG 2003, 113
- *Heß, Burkhard:* Steht das geplante Zuständigkeits- und Vollstreckungsübereinkommen vor dem Aus?, IPRax 2000, 342
- *Hilber, Marc/Hartung, Jürgen:* Auswirkungen des Sarbanes-Oxley Act auf deutsche WP-Gesellschaften: Konflikte mit der Verschwiegenheit der Wirtschaftsprüfer und dem Datenschutz, BB 2003, 1054
- *Hill, Alfred:* The Judicial Function in Choice of Law, 85 Colum. L. Rev. 1585 (1985)
- *Hillenbrand, Thomas:* Die nächste Börsenbombe, SPIEGEL ONLINE vom 22.07.2002
- *Hillenbrand, Thomas:* Die überforderten Sheriffs, SPIEGEL ONLINE vom 26.06.2002
- *Hoffmann-Becking, Michael (Hrsg.):* Münchener Handbuch des Gesellschaftsrechts, Band 4, Aktiengesellschaft, 2. Auflage, München 1999
- *Hoffmann, Bernd von/Hau, Wolfgang:* Zur internationalen Anerkennungszuständigkeit US-amerikanischer Zivilgerichte, RIW 1998, 344

- *Hoffmann, Bernd von:* Internationales Privatrecht, 7. Auflage, München 2002
- *Hök, Götz-Sebastian:* Discovery-proceedings als Anerkennungshindernis, Göttingen 1993
- *Holzborn, Timo/Foelsch, Martin Eberhard:* Schadensersatzpflichten von Aktiengesellschaften und deren Management bei Anlegerverlusten – Ein Überblick, NJW 2003, 932
- *Homburger, Adolf/Kötz, Hein:* Klagen Privater im öffentlichen Interesse, Frankfurt/M. 1975
- *Homburger, Adolf:* State Class Actions and the Federal Rule, 71 Col. L. Rev. 609 (1971)
- *Hommelhoff, Peter:* Für ein spezifisch deutsches Durchsetzungssystem - Schaffung einer Kontrollinstanz zur Sicherstellung der internationalen Wettbewerbsfähigkeit des deutschen Enforcement-Systems, in: Reformbedarf in der deutschen Corporate Govenance im globalen Wettbewerb, WPg – Sonderheft 2001, 39
- *Honsell, Heinrich:* Amerikanische Rechtskultur, in: *Forstmoser, Peter/ Crone, Hans Caspar von der/Weber, Rolf H./Zobl, Dieter (Hrsg.),* Festschrift für Roger Zäch, Zürich 1999, 39
- *Hopt, Klaus J./Baetge, Dietmar:* Rechtsvergleichung und Reform des deutschen Rechts: Verbandsklage und Gruppenklage, in: *Basedow, Jürgen/ Hopt Klaus J./Kötz, Hein (Hrsg.):* Die Bündelung gleichgerichteter Interessen im Prozess: Verbandsklage und Gruppenklage, Tübingen 1999, 11
- *Hopt, Klaus J./Baum, Harald:* Börsenreform in Deutschland, in: *Hopt, Klaus J./Rudolph, Bernd/Baum, Harald (Hrsg.):* Börsenreform - Eine ökonomische, rechtsvergleichende und rechtspolitische Untersuchung, Stuttgart 1997, 287
- *Hopt, Klaus J.:* Berufshaftung und Berufsrecht der Börsenbedienstete, Anlageberater und Vermögensverwalter, in: *Lutter, Marcus/Stimpel, Walter/ Wiedemann, Herbert (Hrsg.),* Festschrift für Robert Fischer, Berlin New York 1979, 237
- *Hopt, Klaus J.:* Der Kapitalanlegerschutz im Recht der Banken, München 1975
- *Hopt, Klaus J.*: Die Publizität von Kapitalgesellschaften – Grundsätzliche Überlegungen zum Stand nach der 4. EG-Richtlinie und zur Reformdiskussion in den USA, ZGR 1980, 225
- *Hopt, Klaus J.*: Europäisches und deutsches Insiderrecht, ZGR 1991, 17
- *Hopt, Klaus J.:* Grundsatz- und Praxisprobleme nach dem Wertpapierhandelsgesetz, Insbesondere Insidergeschäfte und Ad-hoc-Publizität, ZHR 1995, 135
- *Hopt, Klaus J.:* Informationen für Märkte und Märkte für Informationen, 1983
- *Hopt, Klaus J.:* Inwieweit empfiehlt sich eine gesetzliche Regelung des Anlegerschutzes?, Gutachten G für den 51. Juristentag, in: Verhandlungen

des 51. Deutschen Juristentages hrsg. von der ständigen Deputation des Deutschen Juristentages, Band I, München 1976
- *Hopt, Klaus J.:* Risikokapital, Nebenbörsen und Anlegerschutz, WM 1985, 793
- *Hopt, Klaus J./Rudolph, Bernd/Baum, Harald (Hrsg.):* Börsenreform – Eine ökonomische, rechtsvergleichende und rechtspolitische Untersuchung, Stuttgart 1997
- *Hopt, Klaus J.:* Vom Aktien- und Börsenrecht zum Kapitalmarktrecht, ZHR 1977, 389
- *Hopt, Klaus J./Wiedemann, Herbert:* Großkommentar zum Aktiengesetz, Band 4, §§ 291 – 410, EGAktG, 4. Auflage, 8. Lieferung, Berlin, New York 1997 (zit. Bearbeiter, in: Hopt/Wiedemann)
- *Hopt, Klaus J./Will, Michael R.:* Europäisches Insiderrecht, Einführende Untersuchung – ausgewählte Materialien, Stuttgart 1993
- *Hopt, Klaus J.:* Zum neuen Wertpapierhandelsgesetz – Stellungnahme für den Finanzausschuss des Deutschen Bundestages, WM-Festgabe für Thorwald Hellner, WM Sonderheft vom 09.05.1994, 29
- *Horn, Norbert/Krämer, Achim (Hrsg.):* Bankrecht 2002, Tagungsband zum RWS-Forum am 14. und 15.März 2002 in Berlin, Köln 2003
- *Horn, Norbert:* Zur Haftung der AG und ihrer Organmitglieder für unrichtige oder unterlassene Ad-hoc-Information, in: *Habersack, Mathias/u.a. (Hrsg.):* Festschrift für Peter Ulmer, Berlin 2003
- *Hottenrott, Marcus C.:* Ausgesuchte Fragen des Rechts der Begebung von Globalanleihen durch deutsche Emittenten, Berlin 2002
- *Hsu, Peter Ch.:* Ad-hoc-Publizität : Bekanntgabe von kursrelevanten Tatsachen – ein Mindeststandard kapitalmarktgerechter Unternehmenspublizität, Zürich 2000
- *Huber, Peter*: Die englische Forum-non-conviniens-Doktrien und ihre Anwendung im Rahmen des Europäischen Gerichtsstands- und Vollstreckungsübereinkommens, Berlin 1994
- *Hüffer, Jens:* Wertpapier-Verkaufsprospektgesetz, Köln, Berlin, Bonn, München 1996
- *Hüffer, Uwe:* Aktiengesetz, 5. Auflage, München 2002
- *Hüffer, Uwe:* Zur gesellschaftlichen Treupflicht als richterrechtlicher Generalklausel, in: *Baur, Jürgen F./Hopt, Klaus G./Mailänder, Peter K. (Hrsg.):* Festschrift für Ernst Steindorff, Berlin, New York 1990
- *Hüppauf-Jacober, Matthias:* Internationale Aktiennotierung und Aktienemission aus einzel- und gesamtwirtschaftlicher Sicht, Göttingen, 1992
- *Hutter, Stephan/Leppert, Michael:* Das 4. Finanzmarktförderungsgesetz aus Unternehmenssicht, NZG 2002, 649
- *Hutter, Stephan/Leppert, Michael:* Reformbedarf im deutschen Kapitalmarkt- und Börsenrecht, NJW 2002, 2208

- *Immenga, Frank A.:* Das neue Insiderrecht im Wertpapierhandelsgesetz, ZBB 1995, 197
- *Issing, Ottmar:* Einführung in die Geldpolitik, 6. Auflage, München 1996
- *Jasper, Dieter* : Forum shopping in England und Deutschland, Berlin 1990
- *Jauernig, Othmar:* Bürgerliches Gesetzbuch, 10. Auflage, München 2003 (zit. Jauernig/Bearbeiter)
- *Jayme, Eric/Kohler, Christian:* Europäisches Kollisionsrecht 1994 – Quellenpluralismus und offene Kontraste, IPRax 1994, 405
- *Jefcoat, Nicolas:* Anfängliche Skepsis weicht der Euphorie, in: Börsen-Zeitung, Sonderbeilage „Neuer Markt", 20.06.1998
- *Jennings, Richard/Marsh, Harold/Coffee, John:* Securities Regulation, 7th edition, Mineola, New York 1992
- *Jennings, Richard/Marsh, Harold/Coffee, John/Seligman:* Securities Regulation, Cases & Materials, 5th edition, New York 1998
- *Juenger, Friedrich K.*: Forum Shopping, Domestic and International, 63 Tul. L. Rev. 1989, 553
- *Junker, Abbo:* Discovery im deutsch-amerikanischen Rechtsverkehr, Heidelberg 1987
- *Junker, Abbo:* Einheit und Vielfalt – Die Zivilprozessrechte der Vereinigten Staaten von Amerika, ZZP 1988, 241
- *Kadlec, Gregory Bryant/McConnell, John:* The effect of market segmentation and illiquidity on asset prices: evidence from exchange lisings, 49 J. Fin. 611 (1994)
- *Kaiser, Andreas:* Die Sanktionierung von Insiderverstößen und das Problem der Kursmanipulation, WM 1997, 1557
- *Kälberer, Dietmar:* Stellungnahme der Kanzlei Tilp & Kälberer (jetzt Tilp Rechtsanwälte) zum Reformbedarf des deutschen Anlegerschutzes anlässlich der Anfrage der Regierungskommission „Corporate Governance – Unternehmensführung – Unternehmenskontrolle – Modernisierung des Aktienrechts", vom 05.02.2002; www.tilp.de
- *Kalss, Susanne:* Anlegerinteressen: Der Anleger im Handlungsdreieck von Vertrag, Verband und Markt, Wien 2001
- *Kaufmann, Friedrich/Kokalj, Ljuba:* Risikokapitalmärkte für mittelständische Unternehmen, Stuttgart 1996
- *Kegel, Gerhard/Schurig, Klaus*: Internationales Privatrecht, 8. Auflage, München 2000
- *Kersting, Christian:* Auswirkungen des Sarbanes-Oxley-Gesetzes in Deutschland: Können deutsche Unternehmen das Gesetz befolgen?, ZIP 2003, 233
- *Kersting, Mark Oliver*: Der Neue Markt der Deutschen Börse AG, AG 1997, 222

- *Keßler, Jürgen/Micklitz, Hans-W.:* Anlegerschutz in Deutschland, Schweiz, Großbritannien, USA und der Europäischen Gemeinschaft, Baden-Baden 2004
- *Ketchum, Richard G.:* Internationalization of the Securities Markets, 572 PLI/Corp. 9 (1987)
- *Kiel, Peter:* Internationales Kapitalanlegerschutzrecht, Berlin 1994
- *Kiem, Roger/Kotthoff, Jost:* Ad-hoc- Publizität bei mehrstufigen Entscheidungsprozessen, DB 1995, 1999
- *Kiethe, Kurt:* Internationale Tatortzuständigkeit bei unerlaubter Handlung – die Problematik des Vermögensschadens, NJW 1994, 222
- *Kiethe, Kurt:* Persönliche Haftung von Organen der AG und der GmbH – Risikovermeidung durch D&O Versicherung?, BB 2003, 537
- *Kill, Roland/Odenthal, Christian:* Finanzmarketing – zur Rolle des dynamischen Unternehmers auf den Finanzmärkten, ZfgK 1998, 345
- *Kissner, Wolfgang:* Die zivilrechtliche Verantwortlichkeit für Ad-hoc-Mitteilungen, Hamburg 2003
- *Kitch, Edmund W.:* Territorial Scope of U.S. Securities Laws, in: *van Houtte, Hans:* The law of cross-border securities transactions, London 1999
- *Klitzing, Joachim von*: Die Ad-hoc- Publizität, Köln, München 1999
- *Knobbe-Keuk, Brigitte:* Niederlassungsfreiheit - Diskriminierungs- oder Beschränkungsverbot? Zur Dogmatik des Art 52 EWG-Vertrag am Beispiel einiger gesellschaftsrechtlicher Beschränkungen, DB 1990, 2573
- *Kobi, D. Casey:* Wall Street v. Main Street: The SEC´s new regulation FD and its impact on market participants, 77 Ind. L.J. 551 (2002)
- *Koch, Hans-Dieter*: Konzeptionelle Grundlagen der Diskussion über Kapitalanlegerschutz unter besonderer Berücksichtigung des Nebenkapitalmarktes, Frankfurt/M. 1981
- *Koch, Harald:* Ausländischer Schadensersatz vor deutschen Gerichten, NJW 1992, 3073
- *Koch, Harald:* Internationale Prorogation im Statut einer Aktiengesellschaft?, IPRax 1993, 19 ff.
- *Koch, Harald:* Kollektiver Rechtsschutz im Zivilprozessrecht - Die class action des amerikanischen Rechts und deutsche Reformprobleme, 1976
- *Koch, Harald/Magnus, Ulrich/Winkler von Mohrenfels, Peter*: IPR und Rechtsvergleichung, 2. Auflage, München 1996
- *Koch, Harald*: Verbraucherprozessrecht, Verfahrensrechtliche Gewährleistung des Verbraucherschutzes, Heidelberg 1990 (zit. Koch, Verbraucherprozessrecht)
- *Koch, Stefan*: Neuerungen im Insiderrecht und der Ad-hoc-Publizität, DB 2005, 267
- *Kohl, Helmut/Walz, Rainer:* Kapitalmarktrecht als Aufgabe, AG 1977, 29

- *Köndgen, Johannes:* Die Ad-hoc-Publizität als Prüfstein informationsrechtlicher Prinzipien, in: *Schweizer, Rainer J./Burkert, Herbert/Gasser, Urs (Hrsg.)* Festschrift für Jean Nicolas Druey, Zürich u.a. 2002
- *Köndgen, Johannes:* Zur Theorie der Prospekthaftung (II), AG 1983, 120
- *Kort, Michael:* Neuere Entwicklungen im Recht der Börsenprospekthaftung (§§ 45ff BörsG) und der Unternehmensberichtshaftung (§§ 77 BörsG), AG 1999, 9
- *Krause, Rüdiger:* Ad-hoc-Publizität und haftungsrechtlicher Anlegerschutz, ZGR 2002, 799
- *Kropff, Bruno/Semler, Johannes (Hrsg.):* Münchener Kommentar zum Aktiengesetz, Band 2, §§ 53a – 75, 2. Auflage, München 2003 (zit. Bearbeiter, in: MünchKomm. zum AktG)
- *Kropholler, Jan:* Internationales Privatrecht, 4. Auflage, Tübingen 2001 (zit. Kropholler, IPR)
- *Kropholler, Jan*: Europäisches Zivilprozessrecht, 7. Auflage, Heidelberg 2002 (zit. Kropholler, EU-Zivilprozessrecht)
- *Kübler, Friedrich:* Gesellschaftsrecht, Die privatrechtlichen Ordnungsstrukturen und Regelungsprobleme von Verbänden und Unternehmen, 5. Auflage, Heidelberg 1998
- *Kübler, Friedrich:* Regulatory Problems in Internationalizing Trading Markets, U. Pa. J. Int'l Bus. L. 107 (1987)
- *Kübler, Friedrich:* Transparenz am Kapitalmarkt, Wirtschaftspolitische Grundfragen aktueller Regelungsprobleme, AG 1977, 85
- *Kuckelkorn, Dieter*: Amerikas Reformunfähigkeit, Börsen-Zeitung vom 07.06.2002
- *Kümpel, Siegfried:* Aktuelle Fragen der Ad-hoc-Publizität, AG 1997, 66
- *Kümpel, Siegfried:* Bank- und Kapitalmarktrecht, 3. Auflage, Köln 2004 (zit: Kümpel, BuK)
- *Kümpel, Siegfried:* Insiderrecht und Ad-hoc-Publizität aus Bankensicht, WM 1996, 653
- *Kümpel, Siegfried:* Kapitalmarktrecht – Eine Einführung –, Berlin 1995
- *Kümpel, Siegfried:* Zum Begriff der Insidertatsache, WM 1994, 2137
- *Küting, Karlheinz/Hayn, Sven:* Börseneinführungsmodalitäten in den USA, WpG 1993, 401
- *Lambsdorff, Hans Georg von:* Schadensersatzansprüche von Kapitalanlegern wegen behaupteten Kursbetrugs oder wegen unterlassener oder falscher bzw. fehlerhafter Ad-hoc-Mitteilungen nach §§ 15 WpHG a.F. und 88 BörsG a.F., VuR 2003, 207
- *Lamfalussy, Alexandre/Rojo, Luis Angel/Ryden, Bengt/Spaventa, Luigi/ Walter, Norbert/Wicks, Nigel:* Erster Bericht des Ausschusses der Weisen über die Reglementierung der europäischen Wertpapiermärkte, Brüssel, 9. November 2000 (zit. Lamfalussy, Ausschuss der Weisen)

- *Lanfermann, Georg/Maul, Silja:* SEC-Ausführungsregelungen zum Sarbanes-Oxley Act, BB 2003, 349
- *Langevoort, Donald C.:* Information Technology and the Structure of Securities Regulation, 98 Harv. L. Rev. 747 (1985)
- *La Porta, Rafael/Lopez-de-Silanes, Florencio/Shleifer, Andrei/Vishny, Robert W.:* Agency Problems and Dividend Policies Around the World, 55 J. Fin. 1 (2000)
- *La Porta, Rafael/Lopez-de Silanes, Florencio/Shleifer, Andrei:* Corporate Ownership around the World, 54 J. Fin. 471 (1999)
- *La Porta, Rafael/Lopez-de-Silanes, Florencio/Shleifer, Andrei/Vishny, Robert W.:* Law and Finance, 106 J. Pol. Econ. 1113 (1998)
- *La Porta, Rafael/Lopez-de-Silanes, Florencio/Shleifer, Andrei/Vishny, Robert W.:* Legal Determinants of External Finance, 52 J. Fin. 1131 (1997)
- *Lease, Ronald C./Lewellen, Wilbur G./Schlarbaum, Gary G.:* Patterns of Investment Strategy and Behavior among Individual Investors, 51 J. Bus. 299 (1977)
- *Lease, Ronald C./Lewellen, Wilbur G./Schlarbaum, Gary G.:* The Individual Investor: Attributes and Attitudes, 29 J. Fin. 413 (1974)
- *Leipold, Dieter:* Lex fori, Souveränität, Discovery, Grundfragen des Internationalen Zivilprozesses, Heidelberg 1989
- *Leiss, Josef/Nowak, Eric:* Ad-hoc-Publizität nach § 15 WpHG, Stuttgart 2001
- *Lejeune, Mathias:* „Personal Jurisdiction" über ausländische Firmen nach amerikanischem Zivilprozessrecht, RIW 1998, 8
- *Lenenbach, Markus:* Kapitalmarkt- und Börsenrecht, Köln 2002
- *Lenenbach, Markus:* Reformen des US-amerikanischen Kapitalanlagerechts - Abwehr missbräuchlicher Schadensersatzklagen und ein "safe harbor" für Unternehmensprognosen, WM 1999, 1393, 1396
- *Lenzen, Ursula:* Das neue Recht der Kursmanipulation, ZBB 2002, 279
- *Lenzen, Ursula:* Unerlaubte Eingriffe in die Börsenkursbildung, Frankfurt 2000
- *Leuz, Christian:* IAS versus US GAAP: A „New Market" based Comparison, Working Paper, Wharton School, University of Pennsylvania, October 2000
- *Leuz, Christian/Verrechia, Robert E.:* The Economic Consequences of Increased Disclosure, Working, Paper, department of Business and Economics, Johann Wolfgang Goethe Universität, Frankfurt/M. 1999 (überarbeitet 2000)
- *Licht, Amir N.:* David`s dilemma: A case study of securities regulation in a small open market, 2 Theoretical Inq. L. 673 (2001)
- *Licht, Amir N.:* Genie in a bottle? Assessing managerial opportunism in international securities transactions, 2000 Colum. Bus. L. Rev. 51 (2000)
- *Licht, Amir N.:* Regulatory arbitrage for real: International securities regulation in a world of interacting securities markets, 38 Va. J. Int'l L. 563 (1998)
- *Liebert, Nicola:* Geldanlage: Amerikas Signale, FTD vom 30.08.2002

- *Liebert, Nicola:* US-Börsen: Begeisterung über verhaftete Skandalmanager, FTD vom 25.07.2002
- *Liener, Gerhard:* Aktien gleichmäßig in der Triade verteilen, FAZ vom 05.10.1993, B1
- *Liener, Gerhard:* Erfahrungen mit Aktiennotierungen an ausländischen Börsen, in: *Bierich, Marcus/Hommelhof, Peter/Kropff, Bruno (Hrsg.):* Festschrift für Johannes Semler, Unternehmen und Unternehmensführung im Recht, Berlin, New York 1993, 721
- *Liener, Gerhard:* Internationale Unternehmen brauchen eine globalisierte Rechnungslegung, ZfB 1992, 269
- *Lilja, Robert:* International Equity Markets, The Art of the Deal, London 1997
- *Linke, Hartmut:* Internationales Zivilprozessrecht, 3. Auflage, Köln 2001
- *Long, Joseph C.*: State Securities Regulation - An Overview, 32 Okla. L. Rev. 541 (1979)
- *Lorenz, Stephan/Riehm, Thomas:* Lehrbuch zum neuen Schuldrecht, München 2002
- *Lorenz, Stephan:* Haftungsausfüllung bei der culpa in contrahendo - Ende der "Minderung durch cic"?, NJW 1999, 1001
- *Loss, Louis:* Securities Regulation, 1st edition, New York 1951
- *Loss, Louis:* Der Schutz der Kapitalanleger, ZHR 1967, 197
- *Loss, Louis/Seligmann, Joel*: Fundamentals of Securities Regulations, Boston, New York, Toronto, London 1995 (supplement 1996), Band 1
- *Lüdenbach, Norbert:* International Accounting Standards, 2. Auflage, Freiburg, Berlin, München, Zürich 2003
- *Luttermann, Claus:* Aktienverkaufsoptionsanleihen ("reverse convertible notes"), standardisierte Information und Kapitalmarktdemokratie, ZIP 2001, 1901
- *Luttermann, Claus/Backmann, Julia*: Rechtsverhältnisse bei Hedge-Fonds ("Risikofonds") in Deutschland und in den USA, ZIP 2002, 1017
- *Lutter, Marcus*: Die Treupflicht des Aktionärs, Bemerkungen zur Linotype-Entscheidung des BGH, ZHR 1989, 446
- *Lutter, Marcus:* Theorie der Mitgliedschaft, Prolegomena zu einem Allgemeinen Teil des Korporationsrechts, AcP 1980, 84
- *Lutter, Marcus:* Treupflichten und ihre Anwendungsprobleme, ZHR 1998, 164
- *Lutter, Marcus:* Überseering und die Folgen, BB 2003, 7
- *Lutter, Marcus:* Zur Treuepflicht des Großaktionärs, JZ 1976, 225, 229
- *Lutter, Marcus:* Gesellschaftsrecht und Kapitalmarkt, in: *Lieb, Manfred/ Noack, Ulrich/Westermann, Harm Peter (Hrsg.);* Festschrift für Wolfgang Zöllner, Band I, Köln, Berlin, Bonn, München 1998, 363
- *Mahoney, Paul G.:* Mandatory Disclosure as a Solution to Agency Problems, 62 U. Chi. L. Rev. 1047 (1995)

- *Maier-Reimer, Georg/Webering, Anabel:* Ad hoc-Publizität und Schadensersatzhaftung Titelzusatz: - Die neuen Haftungsvorschriften des Wertpapierhandelsgesetzes - WM 2002, 1857, 1860 ff.
- *Mankowski, Peter:* Privatgutachten über ausländisches Recht – Erstattungsfähigkeit der Kosten, MDR 2001, 194
- *Mankowski, Peter:* Timesharing und internationale Zuständigkeit am Belegenheitsort, EuZW 1996, 177
- *Mann, Roger:* Die Anerkennungsfähigkeit von US-amerikanischen „class-action“-Urteilen, NJW 1994, 1187
- *Mansch Helmut/Stolberg Klaus/Wysocki, Klaus von:* Die Kapitalflussrechnung als Ergänzung des Jahres- und Konzernabschlusses, WpG 1995, 185
- *Mansel, Heinz-Peter:* „Gerichtliche Prüfungsbefugnis im forum delicti“, IPRax 1989, 84
- *Mark, Jürgen*: Amerikanische Class Action und deutsches Zivilprozeßrecht, EuZW 1994, 238
- *Martin, Sigmund P.:* Aktuelle Probleme bei der Bekämpfung des Kapitalanlageschwindels, wistra 1994, 127
- *Martin, Sigmund P.:* Criminal Securities and Commodities Fraud, Heidelberg 1993
- *Martiny, Dieter:* Handbuch des Internationalen Zivilverfahrensrechts, Band III/1, Tübingen 1984
- *Matthäus, Carsten*: Europas Konzerne in Bedrängnis, manager-magazin vom 11.08.2002
- *Meffert, Heribert:* Finanzmarketing, in: *Gerke/Steiner (Hrsg.):* Handwörterbuch des Bank- und Finanzwesens, 2. Auflage, Stuttgart 1995, 735
- *Mennicke, Petra R.:* Sanktionen gegen Insiderhandel, Berlin 1996
- *Merkt, Hanno:* Unternehmenspublizität, Offenlegung von Unternehmensdaten als Korrelat der Marktteilnahme, Tübingen 2001
- *Merkt, Hanno:* Zur Entwicklung des deutschen Börsenrechts von den Anfängen bis zum Zweiten Finanzmarktförderungsgesetz, in: *Hopt, Klaus J./ Rudolph, Bernd/Baum, Harald (Hrsg.):* Börsenreform - Eine ökonomische, rechtsvergleichende und rechtspolitische Untersuchung, Stuttgart 1997, 17 (zit. Merkt, in: Hopt/Rudolph/Baum)
- *Merrifield III, Lewis B.:* Investigations by the SEC, 32 Bus. Law. 1583 (1977)
- *Mertens, Hans Joachim*: Die Geschäftsführung in der GmbH und das ITT-Urteil, in: *Lutter, Marcus/Stimpel, Walter/Wiedemann, Herbert (Hrsg.)* Festschrift für Robert Fischer, Berlin, New York 1979, 461
- *Michaelis, David:* Subject matter jurisdiction over transnational securities fraud: a suggested roadmap to the new standard of reasonableness, 71 Corn. L. Rev. 919 (1986)
- *Miller, Nina:* Das Haftungsrecht als Instrument der Kontrolle von Kapitalmärkten, Eine vergleichende Analyse, Frankfurt/M. 2003

- *Moessle, Klaus:* The Basic Structure of United States Securities Law Enforcement in International Cases, 16 Cal. W. Int'l L. J. (1986), 1
- *Möller, Andreas:* Die Neuregelung des Verbots der Kurs- und Marktpreismanipulation im Vierten Finanzmarktförderungsgesetz, WM 2002, 309
- *Möllers, Thomas M. J.:* Anlegerschutz durch Aktien- und Kapitalmarktrecht, Harmonisierungsmöglichkeiten nach geltendem und künftigem Recht, ZGR 1997, 334
- *Möllers, Thomas M. J.:* Haftung für unrichtige Kapitalmarktinformationen, in: *Horn, Norbert/Krämer, Achim (Hrsg.):* Bankrecht 2002, Tagungsband zum RWS-Forum am 14. und 15. März 2002 in Berlin, Köln 2002, 271
- *Möllers, Thomas M. J.:* Kapitalmarkttauglichkeit des deutschen Gesellschaftsrechts, AG 1999, 433
- *Möllers, Thomas M. J./Leisch, Franz Clemens:* Haftung von Vorständen gegenüber Anlegern wegen fehlerhafter Ad-hoc-Meldungen nach § 826 BGB, WM 2001, 1648
- *Möllers, Thomas M. J./Leisch, Franz Clemens:* Schadensersatz bei fehlerhaften Ad-hoc-Mitteilungen - Anmerkungen zu den Urteilen des LG Augsburg vom 25.9.2001 und des LG München I vom 28.6.2001, BKR 2001, 78
- *Möllers, Thomas M. J./Leisch, Franz Clemens:* Schaden und Kausalität im Rahmen der neu geschaffenen §§ 37b, 37c WpHG, BKR 2002, 1071
- *Möllers, Thomas M. J.:* Rechtsgüterschutz im Umwelt- und Haftungsrecht, Tübingen 1996
- *Möllers, Thomas M. J./Rotter, Klaus:* Ad-hoc-Publizität, Handbuch der Rechte und Pflichten von börsennotierten Unternehmen und Kapitalanlegern, München 2003 (zit. Bearbeiter, in: Möllers/Rotter)
- *Mörsdorf-Schulte, Juliana:* Funktion und Dogmatik US-amerikanischer punitive damages, Tübingen 1999
- *Müller, Harald:* Die Gerichtspflichtigkeit wegen „doing business", Ein Vergleich zwischen dem US-amerikanischen und dem deutschen Zuständigkeitssystem, Köln 1992
- *Münchener Kommentar:* zum Bürgerlichen Gesetzbuch, Band 2, Schuldrecht Allgemeiner Teil (§§ 241 – 432), 4. Auflage, München 2001
- *Lüke, Gerhard/Wax, Peter:* Münchener Kommentar zur Zivilprozessordnung, Band 1, §§ 1 – 354, 2. Auflage, München 2000
- *Musielak, Hans-Joachim*: ZPO-Kommentar, 3. Auflage, München 2002
- *Nagel, Bernhard:* Internationales Produkthaftungsrecht im transatlantischen Konflikt der Rechtsordnungen, DB 2001, 1075
- *NASD:* The Nasdaq Stock Market 1997 Fact Book & Company Directory, Washington D.C. 1997
- *Neufang, Sebastian:* Kostenverteilung im US-amerikanischen Zivilprozess und Urteilsanerkennung in Deutschland, Münster 2002

- *Nitzsch, Rüdiger v./Friedrich, Christian:* Behavioral Finance, in: *Achleitner, Ann-Kristin/Thoma, Georg F. (Hrsg.)*, Handbuch Corporate Finance, 2. Auflage, Köln 2001
- *Noller, Klaus-Jürgen:* Neuere Entwicklungen in der US-amerikanischen Kreditwirtschaft und im Wertpapierrecht, ZfgK 1997, 1103
- *Norton, Joseph J.:* Foreign Issuer Listings On US Securities Exchanges, ZBB 1995, 366
- *Note:* Developments in the Law - Class Actions, 89 Harv. L. Rev. 1318 (1976)
- *Nowak, Eric:* Eignung von Sachverhalten in Ad-hoc-Mitteilungen zur erheblichen Kursbeeinflussung, ZBB 2001, 449
- *Obst, Georg (Begr.); Kloten, Norbert/Stein, Johann Heinrich von (Hrsg.)*: Geld-, Bank- und Börsenwesen, Ein Handbuch, 39. Auflage, Stuttgart 1993
- *Oehler, Andreas/Mesel, K.:* Kleinanleger als stabilisierender Faktor für die deutschen Wertpapiermärkte, Die Bank 1990, 560
- *Olson, John F./Nelson, Daniel W.*: Factors a company should consider in selecting a market in which to trade its publicly held securities, SG022 ALI–ABA 251 (2001)
- *Organization for Economic Cooperation and Development:* Institutional Investors in the New Financial Landscape, OECD Proceedings, Paris 1998 (zit. OECD)
- *Ossadnik, Wolfgang/Barklage, David:* Anspruch und Wirklichkeit der Wertorientierung von Unternehmen des Neuen Marktes, DB 2003, 1285
- *Otte, Karsten:* Territorial jurisdiction - persönliche Anwesenheit als ausreichender Minimalkontakt für internationale Zuständigkeit, IPRax 1991, 263
- *Otto, Harro:* Strafrechtliche Aspekte der Anlageberatung, WM 1988, 729
- *o. V.:* Allfinanzbehörde baut mit mehr Personal den Anlegerschutz aus, DIE WELT vom 22.07.2002
- *o. V.:* Comroad-Aktionäre hoffen auf Schadenersatz, FAZ.NET vom 22.11. 2002
- *o. V.:* Das Wirtschaftsministerium schießt quer, SPIEGEL ONLINE vom 03.09.2002
- *o. V.:* Die Liste der Pleiten und Skandale, manager-magazin vom 27.06.2002
- *o. V.:* Ein Halbjahr des Schreckens, FAZ.NET vom 01.07.2002
- *o. V.:* Erschreckende Bilanz der Weltbörsen im 1. Halbjahr, FAZ.NET vom 28.06.2002
- *o. V.:* Ex-Comroad-Chef zu Haft verurteilt, FAZ.NET vom 21.11.2002
- *o. V.:* Gates weinte vor seinen Managern, SPIEGEL ONLINE vom 22.04. 2002
- *o. V.:* Gilt das US-Recht in Deutschland?, n-tv vom 14.08.2002
- *o. V.:* In Amerika wächst die Furcht vor einem zweiten Konjunkturknick, FAZ vom 20.06.2002, 15
- *o. V.:* Jagd auf Supergewinne, Capital 1998, 204

- *o. V.*: Schwerer Abschied von der Wall Street, FAZ vom 05.10.2004, 21
- *o. V.*: Wer Alan Greenspan von der Kursblase überzeugte, FAZ vom 23.02.2002, 23
- *Palandt:* Bürgerliches Gesetzbuch, 63. Auflage, München 2004 (zit. Palandt/ Bearbeiter)
- *Pananis, Panos:* Zur Abgrenzung von Insidertatsache und ad-hoc-publizitätspflichtigem Sachverhalt bei mehrstufigen Entscheidungsprozessen, WM 1997, 460
- *Park, Tido:* Börsenstrafrechtliche Risiken für Vorstandsmitglieder von börsennotierten Aktiengesellschaften, BB 2001, 2069
- *Pastena, Victor:* Some Evidence on the SEC's System of Continous Disclosure, 54 Acc. Rev. 776 (1979)
- *Paul, Walter:* Börseneinführung in Tokio – demonstriert am Beispiel der BASF, ZfBF 1992, 914
- *Paul, Walter:* Die Entwicklung und Bedeutung deutscher Aktien auf den internationalen Kapitalmärkten, Kredit und Kapital 1993, 91
- *Paul, Walter:* Investor Relations-Management – demonstriert am Beispiel der BASF, ZfBF 1991, 923
- *Pellens, Bernhard:* Ad-hoc-Publizitätspflicht des Managements börsennotierter Unternehmen nach § 44a BörsG, AG 1991, 62
- *Pellens, Bernhard/Fülbier, Rolf U.*: Publizitätspflichten nach dem Wertpapierhandelsgesetz – Ausgestaltung unter Berücksichtigung angloamerikanischer Regulierungen, DB 1994, 1381
- *Peltzer, Martin:* Anlegerschutz als Aufgabe für den Gesetzgeber, NJW 1976, 1615
- *Peltzer, Martin:* Übernahmeangebote nach künftigem Europa-Recht und dessen Umsetzung ins deutsche Recht, in: *Assmann, Heinz-Dieter/Basaldua, Nathalie/Bozenhardt, Friedrich/Peltzer, Martin/Goerdeler, Reinhard*: Übernahmeangebote, ZGR Sonderheft 9, Berlin, New York 1990, 179
- *Perlmutter, Julian T.:* The new rules on cross-border tender and exchange offers, business combinations and rights offerings: Competition or harmonization?, 22 Mich. J. Int'l L. 169 (2000)
- *Peters, Aulana L./Feldman, Andrew E.:* The Changing Structure of the Securities Markets and the Security Industry: Implications for International Securities Regulation, Michigan Yearbook of International Legal Studies, Vol. XI (1988), 19
- *Peterson, Courtland:* US Supreme Court upholds use of transient jurisdiction, (zu Burnham v. Superior Court of California, 29-5-1990, No. 89-44, 110 S. Ct. 2105), IPRax 1991, 267
- *Piltz, Burghard:* Die Zuständigkeitsordnung nach dem EWG-Gerichtsstands- und Vollstreckungsübereinkommen, NJW 1979, 1071
- *Pleyer, Klemens/Hegel, Thomas:* Die Bedeutung des neuen § 264a StGB für die zivilrechtliche Prospekthaftung bei der Publikums-KG, ZIP 1987, 79

- *Prechtel, Andreas/Schätzle, Rainer*: Aktienoptionen für Führungskräfte – Ein Shareholder-Value Signal an US-Investoren, in: *Rosen, Rüdiger v./Seifert, Werner G. (Hrsg.)*, Zugang zum US-Kapitalmarkt für deutsche Aktiengesellschaften, Frankfurt/M. 1998, 287
- *Radebaugh, Lee H./Gebhardt, Gunther/Gray, Sydney J.*: Foreign Stock Exchange Listings: A Case Study of Daimler-Benz, J. Int'l Fin. Mgmt. & Acct., 158 (1995)
- *Raettig, Lutz:* Eigenkapitalbeschaffung in den USA für kleinere und mittlere Unternehmen, in: *Rosen, Rüdiger von/Seifert, Werner G. (Hrsg.):* Zugang zum US-Kapitalmarkt für deutsche Aktiengesellschaften Zugang zum US-Kapitalmarkt für deutsche Aktiengesellschaften, Frankfurt/M. 1998, 247
- *Raiser, Thomas:* Das Recht der Gesellschafterklagen, ZHR 1989, 1
- *Raiser, Thomas:* Recht der Kapitalgesellschaften, 3. Auflage, München 2002
- *Rauscher, Thomas:* Prozessualer Verbraucherschutz im EuGVÜ? Zu EuGH, 15-09-1994, Rs C-318/93 Brenner und Noller/Dean Witter Reynolds Inc, und BGH, 22-11-1994 - XI ZR 45/91, IPRax 1995, 292
- *Rebmann, Kurt/Säcker, Franz Jürgen/Rixecker, Roland (Hrsg.):* Münchener Kommentar zum Bürgerlichen Gesetzbuch, Band 2, Schuldrecht, Allgemeiner Teil (§§ 241 - 432), 4. Auflage, München 2001
- *Rebmann, Kurt/Säcker, Franz Jürgen/Rixecker, Roland (Hrsg.):* Münchener Kommentar zum Bürgerlichen Gesetzbuch, Band 5, Schuldrecht, Besonderer Teil III, (§§ 705 – 853), 3. Auflage, München 1997
- *Rebmann, Kurt/Säcker, Franz Jürgen/Rixecker, Roland (Hrsg.):* Münchener Kommentar, Band 10, Einführungsgesetz zum Bürgerlichen Gesetzbuch (Art. 1 – 38), Internationales Privatrecht, 3. Auflage, München 1998
- *Rebmann, Kurt/Säcker, Franz Jürgen/Rixecker, Roland (Hrsg.):* Münchener Kommentar, Band 11, Internationales Handels- und Gesellschaftsrecht (Art. 50 – 237 EGBGB), 3. Auflage, München 1999
- *Reichert, Jochem/Weller, Marc-Philippe*: Haftung von Kontrollorganen, Die Reform der aktienrechtlichen und kapitalmarktrechtlichen Haftung, ZRP 2002, 49
- *Renzenbrink, Ulf/Holzner, Nelson:* Das Verhältnis von Kapitalerhaltung und Ad-hoc-Haftung, BKR 2002, 434
- *Reus, Alexander/Tilp, Andreas:* Securities Litigation USA/Germany – Duties Of Institutional Investors/Money Managers, DAJV-NL 2005, 56
- *Rieckers, Oliver:* Haftung des Vorstandes für fehlerhafte Ad-hoc-Meldungen des lege lata und de lege ferenda, BB 2002, 1213
- *Rodewald, Jörg/Siems, Mathias:* Haftung für die frohe Botschaft – Rechtsfolgen falscher Ad-hoc-Mitteilungen, BB 2001, 2437
- *Rohe, Matthias:* Schadensfälle durch Zivilprozeß, fließende Grenzen zwischen IPR und IZPR, zu BGH, 02-11-1995 - IX ZR 141/94, IPRax 1997, 14

- *Roll, Patrick/Kilka, Michael/Schiereck, Dirk:* Zur Vorteilhaftigkeit von Zweitnotierungen an ausländischen Wertpapierbörsen – Ein Überblick, DBW 1998, 770
- *Roquette, Andreas J./Stanger, Christoph W.:* Das Engagement ausländischer Gesellschaften im US-amerikanischen Kapitalmarkt, WM 1994, 137
- *Rosenberg,Leo(Bgr.)/Schwab, Karl Heinz/Gottwald, Peter:* Zivilprozessrecht, 16. Auflage, 2003
- *Rosengarten, Joachim:* Punitive damages und ihre Anerkennung und Vollstreckung in der Bundesrepublik Deutschland, Hamburg 1994
- *Rosen, Rüdiger von:* Die Bundesregierung muss die Aktienkultur stärker fördern, Die WELT vom 27.08.2001
- *Rosen, Rüdiger von:* Wege aus der Vertrauenskrise, FAZ.NET vom 09.08. 2002
- *Rosen, Rüdiger von:* Neues Vertrauen für die Wertpapiermärkte, Börsen-Zeitung, 25.05.2002, 6
- *Rosen, Rüdiger von/Prechtel, Andreas:* Zugang deutscher Unternehmen zum US-Kapitalmarkt, Die Bank 1996, 388
- *Rosen, Rüdiger von/Seifert, Werner G. (Hrsg.):* Zugang zum US-Kapitalmarkt für deutsche Aktiengesellschaften, Frankfurt/M. 1998
- *Rosen, Rüdiger von/Seifert, Werner G.:* Die Namensaktie, Frankfurt/M. 2000
- *Roßmann, R. M.:* Besonderheiten bei Emissionen im Neuen Markt, in: Börsenzeitung, Sonderbeilage „Neuer Markt“, 20.06.1998
- *Rössner, Michael-Christian/Bolkart, Johannes:* Rechtliche und verfahrenstaktische Analyse des Vorgehens geschädigter Anleger bei fehlerhaften Unternehmensmeldungen, WM 2003, 953
- *Rössner, Michael-Christian/Bolkart, Johannes:* Schadensersatz bei Verstoß gegen Ad-hoc-Publizitätspflichten nach dem 4. Finanzmarktförderungsgesetz, ZIP 2002, 1471
- *Roth, Günter Hermann*: Der Vorbehalt des Ordre Public gegenüber fremden gerichtlichen Entscheidungen, Bielefeld 1967
- *Rützel, Stefan:* Der aktuelle Stand der Rechtsprechung zur Haftung bei Ad-hoc-Mitteilungen, AG 2003, 69
- *Rützel, Stefan:* Der "Anlegeranwalt" - ein neues Bankenrisiko?, Die Bank 2001, 667
- *Sachs, Michael:* Grundgesetz, Kommentar, 3. Auflage, München 2003
- *Samtleben, Jürgen:* Internationale Gerichtsstandsvereinbarungen nach dem EWG-Übereinkommen und nach der Gerichtsnovelle, NJW 1974, 1590
- *Samtleben, Jürgen:* Europäische Gerichtsstandsvereinbarungen und Drittstaaten - viel Lärm um nichts?, Zum räumlichen Anwendungsbereich des Art 17 I EuGVÜ/LugÜ, RabelsZ 1995, 670
- *Sandrock, Otto:* Sitztheorie, Überlagerungstheorie und der EWG-Vertrag - Wasser, Öl und Feuer, RIW 1989, 505

- *Saudagaran, Shahrokh M.:* An Empirical Study of Selected Factors Influencing the Decision to List on Foreign Stock Exchanges, J. Internat'l Bus. Studies 101 (1988)
- *Schack, Haimo:* Einführung in das US-amerikanische Zivilprozessrecht, 3. Auflage, München 2003 (zit. Schack, Einführung)
- *Schack, Haimo*: Internationales Zivilverfahrensrecht, 3. Auflage, München 2002 (zit. Schack, IZVR)
- *Schack, Haimo:* Jurisdictional minimum contacts scrutinized, Heidelberg 1983
- *Schäfer, Frank A.*: Anlegerschutz und die Sorgfalt eines ordentlichen Kaufmanns bei der Anlage der Sondervermögen durch Kapiatlanlagegesellschaften, Baden-Baden 1987 (zit. Schäfer, Anlegerschutz)
- *Schäfer, Frank A.*: Grundzüge des neuen Börsenrechts, ZIP 1987, 953
- *Schäfer, Frank A./Müller, Jörg*: Haftung für fehlerhafte Wertpapierdienstleistungen, Köln 1998
- *Schäfer, Frank A. (Hrsg.)*: Wertpapierhandelsgesetz, Börsengesetz mit BörsZulV, Verkaufsprospektgesetz mit VerkProspV: Kommentar, Stuttgart, Berlin, Köln 1999 (zit. Bearbeiter, in: Schäfer, WpHG u.a.)
- *Schäfer, Hans-Bernd:* Anreizwirkungen bei der Class Action und der Verbandsklage, in: *Basedow, Jürgen/Hopt, Klaus J./Kötz, Hein (Hrsg.):* Die Bündelung gleichgerichteter Interessen im Prozess: Verbandsklage und Gruppenklage, Tübingen 1999, 67
- *Schander, Albert A./Lucas, Johannes:* Die Ad-hoc-Publizität im Rahmen von Übernahmevorhaben, DB 1997, 2109
- *Schiereck, Dirk:* Entwicklungstendenzen bei den Börsennotierungen deutscher Gesellschaften im Ausland, AG 1997, 362
- *Schiereck, Dirk:* Zur Notierung deutscher Aktiengesellschaften an ausländischen Börsenplätzen, AG 1993, 319
- *Schimanski, Herbert/Bunte, Herman-Josef/Lwowski, Hans-Jürgen (Hrsg.):* Bankrechtshandbuch, Band III, 2. Auflage, München 2001
- *Schindler, Clemens Philipp:* „Überseering“ und *Societas Europaea:* Vereinbar oder nicht vereinbar, das ist hier die Frage, RdW 2003, 122
- *Schlittgen, Volker:* Die Ad-hoc-Publizität nach § 15 WpHG, Frankfurt/M. 2000
- *Schlosser, Peter F.:* Der Justizkonflikt zwischen den USA und Europa, Berlin 1985 (zit. Schlosser, Justizkonflikt)
- *Schlosser, Peter F.:* EU-Zivilprozessrecht, Kommentar, 2. Auflage, München 2003
- *Schlosser, Peter F.:* „Forum non conveniens“ wegen Inaktivität der Prozessbeteiligten?, IPRax 1983, 285
- *Schlosser, Peter F.:* Urteilswirkungen und rechtliches Gehör, JZ 1967, 431
- *Schlote, Stephan:* Anwälte bei Anlegern hoch im Kurs, FTD vom 16.11.2001
- *Schlurmann, Christa:* Die class action im Recht der USA, Köln 1978

- *Schlüter, Uwe:* Wertpapierhandelsrecht, Handbuch für Banken und Finanzdienstleistungsinstitute, 1. Auflage, München 2000
- *Schmidt-Brand, Jan-Peter:* Zu den long-arm statutes im „Jurisdiktions-Recht" der Vereinigten Staaten vom Amerika und zu ihrer Bedeutung für wirtschaftsrechtliche Streitigkeiten, Frankfurt/M. 1991
- *Schmidt, Heike:* Der Weg zur Aktienreife ist weit, Börsen-Zeitung vom 12.02.2002
- *Schmidt, Karsten:* Gesellschaftsrecht, 4. Auflage, Köln, Berlin, Bonn, München 2002 (zit. Schmidt, Gesellschaftsrecht)
- *Schmidt, Karsten/Schwark, Eberhard (Hrsg.):* Unternehmen, Recht und Wirtschaftsordnung, in: *Schmidt, Karsten/Schwark, Eberhard (Hrsg.),* Festschrift für Peter Raisch, Köln 1995
- *Schneider, Dieter:* Wider Insiderhandelsverbot und Informationseffizienz des Kapitalmarkts, DB 1993, 1429
- *Schniewind, Friedrich/Hausmann, Rainer:* Anlegerschutz durch Strafrecht - Der neue § 264a StGB (Kapitalanlagebetrug) und seine zivilrechtlichen Auswirkungen, BB 1986, Beilage Nr. 16, 26
- *Schönke, Adolf/Schröder, Horst (Begr.):* Strafgesetzbuch, 26. Auflage, München 2001 (zit. Bearbeiter, in: Schönke/Schröder)
- *Schröder, M./Heinemann, F./Kölbl, K./Rasch, S./Steiger M./Westerheide, P.:* Möglichkeiten und Maßnahmen zur Wahrung und Steigerung der Wettbewerbsfähigkeit der baden-württembergischen Wertpapierbörse zu Stuttgart, ZEW Dokumentation Nr.- 96-08, Mannheim 1996
- *Schulte, Michael:* Die kollektive Geltendmachung von Verbraucherschäden im UWG, Göttingen 1992 (zit. Schulte, kollektive Geltendmachung von Verbraucherschäden)
- *Schulte, Stephan:* Internationaler Aktienemissionsmarkt, Frankfurt 1992 (zit. Schulte, Aktienemissionsmarkt)
- *Schumann, Ekkehard:* Internationale Rechtshängigkeit (Streitanhängigkeit), in: *Rechberger, Walter H./Welser, Rudolf (Hrsg.),* Festschrift für Winfried Kralik, Wien 1986, 301
- *Schütze, Rolf A.:* Deutsches Internationales Zivilprozessrecht, Berlin, New York 1985
- *Schütze, Rolf A.:* Die Anerkennung und Vollstreckbarerklärung US-amerikanischer Schadensersatzurteile in Produkthaftungssachen in der Bundesrepublik Deutschland, in: *Habscheid, Walther/Schwab, Karl Heinz (Hrsg.),* Festschrift für Heinrich Nagel, Münster 1987, 392
- *Schütze, Rolf A.:* Die Berücksichtigung der Rechtshängigkeit eines ausländischen Verfahrens, NJW 1963, 1487
- *Schütze, Rolf A.:* Probleme der Anerkennung US-amerikanischer Zivilurteile in der Bundesrepublik Deutschland, WM 1979, 1174
- *Schütze, Rolf A.:* Zur internationalen Zuständigkeit aufgrund rügeloser Einlassung, ZZP 1990, 67

- *Schütze, Rolf A.*: Zur Verbürgung der Gegenseitigkeit bei der deutsch-amerikanischen Urteilsanerkennung, ZvglRWiss 1999, 131
- *Schütze, Rolf A.*: Zur Verteidigung im Beweiserhebungsverfahren in US-amerikanischen Zivilprozessen, WM 1986, 633
- *Schütze, Rolf A.*: Die Anerkennung und Vollstreckbarerklärung US-amerikanischer Zivilurteile, die nach einer pre-trial-discovery ergangen sind, in der Bundesrepublik Deutschland, in: *Lutter, Marcus/Oppenhoff, Walter/ Sandrock, Otto/Winhaus, Hanns (Hrsg.)*, Festschrift für Ernst C. Stiefel, München 1987
- *Schwark, Eberhard:* Anlegerschutz durch Wirtschaftsrecht, München 1979 (zit. Schwark, Anlegerschutz)
- *Schwark, Eberhard (Hrsg.):* Börsengesetz Kommentar, 2. Auflage, München 1994 (zit. Schwark, BörsG)
- *Schwark, Eberhard (Hrsg.):* Kapitalmarktrechtskommentar, 3. Auflage, München 2004 (zit. Schwark, Kapitalmarktrecht)
- *Schwark, Eberhard:* Das neue Kapitalmarktrecht, NJW 1987, 2041
- *Schwark, Eberhard:* Gesellschaftsrecht und Kapitalmarktrecht, in: *Lutter, Marcus/Mertens, Hans-Joachim/Ulmer, Peter (Hrsg.)*, Festschrift für Walter Stimpel, Berlin, New York 1985, 1087
- *Schwark, Eberhard:* Kapitalmarktbezogene Informationshaftung, in: *Häuser, Franz, u.a. (Hrsg.)*, Festschrift für Walther Hadding, Berlin, New York 2004, 1117
- *Schwark, Eberhard:* Kapitalanlegerschutz im deutschen Gesellschaftsrecht, ZGR 1976, 271
- *Schwark, Eberhard:* Zur Haftung des Vorstands wegen einer von ihm veranlassten unrichtigen Ad-hoc-Meldung, EWiR, 2001, 1049
- *Schwarze, Roland:* Vorvertragliche Verständigungspflichten, Tübingen 2001
- *Schwarz, Günter Christian/Holland, Björn:* Enron, WorldCom ... und die Corporate-Governance-Diskussion, ZIP 2002, 1661
- *Schwerdtle, Wolfgang:* Doppelnotierung von Wachstumsunternehmen: unter besonderer Berücksichtigung der Biotechnologiebranche, Aachen 2000
- *Schwintowski, Hans-Peter:* Anleger- und objektgerechte Beratung in der Lebensversicherung, VuR 1997, 83
- *Schwintowski, Hans-Peter:* Informationspflichten und effet utile, Auf der Suche nach einem effektiven und effizienten europäischen Sanktionssystem, in: *Schulze, Rainer/Ebers, Martin/Grigoleit, Hans Christoph (Hrsg.):* Informationspflichten und Vertragsschluss im Acquis communitaire, Tübingen 2003, 267 (zit. Schwintowski, in: Schulze/Ebers/Grigoleit)
- *SEC*: Policy Statement of the Securities Markets, CCH Federal Securities Law Reporter (November 1988), „Chap." 84, 341
- *Sedler, Robert Allen:* The Erie Outcome Test as a Guide to Substance and Procedure in the Conflict of Laws, 37 N.Y.U. L. Rev. 813 (1962)

- *Seligman, Joel:* The Transformation of Wall Street, A History of the Securities and Exchange Commission and Modern Corporate Finance, Boston 1995
- *Serra, A. P.:* Dual Listings on International Exchanges: the Case of Emerging Market Stocks, London Business School Working Paper, July 1997
- *Shapiro, Susan P.*: Wayward Capitalists, Targets of the Securities and Exchange Commission, New Haven 1987
- *Shearman & Sterling:* Genügt das deutsche Kapitalmarktrecht internationalen Standards?, in: *Deutsche Börse AG (Hrsg.):* Neuer-Markt-Report, 54
- *Siebel, Ulf/Gebauer, Stefan:* Prognosen im Aktien- und Kapitalmarktrecht - Lagebericht, Zwischenbericht, Verschmelzungsbericht, Prospekt usw. -, (II), WM 2001, 173
- *Sieg, Oliver:* Internationale Anerkennungszuständigkeit bei US-amerikanischen Urteilen, IPRax 1996, 77
- *Siegel, David D.:* Conflicts in a Nutshell, 1994
- *Siepmann, Daniel:* Kapitalbeschaffung schweizerischer Aktiengesellschaften durch Einführung ihrer Aktien an der New York Stock Exchange (NYSE): Möglichkeiten und Probleme unter besonderer Berücksichtigung der Publizitätsanforderungen, Bern, Stuttgart, Wien 1998
- *Soergel, Hans Theodor:* Bürgerliches Gesetzbuch mit Einführungsgesetzen und Nebengesetzen, Band 2, 12. Auflage, Stuttgart u.a. 1990
- *Soergel, Hans Theodor:* Bürgerliches Gesetzbuch mit Einführungsgesetzen und Nebengesetzen, Band 5, 12. Auflage, Stuttgart u.a. 1998
- *Sombart, Werner:* Die deutsche Volkswirtschaft im neunzehnten Jahrhundert und im Anfang des 20. Jahrhunderts, 6. Auflage, Berlin 1923
- *Sorgenfrei, Ulrich:* Zum Verbot der Kurs- oder Marktpreismanipulation nach dem 4- Finanzmarktförderungsgesetz, wistra 2002, 321
- *Spickhoff, Andreas:* Gesetzesverstoß und Haftung, Köln, Berlin, Bonn, München 1998
- *Spindler, Hartmut:* Die amerikanische Institution der Class Action als Mittel des Konsumentenschutzes – Kuriosum oder Vorbild?, in: Gewerblicher Rechtsschutz - Urheberrecht – Wirtschaftsrecht, Mitarbeiterfestschrift für Peter Ulmer, Köln, Berlin, Bonn, München 1973, 373
- *Stadler, Astrid:* Bündelung von Verbraucherinteressen im Zivilprozess, Konstanz 28.09.2000, www.rws-verlag.de/volltext/stadler.htm
- *Stadler, Wilfried (Hrsg.):* Beteiligungsfinanzierung, Neues Chancenkapital für Unternehmen, Wien 1997
- *Stapleton, Richard C./Subrahmanyam, Marty G.:* Market Imperfections, Capital Market Equilibirium and Corporation Finance, 32 J. Fin. 307 (1977)
- *Stark, Jürgen:* Risikokapitalfinanzierung über die Börse – die Rolle der Politik, ZfgK 1998, 12

- *Staudinger, Julius von/Hager, Johannes (Hrsg.):* Kommentar zum Bürgerlichen Gesetzbuch mit Einführungsgesetz und Nebengesetzen, §§ 823 – 825, 13. Auflage, Berlin 1999 (zit. Bearbeiter, in: Staudinger)
- *Staudinger, Julius von/Hager, Johannes (Hrsg.):* Kommentar zum Bürgerlichen Gesetzbuch mit Einführungsgesetz und Nebengesetzen, §§ 826 – 825, 13. Auflage, Berlin 1998 (zit. Bearbeiter, in: Staudinger)
- *Steiger, Max:* Institutionelle Investoren und Corporate Governance- eine Empirische Analyse, ZEW Dokumentation Nr. 98-05, Mannheim 1998
- *Stein, Friedrich/Jonas, Martin*: Kommentar zur Zivilprozessordnung, Band 1, Einleitung §§ 1 - 40, 22. Auflage, Tübingen 2003 (zit. Bearbeiter, in: Stein/Jonas, ZPO)
- *Stein, Friedrich/Jonas, Martin*: Kommentar zur Zivilprozessordnung, Band 2, §§ 91-252, 21. Auflage, Tübingen 1994
- *Stein, Friedrich/Jonas, Martin*: Kommentar zur Zivilprozessordnung, Band 4, Teilband 1, §§ 300 - 347, 21. Auflage, Tübingen 1998
- *Steiner, Manfred/Bruns, Christoph:* Wertpapiermanagement, 7. Auflage, Stuttgart 2000
- *Steinhauer, Carsten*: Insiderhandelsverbot und Ad-hoc-Publizität, Baden-Baden 1999
- *Stiefel, Ernst C./Stürner, Rolf*: Die Vollstreckbarkeit US-amerikanischer Schadensersatzurteile in exzessiver Höhe, VersR 1987, 829
- *Stimpel, Walter*: Die Rechtsprechung des Bundesgerichtshofes zur Innenhaftung des herrschenden Unternehmens im GmbH-Konzern, AG 1986, 117
- *Stodolkowitz, Heinz Dieter*: Beweislast und Beweiserleichterungen bei der Schadensursächlichkeit von Aufklärungspflichtverletzungen, VersR 1994, 11
- *Struve, Anja/Antonoff, Alexander:* Eichel plant Aufsicht nach SEC-Vorbild, DIE WELT vom 04.09.2002
- *Stulz, René M.:* Globalization of Equity Markets and the Cost of Capital, Ohio State University Working Paper, 1999
- *Stürner, Rolf:* Der Justizkonflikt zwischen den U.S.A. und Europa, in: *Habscheid, Walther Jakob (Hrsg.):* Der Justizkonflikt mit den Vereinigten Staaten von Amerika, Referate und Diskussion auf der Tagung der Wissenschaftlichen Vereinigung für Internationales Verfahrensrecht, Verfahrensrechtsvergleichung und Schiedsgerichtswesen e.V., München Oktober 1985, München 1986, 5 (zit. Stürner, in: Habscheid)
- *Stürner, Rolf:* Verfahrensgrundsätze des Zivilprozesses und Verfassung, in: *Grunsky, Wolfgang/Stürner, Rolf/Walter, Gerhard/Wolf, Manfred (Hrsg.),* Festschrift für Fritz Baur, Tübingen 1981, 647
- *Süchting, Joachim:* Finanzmanagement, 6. Auflage, Wiesbaden 1995
- *Süchting, Joachim:* Finanzmarketing auf den Aktienmärkten, ZfgK 1986, 654
- *Thiel, Jürgen:* Der Schutz der Anleger von Wertpapierfonds im deutschen und amerikanischen Recht, Frankfurt/M., Bern 1982

- *Thomas, Heinz/Putzo, Hans/Reichold, Klaus (Hrsg.):* ZPO, 25. Auflage, München 2003 (zit. Bearbeiter, in: Thomas/Putzo)
- *Thomas, John Thornell:* Icarus and his waxen wings: Congress attemps to address the challenges of insider trading in a globalized securities market, 23 Vand. J. Transnat'l L. 99 (1990)
- *Thompson, Robert B.:* The Measure of Recovery under Rule 10b-5: A Restitution Alternative to Tort Damages, 37 Vand. L. Rev. 349 (1984)
- *Thümmel, Roderich:* Haftung für geschönte Ad-hoc-Meldungen: Neues Risikofeld für Vorstände oder ergebnisorientierte Einzelfallrechtsprechung? - Zugleich Besprechung des Urteils des LG Augsburg vom 24.9.2001 - 3 O 4995/00 Infomatec, DB 2001, 2331
- *Tilp, Andreas:* Zum Erfordernis der Kausalität zwischen einer fehlerhaften oder unterbliebenen Ad-hoc-Mitteilung und dem Schaden des Anlegers, ZIP 2002, 1729
- *Timm, Wolfram:* Treuepflichten im Aktienrecht, WM 1991, 481
- *Tippach, Stefan U.:* Das Insider-Handelsverbot und die besonderen Rechtspflichten der Banken, Köln 1995
- *Tippach, Stefan U.:* Marktdaten im künftigen Insiderrecht, WM 1993, 1269
- *Tollkühn, Oliver:* Die Ad-hoc-Publizität nach dem Anlegerschutzverbesserungsgesetz, ZIP 2004, 2215
- *Toepfer, Thomas:* Börsengang deutscher Unternehmen in den USA: Betrachtung aus kapitalmarkttheoretischer und strategischer Sicht, Wiesbaden 1999
- *Tripmaker, Stefan:* Der subjektive Tatbestand des Kursbetrugs, Zugleich ein Vergleich mit der Neuregelung des Verbots der Kurs- und Marktpreismanipulation im Vierten Finanzmarktförderungsgesetz, wistra 2002, 288
- *Tröndle, Herbert/Fischer, Thomas:* Strafgesetzbuch und Nebengesetze, 51. Auflage, München 2003
- *Trunk, Alexander:* Erste deutsche Rechtsprechung zum Lugano-Übereinkommen - Gerichtsstandsvereinbarung, Gerichtsstand des Erfüllungsorts und intertemporale Fragen, zu LG München I, 29-05-1995 - 21 O 23363/94, IPRax 1996, 249
- *Ulmer, Peter*: Begründung von Rechten für Dritte in der Satzung einer GmbH?, in: *Hadding, Walter/Immenga, Ulrich/Mertens, Hans-Joachim/ Pleyer, Klemens/Schneider, Uwe (Hrsg.),* Festschrift für Winfried Werner, Berlin, New York 1984, 911
- *Ulsenheimer, Klaus:* Zur Strafbarkeit des Missbrauchs von Insider-Informationen, NJW 1975, 1999
- *Vanyo, Bruce G./Dy, Cynthia A./Good, Sarah A./Salceda, Ignacio E.*: Securities Class Action Litigation in State Courts, 958 PLI/CORP. 207 (Sept./Oct. 1996)
- *Veil, Rüdiger:* Die Ad-hoc-Publizitätshaftung im System kapitalmarktrechtlicher Informationshaftung, ZHR 2003, 365

- *Veith, Alexander:* Die Befreiung von der Ad-hoc-Publizitätspflicht nach § 15 III WpHG, NZG 2005, 254
- *Vizcarrondo, Paul Jr./ Houston, Andrew C.:* Liabilities under sections 11, 12, 15 and 17 of the Securities Act of 1933 and sections 10, 18, and 20 of the Securities Exchange Act of 1934, 1385 PLI/Corp 1067 (2003)
- *Vortmann, Jürgen (Hrsg.):* Prospekthaftung und Anlagenberatung, Stuttgart u.a. 2000
- *Vorpeil, Klaus:* Haftungsdurchgriff auf deutsche Muttergesellschaften für Verbindlichkeiten ihrer US-amerikanischen Tochtergesellschaften, insbesondere nach New Yorker Recht, RIW 1991, 995
- *Wahl, Ulrich:* Die verfehlte internationale Zuständigkeit – Forum non conviniens und internationales Rechtsschutzbedürfnis, Berlin 1973
- *Waldhausen, Stephan:* Die ad-hoc-publizitätspflichtige Tatsache, Baden-Baden 2002
- *Wall, John T.:* Nasdaq: Das Herz des internationalen Aktienhandels, ZfgK 1998, 22
- *Wastl, Ulrich:* Der Handel mit größeren Aktienpaketen börsennotierter Unternehmen – Eine Bestandsaufnahme aus primär aktien-, börsen- und kapitalmarktrechtlicher Sicht -, NZG 2000, 505
- *Weber, Martin:* Deutsches Kapitalmarktrecht im Umbruch, Das Zweite Finanzmarktförderungsgesetz, NJW 1994, 2849
- *Weber, Martin:* Die Entwicklung des Kapitalmarktrechts 1998 – 2000: Organisation, Emission und Vertrieb, NJW 2000, 2061
- *Weber, Martin:* Die Entwicklung des Kapitalmarktrechts 2001/2002, NJW 2003, 18
- *Weber, Ulf Andreas:* Das neue deutsche Insiderrecht, BB 1995, 157
- *Weber-Thedy, Wolfgang:* Warum man den Privatanleger nicht vernachlässigen darf, INVEST, Magazin der „Finanz und Wirtschaft“, August 1994 zum Thema „Investor Relations“, 22
- *Weber, Till:* Schutzlose Aktionäre, FTD vom 27.04.2001
- *Weisgerber, Thomas/Jütten, Herbert:* Das Zweite Finanzmarktförderungsgesetz: Erläuterungen, Gesetzestexte; Materialien, Leitfaden zum Insiderrecht, Rechtsstand Januar 1995, Köln 1995
- *Welp, Dietrich:* Internationale Zuständigkeit über auswärtige Gesellschaften mit Inlandstöchtern im US-amerikanischen Zivilprozess, 1982
- *Wenzel, Frank:* Rechtsfragen der vorzeitigen Beendigung von Finanzierungen und des Rating von Unternehmen, Bericht über den Bankrechtstag 1996 am 28 Juni 1996 in Hamburg, WM 1996, 1608, 1611
- *White, James J./Summers, Robert S.:* Uniform Commercial Code, 4th edition, St. Paul, Minnesota 1995
- *Wiedemann, Herbert:* Der Kapitalanlegerschutz im deutschen Gesellschaftsrecht, BB 1975, 1591

- *Wiedemann, Herbert:* Gesellschaftsrecht, Band 1, Grundlagen, München 1980
- *Wiedemann, Herbert/Schmitz, Erich:* Kapitalanlegerschutz bei unrichtiger oder unvollständiger Information, Besprechung der Entscheidungen BGHZ 71, 284 und BGHZ 72, 382, ZGR 1980, 129
- *Wiemann, Hans-Ulrich:* Unternehmenspublizität nach amerikanischem Kapitalmarktrecht, Baden-Baden 1987
- *Wittkowski, Bernd:* Mehr als eine Aktienkrise, Börsen-Zeitung vom 25.07.2002
- *Witzsch, Günther:* Class Actions, JZ 1975, 277
- *Wolf, Christian Ulrich:* Feststellungsklage und Anspruchsgrundlagenkonkurrenz im Rahmen von Art. 5 Nr. 1 und Nr. 3 LugÜ, IPRax 1999, 82
- *Wolf, Margareta*: Anlegerschutz und Förderung des Finanzplatzes Deutschland Notwendigkeit der Reform des Kapitalmarkt- und Börsenrechts, WM 2001, 557
- *Wolf, Philip R.:* International securities fraud: extraterritorial subject matter jurisdiction, 8 NY Int. L. Rev. 1 (1995)
- *Wright, Charles/Miller, Arthur R.:* Federal Practice and Procedure, St. Paul, Minnesota 1972
- *Wunderlich, Michael/Labermeier, Alexander:* Rechtliche Behandlung, Übertragung und Börsenhandel von Namensaktien in den USA, in: *Rosen, Rüdiger von/Seifert, Werner G (Hrsg.):* Die Namensaktie, Frankfurt/M. 2000, 143
- *Wunderlich, Wolfgang:* Zivilprozessuale Möglichkeiten für ein gemeinschaftliches Vorgehen geschädigter Kapitalanleger, DB 1993, 2269
- *Wunderlin, Rainer:* Die Einführung der deutschen Namensaktien in den USA, in: *Rosen, Rüdiger von/Seifert, Werner G. (Hrsg.):* Die Namensaktie, Frankfurt/M. 2000, 387
- *Yadlin, Omri:* Fraud on the market a relational investment approach, 21 Int'l Rev. L. & Econ. 69 (2001)
- *Zeise, Lucas:* Kolumne: Abschied von der Aktienkultur, FTD vom 19.Juli 2002
- *Zekoll, Joachim:* US-amerikanische Produkthaftung vor deutschen Gerichten, Baden-Baden 1987
- *Ziemons, Hildegard/Jaeger, Carsten:* Treuepflichten bei der Veräußerung einer Beteiligung an einer Aktiengesellschaft, AG 1996, 358
- *Zimmer, Daniel:* Wie es Euch gefällt? Offene Fragen nach dem Überseering-Urteil des EuGH, BB 2003, 1
- *Ziouvas, Dimitris:* Das neue Recht gegen Kurs- und Marktpreismanipulation im 4. Finanzmarktförderungsgesetz, ZGR 2003, 113
- *Zippelius, Reinhold:* Allgemeine Staatslehre, Politikwissenschaft, 13. Auflage, München 1999

- *Zöller, Richard (Hrsg.)*: Zivilprozessordnung, 23. Auflage, Köln 2002 (zit. Bearbeiter, in: Zöller, ZPO)
- *Zöllner, Wolfgang (Hrsg.):* Kölner Kommentar zum AktG, Band 1, §§ 1-75 AktG, 2. Auflage, Köln, Berlin, Bonn, München 1988 (zit. Bearbeiter, in: KölnKomm.)
- *Zöllner, Wolfgang (Hrsg.):* Kölner Kommentar zum AktG, Band 1, §§ 76 - 117 AktG, Anh. § 94 + § 117, 2. Auflage, Köln, Berlin, Bonn, München 1996 (zit. Bearbeiter, in: KölnKomm.)
- *Zöllner, Wolfgang (Hrsg.):* Kölner Kommentar zum AktG, Band 7, §§ 339-361 AktG, 2. Auflage, Köln, Berlin, Bonn, München 1990 (zit. Bearbeiter, in: KölnKomm.)

Peter Lang · Europäischer Verlag der Wissenschaften

Stefan Hahn

Neue Ansätze im Anlegerschutz durch die Ad-hoc-Publizität des § 15 WpHG

Frankfurt am Main, Berlin, Bern, Bruxelles, New York, Oxford, Wien, 2004.
LXXIX, 255 S., 5 Abb.
Saarbrücker Studien zum Privat- und Wirtschaftsrecht. Herausgegeben von Johann Paul Bauer, Michael Martinek und Helmut Rüßmann. Bd. 45
ISBN 3-631-52745-4 · br. € 56.50*

Der Autor nimmt unter der Prämisse eines wirksamen Anlegerschutzes eine Neukonzeptionierung des Anlegerbegriffes und eine Neuverortung der Ad-hoc-Publizität im Rahmen der Unternehmenspublizität vor. Auf dieser Grundlage entwickelt er Grundsätze ordnungsgemäßer Ad-hoc-Publizität, die als dogmatischer Überbau zu § 15 WpHG den systemischen Schwächen der Ad-hoc-Publizität des § 15 WpHG entgegentreten sollen. Anhand dieser Grundsätze ordnungsgemäßer Ad-hoc-Publizität erfolgt eine umfassende Evaluation des § 15 WpHG und des Enforcements im Bereich der Ad-hoc-Publizität. Im Vordergrund stehen dabei die Anwendbarkeit des § 15 WpHG auf ökonomische Sachverhalte wie die Pro-Forma-Kennzahlen, das Enforcement durch die BAFin und die Möglichkeit einer externen Prüfung der Ad-hoc-Publizität.

Aus dem Inhalt: Terminologie und ökonomische Begründung der Ad-hoc-Publizität · Kapitalmarktrechtliches Unternehmenspublizitätssystem · Verortung der Ad-hoc-Publizität im Koordinatensystem der informationellen Teilsysteme der Unternehmenspublizität · Exkurs: Ad-hoc-Publizität in den USA · Grundsätze ordnungsgemäßer Ad-hoc-Publizität (GoAhP) · Evaluation des Ad-hoc-Publizität-Tatbestands in § 15 WpHG · Durchsetzung der GoAhP mit Hilfe des Sanktions- und Haftungsrechts · Prüfung der Ad-hoc-Publizität durch externe Prüfer

Frankfurt am Main · Berlin · Bern · Bruxelles · New York · Oxford · Wien
Auslieferung: Verlag Peter Lang AG
Moosstr. 1, CH-2542 Pieterlen
Telefax 00 41 (0) 32 / 376 17 27

*inklusive der in Deutschland gültigen Mehrwertsteuer
Preisänderungen vorbehalten

Homepage http://www.peterlang.de